고린도후서 강해

A COMMENTARY ON THE SECOND EPISTLE TO THE CORINTHIANS

BY

DR. YONGGI CHO

Printed in Republic of Korea
Seoul Logos Co., Inc.

고린도후서 강해

조용기 목사 지음

서울말씀사

고린도후서 강해

조용기 목사 지음

초판 1쇄 발행 2008년 5월 9일
초판 4쇄 발행 2016년 9월 12일

발행처 서울말씀사
편집인 김호성
등 록 제11-105호

서울 강서구 허준로 217 가양테크노타운 306
Tel. 02-846-9222
Fax. 02-846-9225

머리말
Foreword

이 세상의 모든 사람들은 누구나 크고 작은 문제들을 안고 살아갑니다. 이것은 주 안에서 변화되어 새로운 피조물로 살아가는 성도들은 물론 목회자들도 동일합니다. 그러나 사람은 자신이 가지고 있는 문제가 해결될 때 그 문제의 비중만큼 더 성숙하게 될 뿐만 아니라 큰 기쁨을 느끼게 됩니다. 기독교 역사상 가장 크고 빛나는 별이라고 할 수 있는 바울의 경우도 예외는 아니었습니다. 바울은 자신이 설립하고 양육한 고린도 교회가 오랫동안 그의 사도직을 문제 삼다가 이 문제가 해결되자 감사와 기쁨으로 본 서신을 고린도 교회에 보냈습니다.

한편, 본 서신에는 당시 불우한 생활을 하던 예루살렘 교인들을 돕기 위한 연보를 권면하는 내용을 통하여 성도가 알아야 할 헌금의 원리와 목적과 방법 그리고 그에 따르는 은총을 가르쳐 주고 있습니다.

오늘날 우리가 살고 있는 이 세상에는 물질 만능주의 사상이 꽉 들어차 있습니다. 부익부빈익빈(富益富貧益貧)의 양극화 현상이 점점 더 심각해져

가고 있는 이 시대에 빛과 소금의 역할을 온전히 수행하기 위하여 성도들은 하나님에 대한 사랑과 믿음으로 가난하고 소외당한 이웃에게 항상 따뜻한 관심을 기울이고 도움을 실천하는 삶을 살아야 하는 것입니다.

저는 수요 예배 때마다 강해 설교를 하는데, 고린도후서는 두 번 강해하였습니다. 먼저 1980년부터 1982년에 걸쳐 강해 설교한 내용을 편집하여 고린도후서 강해서를 발간한 후, 2002년부터 2003년에 걸쳐 다시 강해하였습니다. 본 서는 기존 강해서의 내용을 근간으로 하여 재강해한 내용을 추가하여 보완한 책입니다.

아무쪼록 본 강해서를 통해 성경을 공부하는 성도 여러분들은 생활 중에 다가오는 문제들을 믿음과 인내로써 해결하며, 그리스도의 사랑으로 교회와 성도 그리고 이웃을 섬김으로 평강 가운데 주 예수 그리스도의 은혜와 하나님의 사랑과 성령의 교통하심이 늘 함께하기를 기원합니다.

2008. 5.

여의도순복음교회

당회장 목사 조용기

목차
Contents

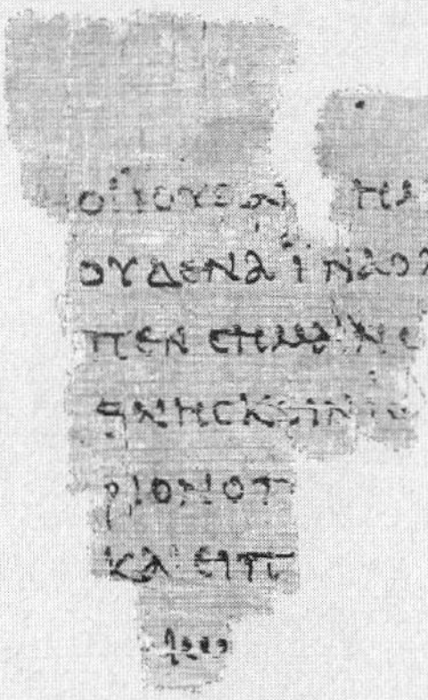

A COMMENTARY ON
THE SECOND EPISTLE TO THE
CORINTHIANS

서론

Preface

1. 주제 및 기록 목적

본 서는 고린도전서에 이어 사도 바울이 고린도 교회에 보낸 두 번째 서신입니다. 고린도전서가 당시 초대 교회의 사정을 보여 주고 있다면, 본 서는 사도 바울의 인격과 그의 인간적인 모습을 잘 나타내 주고 있습니다. 고린도전서는 주로 신앙생활의 실제적인 문제를 폭넓게 다루었습니다. 그래서 고린도전서가 객관적이고 신중한 가르침으로 일관하고 있는 데 비해서, 본 서는 바울 자신의 입장을 중점적으로 기록한 서신으로서 개인적인 특성을 지니고 있습니다. 그러나 우리는 본 서의 구석구석에서 교회에 대한 사도 바울의 깊은 사랑과 염려를 쉽게 접할 수 있습니다.

본 서는 크게 세 부분으로 나눌 수가 있습니다. 즉, 사도로서의 직무에 관한 바울의 입장(1-7장), 예루살렘 교회를 위한 연보(8-9장), 바울의 사도직에 관한 자기변호(10-13장)로 구분할 수 있는데, 여기에서 사도 바울은 복음 사역을 주관하시는 하나님의 은혜를 강조하였습니다.

본 서를 기록한 목적은 다음과 같이 세 가지로 볼 수 있습니다.

첫째로, 고린도 교회에 대한 바울 자신의 입장을 전달하는 데 있었습니다. 그래서 먼저 사도 바울은 자신과 고린도 교회 간에 있었던 갈등을 해소하고자 그동안의 자신의 입장을 해명하였습니다.

둘째로, 사도 바울은 자신의 방문에 대비하여 예루살렘 교회를 위해 가지고 갈 헌금에 대한 지시를 아울러 기록하였습니다. 이는 그동안의 사정으로 지연되고 있었던 것입니다.

셋째로, 바울은 자신의 사도권을 크게 강조하고 있습니다. 이것은 아직까지도 자신의 사도적 권위를 의심하고 있는 소수의 사람들을 의식한 것으로, 곧 있을 자신의 고린도 방문을 염두에 두고 본 서를 기록한 것으로 볼 수 있습니다.

2. 기록자 및 수신자

본 서를 기록한 사람은 사도 바울이며, 수신자는 고린도 교회와 아가야에 있는 모든 성도(1:1)입니다.

3. 기록 연대 및 집필 장소

본 서는 바울이 디도를 만나기 위해 마게도냐로 갔다가(행 19:21; 20:1)

디도로부터 고린도 교회의 소식을 듣고 기록한 것입니다. 따라서 본 서는 주후 55년 가을이나 56년 봄에 기록된 것으로 여겨집니다.

본 서를 기록한 장소는 마게도냐 지방인데(2:13; 7:5-7; 8:1; 9:2-4), 그중에서도 빌립보에 머무르고 있을 때 기록했을 것입니다.

4. 특징

본 서는 바울의 여러 서신들 가운데서 사도 바울의 인간적인 모습을 가장 잘 나타내 주고 있습니다. 본 서신에서 우리는 바울의 솔직한 감정을 접할 수 있는데, 그런 의미에서 본 서는 감정적인 책이라고 할 수 있습니다. 그리고 이 서신에는 교회에 대한 바울의 깊은 사랑과 염려가 가득 담겨 있습니다. 엄하게 꾸짖는 듯하면서도, 다른 한편으로는 상대방을 위로하고 격려해 주는 인자한 모습을 발견할 수 있습니다.

본 서는 조직적으로 구성되어 있지는 않으나, 고린도전서와 마찬가지로 실천적인 내용이 풍부하게 담겨 있습니다. 그리고 바울 자신의 변호를 담은 자서전적인 서신으로서 초대 교회 연구의 귀중한 자료가 되고 있습니다.

5. 고린도후서와 고린도 교회에 대하여

2차 전도 여행 중이었던 사도 바울은 갖은 박해와 어려움을 무릅쓰고 우상과 환락의 도시인 고린도에 들어가 복음을 전파하였습니다. 바울은 고린도에서 약 1년 6개월 동안 머물며(행 18:11) 하나님의 말씀을 가르쳤는데, 이 기간 동안에 고린도 교회가 세워졌습니다.

그때 당시의 고린도는 지리적인 특성으로 말미암아 무역이 성행하였고, 따라서 온갖 잡다한 인종과 우상이 들끓었고, 도덕적으로 이루 말할 수 없이 문란한 상태에 있었습니다. 이러한 풍조가 교회 안에도 스며 들어와 고린도 교회에 여러 가지 문제를 야기하였습니다. 특히 바울이 고린도를 떠나 에베소로 간 후에 이러한 문제들은 고린도 교회를 더욱 혼란에 빠뜨리고 말았습니다. 더욱이 당시 여러 지역에서 문제를 일으켰던 유대인들이 고린도 교회까지 들어와서 사도 바울의 지도권을 공격하며 갖은 비난을 다하여 고린도 교인들로 하여금 바울의 사도권조차도 의심을 갖게 하였던 것입니다. 그밖에도 고린도 교인들은 생활 가운데 발생하는 현실적인 문제들에 대하여 바울에게 질문을 하였습니다(고전 7:1). 그러자 바울은 고린도 교회를 바로 세우고 현실적인 문제에 답하기 위하여 고린도전서를 써 보냈던 것입니다.

그러나 고린도 교회는 바울로부터 고린도전서를 받은 후에도 교회 내의 문제를 해결하는 데 그리 적극적이지 못했습니다. 그래서 이러한 사정을 감안한 사도 바울이 두 번째로 고린도 교회를 방문하였으나(12:14; 13:1) 아무런 성과를 얻지 못한 채 돌아오고 말았으며 오히려 사태는 더욱 악화되었습니다.

이러한 상태에서 바울은 디도를 고린도에 보내어 다시 한번 권면하였습니다. 드로아에서의 선교 사역이 성공적이었음에도 불구하고 고린도 교회의 소식이 궁금했던 바울은 디도를 만나기 위해 마게도냐까지 갔습니다(2:12-13). 그곳에서 바울은 디도로부터 고린도 교인들이 자신들의 잘못을 반성하고 있으며 화해를 원하고 있다는 소식(2:5-11; 7:9-10)을 듣고 마음이 놓였습니다. 그때서야 바울은 기쁨에 넘친 마음으로 자신의 세 번째 방문을 염두에 두면서 본 서를 기록하였던 것입니다.

제 1 장

사도 바울의 **인사**와 자신의 **변호**

A COMMENTARY ON
THE SECOND EPISTLE TO
THE CORINTHIANS

본 장은 사도 바울이 자신의 동역자 디모데와 함께 고린도 교회에 안부를 전하는 것으로 시작되고 있습니다. 이어서 바울은 자신이 행하고 있는 복음 사역의 동기와 그 근거를 예로 들어 가면서, 사도로서의 자신의 신실함과 진실함을 알리고 있습니다.

1. 사도 바울의 인사(1:1-2)

1. 하나님의 뜻으로 말미암아 그리스도 예수의 사도 된 바울과 형제 디모데는 고린도에 있는 하나님의 교회와 또 온 아가야에 있는 모든 성도에게 2. 하나님 우리 아버지와 주 예수 그리스도로부터 은혜와 평강이 있기를 원하노라

1절 하나님의 뜻으로 말미암아 그리스도 예수의 사도 된 바울과 형제 디모데는 고린도에 있는 하나님의 교회와 또 온 아가야에 있는 모든 성도에게

사도 바울은 자신의 다른 몇몇 서신에서와 마찬가지로 편지의 서두에서 발신인과 수신인이 누구인가를 밝히고 이어서 편지를 보내는 자신의 입장을 밝히고 있습니다. 본문에서 '하나님의 뜻으로 말미암아 그리스도 예수의 사도 된 바울' 이라고 밝힌 바와 같이 바울의 마음속에는 하나

님의 부름을 받은 사도로서의 강한 확신이 있었습니다. 이처럼 담대한 고백을 할 수 있는 이유는 그가 자원해서 예수 그리스도의 사도가 된 것이 아니라 하나님이 차출하여 사도의 직임을 받았다는 것입니다. 따라서 바울은 개인적 입장으로서가 아니라 하나님의 뜻으로 말미암아 부름 받은 사도의 입장에서 하나님의 교회에 편지를 보내는 것이라고 분명하게 말할 수 있는 것입니다(고후 1:1; 엡 1:1; 골 1:1; 딤후 1:1).

바울은 하나님의 뜻으로 말미암아 그리스도 예수의 사도가 되었습니다. 나도 사도 바울이 받았던 그 확신을 가지고 있습니다. '나는 하나님의 뜻으로 말미암아 목사가 되었다!' 라는 확신을 통해, 내가 주의 종이 된 것은 나 스스로가 자원해서 된 것이 아니라는 것을 무시로 고백하고 있습니다. 하나님의 뜻으로 창세전부터 작정하셔서 목사로 부르시고 목회를 할 수 있는 은사를 허락해 주셨기 때문에 주의 종이 된 것입니다. 마찬가지로 구역장과 같은 평신도들의 직분 또한 하나님이 섭리하시고 원하셔서 각자에게 직분으로 내려 주신 것입니다. 따라서 교회의 직분을 절대로 가볍게 생각하지 마십시오. 하늘나라 직분은 사람인 목사가 주는 것이 아니라 하나님이 주시는 것입니다.

당시 고린도 교회 내에는 바울의 사도권에 대하여 회의를 품고 있는 사람들이 있었습니다. 그들은 마음에 교만을 가지고 스스로 왕 노릇 하고 있었습니다(고전 4:8). 그리하여 사도 바울의 교훈과 가르침에 귀를 기울이지 않고 오히려 다툼과 분쟁만을 일삼고 있었던 것입니다. 바울이 두 번째 편지를 보내기 전에 그러한 상황은 훨씬 나아졌지만, 아직도 그 뿌리는 남아 있었기 때문에 고린도전서에 이어서 다시 한번 자신의 사도됨을 강조하였습니다. 바울은 자신이 사도가 된 것은 스스로 취한 것이 아니요, 어느 교파나 특정인이 만들어 준 것도 아니며 오직 하나님의 거룩하신 뜻을 따라 된 것이라고 기록하고 있는 것입니다.

성경에는 성직의 종류에 '사도, 선지자, 복음 전하는 자, 목사와 교사' 가 있다고 기록되어 있습니다(엡 4:11). 이러한 모든 직분은 하나님께서 직접 부르시고 기름 부어 주셔서 세우신 것이므로 인간 스스로 자원하여 가질 수 있는 것이 아닙니다. 여기에는 오직 하나님의 택하심과 부르심이 있어야 하는 것입니다. 그런데 이 세상에는 겉으로는 하나님의 일꾼처럼 보이지만 실제로는 거짓 사도(11:13)인 사람들도 많이 있습니다. 그들은 자신을 그리스도의 사도로 가장하여 입으로는 하나님에 대하여 말하나, 실상은 '사탄의 일꾼' (11:15)들이며 '맹인된 인도자' (마 23:24)들입니다. 우리는 이러한 자들을 그들의 열매를 통해서 분별할 수 있습니다. 왜냐하면 사탄이 역사하는 곳에는 언제나 궤휼과 분쟁 그리고 다툼과 시기만이 있기 때문입니다. 그러나 사도 바울은 그의 서신을 통해서, 마치 인자한 아버지와도 같이 고린도 교회를 향하여 깊은 사랑을 가지고 간곡한 권면을 합니다. 우리는 이러한 모습을 통하여 진정한 하나님의 종으로의 바울의 모습을 발견할 수 있습니다.

사도 바울은 이 편지를 고린도 교회와 아가야에 속해 있는 모든 성도들에게 보냈습니다. 당시 아가야는 마게도냐 남쪽, 즉 현재의 그리스 남부 지방에 자리 잡고 있던 로마의 행정 지구로서, 고린도는 이 지역의 중심지였습니다. 이 지역에는 고린도 교회 외에도 겐그레아 교회(롬 16:1), 아덴 교회 등이 있었습니다.

바울은 본문에서 고린도 교회를 '하나님의 교회' 라고 칭하고 있습니다. 교회는 하나님께 속하여 있기 때문에 주인도 하나님이시고, 경영하시는 이도 하나님이십니다. 그러므로 교회의 일은 사람 마음대로 할 수 없습니다. 오직 하나님의 인도하심을 따라서 교회를 이끌어 나가야 합니다. 그리하여 이 땅에서 하나님의 나라를 확장시키며 사랑을 베풀고 하나님을 영화롭게 하는 데에 교회의 초점이 맞추어져야 합니다. 그러지 않고 만일 '내 교회', '네 교회' 하면서 편을 갈라 분쟁을 일으키고 분열을 가져온다면, 결과적으로 그리스도의 몸 된 교회(엡 1:23; 골 1:18)를 찢는 불경죄를 범하게 되는 것입니다.

그러므로 우리는 하나님께서 우리들 각자에게 허락하신 직분과 은사를 통해서 교회의 덕을 세우며 교회의 주인 되신 하나님을 영화롭게 해 드려야 할 것입니다(시 66:2; 고전 14:26).

2절 **하나님 우리 아버지와 주 예수 그리스도로부터 은혜와 평강이 있기를 원하노라**

'은혜와 평강' 이란 말은 사도 바울이 자주 사용했던 인사말입니다. 하나님은 우리에게 은혜를 주시고 평강을 주시기를 원하십니다. 하나님은 우리에게 심판이나 고통을 주기를 원하지 않으십니다. 하나님은 우리들의 마음에 한없는 평강과 희망을 주시기를 원하시는 것입니다.

'은혜' 란 죄인에게 값도 없이, 공로도 없이 주어지는 하나님의 구원의 선물을 말합니다. 우리가 죄인이었을 때에 예수님께서는 하늘의 모든 영광을 버리고 이 땅에 오셨습니다. 그리고 십자가에 달려 죽기까지 하시며 우리에 대한 하나님의 사랑을 확증하셨습니다(롬 5:8). 이러한 예수님의 십자가의 사역을 통해서 우리는 구원을 얻었습니다. 그뿐만 아니라 온갖 질병과 가난과 저주의 올무에서 벗어나고 죄책과 정죄의식에서 놓여나게 되어 맑고 밝고 환한 인생을 살아갈 수 있게 된 것입니다.

그러므로 우리가 주님의 은혜를 받을 때 우리 마음속에는 자연히 평강이 넘치게 됩니다. 이 평강은 세상이 주는 평안과는 다른 것으로(요 14:27) 샘 솟듯 솟아오르는 참되고 영원한 평안입니다.

이와 같이 마음의 평강은 은혜의 열매로서 나타나게 됩니다. 우리가 은혜를 받게 되면 동남풍이 불고 서북풍이 몰아쳐도 마음에 추호도 흔들림이 없습니다. 그러므로 자신이 은혜를 받았는가, 받지 못했는가 하는 것은 마음에 평강이 있는가, 없는가를 살펴보면 알 수 있습니다. 예수님께서는 누가복음 6장 44절에서 "나무는 각각 그 열매로 아나니 가시나무에서 무화과를, 또는 찔레에서 포도를 따지 못하느니라" 고 말씀하셨습니다. 은혜의 영이신 성령께서 마음에 임하시면 평안과 기쁨의 열매가 있습니다. 그러나 은혜가 없는 곳에는 불안과 초조 같은 나쁜 열매가 있을 따름입니다.

성경은 하나님을 은혜의 하나님이요, 평강의 하나님이라고 부르고 있습니다(느 9:31; 시 103:8; 롬 15:33; 16:20; 고후 13:11; 빌 4:9; 살전 5:23; 히 13:20-21; 벧전 5:10). 그러므로 참된 은혜와 평안은 하나님 우리 아버지와 주 예수 그리스도로부터 얻을 수 있습니다. 우리가 오직 하나님 아버지와 우리를 위해 고난당하신 예수님만을 믿고 의지할 때, 비로소 우리의 영혼이 안식을 찾고 위로와 평강을 얻게 되는 것입니다.

2. 환난과 위로(1:3-7)

3. 찬송하리로다 그는 우리 주 예수 그리스도의 하나님이시요 자비의
아버지시요 모든 위로의 하나님이시며 4. 우리의 모든 환난 중에서
우리를 위로하사 우리로 하여금 하나님께 받는 위로로써 모든 환난
중에 있는 자들을 능히 위로하게 하시는 이시로다 5. 그리스도의 고
난이 우리에게 넘친 것같이 우리가 받는 위로도 그리스도로 말미암아
넘치는도다 6. 우리가 환난당하는 것도 너희가 위로와 구원을 받게
하려는 것이요 우리가 위로를 받는 것도 너희가 위로를 받게 하려는
것이니 이 위로가 너희 속에 역사하여 우리가 받는 것 같은 고난을 너
희도 견디게 하느니라 7. 너희를 위한 우리의 소망이 견고함은 너희
가 고난에 참여하는 자가 된 것같이 위로에도 그러할 줄을 앎이라

3절 찬송하리로다 그는 우리 주 예수 그리스도의 하나님이시요 자비의 아버지시요 모든 위로의 하나님이시며

'하나님을 찬송한다' 라는 말을 바꿔 표현하면 '하나님을 칭찬한다' 라고 할 수 있습니다. 이 세상에 칭찬을 듣고도 기분이 좋지 않은 사람은 없습니다. 칭찬은 기계에 기름을 칠하는 것과 같습니다. 녹슬거나 오래된 기계에 기름을 칠하면 기계가 잘 돌아가는 것처럼 아주 적절한 칭찬은 모두에게 유익을 주며, 상대방에게 진실한 마음으로 칭찬하면 굉장한 용기와 힘이 솟아납니다. 그렇기 때문에 하나님을 찬송하는 것은 그분을

참으로 기쁘시게 해 드리는 행위 가운데 하나가 되는 것입니다.

본문에서 사도 바울은 인사를 마친 다음, 곧이어 하나님을 찬송하고 있습니다. 예수 그리스도의 대속의 은혜를 통해 하나님의 사랑을 체험한 사람이면 누구든지 하나님께 대한 찬양과 감사가 가슴속에서 우러나옵니다. 이 때문에 바울은 실라와 함께 빌립보 감옥에 갇혀 어려운 형편에 처해 있으면서도 하나님을 찬송하였습니다(행 16:25). 다윗도 사울 왕에게 쫓겨 다니며 온갖 어려움을 당할 때에 오히려 하나님을 찬송하며 '찬송은 정직한 자들이 마땅히 할 바' 라고 고백했던 것입니다(시 33:1).

사도 바울은 주 예수 그리스도의 하나님을 찬송하고 있습니다. 하나님께서는 우리 인간을 구원하시기 위하여 독생자 예수님을 이 땅에 보내셨습니다(요 3:16-17). 예수님은 본래 하나님의 본체시고 만물의 으뜸이신 분이나, 죄에 매여 멸망당할 수밖에 없는 우리를 구원하시기 위하여 육신을 입고 이 땅에 오셨습니다. 그리고 십자가 위에서 몸 찢기고 피 흘리심으로 말미암아 친히 화목제물이 되셔서 우리에 대한 하나님의 사랑을 확증하셨습니다. 그러므로 누구든지 예수 그리스도를 구주로 영접한 사람이면 죄 사함을 받고 질병과 저주에서 놓임을 받게 되었습니다. 사도 바울은 이처럼 예수 그리스도로 나타난 하나님의 사랑을 알았기 때문에 먼저 예수 그리스도의 하나님을 찬양하였던 것입니다.

그리고 사도 바울은 자비의 아버지 하나님을 찬송합니다. 우리가 예수 그리스도를 구주로 영접하여 거듭났다 하더라도, 우리 품성이 하루아침에 변화되는 것은 아닙니다. 끊임없이 육체의 정욕이 일어나 거룩한 삶을 살고자 하는 우리의 의지를 여지없이 무너뜨리곤 합니다. 그래서 사도 바울조차도 한때는 "오호라 나는 곤고한 사람이로다 이 사망의 몸에서 누가 나를 건져 내랴"(롬 7:24)고 하며 자신의 무력함을 탄식하였던 것입니다.

그러나 무슨 죄를 짓든지 우리가 지은 죄를 자백하기만 하면 하나님께서는 우리의 죄를 깨끗하게 씻어 주시고 용서하여 주십니다(요일 1:9). 그리고 동(東)이 서(西)에서 먼 것같이 우리의 죄과를 우리에게서 멀리 옮기시며, 성령의 도우심을 통하여 거룩한 삶을 살도록 도와주십니다(시 103:12). 그뿐만이 아닙니다. 우리가 우리의 부족함과 연약함을 고백하며 우리의 무력함으로 인하여 애통해할 때 하나님께서는 자비로운 손길로 어루만져 주시며 능력 있는 신앙생활을 할 수 있도록 도와주십니다. 이와 같이 하나님께서는 자비의 아버지인 것입니다.

또한 사도 바울은 위로의 하나님에 대하여 찬송하였습니다. 하나님께서는 생활의 모든 면에서 우리를 위로하시는 위로의 하나님이십니다. 예수님께서 부활하시고 승천하신 후에 우리에게 오신 성령님은 보혜사(παράκλητος) 이십니다(요 14:16). '보혜사' 란 곤궁에 처한 사람을 도와주기 위하여 곁에 부름을 받고 와서 변호하고 권고하며 탄원하여 그 사람을 도와주고 보호해 주는 '위로자' 를 말합니다. 이와 같이 성령님께서는 우리의 위로자가 되십니다. 그래서 이 세상에서 우리가 낙심하고 곤고할 때에 따뜻한 손길로 우리를 어루만져 주시고 새 힘을 북돋아 주시는 것입니다.

4절 우리의 모든 환난 중에서 우리를 위로하사 우리로 하여금 하나님께 받는 위로로써 모든 환난 중에 있는 자들을 능히 위로하게 하시는 이시로다 사도 바울은 그의 생애를 통해 수없이 많은 어려움과 고난을 겪었습니다(11:23-27). 그런데 그러한 환난은 대부분 전도 여행을 하면서 겪었던 것입니다. 이와 같이 하나님의 자녀가 되었다고 해서 환난이 다가오지 않는 것은 아닙니다. 그러나 하나님의 말씀에 확고히 뿌리박은 사람은 아무리 어려운 환난이나 시험이 닥쳐와도 결코 쓰러지지 않습니다. 왜냐하면 하나님께서 그때마다 위로해 주시고 일으켜 주시기 때문입니다(살후 2:17). 이렇게 환난을 통해서 하나님께로부터 위로를 받고 그 어려움을 극복해 본 사람은 다른 사람들을 능히 위로할 수 있습니다. 그래서 모든 환난 중에 있는 자를 일으켜 세우고 하나님의 위로의 말씀을 먹이며 새 힘을 가져다주는 그리스도의 사신(使臣)이 될 수 있는 것입니다(5:20). 그러나 전혀 환난을 체험해 보지 않은 사람은 위로하는 일에 서툽니다. 내가 위로를 받은 경험이 없는데 남을 어떻게 위로를 하겠습니까? 이러한 사람들은 피상적인 말만 하게 되어 마음을 평안하게 해 주는 위로의 말씀을 전하지 못하는 것입니다.

고난을 많이 겪고 환난 가운데서 하나님께 큰 위로를 받고 일어난 사람은 그가 받은 위로를 다른 사람에게 전해 줄 수 있습니다. 그러므로 때론 환난도 유익이 되는 것입니다. 환난 그 자체는 나쁜 것이 아닙니다. 왜냐하면 환난은 인내를, 인내는 연단을, 연단은 소망을 이루게 하기 때문입니다(롬 5:3-4).

5절 그리스도의 고난이 우리에게 넘친 것같이 우리가 받는 위로도 그리스도로 말미암아 넘치는도다

마태복음 7장 24절 이하를 보면 반석 위에 지은 집과 모래 위에 지은 집에 대한 비유의 말씀이 기록되어 있습니다. 반석 위에 지은 집과 모래 위에 지은 집에 똑같이 비가 내리며 창수가 나고 바람이 불어왔다고 했습니다. 이와 같이 하나님을 믿는 사람이라 할지라도 믿지 않는 사람과 똑같이 고난과 역경에 부딪힐 때가 있습니다. 이때 세상 사람들은 낙심하고 좌절하여 무너져 버리지만, 예수 믿는 사람들은 결코 무너지는 법이 없습니다. 더구나 그 고난이 그리스도로 인한 고난일 경우에는 하나님께서 이 세상의 위로와 함께 하늘의 상급을 주시기 때문에 오히려 우리는 고통 중에서도 능히 기뻐할 수 있습니다(마 5:11-12).

6절 우리가 환난당하는 것도 너희가 위로와 구원을 받게 하려는 것이요 우리가 위로를 받는 것도 너희가 위로를 받게 하려는 것이니 이 위로가 너희 속에 역사하여 우리가 받는 것 같은 고난을 너희도 견디게 하느니라

사도나 주의 종이 받는 환난은 그 환난을 통해 위로를 체험하여, 환난 중에 있는 사람을 위로하고 그들을 구원하는 데에 도움이 되도록 하기 위해서 대속적 고난을 당하는 것입니다. 예수님께서도 시험을 받고 고난을 당하셨으므로 시험 받는 자들을 능히 위로하시고 도와주실 수 있습니다(히 2:18).

기독교 신앙의 독특한 점은 많은 고난이 다가오지만 동시에 큰 위로도 함께 찾아온다는 점입니다. 하나님은 우리의 환난 가운데에 친히 찾아오셔서 위로해 주시고 그 고난을 잘 극복하게 하십니다. 그러고 나서 그 체험을 가지고 또 다른 사람을 위로하고 격려할 수 있도록 우리를 사용해 주십니다. 그러므로 모든 것이 그리스도 안에서는 합력하여 유익이 되

며, 그리스도로 말미암아 주어지는 위로는 우리에게 다가오는 모든 고난을 능히 극복하고 이겨 나가도록 우리를 붙들어 주는 것입니다.

7절 너희를 위한 우리의 소망이 견고함은 너희가 고난에 참여하는 자가 된 것같이 위로에도 그러할 줄을 앎이라

우리가 소망을 가지고 살아간다는 것은 너무나 행복한 일입니다. 인생을 살아갈 때 소망이 끊어지면 모든 것이 사라집니다. 유명한 단테의 신곡 '지옥' 편을 보면, 지옥에 들어가는 입구에 이런 글이 쓰여 있다고 합니다. '이곳에서는 소망이 없다.' 지옥이 두려운 이유는 소망이 없기 때문입니다. 아무리 괴로워도 내일에 대한 바늘구멍만 한 소망의 빛이 비치면 그 소망을 부여잡고 살아갈 수 있지만, 그 작은 소망도 없이 살아간다면 그것은 죽은 것과 다름이 없습니다. 그러므로 소망이 있다는 것은 삶의 존재 이유가 있다는 말입니다.

본문에서 사도 바울은 고린도 교회에 대해 소망이 견고하다고 말하고 있습니다. 이처럼 언급한 이유는 고린도 교회가 바울이 당한 고난에 함께 참여하였기 때문입니다. 사람과의 관계에서, 고난을 당하는 사람의 아픔에 같이 동참하면 그 관계는 변하지 않습니다. 고통당할 때는 떠나버리고 풍족할 때만 찾아오는 사람은 신뢰할 수 없습니다. 사람은 시험이나 환난을 당할 때 진면목을 알아볼 수 있는 것입니다. 교회에서도 마찬가지입니다. 고난 가운데 있다고 할지라도 교회를 떠나지 않고 굳건히 교회를 지키면서 기도로 인내하며 고난을 이겨 낸 성도는 교회가 부흥하고 발전하기 위해 진통을 겪는 어려운 상황에 처해 있다고 해도 결코 신앙이 흔들리지 않고 교회 공동체를 떠나지 않습니다. 왜냐하면 그

성도가 환난 가운데 있는 동안 교회를 통해 하나님의 위로와 은혜를 받아 고난을 잘 극복할 수 있었기 때문입니다.

고린도 교인들은 그리스도를 따른다는 이유로 많은 박해와 환난을 받았습니다. 당시에 그리스도인이 되는 것은 고난을 자초하는 것과 같았습니다. 그래서 그리스도인들은 세상 사람들로부터 오는 온갖 능욕과 차별 대우를 감수해야만 했습니다. 그러나 사도 바울은 고난만 받는 것이 아니라 하나님께로부터 오는 위로도 넘칠 줄을 알았기 때문에 고린도 교회가 흔들리지 않을 것이라는 확신을 가지고 있었습니다.

3. 환난에서 건져 주시는 하나님(1:8-11)

8. 형제들아 우리가 아시아에서 당한 환난을 너희가 모르기를 원하지
아니하노니 힘에 겹도록 심한 고난을 당하여 살 소망까지 끊어지고
9. 우리는 우리 자신이 사형 선고를 받은 줄 알았으니 이는 우리로 자
기를 의지하지 말고 오직 죽은 자를 다시 살리시는 하나님만 의지하
게 하심이라 10. 그가 이같이 큰 사망에서 우리를 건지셨고 또 건지
실 것이며 이후에도 건지시기를 그에게 바라노라 11. 너희도 우리를
위하여 간구함으로 도우라 이는 우리가 많은 사람의 기도로 얻은 은
사로 말미암아 많은 사람이 우리를 위하여 감사하게 하려 함이라

8절 형제들아 우리가 아시아에서 당한 환난을 너희가 모르기를 원

하지 아니하노니 힘에 겹도록 심한 고난을 당하여 살 소망까지 끊어지고

사도 바울은 흔히 강한 부정의 어법을 사용하여 자신이 하고자 하는 말을 강조하곤 하였습니다. '너희가 모르기를 원하지 아니하노니' 라는 말은 꼭 알기를 원한다는 뜻이며, 사도 바울의 다른 서신에서도 찾아볼 수 있습니다(롬 1:13; 고전 10:1; 12:1; 살전 4:13).

고난에는 두 종류의 고난이 있습니다. 먼저 예수 그리스도의 복음을 위해서 당하는 고난이 있습니다. 예수 그리스도의 복음을 전하다가 당한 고난은 영광스러운 고난입니다. 하늘에서의 상급이 클 뿐만 아니라 하나님께서도 기뻐하십니다.

예수 그리스도를 위하여 부모와 처자 그리고 형제들에게 버림을 당하기도 하고 재산을 모두 잃고 그리스도를 위해서 감옥에 잡혀 들어가기도 하고 순교하기도 합니다. 이 모든 것이 예수 그리스도의 십자가 고난에 참여하는 것입니다. 주님께서도 겟세마네 동산에서 기도하실 때 "내 아버지여 만일 할 만하시거든 이 잔을 내게서 지나가게 하옵소서"(마 26:39)라고 부르짖었지만 끝내 하나님은 예수님이 그 고난의 잔을 감당하게 하셨습니다.

우리가 예수님을 믿기 때문에 당하는 고난과 예수 그리스도를 위해 타국 오지에 들어가서 복음 사업을 하며 겪는 고난은 영광스러운 고난이요, 그리스도의 십자가 고난에 참여하는 값진 고난입니다.

그러나 하나님이 원하시지 않는 고난이 있습니다. 아담이 타락함으로 말미암아 죄와 마귀 때문에 당하는 고난, 병 때문에 당하는 고난 그리고

저주와 가난 때문에 당하는 고난은 하나님께서 원하시지 않습니다. 그렇기 때문에 사도 바울은 소아시아 지역이나 아가야 지역에 있는 교회 성도들에게 끊임없이 헌금을 거두어서 박해를 받는 예루살렘 교회 성도들을 물질로 도와주었던 것입니다.

예수님께서는 십자가에서 죽으심으로 저주와 가난을 청산하셨습니다. 자기가 게을러서 가난한 것은 어찌할 도리가 없지만 열심히 일해도 열매를 맺지 못하는 삶에서 해방시키기 위해서 주님은 십자가에서 저주를 제하시고 아브라함의 축복을 허락하신 것입니다. 배고픔의 고난에서 해방된 사람은 배고픈 사람을 도와줄 수 있어야 합니다. "주는 것이 받는 것보다 복이 있다" (행 20:35)라고 말씀하셨듯이 우리는 가난에서 벗어나 받은 풍요의 축복을 배고픔의 고난 가운데 있는 형제들에게 나누어 주며 살아야 할 것입니다.

그리스도의 복음을 위해서 고난을 당할 때에는 하나님께서 함께하시며 도와주십니다. 사도 바울은 복음을 전하다가 아시아에서 수많은 고난을 당했습니다. 그는 죽음 직전까지 이르는 고통도 당했습니다. 본문에서 사도 바울은 "형제들아 우리가 아시아에서 당한 환난을 너희가 모르기를 원하지 아니하노니 힘에 겹도록 심한 고난을 당하여 살 소망까지 끊어지고" 라고 했습니다. 고난도 내가 견딜 만한 고난이 있고 내 힘으로 감당하지 못할 고난이 있습니다. 바울은 보통 사람이 감당하기 힘든 고난을 겪으며 무엇인가 중대한 교훈을 얻었으며, 그때 얻은 그 교훈을 고린도 교인들에게 전하기 위하여 이목을 집중시키고 있는 것입니다.

사도 바울은 루스드라에서 유대인에게 돌로 맞아 빈사 상태에 이른 적이 있을 정도로 극심한 환난의 고통을 당했던 것을 설명하고 있습니다

(행 14:19).

9절 우리는 우리 자신이 사형 선고를 받은 줄 알았으니 이는 우리로 자기를 의지하지 말고 오직 죽은 자를 다시 살리시는 하나님만 의지하게 하심이라

사도 바울은 완전히 절망적인 형편에 처하여 죽음 직전까지 간 적이 여러 번 있었지만, 오히려 그는 그러한 고난을 겪음으로 죽은 자를 다시 살리시는 전능하신 하나님을 의지할 수 있었습니다. 인간의 모든 희망이 끊어지고 이러지도 저러지도 못하는 형편에 처하게 되었을 때, 사람들은 대부분 자포자기에 빠져 버리고 맙니다. 그리고 인생을 포기하고 운명을 원망하면서 인생의 낙오자로 전락해 버립니다. 그러나 사도 바울은 "내가 그리스도를 위하여 약한 것들과 능욕과 궁핍과 박해와 곤고를 기뻐하노니 이는 내가 약한 그때에 강함이라"(12:10)고 담대히 고백하고 있습니다.

우리는 사도 바울의 이 고백을 통해 그의 위대한 믿음을 엿볼 수 있습니다. 바울은 아무리 어려운 때에라도 온전히 하나님만 의뢰하였으며, 체념이나 자포자기 같은 부정적인 마음은 조금도 품지 않았습니다. 그는 곤궁에 처할 때 오히려 하나님께서 기적 같은 권능으로 역사하여 주실 것을 믿었습니다. 그 결과 하나님께서는 수없이 많은 위기에서 바울을 지켜 주셨으며, 그때마다 위대한 복음 사역의 열매를 맺도록 하셨습니다.

이와 같이 하나님께서는 성도를 높이기 전에 반드시 낮고 힘든 골짜기를 지나게 하십니다. 그래서 그 과정을 통해 자아가 깨어지고 교만이 깨

어져서 온전히 하나님만을 의지하게 하십니다. 그런 다음 비로소 하나님께서 높여 주시는 것입니다. 자아가 깨어지기 전에는 절대로 복의 자리에 들어설 수 없습니다. 하나님께서는 조그마한 복이라도 반드시 그 사람의 믿음을 시험하시고 난 다음 허락해 주십니다. 그러므로 불같은 시험을 당하는 것을 이상하게 여기지 말고(벧전 4:12) 잘 견디고 믿음으로 극복하고 나면 하나님께서 생명의 면류관을 씌워 주실 것입니다(약 1:12).

10절 그가 이같이 큰 사망에서 우리를 건지셨고 또 건지실 것이며 이후에도 건지시기를 그에게 바라노라

사도 바울은 지독히 큰 환난과 죽음에서 하나님이 건져 주셨기 때문에 "그가 이같이 큰 사망에서 우리를 건지셨고"라고 고백하고 있습니다. 큰 풍파를 체험하지 못한 사람은 작은 풍랑이 와도 벌벌 떨게 됩니다. 그러나 바울 선생은 극심한 고통을 경험했기 때문에 담대한 믿음이 생겨나는 것입니다. 믿음이란 것은 머리에서 나오는 것이 아니라 마음에서 나옵니다. 머리로 믿는 것은 진정한 믿음이 아닙니다. 단지 지식일 뿐입니다. 경험을 통해서 오는 믿음은 마음에서 샘솟는 믿음입니다. 마음에서 솟아오르는 담대한 믿음은 많은 시험과 환난을 체험한 신앙생활을 통해 얻게 되는 것입니다.

그동안 사도 바울은 '큰 사망' 이라고 할 정도로 상당히 위험한 일들을 수없이 겪었습니다(11:23-27). 그러나 그는 그때마다 위기에서 구출해 주신 하나님의 도우심을 항상 기억하고 있었습니다. 그렇기 때문에 현재의 처지가 어떠하든지, 혹은 앞으로 어떠한 상황에 처하든지 별로 두려울 것이 없었습니다. 왜냐하면 사도 바울은 시편 기자의 고백처럼 환난 날

에 주께 부르짖을 때 주께서 응답하신다는 사실을 잘 알고 있었기 때문입니다(시 86:7).

11절 너희도 우리를 위하여 간구함으로 도우라 이는 우리가 많은 사람의 기도로 얻은 은사로 말미암아 많은 사람이 우리를 위하여 감사하게 하려 함이라

사도 바울은 비록 자신이 사도의 입장에 있긴 하였지만 고린도 교인들에게 기도로 도와달라고 부탁하고 있습니다. 바울은 기도가 복음 사역에 가장 큰 힘이 된다는 사실을 알았습니다. 그래서 자신의 선교 사역의 성공적인 수행을 위하여 고린도 교회의 성도들이 기도로 지원해 줄 것을 호소한 것입니다.

하나님께서는 우리가 구하기 전에 먼저 우리에게 있어야 할 것을 아시지만 우리가 기도하지 않으면 아무것도 주시지 않습니다. 그러나 우리가 무엇이든지 기도로 구하고 또 구하는 것을 받은 줄로 믿기만 하면 우리의 기도는 그대로 이루어지게 됩니다(막 11:24). 사도 바울은 기도의 위대한 법칙을 알았기 때문에 하나님의 사역을 더욱더 능력 있게 감당하기 위하여 종종 자신을 위하여 기도해 줄 것을 성도들에게 부탁했습니다(롬 15:30; 골 4:3-4; 살전 5:25).

바울이 선교 사업을 성공적으로 수행하는 데에는 성도의 기도가 큰 힘이 되었습니다. 그런데 사도 바울은 이렇게 기도로 지원해 준 효과가 자신뿐만 아니라 기도해 준 사람까지도 충분히 감사할 일이라고 말하고 있습니다.

우리는 선교 사업에 직접적으로 참여하지 못한다 할지라도 주의 사업

을 하는 목회자와 선교사를 위해 기도함으로써 선교 사업에 동참할 수 있습니다. 나 또한 실제로 수많은 선교 여행, 혹은 각종 집회를 통해서 성도들의 기도가 밑받침이 된 놀라운 기적들을 수없이 체험할 수 있었습니다. 이처럼 성도들의 기도는 하나님의 나라를 확장시키는 놀라운 원동력이 됩니다. 그러므로 우리는 하나님의 나라의 확장을 위해서, 그리고 영혼의 구원을 위해 애쓰고 있는 주의 종들을 위하여 힘써 기도해야 할 것입니다. 성경은 "지혜 있는 자는 궁창의 빛과 같이 빛날 것이요 많은 사람을 옳은 데로 돌아오게 한 자는 별과 같이 영원토록 빛나리라" (단 12:3)고 말씀하고 있습니다. 우리가 선교 사역에 기도로써 동참하면 그 기도의 응답으로 나타나는 놀라운 주의 은혜를 체험할 수 있게 되며, 하늘나라에 가서도 큰 상급을 받게 됩니다. 그렇기 때문에 사도 바울은 자신을 위해 기도해 줄 것을 강력히 권고한 것입니다.

4. 고린도 교인들에 대한 바울의 태도(1:12-14)

12. 우리가 세상에서 특별히 너희에 대하여 하나님의 거룩함과 진실함으로 행하되 육체의 지혜로 하지 아니하고 하나님의 은혜로 행함은 우리 양심이 증언하는 바니 이것이 우리의 자랑이라 13. 오직 너희가 읽고 아는 것 외에 우리가 다른 것을 쓰지 아니하노니 너희가 완전히 알기를 내가 바라는 것은 14. 너희가 우리를 부분적으로 알았

으나 우리 주 예수의 날에는 너희가 우리의 자랑이 되고 우리가 너희의 자랑이 되는 그것이라

12절 우리가 세상에서 특별히 너희에 대하여 하나님의 거룩함과 진실함으로 행하되 육체의 지혜로 하지 아니하고 하나님의 은혜로 행함은 우리 양심이 증언하는 바니 이것이 우리의 자랑이라

당시 고린도 교회에는 사도 바울을 비난하며 시기하는 사람들이 있었습니다. 그들은 하는 일마다 트집을 잡아 사도 바울을 비난하였습니다. 그들은 바울이 하는 일들이 모두 다 인간의 얕은꾀를 의지하며 자기 편의대로 행하는 것이라고 말하였습니다. 그래서 사도 바울은 고린도 교회의 이러한 분위기를 의식하고 고린도 교인들에게 자기 태도를 명백하게 밝혔습니다.

사도 바울은 먼저 자신이 하나님의 거룩함과 진실함으로 그들을 대했다고 말하였습니다. 바울의 생애는 믿음과 행동이 일치하는 진실한 삶이었습니다. 그는 그가 쓴 여러 서신들을 통해 자기를 본받으라고 자신 있게 권면할 정도로 정직한 신앙생활을 하였습니다(고전 4:16; 11:1; 빌 3:17; 4:9). 특히 그는 사람들을 대함에 있어 인간의 약삭빠른 지혜로 하지 않고 하나님 앞에서 순전한 모습과 거룩함과 진실함으로 일관하였습니다. 만일 사도 바울이 자기의 편의와 유익을 구하기 위해 살았다면, 죽음을 무릅쓰면서까지 전도 여행을 나서지 않았을 것이며 천막을 짜면서까지 스스로 비용을 마련하기 위해 애쓰지도 않았을 것입니다(행 18:3; 고전 9:7).

그런데 이 세상에는 주를 믿는다 하면서도 말로만 '주여! 주여!' 하는

사람이 많습니다. 실제로 그러한 사람들은 뒤로 돌아서서는 자기의 이익을 계산하며, 자기의 명예를 생각하고, 자신의 영광만을 구합니다. 마태복음 7장 21절을 보면 "나더러 주여 주여 하는 자마다 다 천국에 들어갈 것이 아니요 다만 하늘에 계신 내 아버지의 뜻대로 행하는 자라야 들어가리라" 고 말씀하고 있습니다. 설령 주의 이름으로 귀신을 쫓아내며, 주의 이름으로 많은 권능을 행하였다 할지라도 하나님의 뜻에 합당하지 못하면 '그날에' 아버지의 품에 안기지 못할 것이라고 성경은 기록하고 있습니다(마 7:22-23). 그러므로 우리는 모든 생활을 해 나가는 데 있어 말과 혀로만 할 것이 아니라 오직 '거룩함과 진실함' 으로 행해야 할 것입니다.

또한 사도 바울은 자신이 육체의 지혜로 하지 아니하고 하나님의 은혜로 행하였으며 자신의 양심이 이를 증언한다고 하였습니다. 우리가 무슨 일을 하든지 양심에 거리낄 것이 없으면 언제나 인생을 담대하게 살아갈 수 있습니다. 죄를 지으면 먼저 양심에 가책이 옵니다. 죄는 비록 겉으로는 드러나지 않지만 사람의 마음을 불안하고 초조하게 만듭니다. 그리고 끊임없이 마음을 괴롭히기 때문에 종국에는 그 사람의 영혼을 마르게 합니다. 그렇기 때문에 사도 바울은 믿음과 착한 양심을 가지라고 하였으며(딤전 1:19), 베드로도 그의 서신에서 선한 양심을 가지라고 말하였던 것입니다(벧전 3:16).

그러므로 우리는 궁극적으로 죄가 없는 거룩하고 성결한 삶을 살아야겠지만, 혹시 죄를 짓더라도 양심의 소리를 묵살하면서까지 그 죄를 오래 품고 있으면 안 됩니다. 죄를 지은 그 즉시로 자복하고 회개하여 죄 사함을 받아야 합니다. 그럴 때 선한 양심을 갖게 되며 아무것도 거리낄 것이 없는 담대한 삶을 살아가게 되는 것입니다.

13절 오직 너희가 읽고 아는 것 외에 우리가 다른 것을 쓰지 아니하노니 너희가 완전히 알기를 내가 바라는 것은

본문을 기술한 중요한 의도는 성경을 읽고 진리를 아는 것 외에 다른 말을 하지 않겠다는 것입니다. 다시 말하면 말씀을 벗어나지 않겠다는 것입니다.

사도 바울은 고린도 교회에 여러 통의 편지를 보냈습니다. 그는 고린도 교회에 보낸 지금까지의 편지 내용 외에는 다른 말을 하지 않겠다고 말하고 있습니다. 편지 내용 그대로 고린도 교회가 바로 서길 원하고 있으며, 자신이 어떤 인간적인 속셈을 가지고 있거나 겉과 속이 다른 행동을 하지 않았다는 자신의 입장을 밝히고 있습니다.

그리고 본 절은 다음 절(14절)의 의미를 강조해 주고 있습니다. 무엇이든 완전히 안다고 하는 것은 알고자 하는 사람의 인내와 성실성을 요구합니다. 적어도 그렇게 진지한 자세를 가질 때 진리를 올바로 깨달을 수 있습니다. 그리고 편견 없이 사물을 바르게 판단하여 좌로나 우로나 치우치지 않는 사람이 될 수 있는 것입니다(신 5:32; 수 1:7).

14절 너희가 우리를 부분적으로 알았으나 우리 주 예수의 날에는 너희가 우리의 자랑이 되고 우리가 너희의 자랑이 되는 그것이라

고린도 교회 내에는 사도 바울을 비난하고 헐뜯는 무리들이 있었지만, 전체가 다 그런 것은 아니었습니다. 한때는 상황이 매우 악화되어 바울을 크게 근심하게 한 일도 있었습니다. 그러나 사도 바울이 고린도후

서를 쓸 당시에는 어느 정도 분위기가 안정되어 있었습니다. 사도 바울의 권면을 받아들이고 반성하는 마음으로 교회를 정화하기 시작하였던 것입니다. 이러한 사정을 알고 고린도후서를 쓰고 있는 바울은 안심이 되었습니다. 자신의 전도 사역으로 세워진 교회가 분쟁으로 말미암아 자기로부터 멀어진다면 그 얼마나 가슴이 아프겠습니까? 그리고 그것은 고린도 교회의 입장에서도 사도 바울과 같은 위대한 종을 상실하는 엄청난 손해를 입게 되는 것이었습니다. 그러나 바울은 극히 일부의 무리만이 자신을 비난하며 교회의 분위기를 흐려 놓는다는 것을 알았습니다. 그래서 그는 "너희가 우리를 부분적으로 알았다." 고 말한 것입니다.

주의 사역을 하다 보면 반드시 칭찬만 듣는 것이 아닙니다. 어떤 경우에는 잘못하고 실수한 것이 침소봉대(針小棒大)되어 드러나는가 하면, 심지어는 터무니없는 모략과 중상을 받을 때도 있는 것입니다. 이것은 비단 주의 종뿐만 아니라 일반 평신도들도 마찬가지일 것입니다. 하지만 그렇다고 해서 절대로 낙심해서는 안 됩니다. 아무리 억울한 일이라도 하나님께서는 그 모든 것이 합력하여 선이 되게 해 주실 뿐 아니라 반드시 진실이 드러나도록 해 주십니다. 그러므로 이유 없는 비난을 받을 때, 우리는 그것이 격려를 위한 채찍으로 알고 오히려 감사하며 더욱 열심히 복음 사역에 전념해야 할 것입니다. 우리가 이렇게 비방과 역경 속에서도 충성하면 주님께서 이 세상에 다시 오시는 날 잘했다고 칭찬받고 하나님의 즐거움에 참여하는 영광을 누리게 됩니다.

사도 바울은 "우리 주 예수의 날에는 너희가 우리의 자랑이 되고 우리가 너희의 자랑이 되는 그것이라" 고 말하고 있습니다. 이는 하나님의 말씀으로 고린도 교인들을 양육한 사도 바울과 그 말씀을 받아 성령의 열매를 맺고 또 기도로 바울의 전도 사역을 후원한 성도들이 서로의 자랑이 될 것이라는 말입니다. 사도 바울은 고린도 교인들이 그에 대한 사랑을 끝까지 갖기를 기대하고 있습니다.

5. 사도 바울이 행한 전도 사역의 신실성
(1:15-24)

15. 내가 이 확신을 가지고 너희로 두 번 은혜를 얻게 하기 위하여 먼
저 너희에게 이르렀다가 16. 너희를 지나 마게도냐로 갔다가 다시
마게도냐에서 너희에게 가서 너희의 도움으로 유대로 가기를 계획
하였으니 17. 이렇게 계획할 때에 어찌 경솔히 하였으리요 혹 계획
하기를 육체를 따라 계획하여 예 예 하면서 아니라 아니라 하는 일이
내게 있겠느냐 18. 하나님은 미쁘시니라 우리가 너희에게 한 말은
예 하고 아니라 함이 없노라 19. 우리 곧 나와 실루아노와 디모데로
말미암아 너희 가운데 전파된 하나님의 아들 예수 그리스도는 예 하
고 아니라 함이 되지 아니하셨으니 그에게는 예만 되었느니라 20.
하나님의 약속은 얼마든지 그리스도 안에서 예가 되니 그런즉 그로
말미암아 우리가 아멘 하여 하나님께 영광을 돌리게 되느니라 21.
우리를 너희와 함께 그리스도 안에서 굳건하게 하시고 우리에게 기
름을 부으신 이는 하나님이시니 22. 그가 또한 우리에게 인 치시고
보증으로 우리 마음에 성령을 주셨느니라 23. 내가 내 목숨을 걸고
하나님을 불러 증언하시게 하노니 내가 다시 고린도에 가지 아니한

것은 너희를 아끼려 함이라 24. 우리가 너희 믿음을 주관하려는 것이 아니요 오직 너희 기쁨을 돕는 자가 되려 함이니 이는 너희가 믿음에 섰음이라

15절 내가 이 확신을 가지고 너희로 두 번 은혜를 얻게 하기 위하여 먼저 너희에게 이르렀다가

고린도 교회는 사도 바울이 피와 눈물과 땀으로 전도해서 이룩한 교회이기 때문에 하나님 앞에서 자랑이요, 면류관입니다. 그리고 사도 바울은 고린도 교인들에게 자랑이요, 서로 신뢰하는 관계를 이루고 섬기는 영적 지도자였습니다.

무엇이든 자신이 피와 눈물과 땀으로 이루어 놓은 것과 남이 이루어 놓은 것은 차이가 있습니다. 교회도 그렇습니다. 목사가 자신의 피와 눈물과 땀으로 개척해서 세운 교회에서 목회하는 것과 이미 세워 놓은 교회에 들어와서 목회를 하는 것은 애착심이 다릅니다. 자기가 개척한 교회는 어찌하든지 그 교회가 자기의 노력의 결과로 이루어진 것이기 때문에 작은 일도 내 일처럼 보살피며 사랑합니다.

사도 바울도 고린도 교회에 대하여 남다른 애착을 가지고 있었습니다. 그는 고린도 교인의 일거수일투족에 대해서 깊은 마음의 관심을 가지고 있었습니다. 그렇기 때문에 두 번 은혜를 얻게 하게 하기 위하여 먼저 그들에게 이르기를 원했던 것입니다. 그리고 이 방문을 통해서 바울은 고린도 교인들에게 은혜를 끼치고자 했습니다. 사도 바울이 고린도를 방문하고자 했던 것은 어떤 인간적인 목적이나 의도 때문이 아니었습니다. 예수 그리스도의 종으로서, 사도로서 방문하여 고린도 교인들에게 신령

한 은혜를 나누어 주고 그들의 믿음을 견고하게 하려 했던 것입니다. 그것은 바울 자신이 개척한 고린도 교회가 은혜 안에서 굳건해지도록 다시 한번 해산의 수고를 겪으려는 간절한 사랑의 발로였습니다.

16절 너희를 지나 마게도냐로 갔다가 다시 마게도냐에서 너희에게 가서 너희의 도움으로 유대로 가기를 계획하였으니

바울이 처음 가졌던 계획을 밝히고 있습니다. 그는 원래 에베소를 출발하여 마게도냐로 가는 길에 일차적으로 고린도를 방문하고, 마게도냐에서 돌아오는 길에 다시 고린도를 방문한 다음에 유대로 갈 예정이었습니다. 그런데 이 일정에 차질이 생겼습니다. 그래서 그 계획을 변경하여 자신이 직접 고린도에 가지 않고 디모데를 보냈습니다. 그리고 자신은 곧장 마게도냐로 갔다가 오는 길에 비로소 고린도 교인들에게 가게 되었던 것입니다.

성경 말씀에 "사람이 마음으로 자기의 길을 계획할지라도 그의 걸음을 인도하시는 이는 야훼시니라"(잠 16:9), "마음의 경영은 사람에게 있어도 말의 응답은 야훼께로부터 나오느니라"(잠 16:1)고 했듯이, 모든 일을 주장하시고 결론을 내리시는 분은 하나님이십니다.

하나님은 우주의 중심이 되시고 개인과 역사를 지배하고 계십니다. 하나님은 알파와 오메가요, 처음과 나중이요, 시작과 끝이 되십니다. 시작도 하나님께서 하시고 결론도 하나님께서 내리시는 것입니다. "야훼께서 집을 세우지 아니하시면 세우는 자의 수고가 헛되며 야훼께서 성을 지키지 아니하시면 파수꾼의 깨어 있음이 헛되도다"(시 127:1)라는 말씀처럼, 하나님을 의지하여 일을 하면 형통하게 되지만 하나님과 더불어

일하지 아니하면 모든 일이 결국 헛것이 되는 것입니다. 그러므로 하나님께서 우리의 삶 가운데 친히 파수꾼이 되어 주지 아니하시면 아무리 인간이 애를 써도 소용이 없는 것입니다.

사도 바울의 계획이 바뀌게 되자 이를 알게 된 고린도 교회에서는 바울에 대한 비난이 빗발치듯 하였습니다. 그런데 그러한 비난은 일정 변경에 대한 문제에만 국한되지 않고 사도 바울의 복음 사역의 신실성에 대한 의심으로 확산되었습니다. 그래서 일관성 없이 자기 마음대로 하는 사람의 입에서 나온 말을 어떻게 신뢰할 수 있겠는가라는 비난까지 받았습니다. 그리고 그 당시 고린도 교회에서 사도 바울의 사도권을 공박하던 몇몇 유대주의자들은 바울의 일정 변경을 구실로 온갖 비난과 중상을 서슴지 않았던 것입니다.

상황이 이렇게 되자 바울은 자신이 행한 복음 사역의 신실성을 확신시키기 위해서 자신의 입장을 변호할 수밖에 없었습니다.

17절 **이렇게 계획할 때에 어찌 경솔히 하였으리요 혹 계획하기를 육체를 따라 계획하여 예 예 하면서 아니라 아니라 하는 일이 내게 있겠느냐**

사도 바울은 자신이 계획할 때에 결코 경솔히 하지 않았다고 담대하게 말하고 있습니다. 비록 자신이 말했던 것과는 다르게 계획이 변경되었지만 처음 계획을 세웠을 때나 또 그 계획을 바꿀 때 결코 가볍게 하지 않았다는 것입니다.

사람들 중에는 때때로 신중함 없이 경솔하게 일을 처리하다가 끝내 낭패와 실패를 겪는 경우가 적지 않습니다. 우리는 바로 이와 같은 예를 구약에서 찾아볼 수 있습니다.

이스라엘 최초의 왕이었던 사울이 블레셋 사람들과 전쟁을 하고 있을 때였습니다(삼상 13-14장). 하나님의 도우심으로 말미암아 승리하는 이스라엘 사람들이 패주하는 블레셋 사람들을 추격하며 전세를 유리하게 이끌고 있었습니다. 그런데 여기에 문제가 생겼습니다. 이스라엘 병사들이 싸움에 지쳐서 기력이 많이 쇠하여 있었던 것입니다. 싸우고 있는 이스라엘 백성들이 피곤을 느꼈던 가장 큰 이유는 바로 사울 왕의 경솔한 맹세 때문이었습니다. 그는 그날 싸움 전에 백성에게 맹세시켜 말하기를 "저녁 곧 내가 내 원수에게 보복하는 때까지 아무 음식물이든지 먹는 사람은 저주를 받을지어다" (삼상 14:24)라고 하였습니다.

물론 사울 왕의 입장에서 볼 때 전쟁을 꼭 승리로 이끌기 위한 절박한 마음에서 그렇게 했다고 볼 수도 있습니다. 그러나 직접 적병들과 맞서 칼과 창을 휘둘러야 하는 전장에서 아무것도 먹지 않고 무슨 힘으로 싸울 수 있겠습니까? 그렇다고 해서 사울 왕이 하나님께 기도드려서 응답을 받아 맹세한 것도 아니고 단지 자신의 입장만을 생각하고 경솔한 맹세를 하였던 것입니다. 그 결과 이스라엘은 블레셋의 세력을 격멸시킬 수 있는 좋은 기회를 놓쳐 버리고 단지 그 싸움에서 승리하는 것만으로 만족해야 했습니다.

그뿐만이 아닙니다. 이스라엘 백성 가운데에서 제일 먼저 그 맹세를 어긴 사람이 있었는데, 그는 바로 사울 왕의 아들인 요나단이었습니다(삼상 14:27). 그는 사울 왕이 맹세를 시킬 때에 그 자리에 없어서 그 명령을 듣지 못하였습니다. 그러나 그는 맹세를 어긴 죄로 죽음의 벌을 받아야만 했습니다. 그때에 이스라엘 백성들이 사울 왕의 처사가 합당하지 않음을 지적하며 요나단을 사면해 줄 것을 탄원하였습니다. 그 결과 요나단은 죽음에서 벗어날 수 있었습니다. 하지만 이렇게 이스라엘 백성들이 판결 문제로 옥신각신하고 있을 때에 블레셋 사람들은 무사히 그들의 땅으로 도주하였습니다. 결국 사울 왕은 경솔한 행동을 하여 자기 아들을 죽일 뻔했을 뿐만 아니라, 그로 인해서 블레셋 사람들의 세력을 무너뜨릴 수 있는 좋은 기회마저도 놓쳐 버리고 만 것입니다.

이와 같이 경솔한 행동이나 무분별한 맹세는 사람을 곤경에 몰아넣기가 쉽습니다. 그렇기 때문에 예수님께서 하늘로도, 땅으로도 맹세하지 말라고 말씀하신 것입니다(마 5:34-35). 그러므로 우리는 우리 자신의 얄팍한 지식이나 판단을 의지하여 경솔한 언행을 하지 않도록 주의해야 합니다.

육체를 따라 경영한다는 것은 자기 자신의 사리사욕만을 위해 모든 일을 계획하고 처리하는 것을 말합니다. 즉, 상황이 자기에게 유리할 것 같으면 "예!"라고 말하고, 조금 불리할 것 같으면 "아니오!"라고 말합니다. 그러므로 이런 사람들의 말은 아침과 저녁이 다르고, 어제와 오늘이 다릅니다. 고린도 교회 내에서 사도 바울을 비난하던 사람들은 마치 바울이 그런 부류의 사람인 양 비난하고 헐뜯었습니다.

그러나 사도 바울은 자신이 결코 그런 사람이 아니라고 말합니다. 그리고 지금까지도 그래 왔듯이 앞으로 계속해서 주님의 인도하심을 따라 모든 일을 행할 것이라는 내용을 반어법(反語法)을 사용하여 강조하고 있습니다. 사도 바울의 인생은 바울 자신의 소유가 아니었습니다. 그의 안에는 예수 그리스도께서 살고 계셨으며, 그는 하나님의 아들을 믿는 믿음으로 살아가고 있었습니다(갈 2:20). 그래서 그는 범사에 하나님의 뜻을 구하며, 그 뜻을 따라 살았습니다.

18절 하나님은 미쁘시니라 우리가 너희에게 한 말은 예 하고 아니라 함이 없노라

사도 바울은 자신의 신실성의 뿌리를 하나님께 두고 있습니다. '미쁘다' 라는 말은 '믿을 만하다', '진실하다' 라는 의미를 가지고 있습니다. 하나님께서는 진실하시며 믿을 만한 분이시므로 그분의 약속은 조금도 변하지 않고 모두 이루어집니다. 바울은 이와 같은 하나님을 의지하여 살았기 때문에 무엇을 하든 자기 임의대로 하지 않았습니다. 항상 하나님께 의뢰하며 그분이 말씀하시는 대로 하였습니다. 이처럼 신실하신 하나님만을 의지하며 사는 사도 바울은 하나님께 기도하고 성령님의 인도하심을 따라서 '예' 또는 '아니라' 고 대답하는 것이지 자기 멋대로 말을 번복하며 기분에 따라 사는 것이 아니라고 말하고 있습니다.

성경은 "하나님은 사람이 아니시니 거짓말을 하지 않으시고 인생이 아니시니 후회가 없으시도다 어찌 그 말씀하신 바를 행하지 않으시며 하신 말씀을 실행하지 않으시랴" (민 23:19)고 말씀하고 있습니다. 우리가 목숨을 바쳐서 하나님을 믿을 수 있는 것은 하나님이 절대로 거짓말을 하지 않으신다는 사실 때문입니다. 대인 관계에 있어서 가장 큰 재산은 신뢰입니다. 신뢰란 내가 한 말이나 약속을 지키는 것입니다. 내가 말을 해 놓고 그것을 지키지 아니하면 거짓말쟁이가 되는 것입니다.

우리가 삶 가운데 많은 사람들을 사귀다 보면 손해가 나더라도 자신이 한 말을 반드시 지키는 사람이 있습니다. 그는 주위 사람들에게 값진 신뢰를 선물하는 사람입니다. 그리고 사람들이 언제든 믿고 의지할 수 있

는 사람입니다. 그러나 이와는 반대로 철석같이 약속해 놓고도 자신에게 작은 손해가 나면 언제 그랬냐는 듯이 순식간에 말을 바꾸는 사람이 있습니다. 심지어 거짓말까지 하며 등지고 돌아서는 사람도 있습니다. 그는 사람들 사이에서 신뢰를 강탈해 가는 사람입니다. 그런 사람에게는 동역자가 있을 수 없습니다. 그가 어떤 말을 할지라도 그것은 바람과 같은 말이 되어 무시당하기 십상입니다.

신뢰성이 있는 사람은 인격이 견고한 사람입니다. 우리는 그 사람을 신뢰하며 의지하고 일을 할 수 있습니다. 마찬가지로 "하나님은 미쁘시니라"는 말씀에서 알 수 있듯이 하나님은 절대적인 신뢰를 가지고 계신 분이십니다. 그런 하나님을 신뢰하고 믿고 의지할 때, 하나님은 우리를 향해 '예'라는 희망적인 대답으로 신실하게 응답해 주실 것입니다.

19절 우리 곧 나와 실루아노와 디모데로 말미암아 너희 가운데 전파된 하나님의 아들 예수 그리스도는 예 하고 아니라 함이 되지 아니하셨으니 그에게는 예만 되었느니라

우리에게 전파된 예수 그리스도는 항상 '예'라고 대답하셨습니다. 예수님께서는 우리의 죄에 대해서 용서의 '예'가 되시고, 저주에 대해서 복의 '예'가 되시며, 질병에 대해서 치료의 '예'가 되십니다. 또 죽음에 대해서는 부활의 '예'가 되시고, 영생에 대하여도 천국 소망을 가져다주시는 '예'가 되십니다. 마귀는 사람을 도둑질하고 죽이고 멸망시키는 일을 하지만, 예수님께서는 항상 '예'가 되셔서 우리로 하여금 생명을 얻되 더욱 풍성히 얻게 하십니다(요 10:10). 그러므로 하나님의 자녀 된 그리스도인들은 부정적이 될 수 없습니다. 설령 잠시 어려움이 다가오더라도 끝

까지 인내하면 모든 것이 합력하여 유익이 되기 때문에 예수님 안에서 손해되는 것은 없습니다. 왜냐하면 예수님께서 우리와 더불어 모든 일에 '예' 가 되어 주시기 때문입니다.

20절 하나님의 약속은 얼마든지 그리스도 안에서 예가 되니 그런즉 그로 말미암아 우리가 아멘 하여 하나님께 영광을 돌리게 되느니라

성서신학자들이 말하기를 창세기부터 요한계시록까지 기록된 하나님의 약속은 약 7천여 가지가 된다고 합니다. 하나님께서 우리에게 주신 7천여 가지 약속은 얼마든지 그리스도 안에서 '예' 가 되지, 절대로 거짓이 없다고 사도 바울은 말씀하고 있습니다. 그러므로 우리는 믿음을 가지고 '아멘' 으로 화답하여 하나님께 영광을 돌리게 되는 것입니다.

하나님의 약속은 거짓된 것이 없습니다. 그러므로 눈에는 아무 증거 안 보이고, 귀에는 아무 소리 안 들리고, 손에는 잡히는 것 없어도 하나님의 약속의 말씀만을 바라보고 '아멘' 하고 나가야 되는 것입니다.

그리고 이 모든 하나님의 약속이 이미 예수님 안에서 다 이루어졌습니다. 예수님께서 십자가 위에서 "다 이루었다!" 라고 말씀하시며 돌아가셨을 때(요 19:30), 그 약속의 말씀들이 완전히 성취된 것입니다.

그러므로 예수 그리스도만큼 하나님의 신실성에 대한 확실한 보증은 없습니다. 우리가 이 사실을 믿음으로 받아들이고 '아멘' 으로 인정할 때 하나님께는 영광이요, 우리에게는 영생에 이르는 복이 다가오게 되는 것입니다.

사도 바울은 이렇게 모든 것을 성취하신 예수님을 통해서, 자신이 고

린도 교회에 전파한 복음의 진실성과 자신이 행한 사역의 신실함을 알려 주고 있습니다.

21절 우리를 너희와 함께 그리스도 안에서 굳건하게 하시고 우리에게 기름을 부으신 이는 하나님이시니

사도 바울은 자신과 고린도 교인들과의 일치가 그리스도 안에서 이루어진 것이며, 하나님께서 하나님의 복된 사역을 감당하도록 기름 부어 바울 자신과 고린도 교인들을 구별하시고 하나님의 영으로 감동하게 하신 바 되었다는 것을 말하고 있습니다.

교회의 성도들은 그리스도 안에서 '한 몸' 에 속한 '지체' 입니다(롬 12:5). 하지만 불완전한 인간들이 모여 있기 때문에 실수도 하고 다툼이 일어날 때도 있습니다. 그러므로 피차간에 그리스도의 사랑으로 서로 용서하고, 자신의 잘못을 회개하여 그리스도의 몸 된 교회를 찢는 사례가 없도록 각별히 유의해야 할 것입니다.

또한 바울 자신과 고린도 교회의 모든 성도들이 하나님께로부터 기름 부음을 받았다는 것은 세상 사람들과 따로 구별되어 하나님의 영이신 성령의 은사와 능력으로 충만함을 받은 것을 의미합니다. 구약 시대에는 선지자와 제사장과 왕만이 기름 부음을 받고 그 직무를 수행하였습니다. 그러나 오늘날에는 누구든지 예수님을 구주로 믿기만 하면 성령 충만, 곧 기름 부음을 받을 수 있습니다. 우리가 성령으로 충만함을 받을 때 비로소 능력 있는 신앙생활을 할 수 있습니다(엡 3:16). 그리하여 성령의 인도하심을 받아 땅 끝까지 복음을 전파하며 예수님께서 하셨던 일보다 더 큰 일도 할 수 있게 되는 것입니다(요 14:12; 행 1:8).

22절 그가 또한 우리에게 인 치시고 보증으로 우리 마음에 성령을 주셨느니라

'인(印)을 치다' 라는 말은 도장을 찍는다는 말입니다. 여기서 사도 바울이 말한 도장이란 바로 구원받을 때 받는 확증을 의미합니다.

우리가 예수님을 구주로 믿을 때, 성령께서 우리 영혼에 하나님의 소유가 되었다는 것을 표시하는 도장을 찍어 주시는 것입니다. 우리가 거듭나면 그때부터 우리는 하나님의 소유가 됩니다. 그리고 하나님의 영에 의해서 인도함 받는 하나님의 자녀가 되는 권세를 얻게 되는 것입니다. 그렇기 때문에 인 침을 받았다고 하는 것은 하나님의 자녀로서의 징표를 받았다고 하는 말과 동일한 의미를 가지고 있습니다.

그뿐만 아니라 하나님께서는 우리가 당신의 백성으로 인 침을 받은 보증으로 성령을 우리 마음에 주셨습니다. '보증' (ἀρραβών)은 '전액 보증'을 위해 미리 지불하는 제1회분 지불금을 의미합니다. 성령님은 장차 우리가 기업으로 받을 하나님의 나라, 즉 천국에 들어갈 복을 보장하는 보증이 되어 주시는 것입니다. 우리 인간의 힘과 노력만으로는 복된 소망을 가질 수도 없고, 볼 수도 없습니다. 오직 성령님께서 우리의 믿음을 더해 주시고, 우리의 영안을 열어주실 때, 우리가 장차 천국에서 기뻐하고 뛰노는 모습을 기대하고 즐거워할 수 있게 되는 것입니다.

23절 내가 내 목숨을 걸고 하나님을 불러 증언하시게 하노니 내가 다시 고린도에 가지 아니한 것은 너희를 아끼려 함이라

사도 바울은 그가 다시 고린도에 가지 않은 이유를 말하고 있습니다. 그는 고린도 교인을 '아끼는 마음' 에서 계획을 변경했다고 말합니다. 바

울은 원래 고린도를 거쳐 마게도냐로 갔다가 거기에서 다시 고린도를 경유하여 유대로 돌아올 예정이었습니다(16절). 그런데 뜻하지 않게 고린도 교회에 분열이 생기고 자신을 비난하는 소리가 들리자, 그는 일정을 변경하여 직접 고린도를 방문한 적이 있었습니다. 그러나 이 방문은 아무런 성과를 얻지 못했고, 사도 바울은 쓰라린 마음을 안은 채 에베소로 다시 돌아오고 말았습니다. 이러한 일이 있었기 때문에 사도 바울은 고린도 교인들이 스스로 자신들의 문제를 해결하기를 바랐습니다. 그리고 사태가 호전되지도 않았는데 가봐야 고린도 교인들을 더욱 난처하게 만들 것이라는 사실을 알았기 때문에 다시 고린도에 갈 수가 없었습니다.

그래서 사도 바울은 자신이 보낸 편지를 통해 고린도 교인들이 마음을 바로잡아 주기를 간절히 소원하며 기다리고 있었습니다. 그런데 고린도 교인들은 바울의 이러한 진심을 모르고 단순히 약속을 어긴 것만 가지고 바울을 비난하고 있었던 것입니다.

그러자 사도 바울은 하나님을 두고 자기의 진심을 고백하였습니다. 참으로 고린도 교회를 향한 바울의 사랑은 깊고도 세심한 것이었으며, 비난받을 것까지도 각오한 사랑이었습니다.

24절 우리가 너희 믿음을 주관하려는 것이 아니요 오직 너희 기쁨을 돕는 자가 되려 함이니 이는 너희가 믿음에 섰음이라

바울은 위대한 복음 전파자이자, 훌륭한 사도였지만 자신을 예수 그리스도의 종이라고 불렀습니다(롬 1:1; 빌 1:1; 딛 1:1). 그리고 수없이 많은 박해와 환난을 겪으며 전도 사역을 수행하였지만 항상 자신을 무익한 종으로 생각하고 있었습니다. 바울은 사도로서의 권한을 가지고 고린도 교회

내의 문제를 판단하고 교회를 다스릴 수 있었지만 결코 그렇게 하지 않았습니다. 오직 사랑으로써 권면하고 눈물로써 호소하였습니다(2:4).

처음에는 고린도 교인들이 어린아이와 같아서 세심한 배려를 했던 적도 있었지만(고전 3:1-2), 그것은 어디까지나 사랑에서 비롯된 것이었지 믿음을 주관하려 했던 것은 아니었습니다. 사도 바울은 이제 고린도 교회가 믿음 위에 섰다고 생각했습니다. 그래서 이제 스스로 자체 내의 문제를 극복하고 주님 안에서 바로 설 수 있기를 기대하였습니다. 그리고 자신은 다만 동역자의 입장에서 고린도 교회가 더욱 깊은 은혜를 받을 수 있도록 도와주고자 했던 것입니다.

이와 같이 바울이 뜨거운 마음을 가지고 고린도 교회를 위하여 일했지만, 고린도 교회에는 사도 바울을 사랑하는 사람들도 있었고 비난하는 사람들도 있었습니다. 그렇기 때문에 바울은 이렇게 서신을 통해서 자신의 입장을 변호한 것입니다.

오늘날 우리도 주의 사업을 할 때, 사람들이 비난한다고 해서 결코 뒤로 물러서면 안 됩니다. 물론 자신을 돌아보아서 잘못된 점이 있으면 고쳐야 되겠지만 터무니없는 비난이 있다 하더라도 끝까지 인내하면서 주의 일에만 진력(盡力)해야 합니다. 그럴 때 우리의 삶 가운데 하나님의 위로가 넘쳐 나며, 종국적으로 하늘나라에 가서 귀한 상급을 받게 되는 것입니다.

제 2 장

고린도 교회에 대한 사도 바울의 **사랑**과 **권면**

A COMMENTARY ON
THE SECOND EPISTLE TO
THE CORINTHIANS

본 장에서 사도 바울은 고린도 교회의 안위를 염려하는 깊은 사랑을 표현하고 있습니다. 그리고 참된 의미와 용서에 대하여 언급하였으며, 자신이 행하고 있는 전도 사역의 중요성과 복음의 순수성에 대하여 기록하고 있습니다.

1. 훈계의 편지를 쓴 이유(2:1-4)

1. 내가 다시는 너희에게 근심 중에 나아가지 아니하기로 스스로 결심하였노니 2. 내가 너희를 근심하게 한다면 내가 근심하게 한 자밖에 나를 기쁘게 할 자가 누구냐 3. 내가 이같이 쓴 것은 내가 갈 때에 마땅히 나를 기쁘게 할 자로부터 도리어 근심을 얻을까 염려함이요 또 너희 모두에 대한 나의 기쁨이 너희 모두의 기쁨인 줄 확신함이로라 4. 내가 마음에 큰 눌림과 걱정이 있어 많은 눈물로 너희에게 썼노니 이는 너희로 근심하게 하려 한 것이 아니요 오직 내가 너희를 향하여 넘치는 사랑이 있음을 너희로 알게 하려 함이라

1절 내가 다시는 너희에게 근심 중에 나아가지 아니하기로 스스로 결심하였노니

사도 바울은 고린도전서를 쓰고 난 다음 고린도 교회에 대하여 근심하는 마음을 가지고 가지 않기로 스스로 결심했다고 말하고 있습니다. 여

기서 사도 바울이 말하는 '근심' 은 죄가 교회 안에 들어와 그로 말미암아 교회가 분열되지 않을까 하는 근심을 말합니다.

고린도전서에서도 볼 수 있었던 바와 같이 그 당시 고린도 교회 내에는 많은 문제가 있었습니다. 바울파, 아볼로파, 게바파, 그리스도파 등 여러 파당을 짓고 분쟁을 일으켜 그리스도의 몸 된 교회를 분열시키는가 하면, 음란과 우상 숭배의 풍조가 스며들기도 하였습니다. 또 한편에서는 교인들 간에 생긴 다툼으로 말미암아 세상 재판소에 나가 판결을 받으므로 믿지 않는 사람에게 덕을 끼치지 못하는 일들도 있었습니다. 그러한 이유로 해서 사도 바울은 고린도전서를 기록할 때 많은 염려와 근심을 가지고 있었던 것입니다.

사도 바울은 고린도전서를 통해서 질책도 하고 꾸중과 권면도 하였습니다. 그렇지만 사도 바울은 종국적으로 고린도 교회가 새롭게 될 수 있을 것이라는 확신을 가졌습니다. 그리하여 서로 기쁜 마음으로 만나게 될 날을 기대하며, 근심하는 마음으로는 가지 않겠다고 결심한 것입니다.

2절 내가 너희를 근심하게 한다면 내가 근심하게 한 자밖에 나를 기쁘게 할 자가 누구냐

사도 바울은 비록 고린도 교회의 잘못을 지적하고 책망하기는 하였지만 그것은 어디까지나 고린도 교회의 교인들을 아끼는 마음에서 그렇게 한 것이지 고의로 근심하게 하려 한 것은 아니었습니다. 사도 바울은 고린도 교회가 진리 안에 서서 그 진리대로 행하기를 원하였으며, 그것이 바울에게는 큰 즐거움이 되는 것이었습니다. 그런데 그렇게 큰 즐거움의 원천이 되는 교회에 대해 일부러 근심을 하게 하는 어리석은 행동을 하겠느냐는 것입니다. 그러므로 이제는 할 수만 있으면 고린도 교인들에게 책망이나 훈계를 하여 근심하게 하지 않고 오직 진리 안에 굳게 서서 기쁨을 얻기를 원한다는 의미로 이 말을 하고 있는 것입니다.

기쁨은 인생이라는 기계에 기름을 치는 것과 같습니다. 기계가 돌아갈 때에 그 기계에 기름을 치지 않으면 아무리 좋은 기계라도 얼마 있지 않아 마모되고 망가지게 됩니다. 예수 믿는 것도 한가지입니다. 우리가 큰 기쁨을 체험하면 굉장한 위로와 힘을 얻게 됩니다. 오순절 성령 강림이 있기 전에 예수님의 제자들은 박해와 죽음이 두려워서 모두 숨어 있었습니다. 그러나 오순절 날 마가의 다락방에 성령님이 임하시자, 성령 충만함 받은 그들은 기쁨과 담대함으로 나가서 전도하기 시작했습니다. 그리하여 예루살렘과 온 유다와 사마리아에 복음을 전하고 나중에는 로마에까지 영향력을 주어 기독교가 공인되고 국교화 되는 데 밀알이 된 것입니다. 기쁨을 경험하면 일할 수 있는 힘을 제공받지만 기쁨이 사라지면 무엇이든 하고자 하는 의욕이 사라져서 아무것도 하고 싶지 않습니다.

사도 바울은 자신이 개척한 고린도 교회의 교인들로부터 복음 전파 사역의 청량제 역할을 하는 기쁨을 얻기를 소원했습니다. 그래야 전도의 험난한 여정도 기쁨으로 용기백배해서 밀고 나갈 수 있기 때문입니다.

3절 내가 이같이 쓴 것은 내가 갈 때에 마땅히 나를 기쁘게 할 자로부터 도리어 근심을 얻을까 염려함이요 또 너희 모두에 대한 나의 기쁨이 너희 모두의 기쁨인 줄 확신함이로라

사도 바울은 그 숱한 어려움과 고난 가운데서도 자신이 전한 복음을 통해 사람들의 영혼이 구원받고 주 예수 그리스도의 믿음 위에 굳게 서는 것을 가장 큰 기쁨으로 알았습니다. 그런데 고린도 교회의 상황은 사도 바울이 원하는 것처럼 되지 못했습니다. 그래서 사태가 악화되어 있을 때 가서 얼굴을 붉히고 서로 마음을 상하게 하느니보다 먼저 권면의 편지를 보내어 그들의 반성을 촉구하도록 한 것입니다. 이러한 사도 바울의 사랑의 배려는 우리에게 깊은 교훈을 주고 있습니다.

우리도 인생을 살아갈 때 서로 마음을 터놓고 돌봐 주고 살펴 주며 삶의 기쁨과 힘을 얻는 곳이 있습니다. 그곳은 바로 우리들이 매일매일 생활하고 있는 '가정' 입니다. 우리는 가정에서 근본적인 힘과 기쁨을 얻습니다. 그런데 가정이 불화하고 반목하여 근심과 슬픔으로 가득 차게 되면, 그 가족들은 제대로 사회생활을 할 수 없습니다. 사도 바울에게 있어서 교회는 그의 가정과 같았습니다. 그래서 그는 복음 전파 사역을 능히 감당할 기쁨을 고린도 교회로부터 받고 싶었습니다. 그러니 슬픔으로 가득 찬 고린도 교인들을 대하게 된다면 그것을 어찌 감당하겠느냐는 것입니다. 이와 같이 본문은 한 가정을 돌보는 가장처럼 고린도 교인들을 생각하는 사도 바울의 뜨거운 사랑이 잘 나타나 있음을 알 수 있습니다.

그리스도인들은 모두 다 한 성령으로 침례를 받아 그리스도 안에서 한 몸이 되었으며, 각자가 그 몸의 지체가 되었습니다(고전 12:13, 27). 그렇기 때문에 성경은 "만일 한 지체가 고통을 받으면 모든 지체가 함께 고통을 받고 한 지체가 영광을 얻으면 모든 지체가 함께 즐거워하느니라"(고전 12:26)고 말씀하고 있습니다. 이처럼 사도 바울과 고린도 교회의 교인들도 그리스도의 몸에 속한 각 지체로서 고통과 기쁨을 함께 나누는 한 몸이 된 것입니다. 그러므로 하나님의 몸 된 교회가 믿음과 진리 위에 굳게 서면 그것이 모든 그리스도인의 기쁨이 됩니다. 이 기쁨이 바로 사도 바울의 기쁨이 되는 것이요, 또한 고린도 교회에 속한 모든 신자들의 기쁨이 되기도 하는 것입니다. 이러한 이유로 해서 사도 바울은 자신과 고린도 교회의 연대성에 대해 확신을 가지고 있었습니다.

4절 내가 마음에 큰 눌림과 걱정이 있어 많은 눈물로 너희에게 썼노니 이는 너희로 근심하게 하려 한 것이 아니요 오직 내가 너희를 향하여 넘치는 사랑이 있음을 너희로 알게 하려 함이라

고린도 교회에 대한 사도 바울의 깊은 사랑을 엿볼 수 있습니다. 바울의 전도 사역은 눈물에 젖은 사역이었습니다(행 20:31; 빌 3:18). 사도 바울은 많은 영혼들이 마귀의 올무에 얽혀 고통당하고 있는 모습을 보고 눈물을 흘렸을 것이며, 음란과 방탕이 가득한 세상에서 성도들의 신앙을 굳게 하기 위해 고군분투하며 눈물을 흘렸을 것입니다. 그런데 본문에서는 사도 바울이 영적 위험에 직면해 있는 고린도 교회를 생각하며 안타까운 눈물을 흘렸다고 했습니다. 그 안타까움이 얼마나 극심했던지 바울에게는 환난과 같을 정도였습니다. 또한 사도 바울은 고린도 교회 내의 여러 가지 잘못에 대해 자신이 잘못된 것처럼 애통하는 마음을 가지고 있었습니다.

사도 바울은 감정이 매우 풍부한 사람이었습니다. 고린도 교회에 대한 그의 사랑은 막연히 이론적이고 냉랭한 것이 아니었습니다. 성도들이 잘못되면 바울은 그들을 올바른 길로 인도하기 위하여 자신의 일처럼

애통하며 눈물의 편지를 썼습니다. 이러한 행동 또한 바울의 위대한 점입니다. 이와 같이 하나님과 사람 앞에서 거짓 없이 참모습을 드러내는 것은 결코 쉬운 일이 아닌 것입니다.

사도 바울이 훈계의 편지를 보낸 것은 고린도 교회의 잘못을 바로잡기 위해서였습니다. 그리고 그러한 편지를 쓴 근본적인 동기는 바로 고린도 교회를 향한 '넘치는 사랑' 때문이었습니다. 사실 보통 사람 같았으면 자신을 그렇게까지 비난하고 헐뜯는 것에 대하여 분노를 금하지 못하고 비방을 서슴지 않았을 것입니다. 그러나 사도 바울은 그렇지 않았습니다. 그는 온유한 성품의 소유자로 끝까지 인내할 줄 알았습니다. 사도 바울은 결코 악을 악으로 갚지 않고 사랑과 선으로 대했던 것입니다.

사도 바울은 인내하는 마음과 함께 넘치는 사랑을 갖고 있었습니다. 사랑만큼 아름답고 위대한 것은 없습니다. 성경은 "면책은 숨은 사랑보다 나으니라"(잠 27:5)고 말씀하고 있습니다. 고린도 교인들에 대한 바울의 책망은 시기나 분노에서가 아니라 깊은 사랑에서 나온 것입니다. 좋은 친구는 이웃이 잘못할 때 그것을 안타깝게 여기고 훈계를 해 줍니다. 부모가 자식에게 안타깝게 호소하고 훈계하는 것도 사랑하기 때문입니다. 자녀를 채찍질하는 사랑만큼 힘든 것도 없습니다. 그런데 사도 바울은 고린도 교인들을 그와 같은 사랑으로 훈계하고 있는 것입니다.

2. 징계와 용서(2:5-11)

5. 근심하게 한 자가 있었을지라도 나를 근심하게 한 것이 아니요 어느 정도 너희 모두를 근심하게 한 것이니 어느 정도라 함은 내가 너무 지나치게 말하지 아니하려 함이라 6. 이러한 사람은 많은 사람에게서 벌받는 것이 마땅하도다 7. 그런즉 너희는 차라리 그를 용서하고 위로할 것이니 그가 너무 많은 근심에 잠길까 두려워하노라 8. 그러므로 너희를 권하노니 사랑을 그들에게 나타내라 9. 너희가 범사에 순종하는지 그 증거를 알고자 하여 내가 이것을 너희에게 썼노라 10. 너희가 무슨 일에든지 누구를 용서하면 나도 그리하고 내가 만일 용서한 일이 있으면 용서한 그것은 너희를 위하여 그리스도 앞에서 한 것이니 11. 이는 우리로 사탄에게 속지 않게 하려 함이라 우리는 그 계책을 알지 못하는 바가 아니로라

5절 근심하게 한 자가 있었을지라도 나를 근심하게 한 것이 아니요 어느 정도 너희 모두를 근심하게 한 것이니 어느 정도라 함은 내가 너무 지나치게 말하지 아니하려 함이라

사도 바울이 본 서신을 쓰기 전까지 고린도 교회에는 많은 우여곡절이 있었습니다. 그러나 여러 가지로 어렵고 힘든 상황이었음에도 불구하고 사도 바울이 보낸 간곡한 편지를 받은 고린도 교회는 교회를 어지럽히고 문제를 일으킨 사람을 징계하였습니다. 그러자 이 소식을 들은 바울은

'어느 정도' 라는 말을 사용하여 교회의 과도한 징계를 방지하려 하고 있습니다.

여기에서 '근심하게 한 자' 는 교회 내에서 문제를 일으킨 장본인을 말합니다. 그런데 사도 바울은 그 사람이 자신을 근심하게 한 것이 아니라고 말합니다. 사실 사도 바울은 고린도 교회에서 발생한 문제로 말미암아 마음에 큰 눌림과 걱정이 있었습니다(4절). 그런데도 사도 바울이 별로 근심하지 않은 것처럼 편지에 쓴 것은 징계받은 사람에 대한 동정심 때문이었습니다. 그리고 그 문제는 고린도 교회 내에서 비롯된 것이므로 실제적으로 고린도 교회의 교인들이 더 근심하였을 것이라고 말하는 것입니다. 그런데 그 근심의 정도를 '어느 정도' 라고 말하고 있습니다. 사도 바울은 고린도 교회에 극심할 정도로 근심을 끼친 것은 아니므로 어느 정도 근심한 것과 같이 어느 정도로 징계하고 멈추라는 뜻으로 이와 같이 말한 것입니다.

6절 **이러한 사람은 많은 사람에게서 벌받는 것이 마땅하도다**

'많은 사람' 이라고 하는 것은 교회 다수의 의사였다는 것을 의미합니다. 이렇게 교회가 공동의회로 모여서 권면도 하고 징계도 하는 것은 하나님께서 교회에 주신 권세입니다. 성경은 "진실로 너희에게 이르노니 무엇이든지 너희가 땅에서 매면 하늘에서도 매일 것이요 무엇이든지 땅에서 풀면 하늘에서도 풀리리라"(마 18:18)고 말씀하고 있습니다.

7절 **그런즉 너희는 차라리 그를 용서하고 위로할 것이니 그가 너무 많은 근심에 잠길까 두려워하노라**

사도 바울은 징계의 참된 의미에 대하여 말하고 있습니다. '징계' 라는 것은 어떠한 사람이 잘못을 저질렀을 때 그 잘못을 지적하고 견책하여 옳은 길로 돌아오게 하는 데 진정한 목적이 있습니다. 그러나 단순히 징계 자체만을 위한 징계는 그 사람을 완전히 생매장하여 영영 올바른 길로 돌아오지 못하게 할 위험성이 많습니다. 더구나 그 문제가 영혼의 문제와 직결된 교회에서 생긴 것이라고 할 때, 이는 특히 신중하고도 진실하게 처리해야 합니다.

마태복음 18장 21절 이하를 보면 '용서' 에 관한 말씀이 기록되어 있습니다. 예수님께서 갈릴리에서의 사역을 마치고 유대 땅으로 가시기 전에 베드로가 주님께 가까이 다가와서 질문을 하였습니다. "주여, 형제가 내게 죄를 범하면 몇 번이나 용서하여 주리이까?" 그런 다음에 그는 마치 크게 선심을 쓰는 것처럼 "일곱 번까지 하오리이까?" 라고 여쭤 보았습니다. 이때 예수님께서는 다음과 같이 말씀하셨습니다. "네게 이르노니 일곱 번뿐 아니라 일곱 번을 일흔 번까지라도 할지니라" (마 18:22).

예수님께서는 무슨 죄를 몇 번 지었든지 간에 그 사람이 진심으로 뉘우치고 잘못을 빌 때에는 용서해 주어야 한다고 말씀하신 것입니다. 이것이 바로 우리 인간들에 대한 하나님의 사랑입니다.

우리는 이 세상을 살아갈 때 인간이 지닌 연약함과 부족함으로 인하여, 혹은 부지중에 실수로 하나님을 슬프게 해 드리는 경우가 많습니다. 그러나 그때마다 우리가 예수님의 십자가 앞에 나아가 회개하면 죄 사함을 받을 수 있습니다. 하나님께서는 우리가 우리 죄를 자백하면 우리 죄를 사하시며 모든 불의에서 우리를 깨끗하게 해 주시는 것입니다(요일 1:9).

그러나 우리가 죄를 짓고도 회개하지 아니하면 하나님께서는 우리를 책망하십니다. 그래서 어떤 경우에는 주의 종의 말씀을 통해서, 또 주위 환경을 통해서 우리를 꾸짖고 책망하심으로 말미암아 우리가 올바른 길로 갈 수 있도록 인도하여 주시는 것입니다. 그러므로 책망하시는 것은 어디까지나 우리를 바로 붙들어 주시기 위한 사랑에서 비롯되는 것이지 우리로 하여금 넘어져 상처받게 하기 위함이 아닙니다.

사도 바울은 이러한 하나님의 사랑을 뼈저리게 인식하고 있었습니다. 그래서 이제는 교회의 권징을 받고 회개한 자를 위로하고 용서해 주라고 권면하는 것입니다.

하나님께서는 한 영혼을 온 천하보다도 귀하게 여기시는 분입니다. 우리가 아무리 좋은 의도를 가지고 잘못을 저지른 사람에게 징계를 한다고 해도 그것이 너무 지나치면 불행한 사태를 초래할 위험성이 있습니다. 왜냐하면 그 사람이 너무 낙심하여 그만 생명의 길을 스스로 포기해 버리든지 완전히 타락해 버릴 수도 있기 때문입니다. 사탄은 항상 교묘한 계교를 쓰기 때문에 그리스도인들이 상황을 잘 분별하여 지혜롭게 하지 않으면 서로 간에 상처를 입히기 쉽습니다. 그래서 교회는 교회대로 징계받은 자에 대해 멸시하거나 냉대하기 쉽고, 징계받은 자는 실의에 빠져 회복하기 힘든 지경에까지 이르는 경우가 생길 수 있습니다. 사도 바울은 바로 이것을 염려하였던 것입니다.

8절 그러므로 너희를 권하노니 사랑을 그들에게 나타내라

사랑은 하나님의 속성이며, 하나님은 사랑이십니다(요일 4:8). 우리가 잘못하면 하나님께서는 우리를 책망하십니다. 그러나 우리가 회개하고 돌아서면 하나님은 모든 잘못을 용서하시고 큰 사랑으로 끌어안아 주십

니다. 이러한 삶이 반복되는 것이 우리의 신앙생활입니다. 신앙생활을 함에 있어 무슨 일이든지 한결같이 잘하는 사람이 누가 있겠습니까? “한 번의 실수는 병가상사(兵家常事)니라.” 는 속담이 있듯이 번번이 잘못을 저지르는 부족한 사람일지라도 세월이 흘러가면 조금씩 하나님의 뜻을 알게 되고 말씀과 믿음으로 바로 서게 되는 것입니다. 오랜 세월을 넘어졌다 일어나고 또 넘어졌다 일어나면서 신앙의 연단을 받아 성장한 신앙이야말로 어떠한 시련도 능히 극복할 수 있는 위대하고 놀라운 힘이 되는 것입니다.

신앙이 장성한 분량에 이르도록 성장하기까지는 오랜 시간이 걸립니다. 그러므로 믿음이 연약한 사람이 잘못을 저지르고 용서를 구하며 돌아오거든 용서해 주십시오. 진심으로 회개하고 돌아오면 예수 그리스도의 사랑으로 용서해야 합니다. 그 사랑의 힘으로 죄인이 용서받아 결국 성령님을 의지하여 하나님과 교회 앞에서 올바로 서게 되기 때문입니다.

이와 같이 그리스도인의 모든 삶의 동기는 사랑입니다. 각자의 실생활로부터 교회의 치리에 이르기까지의 대원칙은 사랑인 것입니다. 사도 바울은 고린도 교회에 처음 보낸 편지에서 이 ‘사랑’ 을 지극히 강조하였습니다(고전 13장). 그리고 이제 사도 바울은 이러한 사랑을 보여 주라고 강력하게 권면하고 있습니다. 하나님을 사랑하는 마음으로 교회를 정화하고 문제의 인물을 징계했다면, 이제는 똑같은 사랑으로 그 사람을 감싸 주라는 것입니다.

9절 너희가 범사에 순종하는지 그 증거를 알고자 하여 내가 이것을 너희에게 썼노라 기독교는 '순종' 의 종교입니다. 인간의 구원도 예수님의 '순종' 을 통해서 이루어진 것이며, 오늘날 전 세계에 복음이 전파된 것도 죽기까지 말씀에 순종하며 복음을 전한 믿음의 선배들에 의해서 이루어진 것입니다.

이스라엘의 초대 왕인 사울은 불순종으로 말미암아 하나님께로부터 버림을 받았습니다(삼상 15:26). 또한 출애굽 한 이스라엘 백성들이 광야에 있을 때 모세를 대항해 불순종하였던 고라와 다단과 아비람도 비참한 죽음을 면하지 못했습니다(민 16:1-35). 무엇보다도 처참한 불순종의 예는 아담과 하와의 불순종입니다. 그들의 불순종으로 말미암아 우리 인간에게 죄와 질병과 저주의 무거운 짐이 다가오게 되었습니다. 그러나 마지막 아담이신 예수님께서는 십자가에서 죽기까지 행하신 그 '순종' 으로 우리에게 생명을 가져다주신 것입니다(히 5:8-9).

고린도 교회의 교인들은 서신으로 보낸 바울의 권면에 순종하여 스스로 정화 작업을 벌였습니다. 그래서 문제의 인물을 징계하였던 것입니다. 그러나 이제 고린도 교인들은 고린도후서를 통한 바울의 권면에 순종하여 사랑을 베풀어야 할 입장에 놓였습니다. 사도 바울은 고린도 교인들이 그의 말에 대해서 범사에 순종하는지를 알고 싶어 했던 것입니다.

10절 너희가 무슨 일에든지 누구를 용서하면 나도 그리하고 내가 만일 용서한 일이 있으면 용서한 그것은 너희를 위하여 그리스도 앞에서 한 것이니

고린도 교회가 죄지은 사람에 대하여 용서를 한다면 바울도 고린도 교회를 세운 사도로서 같이 용서하겠다는 말입니다. 그리고 사도 바울이

용서한 일이 있다면 그것은 교회의 안위와 평안을 위하여 그리스도 앞에서 아무런 사심 없이 한 것이라고 말합니다.

사실 우리 인간의 의지만으로 타인을 용서한다는 것은 매우 어려운 일입니다. 그러나 우리는 예수 그리스도를 통해서 용서할 수 있는 마음을 소유할 수 있습니다. 예수님께서는 우리가 죄인이었을 때에 우리 죄를 사하시려고 십자가에 달려 죽으셨습니다. 뿐만 아니라 저주의 가시관을 쓰시고 몸 찢기고 피 흘려 죽으심으로 말미암아 온 인류의 죄와 질병과 저주를 모두 담당하셨습니다. 그러므로 용서받은 우리는 우리를 용서하신 그 사랑에 힘입어 다른 사람을 능히 용서할 수 있습니다. 이것은 우리가 그리스도 안에 있을 때 가능한 것이고, 또 그 앞에서 해야 하는 것입니다.

11절 이는 우리로 사탄에게 속지 않게 하려 함이라 우리는 그 계책을 알지 못하는 바가 아니로라

사탄은 사람을 낙심시키고 미혹시키는 존재입니다. 하나님께서는 사람을 징계하시더라도 종국에는 감싸 안으시고 옳은 데로 돌아오게 하십니다. 그러나 사탄은 어찌하든지 사람에 대하여 도둑질하고 죽이고 멸망시키려고 합니다(요 10:10). 사탄은 사람의 마음 가운데 죄책과 정죄 의식을 심어 놓고 끊임없이 참소를 합니다. 그리고 교회를 분열시키고자 획책하며 어떻게 하든지 하나님의 나라가 확장되는 것을 막으려고 혈안이 되어 있습니다. 그러므로 고린도 교회가 징계당한 형제를 용서하고 사랑으로 품어주지 않으면, 결과적으로 고린도 교회나 징계당한 사람이나 모두 사탄의 흉계에 휘말리게 되는 것입니다. 그렇기 때문에 사도 바

울은 교회의 안위를 염려하는 동시에 징계를 당한 형제가 실족하는 일이 없도록 간곡하게 권면하고 있습니다.

3. 마게도냐 여행에 대한 설명(2:12-13)

12. 내가 그리스도의 복음을 위하여 드로아에 이르매 주 안에서 문이 내게 열렸으되 13. 내가 내 형제 디도를 만나지 못하므로 내 심령이 편하지 못하여 그들을 작별하고 마게도냐로 갔노라

12-13절 내가 그리스도의 복음을 위하여 드로아에 이르매 주 안에서 문이 내게 열렸으되 내가 내 형제 디도를 만나지 못하므로 내 심령이 편하지 못하여 그들을 작별하고 마게도냐로 갔노라

사도 바울은 에베소에서 극한적인 상태에 이를 정도로 혹독한 고난을 겪었지만 환경에 개의치 않고 계속해서 복음을 전하려고 드로아로 갔습니다. 드로아는 에게 해 연안에 있는 항구 도시로 2차 전도 여행 당시 사도 바울이 마게도냐 전도의 계시를 받았던 곳이기도 합니다(행 16:6-10). 사도 바울은 드로아에서 복음 사업을 위한 좋은 기회를 가졌습니다. 전도의 문이 열렸던 것입니다.

그러나 사도 바울은 드로아에서 복음을 전파할 수 없었습니다. 고린도

교회의 문제를 수습하려고 보낸 디도가 돌아오지 않음으로 인해 고린도 교회에 대한 염려로 심령이 편치 않았기 때문입니다. 이를 통해 우리는 목회자의 마음가짐이 목회 사역에 얼마나 큰 영향을 미치는가를 알 수 있습니다.

드로아에서 만날 것으로 생각했던 디도가 돌아오지 않자 바울은 드로아에서의 전도 일정을 뒤로 미루고 마게도냐로 돌아갔습니다. 한시라도 빨리 디도를 만나 고린도 교회의 소식을 듣기 위해서였습니다. 그러므로 교회가 올바로 서지 못하고 흔들리면 하나님 사업에 큰 지장을 초래한다는 사실을 알 수 있습니다.

교회의 중요한 사명 가운데 하나는 전도 사명입니다. 교회는 전력을 기울여 전도에 힘써야 하는 것입니다. 그런데 교회가 올바르게 서지 못하자 전도는 고사하고 오히려 전도를 방해하고 말았습니다. 고린도 교회가 위경(危境)에 처하게 되자, 그 여파가 사도 바울에게까지 미쳐 그의 귀중한 전도 사역마저도 차질을 빚게 한 것입니다.

만약에 사도 바울의 마음에 아무런 불편이 없었더라면 그는 드로아에서 많은 영혼을 주께로 인도하며 하나님의 놀라운 사역을 베풀 수 있었을 것입니다. 그런데 상황은 오히려 거꾸로 되어 전도 사역에 힘이 되어야 할 교회가 사도 바울의 복음 전파의 길을 막아 버린 셈이 되고 말았던 것입니다.

4. 그리스도의 향기(2:14-17)

**14. 항상 우리를 그리스도 안에서 이기게 하시고 우리로 말미암아 각
처에서 그리스도를 아는 냄새를 나타내시는 하나님께 감사하노라
15. 우리는 구원받는 자들에게나 망하는 자들에게나 하나님 앞에서
그리스도의 향기니 16. 이 사람에게는 사망으로부터 사망에 이르는
냄새요 저 사람에게는 생명으로부터 생명에 이르는 냄새라 누가 이
일을 감당하리요 17. 우리는 수많은 사람들처럼 하나님의 말씀을 혼
잡하게 하지 아니하고 곧 순전함으로 하나님께 받은 것같이 하나님
앞에서와 그리스도 안에서 말하노라**

14절 항상 우리를 그리스도 안에서 이기게 하시고 우리로 말미암아 각처에서 그리스도를 아는 냄새를 나타내시는 하나님께 감사하노라

사도 바울의 전도 사역은 위험스럽고 어려운 장애로 말미암아 수많은 난관을 거쳐야 했습니다. 그럴 때마다 그는 타락한 세상 풍조와 우상 숭배에 젖어 있는 무지한 사람들과의 싸움을 피할 수 없었습니다. 바울은 이 싸움이 혈과 육에 대한 싸움이 아니요, 하늘에 있는 악의 영들과의 싸움임을 알았습니다(엡 6:12). 그래서 그는 온전히 예수 그리스도만 의지하였습니다. 마귀와의 싸움에서 이길 수 있는 힘은 오직 그리스도를 통해서만 얻을 수 있기 때문입니다.

예수님께서는 십자가의 고난을 앞두고 사랑하는 제자들에게 다음과 같이 말씀하셨습니다. “이것을 너희에게 이르는 것은 너희로 내 안에서 평안을 누리게 하려 함이라 세상에서는 너희가 환난을 당하나 담대하라 내가 세상을 이기었노라”(요 16:33). 그러므로 우리가 예수 그리스도를 믿고 하나님을 의지하고 살면, 하나님께서는 우리를 그리스도 안에서 승리하게 만들어 주시는 것입니다.

“우리로 말미암아 각처에서 그리스도를 아는 냄새를 나타내시는 하나님께 감사하노라”. 여기에 영적 싸움을 하게 된 이유가 나타나 있습니다. 그 이유는 바로 사도 바울과 그의 동역자들이 ‘그리스도를 아는 냄새’를, 그것도 ‘각처에서’ 나타냈기 때문입니다. 냄새는 퍼지고 확산되는 속성을 가지고 있습니다.

그리스도를 아는 냄새는 죽은 영혼을 살리며, 병든 영혼을 치료하며, 상처받은 영혼을 위로하는 생명의 냄새입니다. 예수 그리스도의 십자가를 통해서 이러한 냄새가 생겨나고 이제 그의 사도들을 통해서 그 냄새가 땅 끝까지 퍼져 나가게 되자, 흑암의 세력은 이를 막기 위해 무척 애를 썼지만 번번이 실패하고 말았습니다. 오히려 그 장애물을 극복하는 과정을 통해서 하나님의 살아 계심이 드러나고 승리하게 하시는 예수님을 체험하는 역사가 일어났습니다.

이러므로 사도 바울은 이로 인해 하나님께 감사드렸습니다. 전에는 그리스도를 대적하고 믿는 자들을 박해한 바울 자신을 이제는 그리스도를 아는 냄새로 각처에 나타나게 하시니 어찌 감사하지 않을 수 있었겠습니까?

15절 우리는 구원받는 자들에게나 망하는 자들에게나 하나님 앞에서 그리스도의 향기니

신실한 그리스도인들은 언제 어떠한 환경에 처한다 하더라도 오직 예수 그리스도를 드러냅니다. 그것은 마치 은연중에 퍼져 나가는 향기같이 그리스도인에게서 풍겨 나오는 예수 그리스도의 향기와도 같습니다.

그런데 이 향기는 하나님 앞에서 그리스도를 통하여 드리는 제물과 같은 것입니다. 구약 시대에는 성막에서 하나님께 제사를 드릴 때에 향을 피웠으며, 그 외에도 아침저녁으로 계속해서 야훼 앞에 향을 살랐습니다(출 30:7-8). 그러므로 우리 자신을 예수 그리스도 안에서 산 제물로 하나님께 바칠 때, 우리는 그리스도의 향기로운 향을 발할 수 있게 되는 것입니다.

또한 이 향기는 하나님의 자녀 된 그리스도인들의 '기도'를 의미합니다(계 5:8). 구약 시대에 성전에서 향을 피운 것같이, 신약 시대인 오늘날에는 성령의 전인 그리스도인들이 기도를 드림으로 향기를 올려 보내는 것입니다. 성경에는 "너희가 하나님의 성전인 것과 하나님의 성령이 너희 안에 계시는 것을 알지 못하느냐"(고전 3:16)고 말씀하고 있습니다. 그러므로 하나님의 성전 된 우리들은 끊임없이 기도하여 향기를 하나님 앞에 올려 보내야 합니다. 넓게는 나라와 민족과 교회와 이웃을 위하여 기도하고, 좁게는 우리 자신의 크고 작은 모든 일들을 위해 열심히 기도해야 합니다. 기도는 하나님께서 이 세상에서 역사하시는 주된 통로입니다. 그렇기 때문에 하나님께서는 오직 기도하는 사람을 통해서만 이 위대하신 섭리를 펴 나가시는 것입니다.

그리스도의 향기인 우리가 존재하는 궁극적인 목적은 하나님의 영광을 위해서입니다. 그러므로 우리는 우리 자신을 산 제물로 드리고, 기도를 통해서 하나님의 도구로 사용됨으로 하나님께 영광을 돌리는 그리스도의 향기가 되어야 할 것입니다.

16절 이 사람에게는 사망으로부터 사망에 이르는 냄새요 저 사람에게는 생명으로부터 생명에 이르는 냄새라 누가 이 일을 감당하리요

그리스도의 향기는 이 세상을 살아가는 사람들에게 하나의 도전이 됩니다. 그래서 그들로 하여금 그리스도를 따를 것인지, 아니면 땅의 것(골 3:2)을 따라 멸망의 길을 택할 것인지 결정하도록 만듭니다. 이것은 마치 가이사랴 빌립보에 도착하신 예수님께서 그를 따르던 제자들에게 "너희는 나를 누구라 하느냐"(마 16:15)라고 질문하신 것과 같이 사람들의 결단을 요구하는 것입니다. 누구든지 그 앞에서 어중간한 태도를 취할 수 없습니다. 왜냐하면 예수님께서는 뜨겁지도 아니하고 차지도 아니한 미지근한 사람은 토하여 버리시기 때문입니다(계 3:16).

그리스도의 향기는 그것을 받아들이는 태도에 따라 그 사람을 사망으로 이르게 하는 냄새가 되기도 하며, 생명에 이르게 하는 냄새가 되기도 합니다. 그래서 그 향기를 맡고 예수 그리스도를 구주로 영접하는 사람에게는 하나님의 자녀가 되는 권세와 함께 영생이 주어집니다(요 1:12; 3:16; 17:3). 그러나 예수 그리스도의 십자가를 미련한 것으로 여기며 거리낌을 갖는 사람들에게는 그들의 멸망을 예고하는 걸림돌이 되고 마는 것입니다. 그러니 이렇게 사람의 생명을 좌우하는 막중한 사명을 어떻

게 사람의 능력으로 감당할 수 있겠느냐는 것입니다.

17절 우리는 수많은 사람들처럼 하나님의 말씀을 혼잡하게 하지 아니하고 곧 순전함으로 하나님께 받은 것같이 하나님 앞에서와 그리스도 안에서 말하노라

어느 시대에나 인간의 탐욕은 거룩한 사역을 오염시키는 역할을 합니다. 그 당시 고린도 교회에도 이러한 무리들이 파고들어 와서 하나님의 말씀을 혼잡하게 하고 있었습니다. 오늘날에도 예수님의 이름을 이용해서 돈을 벌겠다, 명예를 얻겠다, 지위를 얻겠다는 등의 탐욕을 가진 사람은 하나님의 말씀을 혼잡하게 합니다. 성경 그대로 하나님의 말씀을 올바르게 전하지 않고 자기의 마음에 맞도록 이렇게 꾸며 대고 저렇게 해석하며 혼잡하게 하는 것입니다.

'순전하다' 는 것은 '거짓 없이 진실되다' 라는 의미를 가지고 있습니다. 다시 말해서 사도 바울은 하나님께 받은 말씀을 순수하게 그대로 전했다는 것입니다. 그러므로 사도 바울은 하나님 앞에서도 부끄러울 것이 없었습니다. 바울은 자신의 복음 사역이 온전히 성령의 능력으로 되었다는 강한 확신이 있었습니다(고전 2:4-5). 그리고 그는 주 예수 그리스도의 십자가 외에는 아무것도 자랑하지 아니하였으며(갈 6:14), 오직 그리스도의 십자가만을 전파하였습니다.

더 나아가 바울은 '그리스도 안에서' 말한다고 하였습니다. '그리스도 안에서' 라는 표현은 사도 바울이 즐겨 사용하는 표현입니다. 예수 그리스도는 하나님의 모든 약속의 완전한 성취이며(1:20) 우리 안에 계신 능력의 근원일 뿐만 아니라 앞으로 다가올 영광의 소망입니다(골 1:27).

그 때문에 사도 바울이 '그리스도 안에서' 라고 할 때 그것은 '영원한 소망과 생명을 주시는 주님 안에서' 라는 말과 같습니다. 사도 바울은 하나님 앞에서와 그리스도 안에서 자신이 행한 사역의 신실성에 대하여 전혀 거리낌이 없었으며, 이제 고린도 교회에도 자신의 진실을 확인시켜 주고 있는 것입니다.

제 3 장

사도의 직분과 그리스도의 복음

A COMMENTARY ON
THE SECOND EPISTLE TO
THE CORINTHIANS

본 장에서 사도 바울은 자신의 사도직에 관한 확실한 증거를 교훈적으로 설명하면서 신약과 구약 직분의 영광의 차이점에 대해 언급하고 있습니다. 그리스도의 복음은 율법을 완성한 새로운 언약으로서 사람을 자유롭게 하는 능력이 있는 동시에 무한한 영광을 가진 참된 진리라는 사실을 역설하고 있습니다.

1. 그리스도의 편지(3:1-5)

1. 우리가 다시 자천하기를 시작하겠느냐 우리가 어찌 어떤 사람처럼 추천서를 너희에게 부치거나 혹은 너희에게 받거나 할 필요가 있느냐 2. 너희는 우리의 편지라 우리 마음에 썼고 뭇사람이 알고 읽는 바라 3. 너희는 우리로 말미암아 나타난 그리스도의 편지니 이는 먹으로 쓴 것이 아니요 오직 살아 계신 하나님의 영으로 쓴 것이며 또 돌판에 쓴 것이 아니요 오직 육의 마음판에 쓴 것이라 4. 우리가 그리스도로 말미암아 하나님을 향하여 이 같은 확신이 있으니 5. 우리가 무슨 일이든지 우리에게서 난 것같이 스스로 만족할 것이 아니니 우리의 만족은 오직 하나님으로부터 나느니라

1절 우리가 다시 자천하기를 시작하겠느냐 우리가 어찌 어떤 사람처럼 추천서를 너희에게 부치거나 혹은 너희에게 받거나 할 필요가 있느냐

바울은 종종 그의 서신을 통해서 사도로서의 자신의 입장에 대한 강한 확신을 밝힌 바 있습니다. 그러나 그것은 결코 교만한 마음에서 비롯된 것이 아니었습니다. 사도 바울이 자신의 사도직에 관하여 언급한 이유는 스스로 자신의 지위를 고수하거나 사도직으로부터 오는 명예를 얻고자 하는 것이 아니었습니다. 바울은 자신의 사도직에 대해 교인들의 확신이 흔들릴 경우, 자신의 입장보다도 먼저 자신이 전한 복음의 신실성이 흔들릴 가능성이 있다는 사실을 깨달았습니다. 만일 그렇게 된다면 그때에는 교회의 존립뿐만 아니라 그리스도의 복음마저도 그 영광이 가려지게 되는 불행한 사태가 생기게 될 것이 분명했습니다. 그렇기 때문에 사도 바울은 이같이 불미스러운 사태가 발생하지 않도록 하기 위하여 자신의 사도직에 대한 확실한 근거를 재차 언급하였던 것입니다.

여기에서도 사도 바울은 자신이 전한 복음의 신실성을 역설하면서 (2:17) 그들에게 자기 자신을 추천하는 입장에서 하는 말은 아니라고 강조하고 있습니다. 왜냐하면 사도 바울은 고린도 교인들에게 익히 알려져 있었기 때문에 자신을 증명할 필요가 없었습니다.

추천서라는 것은 어떤 조건이나 목적에 부합하거나 능력이 있다고 인정되는 사람을 다른 사람에게 소개하는 내용을 기록한 일종의 편지입니다. 특히 당시에는 교회 내에서도 이러한 추천서의 교환이 빈번하였습니다(행 15:23; 18:27). 사도 바울도 디모데를 고린도 교회에 보내면서 추천서를 써 준 일이 있었습니다.

그런데 여기에서 문제가 된 것은 고린도 교회에서 추천서의 유무를 가지고 바울의 사도직을 비판하는 사람들이 있었다는 것입니다. 고린도전서에서도 알 수 있는 바와 같이 당시 고린도 교회에는 바울이 떠나간 후에 유대주의자들이 들어왔습니다. 아마 그들은 예루살렘으로부터 추천서를 가지고 들어와 그것을 근거로 하여 점차적으로 문제를 일으키기 시작하였던 듯합니다. 사도 바울은 그들을 '어떤 사람' 이라고 호칭하고 있는데, 그들에게는 인간의 글로 쓴 '추천서' 만이 유일한 근거였습니다. 그러나 사도 바울의 입장은 그렇지 않았습니다.

원래 고린도 교회는 사도 바울이 2차 전도 여행 때 고린도에 약 1년 6개월 동안 머무르며 직접 가르치고 목회하며 세운 교회였습니다. 따라서 바울에게 있어서 고린도 교인들은 그가 직접 양육한 영적 자녀라 해도 과언이 아니었습니다. 그런데 사도 바울이 다시 전도 사역을 위하여 다른 곳을 떠나자, 얼마 지나지 아니하여 고린도 교인들은 유대주의자들의 영향을 받아 바울의 사도적 권위에 대하여 의심을 갖기 시작했습니다. 거기에는 여러 가지 요인들이 있었는데, 그중에 한 가지가 추천서로 인한 갈등이었던 것입니다.

그리하여 고린도 교회 내에는 바울의 사도권에 대해 회의를 품는 무리와 사도 바울을 계속 따르는 무리로 갈라져 갈등이 일어나게 되었습니다. 이러한 상황은 바울이 고린도후서를 쓰기 전에 상당히 개선되고 있었지만 아직도 미진한 데가 남아 있었습니다. 바울은 이 사실을 알고 있었으므로 자신의 사도적 권위에 대한 확신을 가지고 자신이 고린도 교인들에게까지 추천을 받아야 할 입장이냐고 반문하며 고린도 교인들의 주의를 새롭게 환기시키고 있는 것입니다.

2절 **너희는 우리의 편지라 우리 마음에 썼고 뭇사람이 알고 읽는 바라**

사도 바울은 자신이 추천서를 갖고 다닐 필요가 없는 가장 확실한 증거를 제시하고 있는데, 그것은 다름 아닌 '고린도 교인 그 자체' 였습니다. 하나님께서는 바울을 통해서 고린도 교회를 세우시고 고린도 교인들을 구원으로 이끄셨습니다. 그 때문에 고린도 교인들이 바로 바울의 사도 된 증거이고 편지인데 무슨 다른 추천서가 필요하겠느냐는 것입니다.

여기에서 사도 바울은 고린도 교회를 향하여 '우리의 편지' 라고 부르고 있습니다. 편지는 그 편지를 쓴 사람의 마음을 잘 나타내 줍니다. 우리는 친구나 친지, 혹은 멀리 떨어져 있는 가족들과 서신 교환을 통해서 우리 자신의 마음을 전하고 또 상대편의 심중을 이해할 수 있습니다. 이러한 점에서 볼 때, 고린도 교회의 모습은 사도 바울이 행한 사역을 드러내 주는 의미를 가지고 있는 것입니다.

그런데 사도 바울은 그 편지가 바울 자신과 고린도 교회뿐만 아니라 "뭇사람이 알고 읽는 바라" 고 말합니다. 그것은 고린도가 무역과 상업이 발달한 교통 요지여서 고린도 교회의 설립과 성장 과정 등이 각지에 알려졌기 때문입니다. 그래서 사도 바울은 이러한 모든 것이 증거가 되기 때문에 '추천서' 와 같은 종이쪽지에 전혀 개의치 않았던 것입니다.

3절 **너희는 우리로 말미암아 나타난 그리스도의 편지니 이는 먹으로 쓴 것이 아니요 오직 살아 계신 하나님의 영으로 쓴 것이며 또 돌판에 쓴 것이 아니요 오직 육의 마음판에 쓴 것이라**

이제 사도 바울은 편지에 관한 구체적인 설명으로 들어갑니다. 그는 앞 절에서 고린도 교회를 두고 '우리의 편지' 라고 하였는데, 여기서는 '그리스도의 편지' 라고 부르고 있습니다. 그런데 이 호칭은 단지 고린도 교회뿐만 아니라 동서고금을 통틀어 하나님의 자녀 된 모든 그리스도인들에게 해당되는 호칭이기도 합니다. 다시 말해서 그리스도인들은 예수 그리스도의 살아 있는 메시지입니다. 예수님의 대속의 은혜와 십자가의 사역을 통해서 죄 사함 받고 구원을 얻으며 저주와 질병에서 벗어나 이제는 새사람이 되었다는 살아 있는 증거가 바로 그리스도인들의 모습을 통해서 드러나는 것입니다. 그러므로 우리 그리스도인들은 일거수일투족이 믿는 자를 비롯한 모든 사람들에게 본이 되어야 하며(딤전 4:12), 하나님께 영광이 되는 생활을 해야 합니다.

우리 그리스도인들의 몸은 자신의 것이 아닙니다. 살아도 주를 위하여 살고 죽어도 주를 위하여 죽는 '주의 것' 입니다. 왜냐하면 이미 주님께서 피로 값을 지불하시고 우리를 사셨기 때문에(고전 6:20; 7:23) 오직 주님만이 우리가 가진 모든 것의 주인이 되십니다. 그러므로 우리는 먹든지 마시든지 무엇을 하든지 다 하나님의 영광을 드러내야 하는 그리스도의 편지라는 사실을 기억하며 살아야 하는 것입니다.

먹으로 쓴 편지는 세월이 흘러가면 낡아져 버리고 쉽게 지워져 버리고 맙니다. 이처럼 먹으로 쓴 편지는 사람이 아무리 공을 들여 써 놓았다 할지라도 오래가지 못하는 것입니다. 마찬가지로 우리 인간의 결심과 의지라는 것도 그리 믿을 것이 못 됩니다. 시간이 지나고 환경이 변하면 그에 따라 수시로 변하는 것이 인간의 마음입니다. 비록 한때는 대단한 결심을 하여 영원토록 변함없이 승리하는 생활을 할 수 있을 것 같아 보여도 현실은 그렇지 못합니다. 조금만 마음이 어려워도 흔들리고, 자그마한 유혹이 와도 쉽게 넘어지고 마는 것이 인간의 모습입니다.

그러나 그 편지가 살아 계신 하나님의 영, 즉 성령에 의해 기록된 것이라면 상황이 180도 달라집니다. 성령께서 역사하시면 우리 인간의 힘으로 안 되는 것이 가능해집니다. 성령께서는 우리의 힘만으로는 도저히 극복할 수 없는 죄와 사망의 법도 생명의 성령의 법으로써 능히 극복하게 하시고 거기에서 해방시켜 주십니다(롬 8:2). 뿐만 아니라 우리의 연약함을 도우시며(롬 8:26), 그 능력으로 우리의 속사람을 강건하게 하셔서 우리로 하여금 하나님의 영광을 나타내는 신앙생활을 할 수 있도록 도와주십니다.

사도 바울은 또한 그 편지가 육의 마음판에 쓴 것이라고 말합니다. '육의 마음판' 이라는 것은 바로 우리의 속사람을 말합니다. 다시 말해서 그리스도의 편지는 살아 있는 우리의 인격에 기록되었다는 것입니다. 반면에 돌판에 쓴 것은 율법입니다. 율법은 그림자에 불과하며 참형상이 아닙니다(히 10:1). 그것은 모세가 십계명이 쓰여 있던 돌판을 던져 버림으로 산산조각이 난 것처럼 일시적인 것이요, 참생명에 이르게 하지 못하는 것입니다.

그러나 성령에 의해서 우리의 마음속에, 인격 속에 뚜렷하게 기록된 것은 전인적(全人的)인 변화를 일으킵니다. 누가복음 19장을 보면 삭개오가 그러하였는데, 그는 생명 되신 예수님을 만나서 그 메시지가 그의 마음속에 새겨지자 즉시로 새로운 결단을 내렸습니다. 이와 같이 예수 그리스도로 말미암아 속사람이 변화되면 겉사람도 변화되고 주 예수께서 살아 계신 증거가 되는 것입니다.

4절 우리가 그리스도로 말미암아 하나님을 향하여 이 같은 확신이 있으니 여기에서 '이 같은 확신' 은 앞 절에서 밝힌 바와 같이 고린도 교회의 교인들은 하나님의 영으로 쓴 그리스도의 편지라는 확신입니다. 따라서 이렇게 확실한 편지를 가지고 있는데 다른 추천서가 있을 필요가 없다는 것입니다.

우리는 그리스도로 말미암아 하나님을 향하여 이 같은 확신이 있습니다. "바울은 사도가 아니다.", "바울은 추천장도 없다."라고 비난하고 욕을 할지라도 우리가 그리스도 안에서 하나님께 확신을 가지고 있는 것은 고린도 교회가 사도 바울의 복음 전파를 통해 기사와 이적과 하나님의 은혜로 우상을 버리고 주께로 돌아왔다는 점입니다. 이것이 바로 사도된 증거이며, 예수 그리스도의 추천장입니다.

사도 바울은 이 같은 확신이 그리스도로 말미암아 하나님을 향하여 있다고 말합니다. 이와 같이 사도 바울은 자신이 가지고 있는 확신의 근거를 예수님께 두고 있었습니다. 그는 이러한 확신을 자신이 한 일이나 자신에게서 나온 것으로 말미암지 않고 오직 자신에게 능력 주시는 예수 그리스도로 말미암아 갖고 있었던 것입니다.

5절 우리가 무슨 일이든지 우리에게서 난 것같이 스스로 만족할 것이 아니니 우리의 만족은 오직 하나님으로부터 나느니라

우리는 거듭나서 새사람이 된 이후에도 종종 우리의 생애에 베풀어 주셨던 하나님의 은총에 대하여 감사하는 마음을 갖지 못하는 때가 있습니다. 또한 그 모든 것이 나 자신의 노력과 의지의 소산인 것처럼 착각하고 스스로 만족하며 사는 경우가 많습니다.

사도 바울은 이 같은 인간의 연약함을 잘 알고 있었습니다. 그는 자신

이 사도 된 것과 자신의 사역을 통해 고린도 교회가 세워진 것은 결코 자신의 힘과 노력으로 이루어진 것이 아니라 오직 그리스도로 말미암은 것임을 잘 알고 있었습니다. 뿐만 아니라 그는 고린도 교회 자체가 하나의 편지가 되어 그리스도의 구원의 비밀을 알리며 하나님의 역사하심을 드러내는 훌륭한 증거가 된 데 대하여 만족해하였습니다. 그 만족은 자기의 성취에 근거한 자기만족이 아니었습니다. 그것은 바울 자신이 하나님의 도구로 올바로 쓰임을 받았다는 확신이었으며, 자신의 사역을 통해 직접적으로 역사하신 하나님의 은총에 근거한 영혼의 참된 만족이었습니다(딤전 1:12).

2. 새 언약의 직분(3:6-11)

**6. 그가 또한 우리를 새 언약의 일꾼 되기에 만족하게 하셨으니 율법
조문으로 하지 아니하고 오직 영으로 함이니 율법 조문은 죽이는 것
이요 영은 살리는 것이니라 7. 돌에 써서 새긴 죽게 하는 율법 조문
의 직분도 영광이 있어 이스라엘 자손들은 모세의 얼굴의 없어질 영
광 때문에도 그 얼굴을 주목하지 못하였거든 8. 하물며 영의 직분은
더욱 영광이 있지 아니하겠느냐 9. 정죄의 직분도 영광이 있은즉 의
의 직분은 영광이 더욱 넘치리라 10. 영광되었던 것이 더 큰 영광으
로 말미암아 이에 영광될 것이 없으나 11. 없어질 것도 영광으로 말
미암았은즉 길이 있을 것은 더욱 영광 가운데 있느니라**

6절 그가 또한 우리를 새 언약의 일꾼 되기에 만족하게 하셨으니 율법 조문으로 하지 아니하고 오직 영으로 함이니 율법 조문은 죽이는 것이요 영은 살리는 것이니라

사도 바울은 여기에서 자신의 직분에 관련하여 새로운 의미를 알려 주고 있습니다. 본문의 '그'는 하나님을 일컫는 말입니다. 앞에서도 말한 바와 같이 바울의 사도 된 근거는 하나님께로부터 비롯된 것이었으며, 그것은 인간이 글로 쓴 추천서와는 비교도 안 될 정도로 당당한 권위가 있는 것이었습니다. 그런데 그러한 하나님께서 바울을 새 언약의 일꾼으로 삼으시고 그 직분을 충실히 감당하게 하셨다는 것입니다.

당시 초대 교회에서는 새 언약, 즉 신약과 유대교적 전통을 타고 내려온 구약 사이에 적지 않은 혼란과 갈등이 있었습니다. 그리하여 어떤 유대주의자는 모세가 전하여 준 율법대로 행하지 아니하면 구원을 얻지 못한다고 말하기까지 하였습니다(행 15:1). 이러한 주장에 따라 기독교로 개종한 많은 이방인들이 믿음의 뿌리를 깊이 내리지 못하고 신앙의 방황을 하였던 것입니다.

이방인에 대한 복음 전파의 소명을 받은 사도 바울은 유대주의자들의 잘못된 주장과 비성경적인 견해로부터 교회를 지켜야 할 필요성을 절감하였습니다. 그리하여 예수 그리스도로 말미암은 복음의 진정한 의미를 가르쳐 성도들로 하여금 율법의 형식과 틀에서 벗어나 진리로 자유롭게 하시는 예수님을 믿도록 많은 노력을 기울였습니다.

그렇다고 해서 사도 바울이 율법을 부인한 것은 결코 아닙니다. 그는 율법이 진정으로 완성될 수 있는 길을 제시하려고 하였으며(롬 13:10), 율

법이 가지고 있는 올바른 모습과 그 의의를 알리고자 하였습니다.

율법은 어떠한 사람도 완벽하게 지킬 수 없는 행위를 사람들에게 요구함으로써 사실상 구원의 길을 막아 놓은 셈이 되고 말았습니다. 그러나 복음은 우리 인간이 자신의 무력함과 연약함을 인정하고 주님이 대속해 주신 은혜를 받아들이기만 하면 구원을 얻게 해 줍니다. 그리하여 남녀노소, 빈부귀천 할 것 없이 죄짓고 불의하고 추악하여 버림받아 마땅한 죄인들이 예수 그리스도를 믿기만 하면 누구나 주님의 보혈로 죄 사함 받고 성령으로 변화되어 예수 그리스도의 형상을 닮아 가는 놀라운 축복을 받게 됩니다. 사도 바울은 이러한 '새 언약'을 만방에 전파하기 위한 일꾼으로 만족하게 세움을 받았습니다. 즉, 모자람이 없는 자격을 받았다는 것입니다.

사도 바울은 새 언약으로서 구원의 복음을 전하는 데에 율법 조문으로 하지 않고 영으로 하였다고 말합니다. 그런데 바울은 율법 조문이 사람의 생명을 죽이는 역할을 한다고 말합니다. 이것은 사도 바울이 율법 자체를 부정하거나 율법이 잘못되었다고 말하는 것은 아닙니다. 오히려 사도 바울은 율법은 의롭고 거룩하며(롬 7:12) 그리스도께로 인도하는 초등교사라고(갈 3:24) 말하고 있습니다. 그러나 인간의 심성은 부패했기 때문에 행위로나 마음으로나 항상 무흠하고 무죄할 수 없습니다. 그래서 거룩한 율법은 모든 죄인들을 정죄하고 있는 것입니다. 이렇게 하여 사람들을 생명의 길로 이끌지 못하고 사람을 정죄하고 죽이는 역할을 하고 말았습니다. 하나님께서 이러한 율법의 저주로부터 사람들을 구원하시기 위해 주신 것이 바로 '새 언약'이며, 이 새 언약은 영으로 주시는 생명의 복음입니다. 그것은 인간의 행위로써가 아닌 오직 '믿음'으로 구원을 받게 되는 길입니다.

우리가 예수님을 구주로 믿고 죄 사함을 얻고 나면 하나님의 성령께서 우리 속에 들어오셔서 우리의 마음속에 소원을 일으켜 줍니다. 성령님께서는 의롭고 거룩하고 올바르게 살고자 하는 강렬한 소원을 우리의 마음속에서 일어나게 해 주시는 것입니다. 그래서 성령께서 주시는 마음의 소원과 도와주시는 능력으로 우리는 날로 새롭고 더 성결해지며 예수 그리스도의 모습을 닮아 가게 됩니다. 이것이 성령의 살리시는 역사입니다. 성령의 인 침을 받고 나면 양심이 살아납니다. 그래서 죄를 지으면 괴로워서 견딜 수 없게 되고 점차 죄에서 멀어지고 새사람이 되는 것입니다. 이런 일을 한두 번 반복하다 보면 그다음에는 죄의 유혹을 뿌리칠 수 있게 됩니다. 그리스도의 은혜와 생명 가운데로 나아가게 되는 것입니다.

7절 **돌에 써서 새긴 죽게 하는 율법 조문의 직분도 영광이 있어 이스라엘 자손들은 모세의 얼굴의 없어질 영광 때문에도 그 얼굴을 주목하지 못하였거든**

모세는 시내 산에 올라가서 40주 40야 동안 금식하고 나서 십계명이 적힌 두 개의 돌판을 받았습니다. 그가 그 돌판을 가지고 산에서 내려왔을 때 그의 얼굴에는 찬란한 광채가 빛났습니다(출 34:29-30). 이 광채로 인하여 이스라엘 자손들이 모세를 두려워하고 가까이하지 못하였습니다. 이와 같이 사람을 정죄하여 죽게 하는 율법을 받은 모세의 직분도 그의 얼굴에 광채가 날 정도로 영광스러운 직분이었습니다. 그러나 그러한 영광은 장차 없어질 일시적인 영광일 뿐입니다.

율법은 세월이 지나가면 흔적도 없이 사라지는 돌판에 새긴 것이었습니다. 뿐만 아니라 사람의 죄를 드러내고 그에 따라 정죄하여 죄의 결과를 알려 주기만 할 따름이었습니다. 그럼에도 불구하고 모세가 그 율법을 받을 때에는 하나님의 찬란한 영광이 임하여 그의 얼굴빛까지도 변할 정도였습니다. 다시 말해서 율법도 하나님의 거룩하시고 의로우심을 드러내며, 택한 백성들의 삶을 인도하는 기준으로서 중대한 의미가 있었다는 것입니다. 그러나 그것은 인간으로 하여금 구원에 이르게 하지 못했기 때문에 궁극적인 영광은 받을 수 없었습니다. 이제 예수 그리스도로 말미암아 전파된 은혜와 진리의 복음 앞에서 율법은 다만 그것의 그림자로서 역할을 끝내야만 하는 것입니다.

8절 하물며 영의 직분은 더욱 영광이 있지 아니하겠느냐

'영의 직분' 이란 예수 그리스도께서 우리를 위하여 십자가에서 몸 찢기고 피 흘려 죽으심으로 우리의 모든 죄를 대속하시고 사흘 만에 부활하셔서 모든 믿는 자들의 생명의 원천이 되셨음을 전하는 직분을 말합니다. 따라서 본문은 믿음으로 구원받는 복음을 전하고 생명을 살리는 직분이 얼마나 영광스럽겠느냐는 말입니다.

우리는 모두 예수 그리스도의 복음을 전하고 생명을 살리는 직분을 가진 자들입니다. 너무나 영광스러운 직분입니다. 이러한 영광이 마음속에 가득하기 때문에 우리는 언제나 평안과 기쁨으로 충만할 수 있는 것입니다.

그러나 율법은 우리의 죄를 하나도 남김없이 드러내어 정죄합니다. 정

죄를 받으면 평안과 기쁨이 사라집니다. 율법 앞에서는 모두 두려워합니다. 하지만 이런 두렵고 떨리는 율법을 받아온 모세의 얼굴에도 하나님의 영광이 있었습니다. 율법의 직분을 가져온 사람도 영광이 나타나는데, 은혜로 용서와 의와 영광을 주는 영의 직분을 가진 우리가 어찌 영광스럽지 않겠습니까?

본문은 앞 절 말씀과 대비가 되는 말씀입니다. 사람의 죄를 지적하고 정죄하여 결과적으로 사망을 가져오게 하는 율법 조문의 직분에도 영광이 있었다면, 죄에 매여 멸망할 수밖에 없는 인생을 구원하여 생명에 이르게 하는 직분에는 이루 말할 나위 없이 큰 영광이 있을 것입니다. 바로 그 직분이 영의 직분인데, 이 직분의 영광은 구약 시대에 모세의 얼굴에 나타났던 것처럼 잠시 있다 없어질 영광이 아닙니다. 이 영광은 영원한 영광이요, 이 세상 그 어느 것과도 비길 수 없는 영광입니다. 이는 마지막 날에 주께서 강림하실 때에 주를 믿는 우리 모두에게 임하게 됩니다. 주께서 호령과 천사장의 소리와 하나님의 나팔 소리로 재림하실 때 욕된 것이 영광스러운 것으로, 육의 몸이 신령한 몸으로 변화되어 그 영광 가운데서 기뻐 뛰며 영생 복락을 누리게 되는 것입니다(고전 15:52-54).

9절 정죄의 직분도 영광이 있은즉 의의 직분은 영광이 더욱 넘치리라

여기에서는 직분에 있어서 율법과 영을 비교하고 있는데, 율법의 직분은 정죄의 직분이요, 영의 직분은 의의 직분이라고 말합니다. 따라서 율법은 죄를 드러내고 정죄할 뿐 사람을 구원하는 역할을 할 수가 없습

니다. 그러나 영의 직분은 그 은혜와 믿음으로 말미암아 사람의 생명을 살리며 그 사람을 의롭게 만듭니다. 이것은 결코 율법의 행위에 의해서가 아니라 은혜와 믿음으로써 되는 것입니다. 그러므로 믿음으로 말미암아 예수 그리스도의 은혜 안에 있는 자에게는 결코 정죄함이 없습니다(롬 8:1).

율법이라는 도구를 사용하는 정죄의 직분도 영광이 있는데, 하물며 예수 그리스도를 믿는 우리의 의로운 이 직분은 얼마나 영광스럽겠습니까?

10절 영광되었던 것이 더 큰 영광으로 말미암아 이에 영광될 것이 없으나

율법으로 말미암은 정죄의 직분에도 영광이 있었습니다. 그러나 이제 그보다 더 큰 영광이 나타났습니다. 바로 예수 그리스도의 구원의 은혜로 말미암은 영광입니다. 율법이 가졌던 영광은 그 빛이 희미해졌습니다. 마치 달빛이 눈부신 햇빛에 가려지는 것처럼 율법은 그 완성이요, 마침이 된(롬 10:4) 예수 그리스도의 복음의 영광 속으로 스며들어 사라지게 된 것입니다.

11절 없어질 것도 영광으로 말미암았은즉 길이 있을 것은 더욱 영광 가운데 있느니라

율법은 없어질 것입니다. 구약의 율법은 모세가 시내 산에서 계명을 받은 때부터 시작해서 갈보리 십자가에서 예수 그리스도께서 구원을 완성할 때까지 야훼 하나님께서 전적으로 사용한 수단입니다. 율법은 영원히 존재하지 않습니다. 율법은 어린아이를 가르치는 선생처럼 인간들의

어리석은 교만을 깨뜨리고 모든 사람이 죄인이라는 것을 깨닫게 해서 예수 그리스도의 십자가로 이끌어 주는 교사입니다. 그런데 초등학생이 초등학교를 졸업하면 더 이상 초등학교 선생이 필요 없습니다. 이처럼 율법은 우리가 믿음이 연약한 어린아이일 때 '나는 죄인이요, 스스로 구원받을 수 없고, 행위로 의롭다 함을 받을 수 없다.' 라고 깨우쳐 주는 선생이기 때문에 예수 믿고 구원받아 이미 이러한 사실을 깨달은 우리들에게는 율법이 필요 없는 것입니다. 예수님이 "다 이루었다"(요 19:30) 라고 하셨을 때 율법의 모든 정죄를 다 청산하시고 '법조문(율법)에 쓴 증서' 를 지우시고 제하여 버리셨다고 하셨습니다(골 2:14). 예수 그리스도의 십자가로 말미암아 율법의 정죄는 모두 청산되고 율법이 완성된 것입니다.

오늘날 우리는 예수 그리스도를 믿음으로 말미암아 구원을 얻고 성령님의 도우심을 받아 삽니다. 예수 그리스도의 복음의 영광은 영원하기 때문에 세세무궁토록 예수 그리스도의 보혈을 통해서 구원받은 이 영광은 영원히 남아 있을 것입니다. 그러므로 잠시 있다 사라질 구약의 직분에도 영광이 있었다면, 하나님의 아들이신 예수님께서 죽기까지 순종하사 이루신 구원의 복음에는 그 영광이 얼마나 더하겠습니까? 이 영광이 지금은 우리의 육신에 의해 가려져 있으나 육신의 장막을 벗게 되면 그 영광이 환히 드러날 것입니다. 그때 우리는 영원토록 길이 빛날 영광 속에서 주님과 함께 살 것입니다(딤후 2:10; 벧전 5:10).

3. 주의 영으로 말미암은 영광(3:12-18)

12. 우리가 이 같은 소망이 있으므로 담대히 말하노니 13. 우리는 모
세가 이스라엘 자손들에게 장차 없어질 것의 결국을 주목하지 못하
게 하려고 수건을 그 얼굴에 쓴 것같이 아니하노라 14. 그러나 그들
의 마음이 완고하여 오늘까지도 구약을 읽을 때에 그 수건이 벗겨지
지 아니하고 있으니 그 수건은 그리스도 안에서 없어질 것이라 15.
오늘까지 모세의 글을 읽을 때에 수건이 그 마음을 덮었도다 16. 그
러나 언제든지 주께로 돌아가면 그 수건이 벗겨지리라 17. 주는 영
이시니 주의 영이 계신 곳에는 자유가 있느니라 18. 우리가 다 수건
을 벗은 얼굴로 거울을 보는 것같이 주의 영광을 보매 그와 같은 형상
으로 변화하여 영광에서 영광에 이르니 곧 주의 영으로 말미암음이
니라

12절 우리가 이 같은 소망이 있으므로 담대히 말하노니

'이 같은 소망' 이라 함은 앞에서 언급한 바와 같이 의의 직분을 받은 자가 누리게 될 영광스러운 소망을 말합니다. 이 소망은 없어지지 아니할 영원한 소망입니다. 구약의 일시적인 영광이 지나가고 이제 예수 그리스도 안에서 새롭게 맺은 신약의 영광이 영원무궁토록 있을 것입니다. 이와 같이 사도 바울은 그리스도로 말미암은 영광에 대하여 뚜렷한 소망을 갖고 있었습니다. 그렇기 때문에 누구에게나 확신을 가지고 담대하게

말할 수 있었던 것입니다(고후 7:4; 엡 3:12).

우리는 율법 아래에서 모두 정죄를 받고 움츠리고 있었지만 이제는 예수 그리스도의 보혈을 의지함으로 해방되어 담대함을 얻게 되었습니다. 우리는 예수 그리스도로 말미암아 의롭다 함을 얻고 영원한 소망이 넘치는 사람들입니다. 이제는 죄인이 아니라 용서받은 의인이 된 것입니다.

13절 우리는 모세가 이스라엘 자손들에게 장차 없어질 것의 결국을 주목하지 못하게 하려고 수건을 그 얼굴에 쓴 것같이 아니하노라

여기에서는 모세가 수건을 얼굴에 쓴 이유를 밝히면서 율법의 한계에 대해 언급하고 있습니다. 즉, 모세의 얼굴에 나타난 광채가 일시적인 것처럼 율법이 주는 영광은 일시적이며 장차 없어질 영광이라는 것입니다. 그렇기 때문에 모세는 장차 없어질 유한한 것에 백성들이 안주하지 않도록 하기 위해 수건으로 얼굴을 가렸습니다.

그러나 이제 예수 그리스도 안에 있는 우리는 수건으로 가릴 필요가 없습니다. 신약의 영광은 구약 시대의 모세의 영광과는 달리 영원히 사라지지 않을 것이기 때문입니다. 오히려 우리는 의의 직분의 영광을 드러내야 할 것입니다.

14절 그러나 그들의 마음이 완고하여 오늘까지도 구약을 읽을 때에 그 수건이 벗겨지지 아니하고 있으니 그 수건은 그리스도 안에서 없어질 것이라

유대인들은 엄격한 계율과 금령, 그리고 거기에다 사람의 계명(마

15:9)까지 더하여 인간의 행위로 구원받는 것을 고집하였습니다. 이것은 그들의 마음이 완고하여 영의 눈이 뜨이지 못했기 때문입니다. 구약에 기록된 수많은 예언들이 예수 그리스도의 대속을 상징함에도 불구하고 그들은 예수님이 메시아인 줄을 알지 못했습니다. 이에 대해 성경은 "자기 땅에 오매 자기 백성이 영접하지 아니하였으나"(요 1:11)라고 말씀하고 있습니다. 뿐만 아니라 예수님께서 공생애 중에 여러 차례에 걸쳐 교훈과 비유를 통해 하나님의 아들 되심과 구주 되신 것을 나타내었지만 그들은 그 사실을 도외시하였습니다. 오히려 그 당시 가장 처참한 형벌인 십자가 형틀에 예수님을 못 박는 죄를 저지르고 말았습니다.

이와 같이 모세가 얼굴을 수건으로 가린 것처럼, 유대인들은 그 마음속에 수건 같은 무지함이 덮여서 구약을 읽어도 예수님에 대해서 전혀 깨닫지 못하였습니다. 듣기는 들어도 깨닫지 못하고 보기는 보아도 알지 못하고(사 6:9), 오직 구습에 매여 완악해졌던 것입니다.

예수님께서는 하나님께로부터 나서 우리에게 지혜와 의로움과 거룩함과 구원함이 되셨습니다(고전 1:30). 이러므로 우리의 모든 어리석음은 예수님을 믿고 바라보면 깨끗이 사라져 버리고 맙니다. 왜냐하면 우리는 예수님 안에서 구원의 지식을 얻게 되고, 생명의 지식을 얻게 되며, 영원한 소망의 지식을 얻게 되기 때문입니다. 더욱이 우리가 예수님을 믿으면 영안이 열리고 성령님께서 조명해 주심으로 말미암아 구약은 오실 예수 그리스도에 대한 모형이요, 그림자인 것을 깨닫게 됩니다. 그래서 우리는 수건을 벗고 보는 것같이 구약의 참된 의미를 파악할 수 있게 되는 것입니다. 이와 같이 우리 마음을 가리는 수건은 예수 그리스도를 믿고 그 안에 거할 때 사라지게 됩니다.

15절 오늘까지 모세의 글을 읽을 때에 수건이 그 마음을 덮었도다

예수님께서 구약의 모든 예언을 다 이루시고 부활 승천하셨음에도 불구하고 유대인들은 성경의 참된 진리를 깨닫지 못하고 있었습니다. 물론 율법으로 인하여 거룩하고 경건한 삶을 살려고 애쓰는 것은 신앙생활에 있어서 중요한 일입니다. 그러나 그로 말미암아 그리스도의 대속의 은혜를 도외시하게 된다면 율법의 의의와 효력은 아무런 의미 없이 사라지게 됩니다. 예수님이 계시지 않은 삶은 제아무리 거룩하고 경건해 보여도 그것은 하나의 외식에 불과하며 인간의 공허한 몸부림에 지나지 않는 것입니다.

그러나 유대인들은 형식과 외식에 얽매여 율법의 수건을 벗어 버리지 못하고 있습니다. 예수 그리스도께서 오셔서 율법의 수건을 벗기셨음에도 불구하고 그들은 여전히 수건으로 마음을 가리고 성경을 읽음으로써 찬란하게 빛나는 그리스도의 영광을 보지 못한 것입니다. 바울이 편지를 쓸 당시에도 유대인들은 예수 그리스도에 대해서 전혀 깨닫지 못하고 있었습니다.

16절 그러나 언제든지 주께로 돌아가면 그 수건이 벗겨지리라

누구든지 주 앞에 회개하고 나오면 참되고 영원한 진리를 알게 되고 소유하게 됩니다. 예수 그리스도에 대한 무지가 사라지고, 구약 성경 전체에 걸쳐 예수 그리스도를 지시하고 있음을 알게 되는 것입니다. 이와 같이 예수님께 회개하고 나와야 무지의 수건이 벗겨집니다. 예수님께 나오지 아니하면 구약 성경도, 신약 성경도 알 수 없습니다. 그저 가려진 비밀에 불과한 것입니다.

17절 주는 영이시니 주의 영이 계신 곳에는 자유가 있느니라

지금부터 약 2천 년 전에 감람산에서 부활하신 몸으로 승천하신 예수님께서는 지금 영으로 우리와 함께 계십니다. 예수 그리스도는 바로 성령과 일체가 되는 분입니다. 예수님께서는 유대 관원에게 붙잡히시기 전 어느 날 제자들에게 이렇게 말씀하셨습니다. "내가 너희를 고아와 같이 버려두지 아니하고 너희에게로 오리라" (요 14:18). 이 말씀과 같이 예수님께서는 승천하신 후 다른 보혜사, 즉 성령으로 우리 가운데 오셨으며 지금도 우리 가운데서 친히 역사하고 계십니다. 이와 같이 성부 하나님, 성자 예수님, 그리고 성령께서는 모두 '영' 으로서 일체가 되십니다(요 4:24; 고전 15:45; 엡 4:30; 빌 1:19).

이러한 주의 영이 계신 곳, 즉 성령께서 역사하시는 곳에는 자유가 있습니다. 예수님께서 공생애 초기에 고향 땅인 나사렛에 이르렀을 때의 일입니다. 안식일에 회당에 들어가신 예수님께서는 당시의 규례대로 성경을 펴고 선지자 이사야가 예언한 말씀을 읽으셨습니다.

"주의 성령이 내게 임하셨으니 이는 가난한 자에게 복음을 전하게 하시려고 내게 기름을 부으시고 나를 보내사 포로 된 자에게 자유를, 눈먼 자에게 다시 보게 함을 전파하며 눌린 자를 자유롭게 하고 주의 은혜의 해를 전파하게 하려 하심이라" (눅 4:18-19).

이와 같이 주의 영이신 성령께서는 죄와 질병과 생활의 저주 그리고 율법의 올무에 묶여 고통당하고 있는 모든 인류를 풀어 자유롭게 하는 역사를 베풀어 주십니다. 그러나 성령의 역사가 없어지면 점점 의식과 제도만이 늘어나 인간을 속박합니다. 성령의 역사가 없는 곳에는 인간을 속박하는 율법이 중시되고 사람의 종교심을 유발시키는 의식이 장엄하게 되며, 사람의 마음을 끄는 각종 프로그램이 발달하게 됩니다. 하지만 성령님이 계시면 뜨거운 태양이 내리쬐는 모래밭 위에서도 '할렐루야'가 넘쳐 납니다. 초막이나 궁궐이나 엎드려 기도하는 그 자리에 예수님이 응답하시고 가난과 질병과 저주와 죄와 사망으로부터 자유롭게 하는 성령의 역사가 충만히 임하는 것입니다.

18절 우리가 다 수건을 벗은 얼굴로 거울을 보는 것같이 주의 영광을 보매 그와 같은 형상으로 변화하여 영광에서 영광에 이르니 곧 주의 영으로 말미암음이니라

그리스도께서 오시기 전까지만 해도 무지의 수건은 인간과 하나님 사이를 가로막고 있었습니다. 참된 진리는 인간의 완악한 마음과 편견으로 왜곡되어 있었으며, 참된 구원의 길은 인간의 의식과 제도로 말미암아 외면당하고 있었습니다. 그러나 그리스도로 말미암아 그 모든 수건이 다 벗겨졌습니다. 그러자 구약의 모든 의미가 더욱 확연해지고 하나님의 구속 사역을 이루신 예수 그리스도의 영광이 분명히 드러나게 되었습니다.

그리스도인의 신앙생활이란 곧 예수 그리스도의 형상을 닮아 가는 생활입니다. 그것이 바로 성화되어 가는 과정인 것입니다. 우리는 예수 그리스도의 보혈로 죄 씻음 받고 믿음으로 의롭다 함을 얻었습니다(롬 5:1). 그러나 그 이후에도 우리의 속에는 죄의 습성이 한쪽에 도사리고 있어 우리로 하여금 끊임없이 죄짓게 하고 넘어지게 합니다. 어떻게 보면 우리의 신앙생활이란 것은 우리가 가진 신앙과 아직 없어지지 않은 죄의 습

성과의 끊임없는 투쟁의 연속이기도 합니다. 그러나 우리가 주 예수를 바라볼 때, 즉 주님만을 생각하고 관심을 가질 때 죄악의 오염에서 점차 벗어나 그와 같은 형상으로 성화됩니다. 영도, 마음도 예수님의 형상을 닮아 가고 몸과 생활까지도 예수님의 형상을 닮아 가는 것입니다.

인간은 자신이 바라보는 것을 닮게 마련입니다. 자녀들은 부모를 항상 바라보며 삽니다. 그 결과 자녀들은 싫든 좋든 의도적이든 아니든 간에 은연중에 부모를 닮아 가게 됩니다. 성경은 이러한 '바라봄의 법칙' 에 대하여 여러 번 말씀하고 있습니다. 아브라함은 하늘의 별들을 바라보며 그 자손들이 무수해질 것을 꿈꿨고, 그로 말미암아 아들 이삭을 낳았습니다(창 15:5). 야곱은 양들에게 바라봄의 법칙을 이용하여 큰 부자가 되었습니다(창 30:37-43). 이와 같이 인간은 무엇을 바라보든지 그 바라보는 것으로 끌려가거나 그것을 자신에게로 끌어 옵니다. 그러므로 예수 그리스도의 영광을 바라보는 자는 그 영광을 닮아 영광으로 영광에 이르게 되는 것입니다.

그런데 이 모든 것은 주의 영, 곧 성령에 의해서 이루어지게 됩니다. 이는 율법에 기록된 문자로 되는 것이 아니요, 인간의 고고한 행위나 윤리, 도덕으로 되는 것도 아닙니다. 인간을 죄로부터 구원하여 의롭게 하고 성화되게 하며 종국에 가서 영화롭게 하는 변화는 오직 성령으로 말미암아 이루어지는 것입니다.

이와 같이 우리가 바라보는 것은 예수 그리스도 안에서 성령을 통해서 바라보는 것이지, 인간의 욕심으로 바라보는 것이 아닙니다. 우리가 예수님을 믿고 하나님의 사랑 안에서 믿음으로 바라보며 하나님의 성령이 오셔서 그것을 이루어 주시는 것입니다. 성경은 분명히 하나님께서 우리가 구하거나 생각하는 모든 것에 더 넘치도록 능히 하신다고 말씀하고 있습니다(엡 3:20). 그러므로 우리는 마음속으로 하나님께서 주시는 치료와 건강과 부요와 축복을 바라보아야 합니다. 그럴 때 성령님께서 우리의 바라봄을 통해서 하나님의 영광을 나타내십니다. 이것이 주의 영으로 말미암아 영광에서 영광으로 이르게 하는 것입니다.

제 4 장

직분의 실천과 특권

A COMMENTARY ON
THE SECOND EPISTLE TO
THE CORINTHIANS

본 장에서는 그리스도 안에서 변화된 성도들이 자신의 직분을 잘 실천할 것과 그리할 때 얻는 놀라운 특권에 대하여 말씀하고 있습니다. 성도들은 각자의 직분대로 모름지기 하나님과 사람 앞에서 부끄러움 없이 살아야 합니다. 또한 본 장에서 사도 바울은 성도들은 그리스도라는 보배를 말씀으로 말미암아 자신 속에 간직하고 살아가는 특권도 부여받은 사람이라는 것을 말해 주고 있습니다.

1. 하나님의 형상인 그리스도(4:1-6)

1. 그러므로 우리가 이 직분을 받아 긍휼하심을 입은 대로 낙심하지
아니하고 2. 이에 숨은 부끄러움의 일을 버리고 속임으로 행하지 아
니하며 하나님의 말씀을 혼잡하게 하지 아니하고 오직 진리를 나타
냄으로 하나님 앞에서 각 사람의 양심에 대하여 스스로 추천하노라
3. 만일 우리의 복음이 가리었으면 망하는 자들에게 가리어진 것이
라 4. 그중에 이 세상의 신이 믿지 아니하는 자들의 마음을 혼미하
게 하여 그리스도의 영광의 복음의 광채가 비치지 못하게 함이니 그
리스도는 하나님의 형상이니라 5. 우리는 우리를 전파하는 것이 아
니라 오직 그리스도 예수의 주 되신 것과 또 예수를 위하여 우리가
너희의 종 된 것을 전파함이라 6. 어두운 데에 빛이 비치라 말씀하
셨던 그 하나님께서 예수 그리스도의 얼굴에 있는 하나님의 영광을
아는 빛을 우리 마음에 비추셨느니라

1절 그러므로 우리가 이 직분을 받아 긍휼하심을 입은 대로 낙심하

지 아니하고

우리가 신앙을 갖게 된 것은 하나님께서 우리를 긍휼히 여기셔서 하나님의 선물인 믿음을 우리에게 주셨기 때문입니다. 하나님께서 우리를 불쌍히 여기지 아니하셨더라면 한 사람도 예수님을 믿고 구원받을 수 없었을 것입니다. 유사 이래 하나님께서 원하시는 대로 모든 법을 지켜서 의롭다 함을 얻고 구원받은 사람은 한 사람도 없습니다. 오직 우리는 하나님의 긍휼하심과 은혜로 말미암아 구원을 얻게 된 것입니다. 우리가 교회의 직분을 받는 것도 하나님의 긍휼하심으로 말미암은 것입니다. 하나님께서 우리를 구원해 주신 후, 계속 긍휼을 베풀어 주셔서 인정해 주시면 우리는 집사직, 권사직, 장로직도 받게 되고 또한 교역자로서 전도사직, 목사직도 받게 되는 것입니다. 하나님께서 우리를 긍휼히 여기시는 한 우리는 낙심할 필요가 없습니다. 하나님의 인정을 받고 긍휼히 여기심을 받을 때 우리는 긍정적이고 적극적이고 창조적인 인생을 살게 됩니다.

직분은 내가 만든 것이 아니라 하나님께로부터 받은 것입니다. 한 가정에도 각자의 직분이 있습니다. 아버지가 아버지로서의 충성스러운 직분을 다하지 못하면 그 가정은 위기에 처합니다. 어머니 또한 어머니로서의 직분을 충성스럽게 감당해야 하고, 자녀도 자녀로서의 직분을 감당해야 합니다. 이처럼 이 세상의 모든 구성원 각자에게 하나님께서 직분을 주셔서 움직여 가고 있습니다. 그러므로 우리는 자신이 어떤 직분을 가진 사람인지 정체성을 깨달아 알아서 자기에게 주어진 직분에 충실해야만 합니다.

나는 항상 나 자신에게 묻고 대답합니다. “조용기, 너의 직분은 무엇이냐?", "나의 직분은 여의도순복음교회의 목사로서 충실하게 하나님 말씀을 성도들에게 전파하고 교회의 가는 길을 인도하는 것이 나의 직분입니다." 그리고 항상 내 직분을 월권(越權)하는 건방진 일을 하지 않아야 한다고 스스로 늘 경계하고 있습니다.

우리는 항상 온갖 열심을 다하고 난 다음에라도 "주여, 나는 쓸모없는 종입니다. 내가 충성을 다하고 일을 했지만, 그러나 나는 쓸모없는 종입니다. 주님, 불쌍히 여겨 주시옵소서."라는 고백을 주님 앞에서 늘 해야 합니다. 그러면 하나님께서 성령의 능력으로 우리를 붙들어 주시기 때문에 우리는 거룩한 직분을 받아 긍휼하심을 입은 대로 낙심하지 않게 됩니다. 내 힘을 의지하면 낙심할 수밖에 없습니다.

하나님은 직분을 맡은 자에게는 성령의 능력으로 직분을 감당할 수 있는 능력을 주십니다. 우리가 성령님을 항상 인정하고 환영하고 모셔 들이고 의지하면, 우리는 낙심하지 아니하고 넉넉히 승리할 수 있는 것입니다.

2절 이에 숨은 부끄러움의 일을 버리고 속임으로 행하지 아니하며 하나님의 말씀을 혼잡하게 하지 아니하고 오직 진리를 나타냄으로 하나님 앞에서 각 사람의 양심에 대하여 스스로 추천하노라

'숨은 부끄러움의 일'이란 위선적인 일을 가리킵니다. 그리스도인들은 형식적인 신앙생활을 해서는 안 됩니다. 만일 부모님들이 형식적인 신앙을 갖고 자식들 앞에서 도덕적으로나 윤리적으로 부끄러운 일을 한다면 자식들에게 참된 신앙을 심어 줄 수 없을 것입니다. 말과 행동이 일치하는 참된 신앙이야말로 하나님과 사람 앞에서 칭찬받는 신앙입니다.

또한 참된 그리스도인은 속임으로 행하지 아니합니다. 예수 그리스도의 복음을 빙자하여 자신의 영달과 욕망을 채우려는 것이 속임으로 행하는 일입니다. 사도 바울은 여기에서 자신은 이와 같은 속임으로 복음을 전파하지 않는다고 말합니다. 하나님의 말씀을 제멋대로 해석하여 진리를 거스르는 그릇된 도를 가르치는 것은 사람들을 혼미하게 하는 것입니다. 요즈음 한국에서는 요한계시록같이 평신도들이 이해하기 어려운 성경을 사사로이 해석하여 자신의 주관적인 견해를 설파함으로 말씀을 혼잡하게 하는 사람들이 있습니다. 이러한 일들은 하나님의 진실한 종들이 행하는 것이 아닙니다.

하나님의 말씀은 오직 진리를 나타냄으로 단순하고도 명확하게 전파하여야 합니다. 하나님의 나라는 우리가 받아들일 수 없을 만큼 복잡한 것이 아닙니다. 복음을 그토록 복잡하게 설명해야 한다면 일반 대중은 천국에 갈 수 없을 것입니다. 그러나 아브라함 링컨이 말한 대로 하나님은 특수한 엘리트보다 대중을 더 사랑하시는 분입니다. 따라서 복음도 일반 대중이 다 알아들을 수 있도록 전파하여야 하는 것입니다.

하나님의 진리는 고등 수학을 푸는 것처럼 어려운 것이 아닙니다. 하나님께서 우리 인류를 사랑하셔서 예수 그리스도를 믿는 자마다 구원해 주신다는 것과 예수님 외에는 영생을 얻고 하나님께 나아갈 길이 없다는 것이 바로 진리입니다. 이 진리는 어린아이라도 들어서 이해하고 믿을 수 있는 단순한 진리입니다.

그러므로 우리는 하나님의 특별한 계시를 받았다고 해서 복잡하게 야단법석을 떠는 자들을 경계해야 합니다. 진리는 모든 사람들이 알기 쉽게 되어 있는 법입니다. 또한 그렇게 섭리한 것이 바로 하나님의 사랑입니다. 그러므로 사도 바울은 여기에서 자신이 복음을 단순하고도 명확하게 진리 가운데서 설파하는 것과 그 복음을 듣는 자들 스스로 양심으로 복음을 받아들이게 된다는 것을 말하고 있습니다.

3절 만일 우리의 복음이 가리었으면 망하는 자들에게 가리어진 것이라

사도 바울은 복음을 모두에게 공평하고 편만하게 전했습니다. 고린도에서 사도 바울이 복음을 전했을 때, 고린도 사람들은 모두 바울의 말을 들었습니다. 그런데 구원받을 사람들은 복음을 듣자 마음의 문을 열고 복음을 받아들였지만, 망할 사람들은 복음을 듣고도 마음의 문을 열지 않았습니다. 사도 바울도 이럴 때는 어찌할 도리가 없다는 것입니다. 우리는 사도 바울처럼 세상을 향해 복음을 편만하게 전해서 그들에게 한 번은 복음을 접할 기회를 갖게 해야 합니다. 복음을 듣고서 믿지 않는 것에 대해서는 어쩔 수 없지만, 복음을 듣고 믿는 사람은 구원의 은혜를 경험하게 되는 것입니다. 그러나 한 번도 복음을 듣지 못해서 망하는 자가 있다면 그것은 너무나 안타까운 일이 아닐 수 없습니다. 그렇기 때문에 우리는 사력을 다하여 온 천하에 다니며 만민에게 복음을 전해야 하는 것입니다(막 16:15).

바울은 자신의 복음 전파를 이와 같이 성도들의 양심과 이성의 판단에 내어 맡겼습니다. 그렇기 때문에 그는 복음이 양심의 호응을 받을 수 있도록 단순하고 명확한 진리의 기반 위에서 전했습니다. 그러므로 복음 전파가 가리어질 때 그 책임은 듣는 자들의 무딘 양심에 있게 된 것입니다. 바울은 자신이 예수 그리스도의 복음을 명명백백하게 전하였기 때

문에 자신의 설교를 듣고 난 다음에 구원을 받지 못했다면 그것은 그들이 멸망할 자가 되어서 구원을 받지 못한 것이지 복음이 어렵고 복잡해서가 아님을 말하고 있습니다.

4절 그중에 이 세상의 신이 믿지 아니하는 자들의 마음을 혼미하게 하여 그리스도의 영광의 복음의 광채가 비치지 못하게 함이니 그리스도는 하나님의 형상이니라

성령님은 우리의 마음을 맑고 밝고 환하게 해 주시나, 귀신은 우리의 마음을 혼미하게 합니다. 그리고 귀신과 마귀는 이 세상에 속한 영이고, 성령님은 하늘나라에서 오신 영이십니다. 이 세상의 신, 즉 혼미하게 하는 영은 성령님의 복음 전파 사업을 끊임없이 방해하고 있습니다. 그래서 아무리 예수 그리스도를 믿고 싶어도 믿어지지 않도록 마음을 혼미하게 하는 일들을 행합니다. 이러므로 우리는 복음을 전파할 때 복음을 듣는 사람들의 마음이 혼미해서 복음을 믿지 못하는 일이 없도록 먼저 혼미하게 하는 귀신을 예수 이름으로 묶어서 쫓아내야 합니다. 가족을 구원할 때나, 다른 사람을 전도할 때 우리는 항상 먼저 귀신을 쫓아내야 하는 것입니다. 귀신을 먼저 쫓아내고 말씀을 전하면 성령의 능력이 역사해서 광명한 태양처럼 복음이 사람들의 마음속에 비치게 되고 진리를 깨닫게 되는 것입니다.

내가 대조동에서 목회할 때 어느 교수님 한 분을 전도했는데, 그 교수님이 성경을 읽으려고만 하면 혼미하게 하는 귀신이 한 글자도 못 읽게 방해하는 것을 보았습니다. 그런데 이와는 대조적으로 전혀 글을 알지 못하는 분이 성령님의 도우심으로 성경을 줄줄 읽는 경우도 있습니다.

그러므로 우리는 귀신의 일을 멸하고 성령님의 일을 적극적으로 추진해야 합니다. 이렇게 할 때에 복음이 전파되고 그리스도의 광채가 영광스럽게 빛나게 되는 것입니다.

예수 그리스도는 하나님의 형상입니다. 예수님께서는 "나를 본 자는 아버지를 보았거늘"(요 14:9)이라고 말씀하셨습니다. 누구든지 예수 그리스도의 죄 없는 생애와 십자가의 죽으심을 통하여 자신의 죄를 대속해 주신 사랑을 깨닫게 되면 하나님을 알게 되고 믿게 되므로 예수님이야말로 살아 계신 하나님의 형상인 것입니다.

5절 우리는 우리를 전파하는 것이 아니라 오직 그리스도 예수의 주 되신 것과 또 예수를 위하여 우리가 너희의 종 된 것을 전파함이라

우리가 전파해야 할 것은 '그리스도 예수의 주 되심' 입니다. 우리는 사람이나 교파를 전파해서는 안 됩니다. 우리는 오로지 예수 그리스도만을 전파해야 합니다. 그리스도께서 우리의 주가 되심을 알려야 합니다. 즉, 일을 이루기 전에 먼저 주님의 뜻을 알아보고 그것이 주님의 뜻인가를 확신한 후에 일을 시작해야 합니다. 자신의 뜻대로 일을 정해 놓고 하나님의 도우심을 바란다면 그것은 예수 그리스도를 주로 섬기는 것이 아니라 자신을 주로 섬기는 것입니다.

또한 우리는 우리가 예수님을 위해 사람의 종노릇하는 것을 전파해야 합니다. 예수님의 뜻에 어긋나는 일이라면 아무리 많은 사람을 위하는 일이라 해도 그 일을 행할 수 없습니다. 따라서 주의 종은 예수 그리스도를 위해서 성도를 섬기는 종이지 아무 의미 없이 인간을 섬기는 종은 아

닙니다.

6절 어두운 데에 빛이 비치라 말씀하셨던 그 하나님께서 예수 그리스도의 얼굴에 있는 하나님의 영광을 아는 빛을 우리 마음에 비추셨느니라

하나님께서 이 세상을 창조하실 때 처음에 빛을 창조하셨습니다. 땅이 공허하고 혼돈하며 흑암이 깊음 위에 있을 때 하나님께서 "빛이 있으라!" 고 말씀하시매 흑암이 사라지고 천지에 광명이 다가오게 되었습니다.

예수 그리스도의 얼굴에는 하나님의 영광을 아는 빛이 있습니다. 즉, 예수님은 하나님의 영광을 드러내시는 분인 것입니다. 예수 그리스도는 하나님의 영광의 광채시요, 그 본체의 형상입니다. 성령 하나님께서 우리를 깨우쳐 주시면 우리는 영안을 떠서 예수 그리스도가 하나님의 영광의 광채시요, 그 본체의 형상이신 것을 깨달아 알게 됩니다.

그리고 하나님께서는 우리가 깨달아 알 수 있도록 성령의 빛을 우리의 마음속에 비추어 주십니다. 예수 그리스도를 말씀을 통해 듣고 배워도 성령의 빛을 받지 못하면 여전히 흑암의 세계 속에 잠긴 바 되어서 예수 그리스도께서 하나님의 아들이심을 알지 못합니다. 그러므로 우리는 날마다 성령으로 충만함 받기 위해 기도하고 성령의 빛이 우리의 마음을 비추도록 간구해야 하는 것입니다.

2. 질그릇 속의 보배(4:7-15)

7. 우리가 이 보배를 질그릇에 가졌으니 이는 심히 큰 능력은 하나님께 있고 우리에게 있지 아니함을 알게 하려 함이라 8. 우리가 사방으로 욱여쌈을 당하여도 싸이지 아니하며 답답한 일을 당하여도 낙심하지 아니하며 9. 박해를 받아도 버린 바 되지 아니하며 거꾸러뜨림을 당하여도 망하지 아니하고 10. 우리가 항상 예수의 죽음을 몸에 짊어짐은 예수의 생명이 또한 우리 몸에 나타나게 하려 함이라 11. 우리 살아 있는 자가 항상 예수를 위하여 죽음에 넘겨짐은 예수의 생명이 또한 우리 죽을 육체에 나타나게 하려 함이라 12. 그런즉 사망은 우리 안에서 역사하고 생명은 너희 안에서 역사하느니라 13. 기록된바 내가 믿었으므로 말하였다 한 것같이 우리가 같은 믿음의 마음을 가졌으니 우리도 믿었으므로 또한 말하노라 14. 주 예수를 다시 살리신 이가 예수와 함께 우리도 다시 살리사 너희와 함께 그 앞에 서게 하실 줄을 아노라 15. 이는 모든 것이 너희를 위함이니 많은 사람의 감사로 말미암아 은혜가 더하여 넘쳐서 하나님께 영광을 돌리게 하려 함이라

7절 우리가 이 보배를 질그릇에 가졌으니 이는 심히 큰 능력은 하나님께 있고 우리에게 있지 아니함을 알게 하려 함이라

우리는 모두 질그릇 같은 존재들입니다. 질그릇같이 보잘것없고 연약한 존재가 바로 우리들인 것입니다. 그러나 이와 같이 약하고 보잘것없

는 우리 속에는 참보배가 되시는 예수님께서 성령으로 와 계십니다. 그렇기 때문에 사울이 기독교인들을 박해할 때 다메섹 도상에 예수님께서 나타나셔서 "사울아 사울아 네가 왜 나를 박해하느냐"(행 22:7)고 말씀하신 것입니다. 사울은 기독교인들을 박해했으나 그것이 예수님을 박해한 결과가 된 이유는 기독교인들 속에 참보배이신 예수님께서 성령으로 와 계시기 때문입니다.

우리는 우리 속에 이 보배를 가지고 있습니다. 그러므로 이제는 우리가 우리의 힘으로 사는 것이 아니라, 전지전능하신 하나님의 능력으로 사는 것입니다. 그렇기 때문에 예수 그리스도를 믿는 사람들은 두 가지 세계 속에 살게 됩니다. 육적인 세계와 영적인 세계, 즉 3차원의 세계와 4차원의 세계에서 사는 것입니다. 유한한 세계와 무한한 세계 속에 함께 살며, 유한한 시간의 세계와 영원한 세계 속에 함께 사는 것입니다.

8절 우리가 사방으로 욱여쌈을 당하여도 싸이지 아니하며 답답한 일을 당하여도 낙심하지 아니하며

우리는 살아가면서 여러 가지 문제로 욱여쌈을 당하게 됩니다. 이것은 이스라엘 백성이 애굽에서 풀려나온 후 홍해에 다다랐을 때의 상황과도 같습니다. 그때에 이스라엘 백성들 앞에는 홍해가 길을 가로막았고 뒤에서는 애굽 군대가 진격해 오고 있었습니다. 따라서 이스라엘 백성들은 사방으로 욱여쌈을 당하게 되었습니다. 그때에 백성들은 원망하고 탄식하였지만 모세는 전능하신 하나님을 믿고 기도하였습니다. 그리하여 그들의 앞을 가로막았던 홍해가 갈라지게 되었던 것입니다.

이와 마찬가지로 오늘날도 우리가 신앙생활을 하며 나아갈 때 사방으

로 욱여쌈을 당하는 일이 많습니다. 그리고 답답한 일을 당하여 곧 절망해 버릴 때가 많습니다. 그러나 그때에 살아 계신 하나님께 대한 믿음을 저버리지 않고 계속 기도하며 나아가면 아무리 사방으로 욱여쌈을 당하여도 싸이지 아니하고 답답한 일을 당하여도 낙심하지 아니하는 삶을 살아갈 수 있는 것입니다.

9절 박해를 받아도 버린 바 되지 아니하며 거꾸러뜨림을 당하여도 망하지 아니하고

예수님을 믿는 사람은 반드시 박해를 당하게 됩니다. 믿는 처녀가 믿지 않는 집안에 시집을 가면 시집 식구들의 박해를 받습니다. 역사적으로 살펴보더라도 과거 로마 제국이나 히틀러 통치하의 독일이나 일본 군국주의자들은 기독교인들을 엄청나게 박해하였습니다. 그러나 결국 기독교인들과 교회는 그 모든 박해를 이겨 내고 승리하였습니다. 왜냐하면 예수님께서 우리가 승리할 수 있도록 성령으로 도와주시고, 또한 친히 베드로에게 말씀하시기를 "내가 이 반석 위에 내 교회를 세우리니 음부의 권세가 이기지 못하리라"(마 16:18)고 하셨기 때문입니다.

사도 바울은 루스드라에서 복음을 전하다가 돌에 맞아 빈사 상태에 이르렀으나 하나님의 돌보심으로 살아났습니다. 그리고 마틴 루터는 자신이 박해를 당하면 당할수록 더욱 많이 쌓이는 천국의 상급을 바라보고 기뻐하였다고 합니다. 그러므로 우리 기독교인들은 아무리 박해를 당하여도 버린 바 되지 아니하고 거꾸러뜨림을 당하여도 망하지 아니하는 것입니다.

10절 우리가 항상 예수의 죽음을 몸에 짊어짐은 예수의 생명이 또한 우리 몸에 나타나게 하려 함이라

예수 그리스도는 십자가에서 죽임을 당하셨습니다. 우리가 예수 그리스도의 십자가를 짊어진다는 것은 자기를 부인하고 세상과 마귀를 부인하고 예수님의 부활의 생명을 얻어 주님의 뜻대로 살아간다는 것입니다. 그러므로 우리가 세상과 마귀와 육체에 대해서 사망을 선포하면 예수 그리스도 안에서 부활의 생명이 마음속에 넘쳐 납니다.

부활의 생명 속에 사는 것보다 행복한 삶은 없습니다. 의를 행하는 곳에 행복이 있고 진리를 따라 사는 곳에 행복이 있으며 거룩하게 사는 곳에 행복이 있습니다. 세상 사람들은 마귀에게 속아서 어둠을 따라 살면서 부정을 행하고 거짓말하여 얻은 풍요가 행복이라고 착각하고 있습니다. 음란하고 방탕하고 추악한 곳에서 느끼는 행복은 마귀의 미혹과 거짓에 완전히 속는 것입니다. 그런 죄로 물든 삶은 모두 십자가에 못 박아 버리고 불의와 부정 대신에 정의를, 거짓과 속임 대신에 진실을, 음란과 방탕과 추악함 대신에 거룩함을 추구하면 그 속에 행복의 샘물이 넘쳐 나오기 시작하는 것입니다.

행복은 의와 진리와 거룩함에서 나오는 것이지, 결코 불의와 거짓말과 방탕에서 나오지 않습니다. 우리가 예수 그리스도와 함께 십자가를 짊어지고 세상과 마귀를 물리치면 예수님의 생명이 우리 가운데 넘쳐 나게 되는 것입니다. 세상과 타협하면 부활의 생명이 살아 움직일 수 없고 부활의 생명을 체험하지도 못합니다.

오늘날 많은 교회가 부활의 생명을 체험하지 못하는 것은 세상과 타협

하기 때문입니다. 예수 믿는 사람이 교회에 출석하지만 예배를 마치고 교회를 나서면, 이 사람이 기독교인인지 세상 사람인지 분간하기 힘들 정도로 세상 사람들과 똑같이 사는 것을 보게 됩니다. 그들은 세상과 벗하여 불의와 부정부패, 거짓말과 사기, 음란과 방탕으로 가득한 세상과 전혀 다를 게 없는 모습입니다. 그들의 삶 속에는 십자가의 모습은 이미 사라져 버리고 없습니다. 그처럼 십자가가 없는 형식적인 신앙생활을 하고 있기 때문에 부활의 생명을 찾아볼 수 없는 것입니다.

오늘날 한국 교회가 숫자적으로는 많으나 사회에 대하여 어떠한 부활의 생명력을 미치지 못하는 이유는 십자가가 없는 예수를 믿기 때문입니다. 우리가 참으로 부활의 생명을 체험하고 세상을 변화시키려면 그리스도와 함께 십자가에 못 박혀야 합니다. 그러면 예수 그리스도 안에서 성령의 도우심으로 생명의 역사가 일어나며 부활의 역사가 일어나기 시작하고, 이 부활의 역사를 통해 가정이 변화되고 사회가 변화되기 시작하는 것입니다.

예수님께서 "누구든지 나를 따라오려거든 자기를 부인하고 자기 십자가를 지고 나를 따를 것이니라"(막 8:34)고 말씀하셨습니다. 십자가를 짊어지지 않는 교회, 십자가 없는 성도의 생활, 이것은 기독교라는 형태만 가졌을 뿐 생명력이 없습니다. 우리가 예수님을 위하여 항상 몸으로 수고를 아끼지 아니하면 예수의 생명이 우리의 마음과 생활 속에 나타나게 됩니다. 그러므로 우리는 예수 그리스도를 위하여 노력하고 몸과 마음을 헌신하여 주의 사업에 힘써야 할 것입니다.

11-12절 우리 살아 있는 자가 항상 예수를 위하여 죽음에 넘겨짐은

예수의 생명이 또한 우리 죽을 육체에 나타나게 하려 함이라 그런즉 사망은 우리 안에서 역사하고 생명은 너희 안에서 역사하느니라

예수 그리스도를 위하여 죽음을 무릅쓰고 수고한 사람은 반드시 부활과 영생의 복을 얻게 됩니다. 그리고 죽음과 같은 상황에서 느끼는 것과 같은 깨어짐을 체험할 때 우리는 더욱더 하나님께 크게 쓰임 받을 수 있는 것입니다. 특별히 주의 종은 하나님께 크게 쓰임 받기를 원하면 원할수록 많이 깨어져야 합니다. 많이 깨어진 사람이 주의 종이 되어서 설교를 할 때에 많은 사람들이 은혜를 받게 됩니다.

본문에서 '사망' 은 영의 사망이 아니라 세상과 내 육신의 정욕, 안목의 정욕, 이 세상의 자랑에 대하여 죽는 것을 의미합니다. 이 모든 사망이 우리 안에 역사하는 결과 예수 그리스도의 부활의 생명이 복음을 듣는 모든 사람들에게 역사하는 것입니다. 우리 믿는 사람들이 세상에 대하여 죽으면 죽을수록 세상 사람들에게 하나님의 부활의 생명을 넘치도록 전달해 줄 수 있습니다. 자신을 부인하고 밀알로 썩어질 때 생명을 구원하는 역사가 일어납니다. 말씀과 기도로 크게 깨어진 성도가 많은 사람들에게 생명의 복음을 전하고 그들을 구원시킬 수 있습니다. 이처럼 예수님을 드러내고 복음을 전파하면 항상 죽음의 위험이 도사리고 있으나 결국 이것이 많은 생명을 살리는 역사로 나타나는 것입니다.

13절 기록된바 내가 믿었으므로 말하였다 한 것같이 우리가 같은 믿음의 마음을 가졌으니 우리도 믿었으므로 또한 말하노라

이 말씀은 시편 116편 10절을 인용한 것입니다. 우리가 마음에 믿는 것

은 결국 우리의 입으로 나오게 되어 있습니다. 우리가 믿노라 하고서도 입으로 말하지 않는다면 이치에 맞지 않습니다.

"사람이 마음으로 믿어 의에 이르고 입으로 시인하여 구원에 이르느니라"(롬 10:10)는 말씀에서 알 수 있듯이, 입으로 시인하는 것은 굉장한 위력을 가지고 있습니다. 믿음이란 눈에 보이지 않지만 입으로 고백하면 믿음이 밖으로 선포되고 그 믿음이 마음에서 풀려나와 보이는 실상으로 역사를 하는 것입니다.

마음의 믿음과 입술의 시인은 동전의 앞면과 뒷면 같습니다. 믿음이 약할 때 입으로 시인하면 믿음이 강해지고 또 믿음이 굳건한 사람이 입으로 시인하면 이것이 능력으로 나타나게 됩니다. 그러므로 사도 바울도 믿기 때문에 말한다고 고백한 것입니다.

14절 주 예수를 다시 살리신 이가 예수와 함께 우리도 다시 살리사 너희와 함께 그 앞에 서게 하실 줄을 아노라

예수님은 우리와 같은 참인간으로 이 땅에 오셨습니다. 그리고 온갖 고초를 당하시며 십자가에 못 박혀서 죽으셨고 사흘 만에 살아나셨습니다. 참인간으로 오신 예수님의 이러한 삶을 보면서 우리는 죽음 가운데서도 부활의 소망을 갖게 되고 영생이 있다는 것을 알게 됩니다.

우리와 똑같은 사람으로 오신 주님이 죽었다가 신령한 몸으로 부활한 것을 우리는 너무나 잘 알고 있습니다. 그래서 예수 그리스도를 씨앗으로 받아들인 우리는 그리스도와 함께 죽고 장사 지내더라도 함께 살리심을 받고 부활해서 영생, 천국을 누리게 되는 것입니다. 그러므로 우리가 죽어도 산다는 것은 예수님이 확실한 증거가 됩니다. 예수님 없이는 부

활이 있다는 것을 누가 증명할 수 있겠습니까? 그렇기 때문에 우리들은 죽음의 공포가 있음에도 불구하고 그 두려움을 극복할 수 있는 것입니다. 그러므로 본문에서 바울이 말한 것처럼 "주 예수를 다시 살리신 이가 예수와 함께 우리도 다시 살리사 너희와 함께 그 앞에 서게 하실 줄을 아노라" 고 신앙을 고백할 수 있는 것입니다.

사도 바울이 말하려고 한 것은 자신이 확신하는 것, 즉 예수를 다시 살리신 하나님께서 우리 믿는 자 모두를 다시 살리사 주님 앞에 다시 서게 하신다는 것입니다. 사도 바울은 이 사실을 확실히 믿었기 때문에 모든 사람들에게 전하고 싶었던 것입니다. 따라서 우리들도 이 사실을 믿는 이상 이것을 널리 전하지 않으면 안 됩니다. 이것은 참으로 위대한 소망입니다. 이 소망은 하나님 외에는 아무도 우리에게 줄 수 없습니다.

15절 이는 모든 것이 너희를 위함이니 많은 사람의 감사로 말미암아 은혜가 더하여 넘쳐서 하나님께 영광을 돌리게 하려 함이라

사도 바울은 고린도 교회의 성도들이 해 준 많은 중보 기도의 후원을 받고 있었습니다. 그래서 충만히 받은 기도의 은혜를 가지고서 많은 사람에게 복음을 전하고 하나님께 영광을 돌리는 사역을 하였던 것입니다.

복음 전파는 혼자 하는 것이 아닙니다. 나도 우리 국내뿐만 아니라 전 세계를 다니며 복음을 전하면서 항상 느끼는 것은, 우리 성도들이 나를 위해서 끊임없이 해 주는 엄청난 기도가 내게 넘쳐 나서 그 은혜와 능력으로 많은 사람에게 은혜를 끼친다는 것입니다. 나는 사랑하는 우리 성도들의 기도 덕분으로 오늘도 서 있는 것입니다. 마찬가지로 사도 바울 또한 본문에서 "이는 모든 것이 너희를 위함이니 많은 사람의 감사로 말

미암아" 라고 고백하고 있습니다. 그 은혜가 많은 사람의 감사로 말미암아 바울에게 은혜를 끼쳐서 그 힘으로 복음을 전하는 선순환이 이루어지는 것입니다. 주의 종들이 성도들을 위해서 항상 기도하기를 게을리 하지 않는 것처럼 성도들도 교회와 주의 종들을 위해서 항상 기도하기를 게을리 하지 않으면 끊임없이 성령의 은혜를 주고받게 되는 것입니다. 이처럼 기도의 상호 작용을 통해 우리의 삶 가운데 하나님의 영광이 넘치게 됩니다.

사도 바울이 이 모든 복음 전파 사역을 행하는 것은 바로 성도들 모두를 위함이요, 이것을 감사하는 사람들은 점점 더 큰 은혜 속으로 들어가게 됨으로 하나님께 영광을 돌리게 된다는 것입니다. 그러므로 하나님께 은혜를 입은 사람은 그것에 대해 하나님께 감사할 줄 알아야 하는 것입니다.

3. 새롭게 된 그리스도인(4:16-18)

16. 그러므로 우리가 낙심하지 아니하노니 우리의 겉사람은 낡아지
나 우리의 속사람은 날로 새로워지도다 17. 우리가 잠시 받는 환난
의 경한 것이 지극히 크고 영원한 영광의 중한 것을 우리에게 이루게
함이니 18. 우리가 주목하는 것은 보이는 것이 아니요 보이지 않는
것이니 보이는 것은 잠깐이요 보이지 않는 것은 영원함이라

16절 그러므로 우리가 낙심하지 아니하노니 우리의 겉사람은 낡아지나 우리의 속사람은 날로 새로워지도다

우리 구원받은 사람은 죄로 죽었던 영이 살아나기 때문에 사람을 육의 사람과 영의 사람으로 구별하여 설명합니다. 바울이 말한 것처럼 겉사람, 즉 육의 사람은 예수 그리스도를 영접하지 않아서 거듭나지 못한 채 부모님으로부터 받은 몸 그대로 살아가는 사람입니다. 이러한 사람은 영이 죽어 있기 때문에 세상과 마귀에게 속해 있습니다. 따라서 육의 사람은 하늘나라를 상속으로 받지 못합니다.

그러나 예수 그리스도를 믿으면 죽었던 속사람이 살아납니다. 속사람이 살아나기 전에는 하나님을 아버지라고 부를 수도 없었고, 예수 그리스도의 이름을 믿지도 아니했습니다. 속사람이 죽어 있는 사람은 기도와 찬송을 할 수 없습니다. 그리고 죽은 사람은 먹지 못합니다. 따라서 영적으로 살았는지 죽었는지를 알려면 영적 양식인 성경으로 알아볼 수 있습니다. 성경 말씀은 하나님의 양식이기 때문에 말씀을 안 먹으면 갈급해져서 영적 허기가 밀려옵니다. 한 주일이라도 교회 와서 말씀을 안 들으면 마음이 공허해서 견딜 수가 없는 것입니다. 왜냐하면 영적인 배가 고프기 때문입니다. 이것이 바로 속사람, 즉 영이 살아 있다는 증거입니다. 그러므로 영이 살아 있는 사람은 하나님의 말씀을 적극적으로 받아먹습니다. 우리가 살았다는 증거가 바로 여기에 있습니다. 살아 있기 때문에 하나님을 아버지라 부르고 예수님을 구주로 시인하고 기도와 찬송을 하는 것입니다.

온 인류가 밀물같이 왔다가 썰물같이 사라집니다. 겉사람이 낡아지는

것은 어찌할 도리가 없습니다. 그러나 예수 그리스도를 믿는 우리에게 소망이 있는 것은 우리의 속사람이 날로 새로워진다는 것입니다. 속사람은 하나님의 말씀과 성령으로 말미암아 더욱 믿음과 소망과 기쁨이 넘쳐 나고, 몸이 죽음에 가까울수록 마음은 천국에 가까워집니다. 그러므로 늙어가는 것에 대해서 너무 탄식하지 마십시오. 그것은 자연의 법칙이고 질서입니다. 그러나 우리의 속사람은 하나님의 영원한 성령의 법을 따라 날로 새로워지고 있습니다. 육의 자연법칙은 낡아가도 영의 자연법칙은 새로워지는 것입니다.

또한 우리는 항상 하나님의 은혜로 말미암아 승리할 수 있으므로 낙심할 필요가 없습니다. 그리스도인들은 겉사람이 낡아질지라도 속사람, 즉 그들의 영적 형상은 날로 새로워지기 때문입니다.

17절 우리가 잠시 받는 환난의 경한 것이 지극히 크고 영원한 영광의 중한 것을 우리에게 이루게 함이니

우리는 환난이 다가오는 것을 원하지 않습니다. 그러나 대부분의 성도가 환난을 당해야 기도합니다. 평안할 때는 힘써 기도하지 않습니다. 그러나 환난을 당하면 기도하지 않을 수 없습니다. 그러므로 하나님께서는 우리에게 환난을 허락하셔서 연단을 통해 기도하도록 하시는 것입니다. 크고 작은 환난을 통하여 성도는 연단을 받아 회개하고 기도하게 됩니다. 그리고 그 환난을 통과한 이후에는 훨씬 더 큰 축복을 받게 되는 것입니다. 고난이 크면 클수록 나중에 큰 영광을 맛볼 수 있습니다. 그러므로 우리는 환난 가운데 있을지라도 항상 하나님께 감사해야 합니다.

18절 우리가 주목하는 것은 보이는 것이 아니요 보이지 않는 것이니 보이는 것은 잠깐이요 보이지 않는 것은 영원함이라

우리가 영구히 돌아보아야 할 것은 보이는 것이 아니라 보이지 않는 천국의 것입니다. 이 세상의 보이는 모든 것은 잠깐이요, 보이지 않는 천국은 영원합니다. 세상의 것들은 곧 사라지고 맙니다. 그러므로 문제가 다가와서 괴롭다 할지라도 이 모든 것들이 곧 사라질 것임을 깨닫고, 원망 불평하지 말고 적극적인 신앙 자세로 긍정적인 삶을 영위해 나가야 하는 것입니다.

제 5 장

성도의 소망과 직분

A COMMENTARY ON
THE SECOND EPISTLE TO
THE CORINTHIANS

사도 바울은 본 장에서 성도가 가져야 할 소망과 예수 그리스도께서 우리에게 허락해 주신 새로운 차원의 삶에 대하여 이야기하고 있습니다. 그리고 이러한 그리스도의 구속에 힘입어 이 땅에서 그리스도인들이 어떠한 마음가짐으로 무슨 일을 하며 살아 나가야 할 것인지에 대해서도 언급하고 있습니다.

1. 성도의 소망(5:1-7)

1. 만일 땅에 있는 우리의 장막집이 무너지면 하나님께서 지으신 집 곧 손으로 지은 것이 아니요 하늘에 있는 영원한 집이 우리에게 있는 줄 아느니라 2. 참으로 우리가 여기 있어 탄식하며 하늘로부터 오는 우리 처소로 덧입기를 간절히 사모하노라 3. 이렇게 입음은 우리가 벗은 자들로 발견되지 않으려 함이라 4. 참으로 이 장막에 있는 우리가 짐 진 것같이 탄식하는 것은 벗고자 함이 아니요 오히려 덧입고자 함이니 죽을 것이 생명에 삼킨 바 되게 하려 함이라 5. 곧 이것을 우리에게 이루게 하시고 보증으로 성령을 우리에게 주신 이는 하나님이시니라 6. 그러므로 우리가 항상 담대하여 몸으로 있을 때에는 주와 따로 있는 줄을 아노니 7. 이는 우리가 믿음으로 행하고 보는 것으로 행하지 아니함이로라

1절 만일 땅에 있는 우리의 장막집이 무너지면 하나님께서 지으신 집 곧 손으로 지은 것이 아니요 하늘에 있는 영원한 집이 우리

에게 있는 줄 아느니라

사도 바울은 앞 장에서 '보이는 것' 과 '보이지 않는 것' 을 대조하면서 그리스도인들이 무엇을 소망해야 할 것인지에 대해 말하였습니다. 본 절에서는 그 가운데서도 죽음 건너편에 있는 영원한 천국의 집에 대하여 언급함으로써 그 소망의 대상을 더욱 확실하게 해 주고 있습니다.

사도 바울은 먼저 우리의 육신을 '장막집' 이라고 불렀습니다. 다시 말해서 육신에 거하여 사는 이 땅에서의 삶은 천막과 같이 일시적이고 연약하다는 말입니다. 천막은 지나칠 정도로 주변의 상황에 민감한 성격을 가지고 있습니다. 그래서 햇볕이 비치면 뜨겁다가도, 금방이라도 바람이 불고 기온이 내려가면 쉽게 식어 버립니다. 게다가 어디 한 장소에 오래 있지 못하고 이리저리 옮겨 다니는 특징을 지니고 있는 것이 천막입니다. 이렇듯 천막에 거하는 생활이란 불완전한 것입니다.

이 땅에서의 우리들의 인생도 이와 같습니다. 재물이 없으면 없는 대로 불만이요, 또 많으면 많은 대로 걱정입니다. 조금만 일이 잘되면 마치 큰 경사라도 난 듯이 좋아하다가도, 자기 뜻대로 되지 않을 때는 마치 세상의 짐을 혼자 짊어진 것같이 한탄하는 것이 바로 우리의 모습입니다. 뿐만 아니라 우리들이 가진 육신이나 세상에 속한 것은 모두 유한하고 헛된 것들입니다. 그렇기 때문에 베드로전서 1장 24절부터 25절에서 "모든 육체는 풀과 같고 그 모든 영광은 풀의 꽃과 같으니 풀은 마르고 꽃은 떨어지되 오직 주의 말씀은 세세토록 있도다" 라고 말씀하고 있는 것입니다. 그러므로 이 땅에 살면서 육신만 의지하고 사는 것처럼 무의미하고 헛된 인생은 없습니다. 왜냐하면 그것은 기한이 되면 사라져 없어질 것이요, 한 줌 흙으로밖에 남지 않을 것이기 때문입니다.

그러나 우리 그리스도인들은 유한한 육신 가운데 살기는 하지만 귀중한 소망이 있습니다. 그것은 바로 하늘에 있는 영원한 집이 우리를 위해 예비되어 있다는 사실입니다. 인간의 손으로 지은 집이 아니라 영원무궁한 천국의 집이 우리를 기다리고 있는 것입니다. 이 점에 대해서는 사도 바울뿐만 아니라 예수님께서도 직접 언급하신바 있습니다. 요한복음 14장에는 예수님께서 잡히시기 전에 제자들에게 하신 말씀이 기록되어 있습니다. "너희는 마음에 근심하지 말라 하나님을 믿으니 또 나를 믿으라 내 아버지 집에 거할 곳이 많도다"(요 14:1-2). 그리고 예수님께서는 우리를 위하여 직접 거처를 예비하러 가신다고 말씀하셨습니다(요 14:2). 하나님의 자녀 된 우리 그리스도인들에게는 아직 눈에는 보이지 않지만 하나님께서 예비하신 영원한 거처가 마련되어 있습니다. 그러므로 우리는 이 육신의 장막집이 무너진다 해도 크게 슬퍼하거나 낙심할 이유가 전혀 없습니다. 오히려 그때는 더 크고 좋은 집인 영원한 천국의 집에 들어가기 때문입니다.

하나님을 믿고 사는 성도들은 시민권을 하늘에 두고 있는 사람들입니다. 인생의 목적이 하나님께 있으며, 삶의 이유도 오직 하나님께 있습니다. 그리고 이 땅에서의 나그네 생활을 마치는 날, 영원한 천국에 들어가서 영원토록 예수님과 함께 살게 됩니다. 그러므로 우리는 그날이 오기까지 이 육신의 장막집에 거하면서 다른 사람들에게 열심히 복음을 전하여 그들도 함께 천국에 들어갈 수 있도록 해야 합니다.

2절 참으로 우리가 여기 있어 탄식하며 하늘로부터 오는 우리 처소

로 덧입기를 간절히 사모하노라

'우리가 여기 있어' 라는 말은 바로 육신의 장막집에 거할 때, 즉 이 땅에서의 삶을 살아갈 때를 말합니다. 그런데 사도 바울은 '탄식하며' 라고 말하고 있습니다. 탄식이란 괴로울 때나 힘들고 곤고할 때 나오는 한탄을 말합니다. 사도 바울은 우리의 인생길이 괴롭고 곤고하다는 것을 알고 있었습니다. 그렇지 않았다면 굳이 탄식에 대하여 언급하지 않았을 것입니다. 어떤 때에는 자신이 지은 죄로 인해, 또 어떤 때에는 하는 일이 뜻대로 되지 않아 탄식합니다. 일신상에 병고가 밀려와 탄식할 때도 있고, 가정에 어려움이 닥쳐와서 탄식이 나올 때도 있습니다.

그러나 탄식한다는 것이 꼭 나쁜 것만은 아닙니다. 어차피 우리는 인생을 살아가면서 아무런 어려움 없이 지낼 수는 없습니다. 무덤에 묻힌 사람이 아니고서는 문제없이 살아가는 사람은 아무도 없습니다. 그러나 우리가 믿지 않는 사람들과 다른 점이 있다면, 그것은 그러한 문제나 어려움을 오히려 복으로 변화시킬 수 있다는 사실입니다.

그러면 그것은 어떠한 복이겠습니까? 첫째로 그것은 하나님과 더욱 가까이할 수 있는 기회가 된다는 것이요, 둘째로는 그렇게 하여 가까워진 하나님의 손길을 통해 문제가 해결되는 전화위복의 복이 다가오게 된다는 것입니다. 그러므로 탄식할 일이 생겼다고 해서 한없이 탄식만 하지 말고 자신을 돌아보아 회개하고 기도해야 합니다.

그런데 사도 바울은 '하늘로부터 오는 우리 처소', 즉 '천국' 으로 덧입기를 사모한다고 말합니다. 이 말은 그리스도의 강림을 간절히 소원한다는 것이요, 동시에 휴거되어 올라가기를 고대한다는 뜻입니다.

3절 이렇게 입음은 우리가 벗은 자들로 발견되지 않으려 함이라

이 세상에서 사는 동안에 우리는 육신을 입고 있기 때문에 숨을 거두어 영과 육체가 분리되기 전까지는 벗은 자가 아닙니다. 사도 바울이 여기에서 '벗은 자' 라고 한 것은 육체 가운데서 영이 분리된 상태를 말하는 것이요, 그것은 바로 육신의 장막집을 벗어난 사람의 상태를 말합니다. 그러니까 사람이 죽은 때로부터 부활에 이를 때까지의 영적 모습이 바울에게 있어서는 벗은 상태, 즉 아무것도 가린 것 없이 환히 드러난 상태인 것입니다. 바울은 그러한 영적 대기 상태를 거치지 않고 곧바로 천국에 들어가기를 소원하였습니다. 사도 바울은 이 땅에 살면서 주의 말씀을 전하다가 주님 오실 날을 맞이하여 천국에 들어가기를 기대하고 있는 것입니다.

불신자들은 지은 죄가 환히 드러나게 되어 오직 부끄러울 것밖에 없지만, 그리스도인들은 모두 죄가 주의 보혈로 씻기고 그 위에 그리스도의 의로 옷 입습니다. 그러므로 그리스도를 구주로 영접한 사람은 비록 육신을 벗는다 할지라도 믿지 않는 사람들과는 달리 벌거벗은 상태가 아닙니다. 왜냐하면 그리스도인 된 우리들은 이 땅에 있을 때에나, 육신을 벗을 때에나 항상 그리스도의 의의 옷을 입고 있기 때문입니다. 그렇기 때문에 사도 바울도 갈라디아서 3장 27절에서 "누구든지 그리스도와 합하기 위하여 침례를 받은 자는 그리스도로 옷 입었느니라" 고 말하였던 것입니다.

4절 참으로 이 장막에 있는 우리가 짐 진 것같이 탄식하는 것은 벗고자 함이 아니요 오히려 덧입고자 함이니 죽을 것이 생명에 삼

킨 바 되게 하려 함이라

우리는 육신을 입고 이 땅에서 어쩔 수 없이 세상 짐을 지고 살아가게 되어 있습니다. 인생의 대소사에 있어 수많은 짐들을 지고 살아가게 됩니다. 그렇게 짐을 지고 있다 보니 자연히 힘겹게 되고 탄식이 나오게 됩니다. 그러나 누구든지 인생의 힘겨운 짐을 짊어지고 탄식을 하면서도 막상 죽음을 원하는 사람은 없습니다. 조금이라도 더 오래 살고, 조금이라도 더 잘 살기 위하여 갖은 애를 다 쓰는 것이 인지상정입니다. 그러므로 우리가 인생을 살아가면서 내뿜는 탄식은 바로 인생에 대한 애착을 드러내는 것이지 삶을 포기하고자 하는 것은 아닙니다.

그렇다면 이미 구원을 얻은 그리스도인들이 이 땅에서 탄식을 하는 것은 무슨 이유 때문이겠습니까? 사도 바울은 그리스도인의 탄식의 이유를 바로 예수님의 재림을 고대하는 소망의 표현이라고 말합니다. 그래서 예수님께서 재림하실 때에 울리는 나팔 소리를 듣고 홀연히 변화를 받아서 죽을 몸이 영화로운 몸으로, 육의 몸이 신령한 몸으로, 약한 몸이 강한 몸으로 되어, 죽을 것이 생명에게 삼킨 바 되는 은혜의 때를 간절히 사모한다고 말하고 있습니다(고전 15:42-44, 51).

사도 바울이 활동하던 당시부터 성도들은 예수 그리스도께서 재림하실 때에 죽음을 거치지 않고 변화된 상태로 천국에 들어가기를 간절히 바라고 있었습니다. 하지만 그들은 육신의 장막집을 벗고 그리스도의 의로 옷 입어 낙원으로 올라갔습니다. 그러나 이제는 주님께서 다시 오실 날이 그리 멀지 않았습니다. 그러므로 우리는 더욱 경성하고 깨어서 주님께서 맡기신 일에 충성을 다하며, 예수님을 만날 그날을 고대하며 살아야 할 것입니다(눅 21:36; 골 4:2).

5절 곧 이것을 우리에게 이루게 하시고 보증으로 성령을 우리에게 주신 이는 하나님이시니라

사도 바울은 그 모든 소망이 이미 이루어진 것을 바라보고 있었습니다. 뿐만 아니라 그 놀라운 복을 이미 소유하고 있다고 확신하고 있었습니다. 그럼 사도 바울은 무엇 때문에 그렇게 굳건한 믿음을 가지게 되었을까요? 그것은 바로 성령께서 그 약속에 대한 보증으로서 우리 인간에게 오셨다는 사실을 알았기 때문입니다(롬 8:11). 성경은 "무릇 하나님의 영으로 인도함을 받는 사람은 곧 하나님의 아들이라"(롬 8:14)고 말씀하고 있으며, 바로 그러한 사람들만이 하나님의 상속자가 되어 하나님의 기업을 이어받을 것이라고 기록하고 있습니다(롬 8:16-17; 엡 1:14). 그러므로 구원받고 성령으로 충만한 그리스도인들은 이미 하늘나라의 집을 예약해 놓고 있는 하나님의 귀한 자녀들입니다. 그리고 성령께서는 우리에게 하늘나라의 처소가 준비되어 있다는 사실을 보증하고 있습니다. 이것은 벌써 하나님 편에서 이루어져 있는 것이고, 단지 우리는 이 땅에서 그때를 기다릴 뿐입니다.

그러나 우리에게 보증이 주어졌다고 해서 우리가 안일한 신앙생활을 해서는 안 됩니다. 왜냐하면 하늘나라에 있는 상급은 바로 이 땅에 살고 있을 때 과연 얼마만큼 주를 위해 성실하게 일했는가에 따라 좌우되기 때문입니다. 우리가 영적으로 성장하는 것은 육신을 입고 이 땅에 살고 있을 때에 가능한 것입니다. 우리가 죽어서 이 육신을 벗어나면 더 이상 영적 성장은 없는 것입니다.

가장 적절한 예를 들어 설명하면 과일의 경우를 들 수 있습니다. 과일이 나무줄기에 붙어 계속해서 양분을 공급받으면 더욱 탐스러워지고 맛이 있게 됩니다. 그러나 일단 그 과일을 따면 성장을 멈추게 됩니다. 또 그 과일이 채 익지도 않은 상태일 때 수확기가 되었다고 합시다. 그 풋과일은 제 맛을 내지 못하므로 사람들의 관심 밖으로 밀려나게 될 것입니다.

그러므로 우리는 이 땅에 살 동안에 참포도나무 되신 예수님의 줄기에 붙어 영적 양분을 공급받아 성장하고, 또 그로 인해 많은 열매를 맺어 하나님께 영광을 돌려드리는 신앙생활을 해야 할 것입니다(요 15:1-8).

6절 그러므로 우리가 항상 담대하여 몸으로 있을 때에는 주와 따로 있는 줄을 아노니

이렇듯 위대한 소망이 우리에게 있으니 우리는 두려워하거나 겁낼 것이 전혀 없습니다. 살든지 죽든지, 흥하든지 망하든지, 성하든지 쇠하든지 우리는 주께 매인 몸이요, 주님의 것이 되었으니 이 세상에 대하여 항상 담대할 수 있습니다. 그러므로 담대함이란 바로 하나님께 대한 굳건한 믿음을 나타내는 훌륭한 표시입니다. 천지와 만물을 지으시고 능력으로 운행하시는 하나님께서 내 아버지가 되시고 내 보호자가 되셔서 나를 지키고 계신데 두려워할 것이 무엇이 있겠습니까? 더욱이 육신의 장막집을 벗는다고 해도 그리스도의 보혈과 그 의를 힘입어 낙원에 들어갈 수 있으며, 이 땅에 살다가 주님이 재림하시면 그대로 변화되어 천국에 들어갈 수 있으므로 근심 걱정을 할 필요가 없는 것입니다. 그리고 이 땅에서도 어려울 때 도와주시고 슬플 때 위로하여 주시며 고통당할 때 치료의 손길을 베풀어 주시는 보혜사 성령님의 인도하심이 있으므로 사나 죽으

나 기쁨과 평안이요, 감사할 것밖에 없는 것입니다.

그러나 우리가 이 육신에 거할 때에는 주와 따로 거하는 것이라고 사도 바울은 말합니다. 그것은 우리가 주님과 완전히 분리되어 있다는 것이 아니라, 육신의 몸으로는 주님과 함께 있지 못한다는 것입니다. 그러나 우리는 영으로는 주님과 항상 함께 있습니다(마 28:20; 요 14:18). 그렇기 때문에 이렇게 육신을 입은 몸일지라도 우리는 주의 성령께서 거하시는 하나님의 성전이요, 성령의 전이 될 수 있는 것입니다(고전 3:16; 6:19). 그러다가 우리가 이 몸을 벗고 천국에 들어가든지, 아니면 그 전에 주님의 재림을 맞아 들림을 받게 되어 신령한 몸으로 변화 받으면 그때부터는 영원한 새 하늘과 새 땅에서 찬양과 감사를 드리며 세세토록 왕 노릇하며 살게 될 것입니다(계 22:5).

7절 이는 우리가 믿음으로 행하고 보는 것으로 행하지 아니함이로라

그리스도인들이 믿지 않는 사람들과 구별되는 뚜렷한 표식이 있다면 그것은 믿음을 가지고 있다는 사실일 것입니다. 그러나 그것은 일반적인 믿음을 말하는 것은 아닙니다. 여기서 말하는 믿음은 하나님을 향한 믿음이요, 하나님의 약속의 말씀을 믿는 믿음입니다. 이 믿음은 인간의 환경과 조건을 초월한 것으로서 하나님께로부터 오는 믿음이요, 기적과 능력을 산출해 내는 위대한 믿음입니다. 바로 이러한 믿음이 우리들의 신앙생활의 대원칙이 되어야 하며 행동 강령이 되어야 합니다. 그러면 여기서 '보는 것' 이란 무엇을 말하는 것일까요? 그것은 때가 되면 사라져 없어질 '세상의 것' 을 말합니다. 불신자들은 이러한 세상의 것들을

가지고 의지하며 살아갑니다. 그래서 세상 재리와 공명 그리고 권력에 인생의 모든 것을 내걸고 쓸데없이 달음질하고 있는 것입니다.

그러나 하나님의 자녀 된 그리스도인들은 비록 육신은 이 세상에 속해 있다고 할지라도 이미 이 세상 사람이 아닙니다(빌 3:20). 믿음을 통해서 천국을 소유한 백성이요, 천국 시민입니다. 이미 믿음을 통해서 주님께서 하신 일보다 더 큰 일도 할 수 있는 하나님의 동역자입니다. 이와 같이 믿음이 우리에게 주는 복이란 우리가 생각하는 것 이상으로 놀랍고 엄청난 것입니다.

2. 성도가 취해야 할 마음가짐(5:8-10)

8. 우리가 담대하여 원하는 바는 차라리 몸을 떠나 주와 함께 있는 그것이라 9. 그런즉 우리는 몸으로 있든지 떠나든지 주를 기쁘시게 하는 자가 되기를 힘쓰노라 10. 이는 우리가 다 반드시 그리스도의 심판대 앞에 나타나게 되어 각각 선악 간에 그 몸으로 행한 것을 따라 받으려 함이라

8절 우리가 담대하여 원하는 바는 차라리 몸을 떠나 주와 함께 있는 그것이라 사도 바울은 앞에서 이 땅에서 사는 성도가 가져야 할 소망에 대해서 언급하였습니다. 그다음 그는 이제 그러한 소망을 가진 성도가 어떠한 마음가짐으로 세상을 살아가야 할 것인지에 대해 말하고 있습니다.

그런데 먼저 바울은 그리스도를 따르는 성도들에게는 공통적으로 담대하게 원하는 바가 있다고 말합니다. 그것은 다름이 아닌 몸을 떠나는 것, 즉 인생을 마치고 하늘에 올라가 예수님과 함께 거하길 원하는 것입니다. 그래서 사도 바울은 죽는 것을 전혀 두려워하지 않았습니다. 실제로 그의 인생 역정을 보면 죽음에 대한 공포란 조금도 찾아볼 수 없습니다. 오히려 육신의 장막집을 벗어나 그리스도와 함께하려는 욕망을 가지고 기대하며 살았던 사람이었습니다(빌 1:23). 그렇기 때문에 그는 전도 사역을 행하는 도중 죽을 고비를 수없이 넘기면서도 오직 주님께서 부르신 부름의 상만을 따라 달음질하였던 것입니다(빌 3:14).

사실 우리가 사는 이 세상에는 어려운 일이 얼마나 많이 있습니까? 인생의 막바지에 들어서서 살펴보면 가지고 있는 한 몸 잘 지키며 살아온 것 같지만, 실제로 그때까지 겪어야 했던 어려움이란 이루 다 말할 수 없을 것입니다. 그 가운데는 자신의 잘못으로 인한 어려움도 있었을 것이고 또 생각지도 않게 다가온 어려움도 있었을 것입니다. 그러한 어려움을 겪으면서도 그것들을 하나하나 믿음으로 극복하며 다지고 밟아 온 길이 바로 우리들의 인생길입니다. 이러한 점에 대해서 잘 알고 있던 바울은 이 땅에서 사는 것도 좋지만, 차라리 육신의 몸을 떠나 천국에 올라가서 주님과 살며 신령한 몸으로 같이 있는 것이 더 좋다고 생각하였던 것입니다.

9절 그런즉 우리는 몸으로 있든지 떠나든지 주를 기쁘시게 하는 자가 되기를 힘쓰노라

그런즉 다시 말해서 하나님께서 그리스도의 핏값을 주고 우리를 사신 바 되어 우리가 하나님의 자녀가 되었고, 그로 말미암아 이 땅에서나 저 천국에서 영화로운 존재가 되었으므로 이제 그런 상태에서 우리가 할 일은 무엇이겠습니까? 그것은 바로 주님을 기쁘시게 하는 일인 것입니다. 우리들은 살아 있는 동안에는 이 세상에서 주님의 일을 하며 공적을 쌓아 가므로 좋고(고전 3:13), 죽으면 천국에 들어가 예수님과 함께 살게 되므로 우리는 죽든지 살든지 주님의 은혜를 받으며 살아가는 귀한 존재가 되었습니다. 그러므로 우리가 이 땅에서 살 때에도 주님을 위해서 주님 중심으로 살아야 하는 것이며, 또 죽어서 떠난다 할지라도 그것은 주님을 섬기기 위해서 떠나는 것입니다.

전에 우리가 예수님을 모르고 살 때에는 인생의 의미와 목적을 모두 다 우리 자신의 유익을 구하기 위한 것에만 두고 있었습니다. 그래서 내가 잘되고 내가 만족할 만한 것이 아니면 아무것도 하지 않았으며, 오직 이기적인 욕구에 의해서 인간 중심적인 생활을 하였을 따름입니다. 그러나 우리가 일단 예수님을 구주로 영접하면 우리는 그때부터 우리 자신의 것이 아닙니다. 바로 하나님의 것이요, 예수 그리스도의 지체가 되는 것입니다(고전 6:15). 그러므로 전에는 죄의 종이요, 어둠에 속하였던 우리가 이제는 하나님의 종이 되어 주께 속한 빛의 자녀가 된 것입니다(롬 6:17; 고전 7:22; 엡 5:8).

종이란 주인을 위해서 사는 것이지 자기 자신을 위해 사는 것이 아닙

니다. 이러므로 우리는 전적으로 예수 그리스도를 위해 살아야 합니다.

사도 바울은 이렇게 그리스도인이 걸어가야 할 삶의 의미와 목표를 누구보다도 분명히 알고 있었습니다. 그래서 로마서에서도 이르기를 "우리가 살아도 주를 위하여 살고 죽어도 주를 위하여 죽나니 그러므로 사나 죽으나 우리가 주의 것이로다"(롬 14:8)라고 고백했던 것입니다.

10절 이는 우리가 다 반드시 그리스도의 심판대 앞에 나타나게 되어 각각 선악 간에 그 몸으로 행한 것을 따라 받으려 함이라

여기서 '우리'라 함은 구원받은 그리스도인들을 말합니다. 그런데 사도 바울은 그리스도인들이 '다' 그리스도의 심판대 앞에 이를 것이라고 말합니다. 그러면 여기서 우리에게 한 가지 의문점이 제기됩니다. 그것은 성경에는 분명히 예수 그리스도를 믿는 자는 영생을 얻어 심판에 이르지 아니할 것이라고 기록되어 있기 때문입니다(요 5:24). 또한 요한일서 5장 12절에도 "아들이 있는 자에게는 생명이 있고 하나님의 아들이 없는 자에게는 생명이 없느니라"는 말씀이 기록되어 있습니다. 그러므로 이러한 말씀에 비추어 보면 하나님의 아들 예수 그리스도를 그 중심에 모신 그리스도인들은 마지막 심판과는 아무런 관계가 없습니다.

그러나 그리스도인들이 받을 심판이 있습니다. 그것은 바로 상급 심판입니다. 요한계시록 22장 12절을 보면 "보라 내가 속히 오리니 내가 줄 상이 내게 있어 각 사람에게 그가 행한 대로 갚아 주리라"는 말씀이 기록되어 있습니다. 이와 같이 예수님께서는 이 세상 끝 날에 이 땅에서 우리가 일한 대로 하나도 빠뜨리지 않고 영화로운 상급으로 다 갚아 주실 것입니다. 그래서 어떤 사람은 해와 같은 영광을 받기도 하며 또 다른

사람은 달의 영광을 받습니다. 그런가 하면 별의 영광을 받는 사람도 있는데 그것도 각기 그 광채에 차이가 있을 것이라고 성경은 말씀하고 있습니다(고전 15:41).

그러므로 우리는 구원받았다고 해서 그저 적당히 아무렇게나 살아서는 안 됩니다. 왜냐하면 이 땅에서 아무것도 한 것 없이 지내면 훗날 하늘에 올라가 상급 심판이 있을 때에 받을 것이 없기 때문입니다. 이러므로 우리들이 하늘에 가서 더 영광스러운 부활을 얻고(고전 15:43) 더 아름다운 면류관을 받아 더 큰 하나님의 기쁨에 참여하기 위해서는 이 땅에서 주를 위해서 일해야 되는 것입니다(딤후 4:8; 약 1:12; 벧전 5:4).

3. 강권하시는 그리스도의 사랑(5:11-15)

**11. 우리는 주의 두려우심을 알므로 사람들을 권면하거니와 우리가
하나님 앞에 알리어졌으니 또 너희의 양심에도 알리어지기를 바라노
라 12. 우리가 다시 너희에게 자천하는 것이 아니요 오직 우리로 말
미암아 자랑할 기회를 너희에게 주어 마음으로 하지 않고 외모로 자
랑하는 자들에게 대답하게 하려 하는 것이라 13. 우리가 만일 미쳤
어도 하나님을 위한 것이요 정신이 온전하여도 너희를 위한 것이니
14. 그리스도의 사랑이 우리를 강권하시는도다 우리가 생각하건대
한 사람이 모든 사람을 대신하여 죽었은즉 모든 사람이 죽은 것이라
15. 그가 모든 사람을 대신하여 죽으심은 살아 있는 자들로 하여금**

다시는 그들 자신을 위하여 살지 않고 오직 그들을 대신하여 죽었다가 다시 살아나신 이를 위하여 살게 하려 함이라

11절 우리는 주의 두려우심을 알므로 사람들을 권면하거니와 우리가 하나님 앞에 알리어졌으니 또 너희의 양심에도 알리어지기를 바라노라

사도 바울은 앞 절에서부터 계속하여 앞으로 다가올 그리스도의 심판을 의식하면서 이제는 공의로운 하나님에 대해서도 언급합니다. 여기서 바울이 '주의 두려우심을 안다' 고 한 것은 바로 공의로운 하나님, 심판주이신 하나님을 염두에 두고 말한 것입니다.

신실한 성도에게는 하나님이 무한한 사랑의 아버지이자 자비로운 목자이시지만, 불신앙과 불순종을 일삼는 자에게는 무서운 심판주가 되십니다. 구약을 살펴보면 우리는 공의로운 하나님께서 불순종하는 사람들에게 무섭게 벌을 내리신 사건을 볼 수 있습니다. 사사기 전체를 보면 하나님께서 택한 백성인 이스라엘 백성을 대적하고 우상 숭배에 여념이 없던 가나안 족속들은 거의 대부분이 진멸을 당하거나 아니면 이스라엘 백성의 노예가 되었던 사실을 볼 수 있습니다. 뿐만 아니라 이스라엘 백성들조차도 하나님께 반역하여 불순종하면 하나님의 진노를 면할 수 없었습니다. 그런데 이와는 대조적으로 오직 하나님만을 믿고 의지하며 순종하는 자들에게는 마치 아브라함이나 요셉에게 하셨던 것처럼 넘치는 복을 허락해 주셨습니다.

그러므로 우리는 하나님께서 사랑의 하나님이실 뿐만 아니라 공의의

하나님이시라는 사실을 잊어서는 안 됩니다. 그렇게 두렵고 엄하신 하나님께서 지금에 이르기까지 참고 계신 것은 너무도 우리 인간을 사랑하사 한 사람이라도 더 구원의 반열에 들어와 심판의 형벌을 면하게 되기를 원하시기 때문입니다(벧후 3:9). 그러나 하나님을 떠나 자기만족과 자기 유익만을 구하며 사는 사람은 종국에는 하나님의 무서운 심판을 피할 수가 없는 것입니다. 따라서 아직까지 구원을 받지 못한 사람은 당장이라도 주님 앞에 나아와 모든 죄를 고백하고 하나님을 따르기로 결단을 해야 합니다.

주님께서 다시 오시는 것이 구원받지 못한 사람들에게는 절망일 수밖에 없습니다. 심판의 때가 언제 올지 모릅니다. 그러므로 아직 예수 그리스도를 영접하지 못한 사람들에게 복음의 소식을 전하여 속히 구원의 길로 인도해야 하며, 구원받은 사람들도 항상 마음을 새롭고 성결하게 하여 하나님을 영화롭게 하는 생활을 해야 할 것입니다. 사도 바울은 공의로우신 하나님을 알고 있었기 때문에 사람들에게 구원의 도리를 전하지 않을 수가 없었습니다. 그래서 '사람들을 권면한다' 라고 하였던 것입니다. 사도 바울은 어찌하든지 한 사람이라도 더 구원을 얻도록 하기 위하여 사람들에게 복음을 받아들이도록 권면하며 전도에 온 힘을 쏟았던 것입니다.

이토록 사도 바울은 하나님과 사람 앞에서 아무 거리낌이 없을 정도로 담대하게 복음 전파 사역을 수행하였습니다. 그래서 마치 구원받은 성도의 이름이 생명책에 기록되듯 자신의 전도 사역이 하나님에게 기억된 바 되기를 원하였으며, 또한 그것이 사람들에게 알려져 회개와 변화의 역사가 일어나기를 간절히 소원하였던 것입니다.

12절 우리가 다시 너희에게 자천하는 것이 아니요 오직 우리로 말미암아 자랑할 기회를 너희에게 주어 마음으로 하지 않고 외모로 자랑하는 자들에게 대답하게 하려 하는 것이라

사도 바울은 지금까지 말한 모든 것이 바울 자신을 스스로 추천하기 위하여 의도적으로 한 것이 아니라고 말합니다. 바울은 언제나 자신의 사도직에 관하여 강한 확신을 가지고 있었으며, 또 자신의 전도 사역에 대해서도 하나님 앞에서 조금도 거리낌이 없을 정도로 담대하였습니다.

그런데 이러한 사도 바울과는 달리 복음을 가지고 자신의 명예를 탐하거나 사리사욕을 취하려는 사람들이 있었습니다(2:17). 그러한 사람들은 대부분 하늘나라의 보배보다는 눈에 보이는 땅 위의 영광에 관심이 많았으며, 자연히 겉으로 드러난 외양이나 업적에만 집착하고 있었습니다. 그래서 사도 바울은 이 서신을 통해서 자신이 이제까지 진실한 마음으로 순전한 복음만을 전해 왔다는 것을 밝혀 자신의 입장을 분명히 하였습니다. 그리고 고린도 교인들로 하여금 자신이 전한 복음 안에 거하게 하여 그로 인해 그들이 진실로 하나님의 자녀 된 긍지를 가질 수 있도록 독려하였습니다. 뿐만 아니라 하나님을 외면하고 자신의 욕망에 치우쳐 사람들을 미혹하게 하는 거짓 사도의 가르침을 대적하며 물리치도록 권유하고 있는 것입니다.

13절 우리가 만일 미쳤어도 하나님을 위한 것이요 정신이 온전하여도 너희를 위한 것이니

사도 바울은 그때 당시 거짓 사도들로부터 어이없는 비방을 듣고 있었습니다. 즉, 거짓 사도들이 사도 바울을 미쳤다고 중상모략을 하였던 것

입니다. 이렇게 하나님의 사역을 훼방하고 하나님의 일꾼을 비방하기를 일삼는 못된 무리들은 바울 시대뿐 아니라 예수님이 사역하시던 때에도 있었습니다. 마가복음 3장 20절 이하에는 예수님을 비방하는 무리와 그들을 꾸짖고 계신 예수님의 모습이 기록되어 있습니다. 그때에도 예수님에 대하여 잘 알지 못한 무리들은 심지어 예수님이 미쳤다고까지 하였으며(막 3:21), 당시의 서기관들은 예수님께서 귀신의 왕 바알세불의 힘을 빌려 기적을 일으킨다고 비방하였습니다(막 3:22).

이와 같이 영적인 일에 대하여 무지하다는 것은 너무나 무서운 일입니다. 그들은 자신들이 하나님의 일에 정통하다고 자부하고 있었지만 실제로 그들은 성령을 모독하는 죄를 범하고 있었던 것이었습니다(막 3:28). 그렇기 때문에 그들은 거짓 진리에 눈이 어두워져 온 인류의 구주로서 이 땅에 오신 예수님을 미쳤다고 중상하며 십자가에 못 박는 무서운 죄를 범하고 말았던 것입니다(마 27:22).

그런데 사도 바울은 거짓 사도들의 비방을 오히려 되받아서 고린도 교인들에게 더욱더 전도에 열심을 내도록 권면하고 있습니다. 그는 자신이 만약 미쳤다 해도 썩어 없어질 헛된 욕망을 위하여 미친 것이 아니라 길과 진리요, 생명 되신 예수님을 위하여 미친 것이라고 단언합니다. 생각해 보십시오. 날 위하여 십자가에 달리신 주님, 나의 죄 때문에 모진 고통과 고난을 받으신 주님, 더 나아가 나에게 하나님의 자녀가 되는 권세를 허락해 주시고 복을 한없이 부어 주시는 주님, 그 주님을 생각할 때에 어찌 나의 안위를 생각하고 나의 욕심에 귀를 기울일 수 있겠습니까? 우리의 생활과 마음 전체가 주님의 소유가 되었을 때, 우리들의 삶은 완전히 변화됩니다. 그래서 죽어도 주의 것이요, 살아도 주의 것이므로 주의 복된 말씀을 전파하며, 주님만을 위하여 삽니다. 이러므로 사도 바울은 예수님을 위하여 사는 것을 자랑으로 알았으며 고린도 교인들에게 진정으로 해야 할 일이 무엇인지를 가르쳐 주고 있는 것입니다.

그러면 하나님의 일꾼이 된 사람의 삶이 열광적인 모습만을 가지고 있을까요? 그렇지 않습니다. 사도 바울은 하나님의 일에 미친 사람은 오히려 생활면에서 더욱더 온전하고 규모가 있다는 것을 밝히고 있습니다. 그래서 정신이 온전하다 하더라도 그것은 고린도 교인들, 즉 하나님을 따르는 성도들을 위한 것뿐이라고 말합니다. 이 말대로 바울은 복음을 전할 때는 열심히 전하면서, 생활면에서는 모범적일 정도로 예의 바르고 순전하며 경건한 생활을 했습니다. 그리고 그러한 생활을 통해 하나님께 영광을 돌리며 사람들에게도 올바른 길을 보여 주는 참된 사역자로서의 사명을 감당했던 것입니다.

이와 같이 진실한 사역자는 자신의 일을 생각하지 않습니다. 다른 사람이 무엇이라고 하든지 그러한 평가에 연연하지 않고 오직 하나님과 성도들을 위하여 목숨 바쳐 일하는 것, 그것이 바로 하나님의 일꾼의 모습이요, 충성스러운 종이 가져야 할 자세인 것입니다.

14절 그리스도의 사랑이 우리를 강권하시는도다 우리가 생각하건대 한 사람이 모든 사람을 대신하여 죽었은즉 모든 사람이 죽은 것이라

그리스도의 사랑, 그 사랑은 예수님께서 하나님과 원수가 되었던 우리를 구원하기 위해 십자가에 달려 죽기까지 하신 사랑입니다(롬 5:10).

또한 그 사랑은 죄인 된 우리가 당해야 할 멸시를 대신하여 받으신 희생적인 사랑입니다(마 27:27-31). 뿐만 아니라 그 사랑은 우리를 얽어매고 있던 저주의 가시덤불을 벗겨 영생과 복의 새로운 인생을 열어 주었습니다(요삼 1:2).

그리스도를 구주로 영접하고, 그분을 중심에 모셔 들인 사람은 누구나 이러한 사랑에 흠뻑 젖어 있는 사람들입니다. 그래서 이러한 그리스도의 사랑과 은혜가 감격스러워서 저절로 기쁨과 감사의 생활을 하게 되는 것입니다. 사도 바울은 이러한 상태를 두고 그리스도의 사랑이 자신을 강권하고 있다고 표현하였습니다. 그러므로 참된 신앙을 소유하면 세월이 흐를수록 예수님의 사랑이 점점 깊이 깨달아지고, 또 그로 말미암아 더 깊은 은혜로 들어가게 됩니다. 그때는 마치 "내게 사는 것이 그리스도니 죽는 것도 유익함이라"(빌 1:21)라고 말한 사도 바울의 고백처럼, 예수 그리스도만이 삶의 유일한 목적이자 원동력이 되는 것입니다.

남녀 관계를 보면, 서로 깊이 사랑하는 단계에 이르면 웬만한 잘못이나 실수 정도는 덮어 버리게 됩니다. 그리고 어떠한 계약 조건이나 어려움도 개의치 않고 서로를 바라보며 인생길을 헤쳐 나갑니다. 더 나아가 상대방을 위해 자신이 희생되어야 하는 경우가 생기게 되면 사랑하는 사람을 위해 그 희생을 감수하는 단계에까지 이르게 됩니다. 이렇게 사람 사이의 관계도 사랑이 깊어지면 인생의 의미가 깊어지는데 하물며 예수님의 사랑은 얼마나 깊고 넓겠습니까?

그러므로 본문의 '강권하다' 라는 표현은 강제적인 성격을 띤 것과는 의미가 다릅니다. 그리스도의 사랑은 사람으로 하여금 자발적으로 행동하게 합니다. 그것은 억지로 하는 것이 아니라 마음에서 우러나와서 하는 것이며, 그 사랑에 감동되어 주님을 위해서라면 기쁘고 즐거운 마음으로 어떠한 일도 마다하지 않는 삶을 살게 되는 것입니다. 이러한 사랑이 있었기 때문에 바울은 험한 고초를 수없이 겪으며 로마에서 순교를 당하기까지 주님께서 맡기신 일에 충성을 다하였던 것입니다.

예수님께서는 십자가에서의 죽음을 통해 인간을 구원하시기 위하여 둘째 아담으로서 이 세상에 오셨습니다. 처음으로 하나님께 지음 받은 첫째 아담은 그만 자기 욕심을 위하여 불순종하였습니다. 그래서 첫째 아담 한 사람의 범죄를 인하여 많은 사람이 죽게 되었습니다(롬 5:18). 그러나 이와 같이 멸망에 처해 영벌을 받을 수밖에 없었던 인간들을 위하여 마지막 아담인 예수님께서 오셨습니다. 그래서 마치 모리아 산에서 이삭 대신 제물로 바쳐진 한 마리의 숫양과 같이(창 22:13) 우리들을 대신하여 제물이 되시고 대신 죽음을 당하셨습니다. 예수님은 우리가 범죄함을 인하여 받을 형벌을 대신 짊어지신 것입니다(롬 4:25).

이러한 예수님의 죽음으로 인해 우리 안에도 한 가지 뚜렷한 변화가 일어났습니다. 그것은 예수님의 죽음과 더불어 죄와 불의에 물들어 있던 우리의 옛사람이 같이 죽은 것입니다(롬 6:6). 그리고 이제는 하나님의 자녀로서 새사람으로 변화된 새로운 피조물이 된 것입니다. 첫째 아담은 범죄함으로 인하여 모든 사람을 죽게 하였지만, 마지막 아담이신 예수님께서는 하나님께 순종함으로 우리의 옛사람을 죽게 하시고 새사람이 되게 해 주셨습니다. 그리하여 이제는 우리를 하나님의 아들을 믿는 믿음 안에 살고(갈 2:20) 생명의 성령의 법에 의해 사는 하나님의 귀한 자녀로 만드신 것입니다(롬 8:2,16).

15절 그가 모든 사람을 대신하여 죽으심은 살아 있는 자들로 하여금 다시는 그들 자신을 위하여 살지 않고 오직 그들을 대신하여 죽었다가 다시 살아나신 이를 위하여 살게 하려 함이라

언젠가 이런 실화를 읽어 본 적이 있습니다. 미국에서 노예 제도가 한창 시행되고 있을 때에 한 노예 시장에서 일어났던 일입니다. 부모와 자식이 한데 묶여서 진열대 위에 매물로 서 있었습니다.

그런데 사람들이 와서 흥정을 하다 보니까 부모는 부모대로 팔려 가고 자식은 자식대로 팔려 가게 되었습니다. 그러니 이제 헤어지면 늙어 숨을 거둘 때까지 못 볼지도 모를 일입니다. 그래서 그 노예 가족은 이별을 앞두고 서로 부둥켜안고 애처롭게 울기 시작하였습니다. 그런데 얼마나 서럽게 울었던지, 그 모습을 옆에서 보고 있던 한 부자(富者)가 그 가족들을 모두 다 자신의 노예로 사들였습니다. 그런 다음 그들의 노예 문서를 그들에게 넘겨주면서 이렇게 말했습니다. "이제 너희들은 자유다. 그러니 이제부터는 한집에 모여서 단란하게 살면서 행복하게 지내도록 하라." 이러한 말을 듣자 잠시 주춤하던 노예 가족들은 그 부자에게 말했습니다. "우리가 지금 이 문서를 들고 나가도 제대로 인간 대접을 못 받을 뿐 아니라 얼마 지나지 않아 다시 백인들에게 잡혀가 노예가 될지도 모릅니다. 그렇게 되면 한집에서 노예로 지내게 되는 것보다 더 비참한 지경에 이르고 말 것이 분명하니 차라리 당신 밑에서 당신을 주인으로 삼고 일하겠습니다." 그리하여 그 노예 가족은 모두 그 부자의 집에 들어가 일하게 되었습니다.

우리의 신앙생활도 이와 똑같습니다. 우리가 예수님의 보혈로 죄 사함

을 받고 마귀의 올무에서 벗어났을지라도 계속해서 예수님의 보호 아래 있지 아니하면 우리는 또다시 죄에 떨어지고 말 것입니다. 그렇기 때문에 예수님께서도 마음의 청소만 하고 거기에 다른 아무것도 채워 넣지 않아 오히려 처음 형편보다 나중 형편이 더 나쁘게 된 사람을 예로 들어 말씀하신 적이 있었습니다(눅 11:24-26). 그러므로 우리에게는 죄 사함 받고 구원을 얻는 것도 중요하지만, 그 후에 처신을 어떻게 하는가도 상당히 중요합니다.

그러면 그리스도인들은 구원받은 후에 삶을 어떻게 영위해 나가야 할까요? 바울은 이에 대해 "다시는 우리 자신을 위하여 살 것이 아니라 오직 우리를 대신하여 죽었다가 다시 사신 자, 즉 예수 그리스도를 위하여 살라." 고 말하고 있습니다. 다시 말해서 그리스도인의 삶이란 예수님을 위하여 사는 삶이요, 예수님을 믿는 믿음으로 사는 삶이요, 예수님에 의해 살아가는 삶이라는 것입니다. 우리가 이러한 삶을 살 때, 우리에게는 생각한 것 이상의 놀랍고도 엄청난 복이 임하게 됩니다. 또한 성령께서 우리의 연약함을 도와주셔서 예수님을 위한 삶을 충실히 살아갈 수 있도록 인도해 주십니다. 그것이 바로 우리에게는 놀라운 특권이자 승리하는 삶이요, 행복한 삶이 되는 것입니다.

4. 새로운 피조물(5:16-19)

16. 그러므로 우리가 이제부터는 어떤 사람도 육신을 따라 알지 아니하노라 비록 우리가 그리스도도 육신을 따라 알았으나 이제부터는 그같이 알지 아니하노라 17. 그런즉 누구든지 그리스도 안에 있으면 새로운 피조물이라 이전 것은 지나갔으니 보라 새것이 되었도다 18. 모든 것이 하나님께로서 났으며 그가 그리스도로 말미암아 우리를 자기와 화목하게 하시고 또 우리에게 화목하게 하는 직분을 주셨으니 19. 곧 하나님께서 그리스도 안에 계시사 세상을 자기와 화목하게 하시며 그들의 죄를 그들에게 돌리지 아니하시고 화목하게 하는 말씀을 우리에게 부탁하셨느니라

16절 그러므로 우리가 이제부터는 어떤 사람도 육신을 따라 알지 아니하노라 비록 우리가 그리스도도 육신을 따라 알았으나 이제부터는 그같이 알지 아니하노라

'육신을 따라 안다' 는 것은 세상적인 가치 판단을 가지고 사람을 평가하는 것을 말합니다. 즉, 학력이나 재력 또는 사회적 위치에 따라 사람을 판단하고 그에 따라 사람을 대우하는 것을 말합니다. 우리가 거듭나기 전에는 이러한 기준을 가지고 인생을 살았습니다. 그래서 삶의 유일한 목표는 돈과 권력과 명예를 획득하는 데에 있었습니다.

그러나 사도 바울이 말한 대로 이제부터, 즉 예수님과 함께 살게 된 때

부터는 이전에 지니고 있었던 모든 인간적이고 세속적인 기준을 버리고 살아가게 됩니다. 그래서 이제는 가진 것에 따라 그 사람을 평가하는 것이 아니라, 그 마음이 어떠한 상태에 있는가에 따라 사람을 알게 되는 것입니다. 그리하여 그리스도의 십자가를 통해서 거듭나게 되었을 때부터 우리는 사람의 중심을 보고 그 안에 성령께서 내주하고 계신지 그렇지 않은지를 기준으로 삼게 됩니다. 왜냐하면 그것은 바로 생명의 문제와 직결되는 것이기 때문입니다. 따라서 그 안에 예수님 대신 세상 물욕과 정욕으로 가득 차 있는 사람에게는 그 모든 욕망에서 벗어나 예수님을 중심에 모시도록 권면하여 생명의 자리로 인도하는 안내자 역할을 하게 되는 것입니다.

성경에서 우리는 예수님께서 이 세상에 오실 때의 상황을 잘 알 수 있습니다. "그가 세상에 계셨으며 세상은 그로 말미암아 지은 바 되었으되 세상이 그를 알지 못하였고 자기 땅에 오매 자기 백성이 영접하지 아니하였으나"(요 1:10-11). 예수님께서는 하늘나라의 모든 영광을 버리고 우리를 죽음으로부터 건지기 위해 이 땅에 오셨지만, 정작 예수님을 환영하고 모셔 들여야 할 사람들은 예수님의 오심조차 몰랐으며, 그분에 관하여서는 아무런 관심도 없었습니다. 특히 그 가운데서도 유대인들은 예수님이 자기들이 그토록 고대하고 기대하던 메시아였음에도 불구하고, 그리스도를 육체대로 판단하였기 때문에 예수님이 메시아인 줄을 몰랐습니다. 예수님은 3년 반 동안의 공생애를 통해서 많은 기적을 보이셨으며 스스로 하나님의 아들 되심을 선포하셨으나, 당시 유대인들은 예수님을 메시아로 받아들이지 않았습니다. 그들은 자신들이 대망하고 있는 메시아는 당연히 높은 지위와 엄한 권위를 가지고 당당하게 출현할 것이라고 생각하였습니다. 예수님같이 사회의 하층 계급인 목수의 신분으로서 고운 모양도 없고 풍채도 보잘것없는(사 53:2) 인물이 모든 인류를 구원할 메시아라는 사실을 꿈에도 생각하지 못하였습니다.

유대인들이 왜 이런 생각을 하게 되었을까요? 그것은 세속적인 욕망과 사람을 육체대로 평가하려는 인간적인 기준 때문에 스스로 자신을 가린 까닭입니다. 그런데 이러한 경향은 그 당시뿐만 아니라 오늘날에도 나타나고 있습니다. 자유주의 신학이나 급진적인 신학을 추종하는 사람들은 예수 그리스도를 단순히 훌륭한 선생이나 철학자 내지는 도덕가라고 합니다. 이것은 예수님을 하나님의 아들로 인정하지 않고 단순히 인간적인 차원에서만 평가하려는 인본주의적인 발상에서 비롯된 것입니다.

사도 바울도 한때는 예수님을 육체대로 평가한 적이 있었습니다. 그래서 그때는 예수 그리스도를 이단시하고, 그리스도인들을 박해하는 어리석은 행위를 하기도 했습니다(행 9:1-2). 그러나 주님의 은혜로 말미암아 변화를 받고 새사람이 되자 이전에 가지고 있던 잘못된 기준을 버리게 되었습니다. 그래서 이 같은 고백을 하고 있는 것입니다.

17절 그런즉 누구든지 그리스도 안에 있으면 새로운 피조물이라 이전 것은 지나갔으니 보라 새것이 되었도다

사도 바울은 앞 절에 이어 계속해서 변화된 새사람의 의미를 밝히고 있습니다. 누구든지, 즉 남녀노소, 빈부귀천을 막론하고 예수 그리스도를 구주로 영접한 사람이면 누구나 새로운 피조물이 됩니다. 다시 말해서 부패와 죄악으로 가득하여 썩어져 가는 옛사람의 구습을 벗어 버리고, 이제는 의와 진리의 거룩함으로 지음을 받은 새사람이 된 것입니다(엡 4:22-24).

어둠의 자녀가 변하여 빛의 자녀가 되었고(엡 5:8), 마귀의 노예였던 상태에서 벗어나 하나님의 종이 되었습니다. 이 얼마나 놀라운 사실입니까? 이 모든 것이 다 그리스도로 말미암음이요, 하나님의 지극하신 사랑으로 이루어진 것입니다. 그러므로 우리는 더 이상 지나간 옛사람의 일에 연연해서는 안 됩니다. 육신의 정욕과 안목의 정욕과 이생의 자랑에 매여 육신의 요구대로 살 것이 아니라(롬 8:12; 요일 2:16), 영으로써 몸의 행실을 죽이며 하나님의 영인 성령의 인도하심을 받아 승리하는 생활을 해야 할 것입니다(롬 8:13-14).

18절 모든 것이 하나님께로서 났으며 그가 그리스도로 말미암아 우리를 자기와 화목하게 하시고 또 우리에게 화목하게 하는 직분을 주셨으니

사도 바울은 앞 절에서 언급한 '새로운 피조물' 이 될 수 있었던 것에 대한 확실한 근거를 제시하고 있습니다. 사도 바울은 이 세상에 있는 모든 천지 만물이 다 하나님에 의해서 창조되었다는 사실을 이야기합니다. 해, 달, 별, 산천초목 할 것 없이 어느 것 하나도 하나님의 손을 떠나 지어진 것이 없습니다. 사도 바울은 여기에서 하나님의 주권적인 섭리를 생각합니다. 하나님께서는 만물의 창조주이실 뿐만 아니라, 온 우주의 운영자이시며, 또한 역사의 주관자이십니다. 그러므로 현재 숨 쉬며 살아가고 있는 우리도 하나님께서 이미 창세전에 예비해 놓으신 섭리에

의해 존재하게 된 것입니다(사 43:1-2).

그런데 이렇게 하나님의 거룩하신 뜻을 따라 지음 받은 인간이 마귀의 유혹으로 말미암아 스스로 죄의 길로 들어서게 되었습니다. 아담과 하와의 반역으로 인해 인류는 원죄의 무거운 짐을 지고 태어나 자범죄의 돌부리에 걸려 넘어지며 살아가게 되었습니다. 이런 상태에서 마귀는 수시로 사람을 괴롭히고 도둑질하고 멸망시키려 하며 온갖 궤휼을 다 행하고 있는 것입니다(요 10:10). 여기에서 스스로 구원할 능력이 없는 인간은 마귀에게 눌리고 죄에 시달려 한 걸음 한 걸음 멸망의 구렁으로 빠져 들어갈 수밖에 없었습니다.

그런데 이렇듯 곤고한 상태에 있는 인간에게 기쁜 소식이 들려왔습니다. 누구든지 예수 그리스도를 믿기만 하면 구원을 얻고 하나님의 자녀가 된다는 소식이었습니다(요 3:16; 행 4:12). 이러한 구원은 우리의 노력과 계획으로 이루어진 것이 아닙니다. 오직 천지 만물의 주인 되시는 하나님께서 우리 인간에 대한 순전한 자비와 긍휼로 예수 그리스도의 구속의 은총을 베풀어 주신 것입니다. 그래서 죄짓고 불의하여 하나님과 원수가 된 우리를 그냥 내버려 두지 않으시고 독생자를 보내어 죽게 하시기까지 하나님과 인간이 화목하게 되는 역사를 베풀어 주셨습니다(롬 5:10). 그 결과, 예수 그리스도의 피가 우리를 성결하게 하고 성령께서 우리에게 오시게 된 것입니다.

그러고 나서 하나님께서는 구원받은 우리로 하여금 화목하게 하는 직분을 감당하게 하셨습니다. 그래서 우리는 마치 예수님께서 우리에게 하셨던 것처럼, 믿지 않는 다른 사람들을 주님 앞으로 인도하여 하나님과 화목하게 하는 사역을 감당해야 합니다. 뿐만 아니라 더 나아가서 사람과 사람 사이에서 온갖 불화와 갈등을 해소시키며 평화를 가져다주는 역할도 해야 합니다. 예수님께서도 산상수훈 가운데서 "화평하게 하는 자는 복이 있나니 그들이 하나님의 아들이라 일컬음을 받을 것임이요"(마 5:9)라고 말씀하셨습니다.

19절 곧 하나님께서 그리스도 안에 계시사 세상을 자기와 화목하게 하시며 그들의 죄를 그들에게 돌리지 아니하시고 화목하게 하는 말씀을 우리에게 부탁하셨느니라

요한복음 14장을 보면 예수님의 제자 중 한 사람이었던 빌립이 예수님에게 한 가지 요청을 하였습니다. "주여 아버지를 우리에게 보여 주옵소서 그리하면 족하겠나이다"(요 14:8).

이것은 단지 빌립 한 사람의 요청이 아닙니다. 오늘날도 수많은 사람들이 이러한 요청을 거듭하고 있습니다. 그리하여 하나님의 존재를 찾고자 과학과 철학 등 인간의 학문을 총동원하고 있는 것입니다. 그러나 인간의 지식과 학문을 통해서는 하나님을 찾을 수도 없고 볼 수도 없습니다. 그러한 것들로는 단지 인간의 무력함과 나약한 한계를 깨달을 수 밖에 없는 것입니다.

하나님은 오직 예수 그리스도를 통해서만 볼 수 있습니다. 그래서 예수님께서도 말씀하셨습니다. "나를 본 자는 아버지를 보았거늘 어찌하여 아버지를 보이라 하느냐 내가 아버지 안에 거하고 아버지는 내 안에 계신 것을 네가 믿지 아니하느냐"(요 14:9-10).

우리는 예수님을 통해서만 하나님과 만날 수 있고, 하나님과 대화할

수 있습니다. 왜냐하면 예수님만이 하나님과 우리 인간 사이에 계신 유일한 중보자시기 때문입니다(딤전 2:5). 하나님께서는 예수님을 통해서 우리와 화목하셨습니다. 그와 동시에 하나님께서는 우리 죄를 우리에게 돌리지 않으셨습니다.

그러면 그 엄청난 죄들이 다 누구에게로 돌아갔나요? 바로 예수님에게 전가되었습니다. 우리는 겟세마네 동산에서의 예수님의 피맺힌 기도를 기억할 수 있습니다. 고난의 잔을 받는 고통은 땀방울이 핏방울로 변하도록 기도할 정도로 처절한 것이었습니다. 예수님께서는 비록 그 고난의 쓴 잔을 마시기를 원치 않으셨지만 하나님께 순종하는 마음으로 온 인류의 죄악이 담긴 그 잔을 감당하고자 결심하셨습니다(마 26:36-46). 그리고 골고다 언덕 위에서 십자가의 처참한 형벌을 받으면서까지 우리가 받아야 할 고통을 대신 감수하셨습니다(마 27:46).

예수님께서는 이것을 통하여 우리에게 하나님의 자녀가 되는, 말할 수 없는 큰 복을 안겨 주셨습니다. 그로 인하여 우리는 이 땅에 살면서 영혼이 잘됨같이 범사에 잘되며 강건하게 살 수 있게 된 것입니다.

그러므로 이제 우리에게는 할 일이 있습니다. 그것은 바로 하나님께서 우리에게 부탁하신 대로 화목하게 하는 말씀을 세상에 널리 전파하는 일입니다. 그래서 세상 모든 사람들로 하여금 예수님을 믿고 구원받아 하늘나라에 이르도록 해야 할 것입니다.

5. 그리스도의 사신(5:20-21)

20. 그러므로 우리가 그리스도를 대신하여 사신이 되어 하나님이 우리를 통하여 너희를 권면하시는 것같이 그리스도를 대신하여 간청하노니 너희는 하나님과 화목하라 21. 하나님이 죄를 알지도 못하신 이를 우리를 대신하여 죄로 삼으신 것은 우리로 하여금 그 안에서 하나님의 의가 되게 하려 하심이라

20절 그러므로 우리가 그리스도를 대신하여 사신이 되어 하나님이 우리를 통하여 너희를 권면하시는 것같이 그리스도를 대신하여 간청하노니 너희는 하나님과 화목하라

바울은 하나님께서 자신에게 주신 직분이 있다고 말합니다. 그것은 바로 '그리스도의 사신' 입니다. 또한 이 직분은 바울뿐 아니라 그리스도를 믿고 구원받은 하나님의 자녀들 모두에게 적용되는 직분입니다. 그러면 사신, 즉 대사가 하는 일은 어떤 것입니까? '대사' 란 자신이 속한 국가를 대표하여 외교 교섭을 하기 위해 외국에 파견되는 외교 사절을 말합니다. 그러므로 그리스도의 대사라는 말은 천국에 속한 그리스도인으로서 하나님의 명을 받아 이 땅에서 나그네 생활을 하며 천국 복음을 전하는 사람을 말합니다.

특히 외교 사절은 자기가 속한 나라의 지시만을 따르게 되어 있습니

다. 그래서 자국(自國)의 세력 확장과 번영을 위해 전심전력을 다하는 것입니다. 그리스도의 사신 된 우리도 이 땅에서 우리의 시민권이 있는 하늘나라의 일을 충실히 해야 합니다(빌 3:20). 그렇기 때문에 어찌하든지 한 사람이라도 더 구원의 반열에 들어와 하나님의 자녀가 되도록 그리스도의 구속 사역에 힘써 동참해야 합니다.

그렇다면 그리스도를 대신하여 하늘나라의 대사로서 이 땅에 있는 우리가 전할 메시지는 무엇입니까? 사도 바울은 그에 대한 답으로 "하나님과 화목하라" 고 권면합니다. 이것이 복음의 중대한 메시지입니다. 하나님과 화목하지 않은 인생은 버림받은 인생이요, 허무한 인생입니다. 그러한 인생은 잠시 동안 세상에 살다가 죽으면 심판 때에 하나님께로부터 무서운 진노를 받게 됩니다. 이렇게 된다면 부귀영화와 공명이 무슨 소용이 있습니까? 그 모든 것이 풀과 같고 꽃과 같아 사람이 죽어 한 줌 흙으로 변할 때에 다 같이 시들어 버리고 마는 것입니다.

그러므로 우리 인간에게 있어 가장 큰 중대사가 있다면 그것은 하나님과 화목하게 되느냐, 혹은 그렇지 않고 버림받게 되느냐의 문제입니다. 그것은 죽음 뒤에 오는 영원한 내세를 결정짓는 아주 중요한 문제입니다. 누구든지 이 문제에서 벗어날 수 있는 사람은 없습니다. 하나님을 믿고 따르든지, 아니면 불신하고 거역하든지, 이 두 가지 길만 있을 뿐입니다.

이렇게 인생의 중대한 기로에 서 있는 세상 사람들에게 우리는 영혼 문제의 심각성을 알려야 합니다. 그리고 그들로 하여금 영의 눈을 뜨게 하여 하나님과 화목하게 될 수 있는 길로 인도해야 하는 것입니다. 이 일을 위하여 사도 바울은 자신을 쇠사슬에 매인 사신으로 알고 복음 사역에 자신의 모든 것을 내어 던졌습니다(엡 6:20).

21절 하나님이 죄를 알지도 못하신 이를 우리를 대신하여 죄로 삼으신 것은 우리로 하여금 그 안에서 하나님의 의가 되게 하려 하심이라

예수님은 죄가 없는 분이십니다. 그분은 죄를 범하지도 아니하셨고 그 입에 거짓도 없으셨으며 욕을 받으시되 욕하지 아니하시고 고난을 받으시되 위협하지 아니하신 그야말로 무흠하신 분이었습니다(벧전 2:22-23). 예수님은 죄를 알지도 못하셨습니다. 그런데 하나님께서 그러한 예수님을 우리를 대신하여 '죄' 로 삼으셨습니다. 그것은 예수님이 무엇을 잘못했기 때문이 아니라, 바로 우리를 의롭게 하시기 위해서 그렇게 하신 것입니다. 마치 구약 시대에 이스라엘 백성들이 대속죄일에 희생 제사를 드릴 때에 제물로 바쳤던 희생 양같이 대속의 어린양이 되셨습니다. 그런데 이 구절에서 사용된 낱말을 보면 우리는 더욱더 의미심장한 뜻을 알 수 있습니다. 그것은 예수님께서 '죄인' 으로서가 아니라, '죄' 그 자체가 되셨다는 사실입니다. 그래서 바울도 하나님께서 예수 그리스도를 '죄' 로 삼았다고 기록하고 있는 것입니다.

죄인은 구제의 여지가 있지만, 죄는 멸함을 받아야 합니다. 예수님께서는 인간의 죄를 대속하실 뿐만 아니라 근본적으로 죄의 뿌리를 멸하러 오셨습니다. 하나님께서는 그 사역을 이루기 위한 장소로 골고다 산상의 십자가를 택하셨으며, 이에 대해 예수님께서는 묵묵히 순종하셨습니다. 그러므로 하나님께서는 십자가 위에서 예수님을 심판하신 것이 아니라 죄를 심판하신 것입니다. 예수님 안에서 이미 죄에 대한 대가가 모

두 치러졌습니다. 사도 베드로의 말처럼 "오직 흠 없고 점 없는 어린 양 같은 그리스도의 보배로운 피"(벧전 1:19)로써 우리의 죄가 그 근원부터 모두 청산되었습니다. 그 결과 우리는 예수님 안에서 그리스도의 보혈의 공로로 말미암아 의인이 되었습니다. 예수님께서 우리 범죄한 것 때문에 내줌이 되고 또한 우리를 의롭다 하심을 위하여 살아나신(롬 4:25) 결과 이제는 우리가 하나님과 화목하게 되었으며 더 나아가 그리스도 안에서 '하나님의 의' 가 되기까지 이르렀습니다.

'의' 라고 하는 것은 죄와 무관한 상태로 하나님 앞에서 부끄러움 없이 설 수 있는 상태를 말하며, 마귀에게 조금도 참소를 받지 않는 자격을 말합니다. 우리는 예수님을 통해서 순전히 믿음으로 이러한 하나님의 '의' 를 얻게 되었습니다. 이 '의' 를 통해서 우리는 하나님의 영광을 얻고 영생의 확신을 얻게 되었으며 마귀의 진을 멸하고 병을 고치는 등 죄와 사망을 물리칠 수 있는 자격을 얻게 된 것입니다.

그러므로 우리는 이제 주 안에서 무한한 능력을 부여받은 위대한 신앙인들입니다. 우리는 결코 도덕가나 종교인이 아닙니다. 생명 되신 예수님을 따르는 십자가 군병이요, 하나님의 대리자입니다. 이러한 사실을 깨달을 때, 우리는 좀 더 능력 있고 성공적인 신앙생활을 할 수 있습니다. 이제 우리는 옛사람이 아니라 하나님 앞에서 거듭난 새사람이 되었기 때문에 그리스도 안에서 의가 되고, 빛이 되고 은혜와 복을 받은 승리자가 된 것입니다.

제 6 장

사도직의 참된 의미와 성도의 마음가짐

하나님의 동역자 6:1-10

고린도 교인들에 대한 사도 바울의 권면 6:11-13

고린도 교인들에 대한 경고 6:14-18

A COMMENTARY ON
THE SECOND EPISTLE TO
THE CORINTHIANS

본 장에서 사도 바울은 하나님의 일꾼으로서 주의 일을 감당하는 데에 따르는 여러 가지 애로 사항들을 기술하고 있으며, 직분이 지니고 있는 참된 의미를 기술하고 있습니다. 그리고 당시 고린도 교인들이 가지고 있던 편견을 없애기 위해 부모와 같은 심정으로 간곡히 권면하고 있습니다. 마지막으로 바울은 구약의 말씀을 인용하면서 하나님의 성전 된 그리스도인으로서 영적 순수성을 지키도록 단호하면서도 사랑이 넘치는 어조로 호소하고 있습니다.

1. 하나님의 동역자(6:1-10)

1. 우리가 하나님과 함께 일하는 자로서 너희를 권하노니 하나님의 은혜를 헛되이 받지 말라 2. 이르시되 내가 은혜 베풀 때에 너에게 듣고 구원의 날에 너를 도왔다 하셨으니 보라 지금은 은혜 받을 만한 때요 보라 지금은 구원의 날이로다 3. 우리가 이 직분이 비방을 받지 않게 하려고 무엇에든지 아무에게도 거리끼지 않게 하고 4. 오직 모든 일에 하나님의 일꾼으로 자천하여 많이 견디는 것과 환난과 궁핍과 고난과 5. 매 맞음과 갇힘과 난동과 수고로움과 자지 못함과 먹지 못함 가운데서도 6. 깨끗함과 지식과 오래 참음과 자비함과 성령의 감화와 거짓이 없는 사랑과 7. 진리의 말씀과 하나님의 능력으로 의의 무기를 좌우에 가지고 8. 영광과 욕됨으로 그러했으며 악한 이름과 아름다운 이름으로 그러했느니라 우리는 속이는 자 같으나 참되고 9. 무명한 자 같으나 유명한 자요 죽은 자 같으나 보라 우리가 살아 있고 징계를 받는 자 같으나 죽임을 당하지 아니하고 10. 근심하는 자 같으나 항상 기뻐하고 가난한 자 같으나 많은 사람을 부요하게 하고 아무것도 없는 자 같으나 모든 것을 가진 자로다

1절 우리가 하나님과 함께 일하는 자로서 너희를 권하노니 하나님의 은혜를 헛되이 받지 말라

사도 바울은 이 편지 첫머리에서 자신이 '하나님의 뜻'으로 말미암아 사도 된 것을 밝히고 글을 써 내려가기 시작하였습니다. 이제까지 하나님의 말씀을 대언하는 입장에서 권면의 내용을 기록해 온 바울이 여기에서는 한 걸음 더 나아가 하나님의 일을 함께 하는 동역자로서 고린도 교인들을 대하고 있습니다.

바울은 고린도 교인들에게 보낸 첫 번째 서신에서 그들을 말씀으로 양육하는 자신과 그 외의 다른 사역자가 모두 다 '하나님의 동역자'라고 말하였습니다(고전 3:9). 다시 말해서 하나님과 함께 기획하고 하나님과 함께 추진하며 하나님과 함께 생활하는 사람들이라는 것입니다. 그러나 이것은 비단 주의 종으로 부름 받은 교역자들에게만 해당되는 것은 아닙니다. 누구든지 그리스도를 통해 하나님과 화목하게 된 그리스도인들은 모두 다 이 땅에서 하나님의 대리자요, 그리스도의 사신입니다(5:20). 우리는 십자가를 통해서 그리스도에게 접붙여진 순간부터 하나님과 동거하며 함께 일하는 하나님의 동업자가 된 것입니다. 우리가 신앙생활을 할 때에 내 자신이 하나님의 동역자라는 사실을 안다는 것은 얼마나 중요한 일인지 모릅니다. 그 사실을 깨달을 때 우리는 매사를 내 마음대로 처리하지 않고 무슨 일이든지 먼저 하나님께 말씀드리게 됩니다.

사도 바울은 하나님의 진정한 동역자였습니다. 그는 매사를 기도로써 하나님과 의논하였으며, 오직 하나님의 영의 인도하심을 받아 생활하였습니다. 비록 자신의 생각이 옳은 것처럼 여겨져도 하나님께서 다른 길

을 보이시면 그 길로 행하였습니다(행 16:6-10). 뿐만 아니라 그 길이 죽음의 길이라고 할지라도 거기에 하나님의 뜻이 있다면 그 길을 피하지 않았습니다(행 21:13).

그 결과 그의 생애는 하나님 안에서 하나님의 능력을 받아 하나님과 함께 일한 생애가 되었습니다. 또한 그를 통해 수많은 영혼들이 구원을 받게 되었으며 병을 고침 받고 귀신이 쫓겨 나가며 어둠의 세력이 물러가는 역사가 일어났던 것입니다. 이러한 그가 사도의 입장에서 "하나님의 은혜를 헛되이 받지 말라"고 고린도 교인들을 권면합니다.

사도 바울은 무엇 때문에 이러한 권면을 하였을까요? 그 이유를 다음과 같이 몇 가지로 생각해 볼 수 있습니다.

첫째로, 하나님의 온전한 은혜가 당시 거짓 사도들이 전하는 '다른 복음' (갈 1:7)으로 가려지지 않도록 하기 위한 것입니다. 예수님께서는 인간을 하나님과 화목하게 하려고 십자가에 달려 피 흘리시기까지 희생하셨습니다. 그것은 순전히 하나님의 사랑과 예수 그리스도의 대속의 은혜로 비롯된 것이지, 인간의 노력이나 생각으로 이루어진 것이 아닙니다. 그런데도 당시 고린도 교인들은 구원을 받기 위해서는 하나님의 은혜 외에도 인간의 노력이나 행위가 추가되어야 한다는 율법주의자들의 감언이설에 귀가 쏠려 있었습니다. 뿐만 아니라 율법주의자들 외에도 여러 가지 이방 종교나 우상 숭배의 요소를 가미하여 기독교를 이상한 모습으로 변형시키는 자들이 있었습니다. 그러한 이유 때문에 사도 바울은 고린도 교인들을 거짓된 가르침으로부터 지키기 위해서 이러한 권면을 하고 있는 것입니다.

둘째로, 고린도 교인들로 하여금 하나님의 은혜를 통해 주어진 복을 잃어버리지 않게 하기 위한 것입니다. 우리가 구원받고 하나님의 자녀가 됨으로 말미암아 우리에게는 놀라운 능력이 주어졌습니다. 예수님의 이름으로 귀신을 쫓아내며 새 방언을 말하며 뱀을 집으며 무슨 독을 마실지라도 해를 받지 아니하며 병든 사람에게 손을 얹으면 병이 낫는 권세가 주어진 것입니다(막 16:17-18).

그런데 한 가지 유의할 점이 있습니다. 그것은 그리스도를 구주로 영접했다고 해서 항상 그런 능력을 사용할 수 있는 것은 아니라는 사실입니다. 우리가 비록 그리스도인이 되었다 할지라도 우리 마음속에 끊임없이 일어나는 죄와 불의를 청산하고 욕심과 아집을 깨뜨리지 아니하면 우리는 능력 있는 신앙생활을 할 수 없습니다. 왜냐하면 하나님의 기적은 우리의 마음을 온전히 주께 복종시키고 우리의 생각을 그분의 뜻에 맞출 때에만 일어나기 때문입니다.

그것은 동업을 하는 경우와 마찬가지입니다. 두 사람이 동업을 하려고 할 때 서로의 마음이 일치되지 않고 각자 자신의 의향대로만 일을 이끌어가려고 한다면 그들은 결코 성공할 수가 없습니다. 성공하기를 원한다면 서로를 잘 이해하고 의견을 절충하여 공통된 목표를 향해서 같이 협력해 나가야 합니다. 바로 그러한 과정이 우리의 신앙생활에도 필요합니다.

그런데 하나님과 우리의 관계는 사람 사이에서의 관계와 다른 것이 하나 있습니다. 그것은 하나님의 뜻과 우리의 생각을 절충시킬 수 없다는 사실입니다. 사람 사이의 동업 관계는 서로의 이해가 일치되는 점에서 시작되지만, 하나님과 우리의 관계는 하나님의 말씀으로부터 시작되어야 합니다. 그러기 위해서 우리는 성경 공부도 하고, 설교도 듣고, 기도를 통해 하나님의 뜻을 잘 알아야 합니다. 그래서 하나님의 말씀과 뜻에 우리의 생각을 맞추고, 하나님의 계획에 우리의 진로를 맞추어 나갈 때 우리는 항상 하나님의 은혜 가운데 거하여 그 복을 풍성하게 받을 수 있는 것입니다.

그러므로 우리가 하나님의 은혜를 헛되이 받지 않고 '온전히' 받는다는 것은 신앙생활을 해 나가는 데에 있어서 가장 중요한 원동력이 됩니다. 사도 바울은 고린도 교인들이 그러한 사실을 잘 깨달아 복된 신앙생활을 할 수 있도록 바른길을 제시하고 있는 것입니다.

2절 이르시되 내가 은혜 베풀 때에 너에게 듣고 구원의 날에 너를 도왔다 하셨으니 보라 지금은 은혜 받을 만한 때요 보라 지금은 구원의 날이로다

이 구절은 사도 바울이 이사야 49장 8절의 말씀을 인용한 것입니다. 선지자 이사야는 예수님께서 오시기 약 7백 년 전에 그리스도의 대속의 은혜로 말미암는 구원의 시대가 도래할 것을 예언하였습니다. 그리하여 하나님께서 그리스도의 사역을 통해서 그때로부터 은혜를 베푸실 뿐만 아니라 그리스도의 사역을 도와 구속 사역을 확장하실 것이라는 사실을 성경에 미리 기록하였던 것입니다.

'지금', 즉 그리스도께서 갈보리 산 십자가 위에서 친히 우리를 부르시는 이때가 바로 은혜 받을 만한 때요, 구원의 날이라는 것입니다. 어제도 될 수 없고 내일도 될 수 없습니다. 지금 이 순간, 그리스도의 복음이 내 귀에 들리고 그의 사랑이 내 맘에 와 닿는 이때가 우리에게는 더없이 귀중한 순간입니다. 이때를 놓치면 우리의 생은 아무런 의미가 없습니다. 그것은 세상사처럼 뒤로 미룰 수 있는 일도 아니요, 해도 되고 안 해

도 무방한 일이 아닙니다. 사탄은 사람이 그 즉시 구원의 길에 들어가는 것을 막으려고 "늙어 숨을 거두기 전까지 구원을 받을 기회는 충분히 있다."고 말합니다. 그리하여 일생 동안 내내 구원의 기회를 미루며 살게 하다가, 나중에는 구원받을 기회도 주지 않고 멸망의 어둠 속으로 끌고 가려고 합니다.

그러므로 우리는 구원의 때를 뒤로 미룰 수 없습니다. 우리의 가족들에게, 친척들에게, 이웃들에게 구원의 복음을 전해야 합니다. 그것도 지금 이 순간이 아니면 다시는 기회가 없는 것처럼 절실하고도 진지하게 전해야 합니다. 왜냐하면 그 사람에게는 그때 아니고는 다시는 기회가 주어지지 않을지도 모르기 때문입니다.

우리가 이러한 마음을 가지고 하나님과 함께 일하는 자로서 주의 구원 사업에 참여하면 하나님께서 우리를 도와주십니다. 성령을 통하여 역사하셔서 듣는 사람의 마음을 움직이고 변화시켜 구속의 열매가 맺히도록 인도하십니다. 설령 그 당시에 눈에 띌 만한 변화가 없었다고 해도 우리가 전한 복음의 씨앗은 헛되이 사라지지 않습니다. 그것은 마치 누룩처럼 점점 불어나 본격적인 하나님의 때가 되었을 때 비로소 결실하게 됩니다. 그러므로 우리는 때를 얻든지 못 얻든지 항상 주의 구원의 복된 소식을 전파해야 하는 것입니다(딤후 4:2).

3절 우리가 이 직분이 비방을 받지 않게 하려고 무엇에든지 아무에게도 거리끼지 않게 하고

여기서 '이 직분'이라 함은 바울의 사도직을 말합니다. 바울은 자신의 사도직을 통한 전도 사역이 성공적으로 수행되도록 하기 위해서 어떠한

사람에게도 걸림이 되는 일이 없도록 언행에 신중을 기했습니다. 그뿐만 아니라 자신이 전한 복음과 자신의 모든 언행을 일치시키는 모범적인 생활을 하였습니다. 심지어 그는 당시 사도들에게 주는 사례도 사양하였습니다(고전 9:15). 왜냐하면 그런 것들로 말미암아 물질에 대한 욕심이 생겨나서 복음을 전파하는 데에 지장이 있을까 염려하였기 때문입니다. 그렇다고 해서 사람들에게 잘 보이기 위해 적당히 생활한 것은 아닙니다. 그는 아무리 어렵고 힘든 때라도 주의 말씀이 공격을 받고 진리가 가려질 때는 분연히 일어서서 주의 진리를 수호하는 데에 앞장을 섰습니다.

그러므로 사도 바울의 이 말씀은 그 기준을 인간에게 두고 있는 것이 아니라 하나님께 두고 있는 것입니다. 오직 하나님 편에 서서 하나님께도 부끄럽지 아니하고 사람에게도 걸림이 되지 않도록 처신하였다는 의미입니다.

우리는 사도 바울의 이러한 자세를 본받아야 할 것입니다. 우리는 실제로 복음 사업을 한다고 하면서도 극단에 치우칠 때가 많이 있습니다. 그래서 어떤 경우에는 그 사람의 입장을 전혀 고려하지 않아서 그의 마음을 실족시키는 경우가 있는가 하면, 또 다른 경우에는 너무 사람들의 눈치만 보다가 오히려 복음의 핵심을 잃어버리고 사람들의 의견에 휩싸여 버리는 경우가 있습니다. 이것은 확실한 기준이 없기 때문입니다. 그러므로 사람에게 있어서나 어떤 일에 있어서든지 우리는 확고한 기준을 가지고 있어야 합니다. 그 기준이 바로 하나님의 말씀입니다. 그리고 그러한 입장에 서서 사람들이 생각하기에 정도(正道)에서 벗어남이 없이 생활하며 맡겨진 직분을 잘 감당해야 할 것입니다.

4절 오직 모든 일에 하나님의 일꾼으로 자천하여 많이 견디는 것과 환난과 궁핍과 고난과

사도 바울은 언제나 자신이 하나님의 일꾼이라는 의식을 가지고 모든 일을 처리하였습니다. 공석에 있을 때나 사석에 있을 때, 또는 큰일을 할 때나 작은일을 할 때나 어떠한 때에든지 자신의 위치를 잊어버리지 않았습니다. 왜냐하면 자신의 일거수일투족이 주위 사람들의 신앙을 좌우할 정도로 중요한 의미를 지니고 있다는 사실을 잘 알고 있었기 때문입니다.

사도 바울은 하나님의 일꾼 된 사도직이 무거운 중책이긴 하지만 그 직분을 충실하게 수행하였습니다. 이와 같이 그는 항상 하나님의 일꾼이라는 의식을 가지고 모든 일에 성실한 자세로 임하였으며 겸손한 마음으로 하나님의 도움을 구하였습니다.

그러나 사도 바울이 하나님의 일을 할 때 결코 좋은 일만 생긴 것은 아닙니다. 그에게는 수많은 어려움이 동반되었습니다. 우리가 흔히 바울을 생각할 때는 교인들로부터 추앙을 받고 존경도 받는 영광스러운 측면만을 보기가 쉽습니다. 물론 하나님의 사도로서 주의 사업에 동역자 된 영광스러움이 없는 것은 아닙니다. 그러나 그 이면에는 겉으로 드러나지 않는 어려움이 많은 것입니다. 그래서 사도 바울은 여기에서 자신이 사도로서 일할 때에 겪은 여러 가지 시험과 고난에 대하여 말하고 있습니다. 그리하여 바울 자신이 명예와 사리를 취하는 데에만 관심이 있다고 한 거짓된 무리들의 비방을 일축하였습니다. 그리고 자신의 경험을 통하여 하나님의 동역자가 걸어야 하는 길과 또 그때에 가져야 할 마음가짐에 대하여 언급하고 있습니다.

첫 번째로, 사도 바울은 '많이 견디는 것' 에 대해 말합니다. 하나님의 일을 한다는 것은 무한한 인내심을 필요로 합니다. 주의 사업을 한다고 해서 어려움이 닥칠 때마다 하나님의 기적이 나타나서 어려움을 하나도 겪지 않을 것이라고 생각하면 그것은 큰 오산입니다. 왜냐하면 우리의 소망을 이루게 하는 것은 연단이요, 그 연단은 환난을 극복하는 인내심에서 비롯되는 것이기 때문입니다(롬 5:3-4). 그렇기 때문에 우리는 어떠한 직분을 맡았든지 간에 낙심하거나 좌절하는 일이 없어야 합니다. 오히려 어려운 상황 가운데서 위로하시는 성령님의 사랑을 체험하고, 종국적으로 그 어려움을 기적같이 해결하시는 능력의 하나님을 체험하리라는 기대를 가져야 합니다. 그러므로 '많이 견디는 것' 은 하나님을 믿는 담대한 믿음의 표현이요, 신뢰이며 결과적으로는 우리가 하나님의 뜻을 행한 후에 약속을 받기 위한 것입니다(히 10:36).

두 번째로, 사도 바울은 '환난' 에 대해서 말합니다. 여기서 말하는 환난은 사람이 죄를 짓거나 잘못을 저지름으로 해서 다가오는 고난을 말하는 것이 아니라, 예수 그리스도를 믿음으로 말미암아 받는 고난을 말합니다. 이는 예수님께서도 직접 언급하신 적이 있습니다. 성경은 "세상이 너희를 미워하면 너희보다 먼저 나를 미워한 줄을 알라 너희가 세상에 속하였으면 세상이 자기의 것을 사랑할 것이나 너희는 세상에 속한 자가 아니요 도리어 내가 너희를 세상에서 택하였기 때문에 세상이 너희를 미워하느니라"(요 15:18-19)고 기록하고 있습니다. 이 말씀과 같이 우리 그리스도인은 이미 이 세상에 속한 자가 아니기 때문에 세상의 공중 권세 잡은 마귀가 박해합니다(엡 6:12; 벧전 5:8). 바로 이러한 이유 때문에 환난이 다가오는 것입니다.

세 번째로, 사도 바울은 '궁핍'을 말합니다. 여기서 말하는 궁핍은 하나님을 위하여 안락을 버리고 스스로 자원하여 궁핍해지는 것을 말합니다. 원래 궁핍한 것은 하나님의 뜻이 아닙니다. 하나님의 뜻은 우리가 그리스도 안에서 저주의 올무를 벗어나 풍족한 생활을 하는 데에 있습니다. 그러나 바울과 같이 다른 사람을 구원하기 위하여 자원해서 궁핍해지는 것은 전적으로 하나님의 섭리요, 뜻입니다. '복음 사업을 위해서 궁핍해지는 것', 이것은 오히려 커다란 복이자 위대한 신앙인의 모습입니다. 왜냐하면 지금은 비록 궁핍하지만, 이 세상의 삶을 마감하고 하나님의 보좌 앞에 섰을 때 받을 상급은 엄청나게 클 것이기 때문입니다.

네 번째로, 사도 바울은 '고난'을 말합니다. 여기서 말하는 고난은 일상생활에서 다가오는 여러 가지 대처하기 어려운 상태를 말합니다.

5절 매 맞음과 갇힘과 난동과 수고로움과 자지 못함과 먹지 못함 가운데서도

앞 절에 이어서 자신이 겪었던 고난을 구체적으로 열거하고 있습니다.

다섯 번째로, 사도 바울은 '매 맞음'을 말합니다. 사도 바울은 매도 수없이 맞았는데, 사십에 하나 감한 매를 다섯 번 맞았으며 세 번 태장으로 맞고 한 번 돌로 맞는 등 참으로 가혹한 박해를 당했습니다(11:23-25). 이처럼 불신자들에게 복음의 기쁜 소식을 전했지만, 오히려 때리고 박해하는 사람들로 둘러싸여 형틀에 매여 있는 바울의 심정은 너무나 고독했을 것입니다. 그러나 그러한 순간에도 바울은 십자가에 달리신 예수님을 머리에 그렸을 것입니다. 채찍을 맞아 등이 터진 예수님의 처절한 모습을 생각했을 것이며, 무거운 십자가를 끌고 골고다 언덕길을 오르시는

예수님의 모습이 눈에 떠올랐을 것입니다. 사도 바울은 아마도 박해를 당하는 고독 속에서 오히려 예수님의 고난에 동참하는 기쁨을 누렸을 것입니다.

여섯 번째로, 사도 바울은 '갇히는 고난' 에 대해 말하고 있습니다. 다메섹 도상에서 회심한 이후 사도 바울의 일생은 투옥과 감금의 연속이었습니다. 어떤 때에는 정부 관원에 의해서, 또 어떤 때에는 동족인 유대인에 의해서, 또 어떤 때에는 이방인에 의해서 감옥에 드나들기를 마치 자기 집 드나들듯이 하였습니다. 그러나 바울에게는 하나님의 복음을 전파함에 있어 장소가 문제되지 않았습니다. 그는 감옥에서도 하나님을 찬송하며 복음을 전하였습니다(행 16:19-34).

일곱 번째로, 사도 바울이 언급한 것은 '난동' 입니다. 난동이란 '이리저리 흔들리는 것' 을 말합니다. 즉, 사도 바울이 복음을 전파하는 중에 겪은 난폭한 사람들의 횡포를 의미합니다. 바울은 복음 전파를 방해하고 훼방한 무리들에 의해 요란한 일들을 경험했습니다(행 13:50; 19:23-29).

여덟 번째부터 열 번째 어려움으로 사도 바울이 언급하고 있는 것은 그가 전도 여행을 할 때 겪었던 어려움들입니다. 먼저 '수고로움' 이 있습니다. 여기저기 여행을 하다 보면 변화된 여건이나 일정에 신경을 많이 써야 합니다. 그리고 그때마다 다양한 언어와 풍토와 습관에 맞추어 복음을 전하다 보면 자연히 수고로움이 따르는 것입니다. 그다음에는 '자지 못함' 이 있습니다. 바울은 복음 전파를 위해 밤낮없이 일했습니다(살전 2:9). 그래서 잠을 제대로 자지 못한 경우가 많았을 것입니다. 특별히 사도 바울에게 잠 못 이루게 하는 한 가지 이유가 있었습니다. 그것은 바로 그가 세우고 성장시킨 고린도 교회에 대한 걱정 때문이었습니다(2:4). 그래서 그는 어느 곳에 있든지 자기의 일신을 아랑곳하지 않고 하나님의 교회에 대한 염려에만 몰두하였던 것입니다. 또 다른 고난은 '먹지 못함' 입니다. 여기저기 여행을 다니다 보면 시간이 지나 끼니를 거를 때도 있고, 형편이 닿지 않아 굶을 때도 있습니다. 그래도 사도 바울은 허기진 배를 움켜잡으며 하나님의 손길이 필요한 곳에 가서 많은 능력과 기적을 베풀었던 것입니다.

6절 깨끗함과 지식과 오래 참음과 자비함과 성령의 감화와 거짓이 없는 사랑과

바울은 이제 그러한 고난을 헤치고 사도로서의 바른길을 지키며 일할 수 있었던 내적 힘의 근원에 대해서 언급하고 있습니다.

사도 바울은 항상 '깨끗함' 을 지켰습니다. 그는 하나님과 함께 일하면서 겉으로 드러난 행동뿐만 아니라 속마음까지도 청결함을 유지하였습니다. 그래서 항상 복음 사역에 누(累)가 되지 않도록 유의하였습니다. 예수님께서는 "마음이 청결한 자는 복이 있나니 그들이 하나님을 볼 것임이요"(마 5:8)라고 말씀하셨습니다. 이와 같이 마음이 청결한 사람은 하나님의 뜻과 가르침을 받을 수 있습니다. 또 이러한 사람에게만 하나님의 성령께서 역사하십니다. 이러한 이유로 해서 사도 바울은 신약 성경의 절반에 해당되는 대부분의 서신을 기록할 정도로 하나님의 가르침을 잘 깨달았습니다. 뿐만 아니라 어떤 경우에는 바울의 몸에 걸친 손수건이나 앞치마만 얹어도 병이 낫고 악귀가 쫓겨 나갈 정도로 능력이 강하게 나타났습니다(행 19:12).

그다음에 그가 가지고 있었던 것이 ‘지식’이었습니다. 여기서 지식이란 성경 지식, 즉 하나님의 가르침에 대한 지식을 말합니다. 사도 바울은 빌립보서에서 “무엇이든지 내게 유익하던 것을 내가 그리스도를 위하여 다 해로 여길 뿐더러 또한 모든 것을 해로 여김은 내 주 그리스도 예수를 아는 지식이 가장 고상하기 때문이라”(빌 3:7-8)고 고백하였습니다. 그렇습니다. 하나님에 대한 지식이 없는 세상 지식은 헛된 것에 불과합니다. 그러나 하나님께 대한 지식은 사람을 살리고 병든 자를 고칠 수 있는 능력의 근거가 되는 것입니다. 그러므로 하나님의 ‘은혜’와 그에 대한 지식으로 말미암은 ‘진리’는 똑같이 중요합니다(요 1:14). 진리를 도외시한 은혜는 극단적인 신비주의에 빠질 위험이 있고, 은혜를 무시하고 ‘진리’만 추구한다면 신앙 없는 지식에 빠져들기 쉽습니다. 그러므로 우리는 하나님의 은혜를 사모할 뿐만 아니라 성경을 통해서 하나님의 진리를 깨닫는 데 열심을 내야 할 것입니다.

거기에 덧붙여 사도 바울은 ‘오래 참음’과 ‘자비함’을 말하고 있습니다. 이 두 가지 덕목은 서로 일맥상통하는 의미를 가지고 있습니다. 즉, 이 두 가지는 우리에게 베푸신 하나님의 지극한 사랑에 근거합니다. 다른 사람이 박해를 하면 꾸준히 인내하며 참고 견뎌 낼 뿐만 아니라 더 나아가 그 사람을 긍휼한 마음으로 용서하는 것입니다. 그래서 마치 스데반이 숨을 거두기 직전에 했던 기도와 같이 예수님의 심성과 일치되는 놀라운 은혜의 단계로 들어가게 되는 것입니다(행 7:59-60).

그다음 사도 바울은 ‘성령의 감화’와 ‘거짓이 없는 사랑’을 말하고 있습니다. 여기서 ‘성령의 감화’라고 하는 것은 성령에 의해서 감동된 상태, 즉 인간의 지, 정, 의가 성령에 의해 사로잡힌 상태를 말합니다. 따라서 성령의 감화를 받은 사람의 입에서 나오는 말은 성령의 말씀이요, 그 입에서 터지는 기도는 그 사람 안에 거하신 성령의 대도(代禱)가 됩니다. 그리하여 나와 세상은 간 곳 없고 구속한 주님만이 내게 계셔 성령과의 깊은 교제가 이루어지는 단계를 말합니다.

그렇게 해서 마음이 순수해질 때, 우리는 '거짓이 없는 사랑' 을 할 수 있습니다. 그러면 '거짓된 사랑' 이란 어떠한 사랑을 말하는 것일까요? 그것은 자신의 속마음은 그렇지 않은데 다른 사람의 환심을 사거나, 혹은 자신의 이기적인 목적을 이루기 위해 그저 사랑하는 척 모양만 갖추는 것을 말합니다. 바울은 그러한 사랑을 하지 않았습니다. 어느 경우든지 진실하고 솔직한 심정으로 사람을 대하였으며, 비록 자신을 적대시하고 미워하는 사람들일지라도 하나님의 사랑에 힘입어 사랑하였다는 것입니다.

7절 진리의 말씀과 하나님의 능력으로 의의 무기를 좌우에 가지고

사도 바울은 언제나 하나님의 말씀 밖으로 벗어난 적이 없었습니다. 다시 말해서 예수 그리스도께서 주신 가르침 이외의 길에 들어선 적이 없다는 것입니다.

사도 바울은 이렇게 진리의 말씀 위에 서 있었을 뿐만 아니라 하나님의 능력 안에 있었습니다. 하나님의 나라는 말에 있지 아니하고 능력에 있습니다(고전 4:20). 그러므로 능력 행함이 없이 단지 말만 앞세우는 것은 오히려 성령의 역사를 소멸하게 하는 잘못을 저지를 수도 있습니다. 사도 바울은 복음 사역을 행할 때에 자신의 능력과 수단으로 하지 않았습니다. 또한 말만으로도 하지 않았습니다. 전적으로 하나님의 능력에 힘입어 모든 일을 수행하였습니다. 그래서 그는 "내 말과 내 전도함이 설득력 있는

지혜의 말로 하지 아니하고 다만 성령의 나타나심과 능력으로 하여 너희 믿음이 사람의 지혜에 있지 아니하고 다만 하나님의 능력에 있게 하려 하였노라" (고전 2:4-5)고 말하였던 것입니다.

이렇게 하여 이제까지 자신이 견지했던 자세와 서 있는 위치를 밝힌 바울은 마지막으로 자신이 가지고 있는 영적 무기를 소개합니다. 그것이 바로 '의의 무기' 입니다. '의의 무기' 란 무엇입니까? 그것은 사도 바울이 말한 대로 '성령의 검, 곧 하나님의 말씀' 입니다(엡 6:17). 그리스도로 말미암아 우리가 의롭게 되고, 더 나아가 하나님의 위대한 권세를 부여받은 자녀가 되었다는 내용을 담고 있는 하나님의 말씀이 우리에게는 유일무이한 무기가 됩니다. 이 무기로 우리는 참소하는 마귀를 물리치고, 죄와 불의로 유혹해 오는 마귀를 물리칠 수 있습니다. 뿐만 아니라 이 무기는 병을 고치고 능력을 행하는 근원이 되기도 합니다. 그러므로 우리가 하나님의 말씀을 믿음으로 굳게 붙잡기만 하면 우리는 범사에 승리하며 강건한 삶을 살 수 있게 되는 것입니다.

그런데 바울은 이러한 '의의 무기' 를 좌우, 즉 양손에 든든하게 무장했다고 합니다. 그래서 온전히 그 무기에만 의존하여 마귀의 불화살을 막는 동시에, 마귀의 진까지도 멸하는 능력의 사도로서 하나님의 일을 수행하였던 것입니다.

8절 영광과 욕됨으로 그러했으며 악한 이름과 아름다운 이름으로 그러했느니라 우리는 속이는 자 같으나 참되고

7절에 이르기까지 이제까지 겪었던 자신의 어려움과 또한 자신이 지니고 있었던 덕목들을 밝힌 사도 바울은 본 절부터는 하나님의 일꾼들이 지닌 참된 모습을 알려 주고 있습니다.

먼저 사도 바울은 하나님의 일을 할 때 이 땅에서 '영광' 과 '욕됨' 이라는 두 가지 요소를 다 겪는다고 말합니다. 주의 일을 한다는 것은 궁극적으로 볼 때 우리에게 영광스럽기 한이 없는 것입니다. 우리가 하늘나라에 올라갈 때 큰 상급을 받게 되고 하나님의 기쁨에 참여하는 영화를 얻게 됩니다(마 25:23). 또한 이 땅에 거할 때에도 생명의 말씀을 전파하는 그리스도의 사신으로서, 믿고 받아들이는 자들에게 존대를 받고 환영을 받게 됩니다.

그런데 반대로 욕을 당하게 되는 경우도 있습니다. 가장 좋은 예가 바로 예수님의 경우입니다. 예수님께서는 하나님의 아들로서 인간을 구원하시기 위해 이 땅에 오셨지만, 사람들은 그분을 영접하지 아니하였습니다. 뿐만 아니라 멸시하고 천대하며 매를 때리고 침을 뱉기까지 하였습니다. 그리고 가장 수치스럽고 처참한 형벌인 십자가 형에 처하였습니다. 예수님께서도 이렇듯 욕을 당하셨는데 하물며 우리들은 어떠하겠습니까? 믿지 아니하는 사람들이 복음 전하는 사람을 잘 받아들이고 환영할 리가 없습니다. 오히려 온갖 냉대와 함께 박대하여 내쫓으려 합니다. 사도 바울은 이런 냉대를 수없이 겪어야 했습니다. 심지어는 돌에 맞아 죽기 직전에 이르기까지 사람들로부터 배척을 받고 욕을 당했습니다(행 14:19).

이것은 우리가 교회에서 조그마한 직분을 받아서 일할 때에도 마찬가지입니다. 어떤 경우에는 사람들에게 칭찬도 받고 높임을 받게 되는 경우도 있지만, 또 어떤 때에는 비난을 받고 외면을 당하는 경우도 있습니다. 그러나 우리는 사람을 보고 일하는 것이 아니라 하나님을 위하여 일하는 것이므로 환경적인 것에 너무 얽매여서는 안 됩니다. 왜냐하면 하늘나라에서의 상급이 무한히 커서 그것을 사람의 영화나 명예로 가릴 수가 없기 때문입니다.

그다음에 사도 바울은 하나님의 일꾼들에게 두 가지의 이름이 있다는 사실을 알려 줍니다. 그것이 바로 '악한 이름' 과 '아름다운 이름' 입니다. 세상 정욕에 사로잡힌 사람들에게 있어 하나님의 일꾼 된 사람의 이름은 '악한 이름' 이 됩니다. 하나님의 구원을 받아들이지 않는 사람은 하나님의 일꾼들을 마치 사기꾼 대하듯 합니다. 그리하여 마치 사람들을 모아 부정 축재라도 하는 양 비난을 서슴지 않고 있으며 그 결과 교역자들이 사람을 '속이는 자' 인 것처럼 오도하고 있는 것입니다.

그러나 실제로 주의 종들을 비롯하여 평신도에 이르기까지 하나님과 함께 복음 전파에 힘쓰고 있는 사람들은 '아름다운 이름' 을 가지고 있는 사람들입니다. 사도 베드로는 베드로전서 2장 9절에서 "너희는 택하신 족속이요 왕 같은 제사장들이요 거룩한 나라요 그의 소유가 된 백성이니 이는 너희를 어두운 데서 불러내어 그의 기이한 빛에 들어가게 하신 이의 아름다운 덕을 선포하게 하려 하심이라" 고 말하고 있습니다. 이와 같이 우리들은 예수 그리스도의 '아름다운 덕' 을 선전하기 위해, 즉 복음을 전파하기 위해 부름 받은 하나님의 일꾼들입니다. 그러므로 여기서 '아름다운 이름' 은 '아름다운 덕'을 전하는 사람들을 일컫는 것입니다. 이렇듯 그리스도의 복음을 전하여 많은 사람들에게 구원의 진리를 전파하고 생명의 길로 인도하는 사람이 바로 '참된 사람' 인 것입니다.

9절 무명한 자 같으나 유명한 자요 죽은 자 같으나 보라 우리가 살

아 있고 징계를 받는 자 같으나 죽임을 당하지 아니하고

오늘날 세상에서 유명하다는 사람들을 살펴보면 대부분 부귀영화와 공명을 취한 사람들임을 알 수 있습니다. 반면에 이 세상에서 예수 믿었다고 해서 크게 유명해지거나 높임 받는 경우는 거의 없습니다. 그러나 실제로 우리는 '유명한 자' 입니다. 우리가 이 땅에서의 생애를 마치고 하늘나라에 들려 올라갈 때, 천군 천사가 도열해 있고 예수님께서 환영을 해 주실 정도로 하늘나라에서는 이미 명성이 자자한 사람들인 것입니다.

또한 사도 바울은 하나님의 일꾼들이 '죽은 자' 같다고 이야기합니다. 초대 교회 때, 얼마나 박해가 심했습니까? 모진 박해로 인해 교회가 전멸을 당한 것 같았지만 오히려 교회는 부흥하였습니다. 로마의 황제가 10대에 걸쳐 교회를 박해하고, 마지막에 가서는 예수 그리스도의 교회를 로마 제국에서 전부 없애 버리겠다고 기념비까지 세웠지만 그로부터 얼마 되지 않아 로마는 기독교 국가로 바뀌고 말았습니다. 그러므로 우리는 한때 고난과 박해로 말미암아 '죽은 자' 같고 '징계를 받는 자' 같으나, 그와는 반대로 죽임을 당하지 아니하고 '살아 있는 자' 가 되는 것입니다. 그렇기 때문에 세상에서 여러 가지 시험과 환난과 어려움을 당한다고 해서 절망해서는 안 됩니다.

조각가를 보십시오. 그들은 조각을 할 때 아무 돌이나 골라서 조각하지 않습니다. 좋은 작품이 될 만한 돌을 골라서 정으로 찍어 내고 연장으로 다듬어 훌륭한 작품을 만듭니다. 비록 돌이 찍히고 갈림을 당하는 과정이 있지만, 오히려 그 과정을 통해서 좋은 작품으로 탄생되는 것이기 때문에 그것은 반드시 필요한 과정이 되는 것입니다. 마찬가지로 이처럼

연마되는 과정이 바로 우리 그리스도인들에게 있어서는 하나님의 형상을 닮아 가는 과정이요, 하나님의 자녀로서 그리스도의 장성한 분량에까지 이르게 되는 과정입니다(엡 4:13).

10절 근심하는 자 같으나 항상 기뻐하고 가난한 자 같으나 많은 사람을 부요하게 하고 아무것도 없는 자 같으나 모든 것을 가진 자로다

이 세상에 살면서 아무런 근심 없이 살 수 있는 사람은 아무도 없습니다. 모두 다 제각기 다른 문제로 말미암아 근심하며 고민하는 과정이 있게 마련입니다. 그리스도인도 이 범주에서 예외가 아닙니다. 그러나 그 근심의 종류가 다릅니다. 사도 바울이 말하기를 "하나님의 뜻대로 하는 근심은 후회할 것이 없는 구원에 이르게 하는 회개를 이루는 것이요 세상 근심은 사망을 이루는 것이니라"(7:10)고 하였습니다. 이와 같이 하나님의 일꾼된 사람들이 하는 근심은 세상 근심과 같이 썩어질 육신의 것에 대한 것이 아닙니다. 그것은 어떻게 하면 좀 더 하나님의 뜻을 잘 깨달아 그 뜻대로 살 수 있을까 하는 염원과 같은 것입니다. 또한 바울처럼 교회와 성도들의 안위에 대해 근심하는 경우도 마찬가지입니다(2:4).

그런데 이 모든 것이 바로 하나님에 대한 굳건한 믿음에 뿌리를 두고 있습니다. 그러므로 하나님에 대한 굳건한 믿음은 어떠한 형편에 처해 있든지 우리가 하나님과 교제하고 있다는 기쁨을 누릴 수 있게 해 주는 것입니다(빌 4:4).

또한 하나님의 일꾼 된 사람들은 '가난한 자' 처럼 보이기도 합니다. 이것은 그럴 수밖에 없습니다. 세상의 부귀와 공명을 다 버리고 영원한 것을 따라 사는 사람에게 재물이 무슨 의미가 있겠습니까? 오히려 재물

이 많다 보면 그것이 올무가 되어 하나님께로 가는 통로에 큰 장애가 되는 경우도 있는 것입니다. 그러므로 그리스도인들은 세상적으로는 가난하게 보일 수 있지만 실제로는 아주 부요한 사람들입니다(약 2:5). 지혜와 지식의 원천이요, 풍성한 삶의 근원 되시는 예수 그리스도를 중심에 모시고 참된 만족과 기쁨을 얻는 큰 부자인 것입니다. 더 나아가 그러한 그리스도의 풍요로움을 세상에 전하여 많은 사람을 부요하게 하는 일꾼이 되기도 하는 것입니다.

2. 고린도 교인들에 대한 사도 바울의 권면(6:11-13)

11. 고린도인들이여 너희를 향하여 우리의 입이 열리고 우리의 마음이 넓어졌으니 12. 너희가 우리 안에서 좁아진 것이 아니라 오직 너희 심정에서 좁아진 것이니라 13. 내가 자녀에게 말하듯 하노니 보답하는 것으로 너희도 마음을 넓히라

11절 고린도인들이여 너희를 향하여 우리의 입이 열리고 우리의 마음이 넓어졌으니

사도 바울이 고린도 교인들을 진지하게 부르며 주의를 요청하고 있습

니다. 본 절부터 13절까지는 사도 바울이 고린도 교인들의 오해를 풀어 주기 위해 기록한 것입니다. 그때 당시 고린도 교인들은 그들의 교회에 흘러 들어온 거짓 사도들의 사주를 받아 사도 바울에 대해 심한 오해를 하고 있었습니다. 그리하여 이제는 사도 바울이 더 이상 고린도 교회를 사랑하지 않으며 고린도 교회를 잊어버렸다는 등의 어이없는 편견을 가지고 있었습니다. 그러한 사정을 전해 들은 사도 바울은 10절에 이르기까지 하나님과 함께 일하는 자로서 자신의 입장을 밝힌 다음, 고린도 교인들에게 태도 변화를 요구하고 있습니다.

먼저 사도 바울은 자신과 자신의 동역자의 입이 열리고 마음이 넓어져 있다고 말합니다. 다시 말해서 고린도 교인들을 향하여 어떤 말이든지 담대하게 할 수 있다는 사실과 마음에 아무런 거리낌이 없다는 것을 말해 주고 있는 것입니다. 그러므로 이 말은 "나는 너희에게 대하여 아무런 부끄러움도 없다."는 말과 같습니다.

12절 너희가 우리 안에서 좁아진 것이 아니라 오직 너희 심정에서 좁아진 것이니라

고린도 교인들에 대하여 사도 바울이 관심이 적어지거나 사랑이 없어져서 관계가 악화된 것이 아니라, 고린도 교인들 스스로의 편견에 의해서 관계가 악화되었다는 사실을 의미합니다.

사실 우리도 신앙생활을 하다보면 근거 없이 다른 사람을 오해하는 경우가 종종 있습니다. 그리하여 자신의 판단대로 그 사람을 비난하고 공격합니다. 이는 마치 자신의 눈 속에 있는 들보는 보지 못하면서 다른 사람의 눈 속에 있는 티를 보고 비판하는 어리석은 사람과 같습니다(마 7:2-3).

우리는 항상 나 자신을 먼저 살펴볼 줄 아는 심성을 가져야 합니다. 그래서 부단히 자신의 부족한 점을 개선해서 주님을 향하여 담대한 마음을 가질 수 있도록 노력해야 합니다(요일 3:21).

그다음에 다른 사람에 대해서 말하게 될 경우에는 절대로 사심이 개입되지 않은 건전한 동기로써 말해야 합니다. 그것도 그 사람이 없는 자리보다는 당사자와 함께한 자리에서 말하는 것이 오해를 일으키지 않을 수 있습니다. 그리하여 서로가 참된 발전을 위하여 진지한 마음으로 대화를 할 수 있도록 해야 합니다. 우리는 모두 십자가의 피로 화평을 이루신 예수님을 통해 구원을 얻고 생명을 얻은 사람들입니다(골 1:20). 그러므로 우리는 다른 사람들을 대할 때에 하나님과 사람을 화평하게 하는 동기를 가지고 생활해야 합니다.

13절 내가 자녀에게 말하듯 하노니 보답하는 것으로 너희도 마음을 넓히라

바울에게 있어서 고린도 교인들은 영적 자녀였습니다. 그는 그리스도 예수 안에서 복음으로써 고린도 교인들을 낳은 영적 아버지라고 말한 적이 있습니다(고전 4:15). 그러므로 바울은 고린도 교인을 마치 아비가 자식을 생각하듯 상당히 깊은 애정을 가지고 대하는 것입니다. 그것은 삯꾼 목자와 같이 제 일신상의 문제에만 집착하는 사람이 아니라 양을 위해서는 목숨까지도 버리는 선한 목자와도 같은 심정입니다(요 10:12-15). 사도 바울은 부모와도 같은 입장에서 이렇듯 간절하게 말하면서 마음을 넓게 하라, 즉 오해를 풀고 자신을 대하라고 권면하고 있는 것입니다.

3. 고린도 교인들에 대한 경고(6:14-18)

14. 너희는 믿지 않는 자와 멍에를 함께 메지 말라 의와 불법이 어찌 함께하며 빛과 어둠이 어찌 사귀며 15. 그리스도와 벨리알이 어찌 조화되며 믿는 자와 믿지 않는 자가 어찌 상관하며 16. 하나님의 성전과 우상이 어찌 일치가 되리요 우리는 살아 계신 하나님의 성전이라 이와 같이 하나님께서 이르시되 내가 그들 가운데 거하며 두루 행하여 나는 그들의 하나님이 되고 그들은 나의 백성이 되리라 17. 그러므로 너희는 그들 중에서 나와서 따로 있고 부정한 것을 만지지 말라 내가 너희를 영접하여 18. 너희에게 아버지가 되고 너희는 내게 자녀가 되리라 전능하신 주의 말씀이니라 하셨느니라

14절 너희는 믿지 않는 자와 멍에를 함께 메지 말라 의와 불법이 어찌 함께하며 빛과 어둠이 어찌 사귀며

이 말씀은 외적 의미가 아닌 영적 의미로 해석해야 합니다. 우리가 육신의 몸을 입고 이 땅에 사는 이상 우리는 믿지 않는 사람들과 격리되어 살 수 없습니다. 만약에 여기 기록된 말씀과 같이 세상 사람들과 관계를 맺지 않고 살려 한다면 산속 깊은 곳이나 외진 수도원 같은 곳에서 살 수밖에 없습니다. 이러한 생활이 하나님께서 원하시는 것이라면 그리스도인은 그리스도인끼리만 어울려 살 것이며, 어두운 곳에 복음의 빛을 전파하고 죄인을 구원시키는 전도 사역은 도외시되었을 것입니다.

그러나 예수님께서는 땅 끝까지 가서 복음을 전하라고 말씀하셨으며(행 1:8), 부패한 세상에서 소금이 되고 어두운 세상에서 빛이 되라고 명령하셨습니다(마 5:13-14). 그러므로 우리가 세상 사람들을 등지고 지낸다면 그것은 예수님의 지상 명령(마 28:19-20)을 무색하게 만드는 결과가 됩니다. 그렇다면 여기에 기록되어 있는 말씀은 무엇을 의미할까요?

여기서 '믿지 않는 자'란 이방 신상을 섬기는 사람, 즉 우상을 숭배하는 사람을 말합니다. 그러므로 이 말씀은 하나님의 자녀 된 사람들은 우상을 숭배하는 사람과 영적인 일에 대하여 타협하지 말라는 뜻입니다.

우리나라의 기독교계는 아주 어두운 과거를 가지고 있습니다. 일제는 36년 동안의 식민지 기간에 수많은 탄압 정책을 가해 왔습니다. 그들의 통치가 막바지에 이를 무렵 신사 참배에 대한 강요는 더욱 심해져서 급기야 십자가가 걸려 있는 교회에까지 일본의 우상이 파고 들어왔습니다. 그 당시 일제의 강요에 저항하고 끝까지 믿음의 지조를 지킨 분들이 얼마나 많은 박해를 받았는지 모릅니다. 그분들 중에는 우리가 잘 알고 있는 주기철 목사님 외에도 수많은 교역자와 평신도들이 있습니다. 그렇게 많은 사람들이 우상과의 타협을 거부하고 주님을 위해서 믿음을 굳게 지켰지만, 한국 교계는 일본의 압박을 이겨 내지 못하고 결국 우상 숭배에 타협하고 말았습니다. 결과적으로 만군의 야훼 하나님과 일본의 우상을 같이 섬기는 무서운 죄를 범한 것입니다.

결국 일본은 패망하여 패전국으로서 수모를 겪어야 했는데 그들에게는 당연한 대가였지만 우리나라도 예외는 아니었습니다. 왜냐하면 얼마 안 있어 한국 전쟁이 터지고 북한 땅은 완전히 붉은 마수들의 발굽 아래 점령되는 참화를 겪었기 때문입니다. 전쟁이 일어나기 전까지 우리나라의 대부분의 큰 교회는 평양을 중심으로 해서 이북에 있었습니다. 그때 얼마나 많은 부흥의 역사가 일어났습니까? 그러나 교회가 우상과 타협하자 하나님의 징계를 받게 되었습니다. 공산당이 들어와 교회의 십자가를 거두어 버리고 예수님을 따르는 수많은 사람들이 모진 박해와 수난을 당하게 되었던 것입니다.

이는 구약 시대의 이스라엘 민족이 경험했던 것과 비슷한 경우입니다. 그들이 가나안 땅을 정복한 뒤부터 처음 얼마 동안은 하나님의 말씀에 순종하여 잘 지내는 듯했습니다. 그러나 시간이 지남에 따라 원주민들의 생활 풍습에 물들고 주위 이방 민족들이 섬기는 우상이 들어온 후 차츰 생활이 문란해지기 시작했습니다. 이스라엘 민족들은 우상을 숭배하는 사람과 어울렸을 뿐만 아니라 그들이 가져온 이방의 우상에 대하여 숭배하기까지 하였습니다. 그러자 하나님께서는 주위에 있는 이방 민족을 사용해서 이스라엘 민족에게 징계의 채찍을 드셨습니다.

이러한 예를 볼 때에 우상과 타협한다는 것이 얼마나 무서운 결과를 가져오는지 잘 알 수 있습니다. 따라서 우상을 섬기는 사람과 같이 멍에를 메지 않는 것은 우상과 타협하는 죄를 미리 방지하는 예방책이 되기도 합니다. 사실 우리가 이 땅에 살면서 믿지 않는 자와 같이 멍에 메는 것을 거부한다는 것이 그렇게 쉬운 일은 아닙니다. 그러나 그 일이 어렵다고 해서 세상과 타협하며 산다면 주님께서 기뻐하시지 않을 것입니다. 그러므로 우리는 본문의 말씀과 같이 영적 결단을 내릴 수 있는 확고한 마음가짐이 필요합니다. 그리하여 하나님에 의해 택함을 받고 구별된 성도로서의 거룩함을 굳게 지켜야 하는 것입니다.

본문의 '의' 는 '하나님의 의' 를 말합니다. 이 하나님의 의가 그리스도를 통해서 인간에게 주어졌고 인간은 하나님의 아들을 믿는 '믿음' 에 의해서 그 '의' 를 소유하게 됩니다(갈 2:16). 그러므로 여기에서 '의' 는 그리스도에 의해 대표됩니다. 반면에 '불법' 은 '죄' 를 의미하며(요일 3:4), '사탄' 으로 대표됩니다.

예수님께서는 십자가의 구속 사역을 통하여 모든 불법에서 우리를 속량하시고 깨끗하게 하셨습니다(딛 2:14). 그러므로 구속받은 우리가 어찌하여 다시 불법과 어울리며 사탄의 올무 가운데로 되돌아갈 수 있겠습니까? 만약 그런 일이 일어난다면 그것은 마치 개가 그 토했던 것에 돌아가고 돼지가 씻었다가 더러운 구덩이에 도로 눕는 경우와 마찬가지가 될 것입니다(벧후 2:22).

또한 사도 바울은 '빛' 과 '어둠' 을 대구법적으로 표현하면서 영적 타협의 가능성에 대하여 경고하고 있습니다.

예수 그리스도는 '이방을 비추는 빛' 이시요(눅 2:32), '참빛' 이시요(요 1:9), '생명의 빛' 이십니다(요 8:12). 그리고 그분을 구주로 영접한 우리는 '세상의 빛' 이요(마 5:14), 빛의 자녀요, 빛의 아들입니다(엡 5:8; 살전 5:5). 이와는 반대로 마귀의 권세 아래 있는 이 세상은 '어둠' 의 세상이요, 그 세상에 있는 사람들을 도둑질하고 죽이고 멸망시키는 일이 곧 마귀의 일이자 '어둠의 일' 입니다(롬 13:12). 그러므로 어둠은 사탄의 권세를 의미합니다. 우리는 중생한 순간 어둠에서 빛으로, 즉 사탄의 권세에서 하나님께로 돌아왔습니다(행 26:18). 그러니 빛 가운데 거하는 우리가 어찌 어둠에 다시 연연할 수 있겠습니까?

15절 그리스도와 벨리알이 어찌 조화되며 믿는 자와 믿지 않는 자가

어찌 상관하며

'그리스도' 는 헬라어 '크리스토스' (χριστός)에서 비롯된 말인데, 아람어인 '메시아' 와 같은 의미를 가진 단어로 '기름 부음을 받은 자' 라는 뜻을 가지고 있습니다. 이스라엘 사람들 중에서 기름 부음을 받을 수 있는 사람은 왕과 제사장 그리고 선지자였습니다. 그들은 기름 부음을 받고 각기 맡은 직분을 행하여 하나님의 사역을 대신 수행하였습니다. 그러나 예수님께서는 그 세 가지 직분을 한꺼번에 다 맡아 행하셨습니다. 그리하여 세상을 구원하기 위해서 오신 구주로서 하나님의 구속 사역을 이루신 것입니다(요 19:30).

이에 비해 '벨리알' 은 '무가치한 것' 또는 '사악한 것' 이라는 뜻을 가지고 있습니다. 특히 구약에서는 하나님에 대하여 불복종한다는 뜻으로 기록되어 있는데, 신약 시대에는 하나님께 대적하는 자, 즉 사탄을 지칭하고 있습니다.

사탄의 세력들은 하나님의 구속 사역을 방해하는 데에 혈안이 되어 있습니다. 그러니 어찌 그리스도와 벨리알이 조화를 이룰 수 있겠습니까? 그런데 이러한 것은 믿는 사람과 불신자의 경우도 마찬가지입니다. 왜냐하면 각자의 소속이 다르기 때문입니다. 예수 그리스도를 믿는 하나님의 자녀가 어찌 하나님을 대적하는 자들과 영적인 일에 타협을 하고 같이 섞일 수가 있겠습니까?

16절 하나님의 성전과 우상이 어찌 일치가 되리요 우리는 살아 계신 하나님의 성전이라 이와 같이 하나님께서 이르시되 내가 그들 가운데 거하며 두루 행하여 나는 그들의 하나님이 되고 그들은

나의 백성이 되리라

그리스도인은 '하나님의 성전' 입니다(고전 3:16; 6:19). 구약 시대에는 성막과 성전을 통해 하나님께서 임재하시며 예배를 받으셨지만, 신약 시대에는 우리 안에 내주하시며 우리 마음을 성전 삼고 계십니다. 다시 말해서 우리가 성령 하나님께서 친히 거하시는 처소가 된다는 것입니다. 그런데 이처럼 거룩하신 하나님을 중심에 모시고 있는 그리스도인이 믿지 않는 자와 영적으로 타협한다는 것은 그 이유가 어떻든 더러운 우상을 인정하는 것이 됩니다. 그리하여 우리 마음 중심에 내주하고 계신 하나님의 자리를 더러운 우상에게 내주는 결과를 초래하고 마는 것입니다. 그러므로 우리는 결단코 우상과 타협하는 일이 없도록 영적 분별력을 키우는 동시에 신앙을 잘 견지해야 합니다.

더 나아가 우리는 종교적인 우상 외에도 세속적인 우상을 경계해야 합니다. 세상 재물이나 명예를 탐하고 부귀영화에 눈이 어두울 정도로 집착하여 그런 것들에 대한 욕망이 마음에 꽉 들어차서 하나님께서 거하실 장소가 없어진다면 그것도 우상 숭배에 속하는 것입니다.

물론 우리가 이 세상을 살아가면서 생존을 유지하기 위해서나 혹은 하나님의 일을 하기 위해서는 물질도 필요하고 어느 정도 세속적인 영향력도 무시할 수 없습니다. 그러나 그것들이 아무리 필수불가결한 요소라 해도 그것들은 하나의 도구에 불과합니다. 그런데 그러한 것들이 도구로서의 위치를 넘어 목적으로 변한다면 그것은 더 이상 복의 통로가 아닙니다. 그러한 세속적인 요소들이 하나의 도구로만 사용된다면 그것은 하나님의 나라를 확장시키거나 혹은 하나님을 영화롭게 하는 데 쓰여서 하나님께서 역사하시는 복의 통로가 될 수 있습니다. 그러나 그렇게 되지 못하고 사람의 모든 관심과 하나님께 대한 우선권마저 빼앗아 버린다면 그것은 오히려 하나님과의 교제를 가로막게 되어 신령한 관계가 상실되는 무서운 결과를 가져오게 되는 것입니다.

그러므로 우리의 마음속에 하나님의 것이 아닌 세상 것들이 자리를 잡지 못하도록 항상 마음을 굳게 지켜야 합니다. 그리할 때 우리는 더욱더 성령 충만하게 되고 하나님과의 관계가 더욱 깊어져 은혜롭고도 능력 있는 신앙생활을 할 수 있게 되는 것입니다.

"이와 같이 하나님께서 이르시되 내가 그들 가운데 거하며 두루 행하여 나는 그들의 하나님이 되고 그들은 나의 백성이 되리라". 앞 절에서도 언급한 바와 같이 하나님께서는 우리를 성전으로 삼고 우리 가운데 계십니다. 그런데 하나님께서는 단순하게 우리 가운데 계시기만 한 것은 아닙니다. 모든 일을 주장하시며 두루 행하고 계시는 것입니다. 그러면 하나님께서는 무엇을 행하고 계실까요?

첫째로, 하나님께서는 예수 그리스도를 통해 우리에게 구원의 길을 보이고 그 길로 우리를 인도하는 일을 행하고 계십니다(요 6:44).

둘째로, 하나님께서는 보혜사 성령을 통해서 우리에게 능력을 주사 이 땅에서 승리하는 신앙생활을 하도록 인도하십니다(고전 12:8-10). 그리하여 각자 받은 은사와 달란트대로 이 땅에서 행하여 주의 일에 힘쓰며 자신도 살고 남도 살리는 위대한 주의 일꾼이 되게 하시는 것입니다.

셋째로, 하나님께서는 우리를 얽어매고 있던 저주와 질병의 가시넝쿨을 벗겨 내시고 풍요함과 강건함에 이르는 복을 소유하도록 인도하고 계십니다(마 8:17; 갈 3:13-14).

넷째로, 하나님께서는 예수 그리스도의 재림 때에 우리가 새 하늘과 새 땅에 들어가기까지 우리를 보호하며 이끌어 주는 일을 행하십니다(살전 4:16-17; 계 21:2).

이렇게 사도 바울은 우리를 직접 돌보시는 하나님에 대하여 기록하면서 다시 한번 하나님과 우리의 관계를 확인시켜 주고 있는 구약의 성경 구절을 인용하고 있습니다(출 6:7). 그 구절은 우리가 바로 하나님의 백성임을 밝혀 주고 있습니다. 하나님께서는 완전무결하신 임금이시요, 온 우주의 제왕이십니다. 그 하나님께서 우리를 백성으로 삼으시고 우리를 돌보시며 정사를 펼치고 계십니다. 그러므로 우리가 할 일은 오직 그분의 말씀과 명령을 따르는 길뿐입니다. 하나님께서는 우리를 위하여 독생자 예수를 내어 주신 그 사랑과 자비하신 은총으로 우리의 모든 필요를 채워 주시며(마 6:33), 생명을 얻되 더욱 풍성히 얻게 하십니다(요 10:10).

17절 그러므로 너희는 그들 중에서 나와서 따로 있고 부정한 것을 만지지 말라 내가 너희를 영접하여

사도 바울은 선지자 이사야의 예언의 말씀을 인용하고 있습니다(사 52:11). '그들 중에서 나와서' 라는 말은 우상을 숭배하는 자들과 어울려 타협하거나 물들지 말고 그들과 결별하라는 뜻입니다.

서론에서도 살펴보았듯이 당시 고린도는 무역이 성행하고 교통이 발달했기 때문에 여러 민족의 사람들이 한데 모여 살고 있었으며, 그들은 나름대로 섬기던 신을 계속해서 숭배하고 있었습니다. 또한 희랍 문화의 영향을 받아서 인간의 철학이 성행하여 기독교를 비롯한 모든 종교를 백안시하고 있었을 뿐만 아니라 기독교 자체 내에도 '다른 복음' (갈 1:9)이

스며들어 당시의 영적인 물결은 아주 혼탁하기 짝이 없었습니다. 사도 바울은 그러한 물결에 교인들이 휩쓸리지 않도록 '그들'과 관계를 끊으라고 말하고 있습니다. 그리하여 계속해서 따로 있을 것을 권하였고, 부정한 것을 만지지 말라고까지 경고하고 있습니다.

그런데 여기 '따로 있고'라는 말이 지닌 의미를 유의해서 잘 새겨야 합니다. 이것은 영적으로 구별되어 있으라는 말이요, 하나님의 백성으로서 성별된 자격을 굳게 고수하라는 말입니다.

그다음 사도 바울은 부정한 것을 만지지 말라고 했는데, 그것은 바로 우상을 말합니다. 우리는 생활하는 가운데서 우상과 접촉 가능성이 있는 것은 모두 제거해 버려야 합니다. 그래서 잡신이나 우상 또는 사신에 매여 영혼을 도둑질당하는 일이 없도록 해야 합니다.

하나님께서는 죄로 말미암아 하나님과 원수가 된 우리를 영접하여 주셨습니다. 이것은 전적으로 하나님의 자비와 긍휼로 이루어진 것입니다. 그리하여 이러한 하나님의 사랑을 노래했던 시편 기자의 고백처럼 우리는 음부의 권세에서 구속함을 받게 된 것입니다(시 49:15).

또한 우리에게는 더욱 영화롭고 찬란한 영접이 기다리고 있습니다(시 73:24; 요 14:3). 그때가 되면 우리는 이 육신의 몸을 벗고 영화로운 몸으로 변화되어 예수 그리스도와 함께 하나님의 영광스러운 즐거움에 참여하게 되는 것입니다(마 25:10).

18절 너희에게 아버지가 되고 너희는 내게 자녀가 되리라 전능하신 주의 말씀이니라 하셨느니라

하나님은 거룩하고 성결하신 분입니다. 하나님이 정의로우시기 때문

에 우리도 정의로워야 하며, 하나님이 정직하시기 때문에 우리도 정직해야 합니다. 그리고 하나님은 거룩하시므로 우리도 거룩해야 하나님과 함께 살 수 있습니다. 이 일을 이루기 위해서 예수님은 십자가에 못 박혀서 몸 찢기고 피 흘려 죽으심으로 우리의 모든 죄와 불의, 부정과 부패를 다 청산하시고 성령을 보내 주셔서 하나님 안에서 의롭고 정직하고 거룩하게 살도록 만들어 주신 것입니다.

하나님의 은혜로 구원을 받고 능력과 권세를 받는 것은 믿음으로 가능하지만, 우리가 거룩하고 성결하게 되는 것은 우리가 매일매일 노력해야 유지할 수 있는 것입니다.

본 절은 우리가 하나님께 대하여 영적 순결을 지켜야 하는 이유를 언급하고 있습니다. 그 이유는 하나님께서 우리의 아버지가 되시고 우리는 그의 자녀가 되기 때문이라는 것입니다. 그러므로 하나님과 우리의 관계는 주종 관계가 아니요, 군신 관계도 아니고, 그렇다고 해서 타율적인 예속 관계도 아닌 바로 부자 관계, 즉 한가족인 것입니다. 이것은 '하나님의 백성' 이라는 관계보다 한 걸음 더 깊숙이 들어간 단계입니다. '자녀' 라는 위치는 부모의 재산과 소유를 상속받을 수 있는 권한을 가지고 있습니다. 그렇기 때문에 "상속자 곧 하나님의 상속자"(롬 8:17)가 되어 하나님의 기업을 이어받을 수 있는 귀한 자리에까지 이르게 된 것입니다. 그러므로 하나님의 자녀가 된다는 것이 얼마나 놀라운 특권이며 복인지 모릅니다.

그러나 반면에 하나님의 자녀로서의 특권을 누리는 대신, 우리가 마땅히 지켜야 할 책임도 있습니다. 우리가 만약 그 책임을 지키지 못하면서 복과 권세를 받기 바란다면, 그것은 하나님의 자녀로서 참된 자세가 될 수 없습니다. 그러면 우리 그리스도인들이 지켜야 할 책임이란 무엇을 말하는 것일까요?

그것은 하나님의 말씀에 순종하며 하나님의 계명을 굳게 지키는 일입니다(출 15:25-26; 수 23:6). 우리가 이 책임을 올바로 수행하고 우리 자신을 거룩하게 구별하여 영적 순결을 지키며 하나님만을 믿고 따른다면 감당할 수 없을 만큼 큰 은혜와 복을 받게 될 것입니다(신 28:1-6). 그러므로 우리는 하나님과 함께 일하는 자로서 귀한 특권을 받은 하나님의 백성임을 항상 기억하며 순종과 성결에 이르는 삶을 살아야 할 것입니다.

제 7 장

바울의 권면과 고린도 교회의 변화

하나님의 약속에 응답하는 생활	7:1
사심 없는 사도 바울의 심정	7:2-4
고린도 교회에 관한 디도의 보고	7:5-16

본 장에서 사도 바울은 고린도 교회에 대한 자신의 깊은 사랑을 보여 주는 동시에 앞 장과 연결하여 하나님의 약속을 가진 성도가 어떤 생활을 해야 되는지에 관해 권면하고 있습니다. 그리고 고린도 교회가 변화된 데 대하여 반가움과 기쁨을 표시하고 있습니다.

1. 하나님의 약속에 응답하는 생활(7:1)

1. 그런즉 사랑하는 자들아 이 약속을 가진 우리는 하나님을 두려워하는 가운데서 거룩함을 온전히 이루어 육과 영의 온갖 더러운 것에서 자신을 깨끗하게 하자

1절 그런즉 사랑하는 자들아 이 약속을 가진 우리는 하나님을 두려워하는 가운데서 거룩함을 온전히 이루어 육과 영의 온갖 더러운 것에서 자신을 깨끗하게 하자

사도 바울은 마치 부모와도 같은 심정으로 고린도 교회 성도들을 다시 한번 참된 신앙으로 일깨우고자 "사랑하는 자들아!" 라고 다정하게 부르고 있습니다.

마찬가지로 하나님께서도 우리를 향해 "사랑하는 자들아!" 라고 다정하게 부르십니다. 왜냐하면 우리는 하나님의 사랑하는 자녀이기 때문입

니다. 이 하나님의 사랑은 말만 하는 그런 거짓된 사랑이 아닙니다. 주는 것 없는 사랑은 거짓된 사랑입니다. 그러나 하나님은 우리에게 우주 만물뿐만 아니라 자신의 독생자 아들을 주시기까지 우리를 사랑하셨습니다. 또한 예수님은 기꺼이 우리를 위해 십자가에서 몸 찢기고 피 흘려 목숨을 내어 주셨습니다. 사랑은 주는 것인데 목숨을 주시기까지 우리를 사랑하셨습니다. 성령님은 24시간 우리와 함께 계시면서 우리의 어머니처럼 우리를 사랑하고 돌보시는 분이십니다. 하나님 뜻을 알지 못하고 반역하고 못되게 구는 우리를 설득하고 올바로 키우기 위해 얼마나 고생을 하시는지 모릅니다. 예수님께서 십자가에서 우리를 낳으시고 성령께서 우리를 받아서 '진자리 마른자리 갈아 뉘시고 손발이 다 닳도록 고생하시며' 기르시는 것입니다. 그러므로 이 "사랑하는 자들아!" 라는 말에는 비단 사도 바울의 심정뿐만 아니라 이 삼위일체 하나님의 크신 사랑의 심정이 담뿍 담겨 있는 것입니다.

그리고 사도 바울은 자신과 고린도 교회 교인들 모두가 '약속' 을 가지고 있는 사람들이라고 말합니다. 이 약속이란 바로 앞 장 후반부에 기록된 바와 같이 하나님께서 우리의 아버지가 되시고 우리는 하나님의 자녀가 되어 하나님께서 직접 우리 안에 거하시며 두루 행하시리라는 말씀을 의미합니다(6:16-18). 이 약속은 이미 우리에게 이루어져 있습니다. 오직 유일한 중보자이신 예수 그리스도를 통해 우리가 하나님과 화목하게 되었을 뿐 아니라 하나님의 영에 의해 인도받는 하나님의 아들이 되었기 때문입니다(롬 8:14; 골 1:20).

그러므로 우리는 이제부터 새로이 눈을 떠야 합니다. 그래서 이제까지 우리를 얽매어 왔던 죄와 불의의 부정한 사슬을 끊어 버리고 소극적이고 패배적인 습관을 벗어 버려서 하나님의 아들이 되었다는 자랑스러운 긍지를 가지고 담대하게 생활해야 합니다. 이제 더 이상 우리는 아버지 없는 고아와 같이 버림받은 자녀들이 아닙니다. 우리가 하나님의 말씀에 온전히 순종하면서 하나님 중심으로 살면 하나님께서 우리 삶의 모든 원천이 되어 주시기 때문에 우리는 담대하게 이 세상을 살아갈 수 있는 것입니다.

사도 바울은 이어서 말하기를, 그렇듯 귀중한 약속을 가진 우리는 하나님을 두려워하는 가운데 거룩함을 온전히 이루어야 한다고 말합니다. 여기서 '두려워하다' 라는 것은 무서워한다는 것과는 의미가 다릅니다. 무서워한다는 것은 일종의 공포를 말하는 것으로 사람의 심적 상태를 파괴하는 부정적인 요소를 가지고 있습니다. 여기에서 두려워한다는 것은 하나님을 따르고 존경하는 마음, 즉 하나님께 대하여 경건한 마음을 가지는 상태를 말합니다.

부모가 자식을 사랑하고 부모 된 도리를 다한다면 그 자녀의 마음 가운데에는 부모를 존경하며 두려워하는 마음이 생깁니다. 그러나 부모와 자식의 관계가 올바로 정립되지 못한 가정이라면 거기에는 존경과 참된 사랑의 관계가 자리 잡기 힘들게 됩니다. 비록 한 집에서 함께 지낸다 하더라도 자녀의 마음속에 부모를 존경하고 두려워하는 마음이 없고 또 부모에게도 자녀의 본이 될 만한 생활 태도가 없다면 그 가정은 이미 병들어 있다고 볼 수 있는 것입니다. 그러나 하나님은 우리 육신의 부모와 비교될 수 없는 완벽한 부모이십니다.

이렇기 때문에 우리가 하나님을 진정으로 사랑하고 존경한다면 당연히 우리 마음속에는 하나님을 두려워하는 마음이 생기게 됩니다. 무서워서가 아니라 진심으로 존경하기 때문에 두려워하는 것입니다. 그리하여 하나님의 이름을 망령되이 부르지 아니하며 하나님의 성전에 와서 옷깃을 여미고 경건한 마음으로 하나님을 예배하게 됩니다. 그래서 사도 베드로도 그의 서신에서 "너희가 나그네로 있을 때를 두려움으로 지내라"(벧전 1:17)고 말한 것입니다.

우리는 이렇게 하나님을 믿고 경외하는 가운데 또한 거룩함을 온전히 이루어 나가야 합니다. 예수님께서도 산상수훈에서 "그러므로 하늘에 계신 너희 아버지의 온전하심과 같이 너희도 온전하라"(마 5:48)고 말씀하셨습니다. 이 말씀은 우리로 하여금 전지전능하신 하나님과 같이 완전한 삶을 살라는 것이 아니라, 거룩하신 하나님을 따라 그 말씀에 순종하여 믿음과 성결에 이르는 삶을 살라는 말씀입니다.

우리 한국 교회가 한국 사회의 존경을 받지 못하는 이유는 하나님을 두려워하는 마음이 없기 때문입니다. 즉, 성도들이 거룩한 삶을 살지 않는다는 것은 하나님을 두려워하지 않기 때문입니다. 어떤 성도들은 교회 안에서만 찬양하고 기도하며 교회 밖에서는 마치 하나님이 없는 것처럼 말하고 행동합니다. 그것은 하나님을 두려워하는 마음이 없기 때문에 마음대로 행동하는 것입니다. 결국 이런 사람들은 세상의 존경을 받지도 못하고 하나님의 존중히 여김도 받지 못합니다. 성경은 "그가 나를 사랑한즉 내가 그를 건지리라 그가 내 이름을 안즉 내가 그를 높이리라"(시 91:14), "나를 존중히 여기는 자를 내가 존중히 여기고 나를 멸시하는 자를 내가 경멸하리라"(삼상 2:30)라고 말합니다. 하나님을 존귀하게 여겨야 하나님도 우리를 존귀하게 여기십니다. 그러므로 우리 그리스도인들은 하나님을 존중히 여기고 두려워하는 마음으로 거룩함을 온전히 이루는 삶을 살아야 합니다.

이 세상에는 '무리의 법칙' 이 있어서 모두가 서로 마음에 맞는 종류끼리 어울려 살아갑니다. 참새는 참새끼리, 까마귀는 까마귀끼리 모여서 살아갑니다. 영적인 세계도 이와 마찬가지입니다. 그러한 예를 우리는 6장 14절부터 16절까지의 비유를 통해서 살펴보았습니다. 그러므로 거룩하신 하나님과 함께 살려면 하나님을 따르는 우리도 거룩하게 살아야 합니다. 그럴 때만이 하나님께서 우리를 통해서 온전히 역사하실 수 있는 것입니다.

"육과 영의 온갖 더러운 것에서 자신을 깨끗하게 하자". 이 말씀은 앞에서 말한 바와 같이 거룩함을 온전히 이루기 위한 구체적인 방법의 제시입니다. 바울은 육과 영의 온갖 더러운 것으로부터 자신을 깨끗하게 하여 성숙한 신앙인으로서 거룩한 모습을 보이라고 말합니다.

우리 그리스도인들은 예수를 믿은 다음부터는 점차적으로 변화된 생활을 해 나가야 합니다. 그래서 오늘이 어제와 다르고 올해가 작년과 현저하게 달라지도록 영적인 면과 생활면에 있어서 변화가 일어나야 하는 것입니다. 만약에 그렇게 되지 않고 거듭나기 이전의 상태에만 계속 머물러 있게 된다면 그때는 하나님께서 훈계의 손길로 엄하게 다스리십니다.

그러면 우리가 우리의 생활 가운데서 제거해야 할 '육과 영의 온갖 더러운 것' 이란 구체적으로 어떠한 것일까요?

먼저 육의 더러운 것에 관하여는 갈라디아서 5장 19절 이하에 잘 나타나 있습니다. "육체의 일은 분명하니 곧 음행과 더러운 것과 호색과 우상숭배와 주술과 원수 맺는 것과 분쟁과 시기와 분 냄과 당 짓는 것과 분열함과 이단과 투기와 술 취함과 방탕함과 또 그와 같은 것들이라". 바로 이러한 일들이 육의 더러운 것, 곧 육체의 일들입니다. 이러한 일들은 대부분 인간의 이기심을 충족시키고, 쾌락과 만족을 구할 때에 생기는 일들입니다. 그런데 성경은 계속해서 "이런 일을 하는 자들은 하나님의 나라를 유업으로 받지 못할 것이요"(갈 5:21)라고 말하고 있습니다.

그러므로 우리는 그러한 육체의 일들을 단호하게 그리고 가차없이 제거해야 합니다. 물론 우리 인간은 연약하기 때문에 그러한 일들을 처음부터 한꺼번에 완전히 떨쳐 버리기는 매우 힘이 듭니다. 만약에 예수님을 영접한 그 즉시부터 단번에 성결해진다면 얼마나 좋겠습니까? 그러나 예수 그리스도를 영접한 이후에도 우리의 속에는 육체의 본성이 계속 남아 있어서 하나님을 영화롭게 하는 일보다는 인간의 육신을 만족시키기 위해 죄를 짓는 경우가 상당히 많습니다.

이러한 점에서 보면 우리의 신앙생활이란 하나님께 대한 믿음으로 우리 안에 있는 육의 더러운 것들을 하나하나 제거해 나가는 연속 과정이라고도 볼 수 있습니다. 그런데다가 성령께서 우리 마음 중심에 내주하시게 되어 마음을 점령하고 계시기 때문에, 이제는 죄를 지어도 거듭나기 전의 경우처럼 마음이 편하지가 않습니다. 그래서 예전에는 육체의 만족과 쾌락을 구하는 일에 탐닉했지만, 이제는 성령의 역사를 통해서 그러한 일들을 해도 아무런 낙이 없을 뿐만 아니라 오히려 마음이 불안해지기까지 합니다. 그리하여 어쩔 수 없이 회개하고 주님 앞에 다시 나오게 되는 것입니다. 그런 과정을 통해서 날이 갈수록 죄로부터 멀어지고 점점 더 주님께 가까이 갈 때 성화되는 과정에서 맺어지는 거룩한 열매를 소유하게 되는 것입니다(갈 5:22-23).

그다음에 또한 우리는 '영의 더러운 것' 도 제거해야 합니다. 영의 더러운 것은 첫째로, 사람 마음속에 깃들어 있는 '교만' 을 말합니다. 사탄도 교만으로 인해 하나님께 대적하였다가 천상에서 내쫓기고 말았으며, 아담과 하와도 하나님처럼 되고자 하는 교만으로 인해 타락하여 에덴동산에서 쫓겨났습니다. 이렇듯 교만이라는 것은 하나님 앞에서 치명적인 죄를 짓게 하여 사람의 영을 더럽힐 뿐만 아니라 사람을 실족하게 하는 요소가 되기 때문에 우리는 마음속에 교만이 깃들지 않도록 마음을 지켜야 합니다. 둘째로, 우상과 타협하거나 우상에 굴복하는 것을 말합니다. 이단과 사설에 귀를 기울인다거나 점을 치는 등 우상을 가까이할 때 영이 더러워지게 됩니다.

사도 바울은 이렇게 그리스도인의 생활 가운데에서 사람의 영과 육을 더럽히는 요소들을 제거하는 동시에 더욱 더 깊은 성화의 단계에 이르도록 권유하고 있습니다. 그러므로 먼저 우리는 항상 회개하는 생활을 통해 주의 보혈로 마음을 항상 청결하게 하여 성령께서 거하시는 전(殿)으로서 부족함이 없도록 해야 합니다. 그리고 우리 안에 계신 성령의 도우심을 통해서 죄와 불의를 끊고 육과 영을 더럽히는 것들로부터 우리 자신을 깨끗하게 하여 하나님과 더욱 더 깊이 교제할 수 있도록 해야 할 것입니다.

2. 사심 없는 사도 바울의 심정(7:2-4)

2. 마음으로 우리를 영접하라 우리는 아무에게도 불의를 행하지 않고 아무에게도 해롭게 하지 않고 아무에게서도 속여 빼앗은 일이 없노라 3. 내가 이 말을 하는 것은 너희를 정죄 하려고 하는 것이 아니라 내가 이전에 말하였거니와 너희가 우리 마음에 있어 함께 죽고 함께 살게 하고자 함이라 4. 나는 너희를 향하여 담대한 것도 많고 너희를 위하여 자랑하는 것도 많으니 내가 우리의 모든 환난 가운데서도 위로가 가득하고 기쁨이 넘치는도다

2절 마음으로 우리를 영접하라 우리는 아무에게도 불의를 행하지 않고 아무에게도 해롭게 하지 않고 아무에게서도 속여 빼앗은 일이 없노라

"마음으로 우리를 영접하라". 이 말씀에는 속임이 없는 사도 바울의 마음이 단적으로 표현되어 있습니다. 사도 바울이 2차 전도 여행 중에 약 1년 반 동안을 고린도에 머무르면서 세운 고린도 교회는 사도 바울이 그곳을 떠난 후부터 잘못된 길로 접어들었습니다. 몇몇 성도는 바울을 공박하는 유대주의자들의 사주에 의해서 교회를 분열시킬 뿐만 아니라, 바울을 비난하고 중상모략을 일삼았습니다. 그래서 사도 바울에 대한 오해가 널리 퍼지게 되어 사도 바울은 그러한 오해를 풀고자 했습니다.

그렇기 때문에 사도 바울은 먼저 담대하게 고린도 교인들에 대해 편견

과 오해를 버리고 이해의 폭을 넓히라고 강력하게 촉구하고 있는 것입니다. 그러한 표현이 바로 '마음으로' 자신을 영접하라는 말입니다. 그것은 '형식적' 으로 사람을 대하지 말라는 것과 같은 의미를 지니고 있습니다. 왜냐하면 형식적으로 사람을 대한다는 것은 그 자체가 벌써 선한 의도를 가지고 있지 못하며, 따라서 그것은 언제든지 적대 관계로 변모될 수 있는 소지를 갖고 있기 때문입니다. 그러나 마음 문을 활짝 열고 진정한 마음, 진정한 사랑으로 사람을 대할 때에는 서로 간에 참된 마음의 교제가 이루어지게 됩니다.

또한 인간관계에 있어서는 마음 문을 활짝 열어 놓은 후에 '대화' 를 시도하는 것이 중요합니다. 대화의 문이 닫혀 있으면 서로 간의 오해가 더 깊어져 나중에는 더 큰 갈등과 싸움이 될 수도 있기 때문입니다. 남의 소문만 듣고 마음 문을 닫아 놓으면 안 됩니다. 직접 당사자를 만나 대화를 통해 오해의 담을 허물어야 합니다. 그렇기 때문에 사도 바울은 고린도 교인들을 직접 만날 수는 없지만 편지를 통해서나마 대화를 시도하는 것입니다.

이렇게 마음 문을 활짝 열어 사람을 진실한 마음으로 대하고 서로 간에 대화를 시도하는 것은 비단 교역자와 평신도 간의 관계뿐만 아니라 이 땅에 사는 모든 사람들이 대인 관계를 가지는 데 있어서도 필요합니다. 그것은 서로에 대한 신뢰에서 비롯되는 것이요, 예수님의 사랑을 본받음으로 인한 참된 사랑의 관계이기 때문에 특히 그리스도인들에게는 필수불가결한 생활 태도인 것입니다.

"우리는 아무에게도 불의를 행하지 않고". 이 대목부터 사도 바울의 자기 해명이 계속됩니다. 그러나 이러한 바울의 자기변호는 자신의 체면을 유지하기 위한 것이 아니라, 자신이 전한 복음의 순수성과 하나님의 사도로서의 공적인 입장에서 진실을 밝히고자 함이라는 것을 우리는 염두에 두어야 합니다.

우리가 이 세상에 사는 동안에 우리는 이웃들과 혹은 동료들과 또 그 외의 사람들과 대인 관계를 맺으며 살아갑니다. 그런 가운데서 예수 믿는 우리가 확실히 해야 하는 것은 바로 이러한 대인 관계를 통해서 언제나 '하나님의 의' 를 실현하는 생활이 되도록 노력해야 한다는 것입니다. 그렇지 않고 불의를 행하며 다닌다면 그 사람은 올바른 그리스도인이라고 볼 수 없습니다. 그러므로 하나님의 자녀로 택함 받은 우리는 항상 최선을 다해서 어떠한 사람에게도 불의를 행하지 말아야 합니다.

이렇게 말하면 어떤 사람들은 다음과 같이 반문합니다. "불의가 가득찬 세상에 살면서 어떻게 불의와 관련을 맺지 않고 살 수가 있겠느냐?" 이러한 사람은 신앙생활의 참된 의미를 아직 깨닫지 못했다고 볼 수 있습니다. 왜냐하면 "거류민과 나그네 같은 너희를 권하노니 영혼을 거슬러 싸우는 육체의 정욕을 제어하라" (벧전 2:11)는 말씀과 같이, 신앙생활이란 것은 거류민과 나그네 같은 이 세상을 살아가면서 '불의' 와 맞서는 투쟁의 연속이기 때문입니다.

때로는 '불의' 한 것이 강성한 것처럼 보일 때가 있습니다. 그러나 그것은 결국 가을에 마른 풀같이 쇠잔하게 되고 맙니다. 우리가 의롭게 살 때에 겉으로 보기에는 빈약하고 미약한 것 같지만, 그러나 실제로는 뿌리를 깊이 내린 나무와 같아서 결코 쉽게 흔들리지 않습니다. 성경에는 "의인의 적은 소유가 악인의 풍부함보다 낫도다" (시 37:16)라고 기록하고 있습니다. 소유한 것이 비록 적더라도 의로운 생활을 함으로 말미암아 하나님에게도 부끄러움이 없고 사람들에게도 거리낌이 없다면 그 얼마나 행복한 생활이겠습니까?

우리는 '나' 를 보지 않고 '하나님' 을 바라보며 '불의' 를 행하지 않고 오직 '의' 를 행하는 삶을 살아야 합니다. 사도 바울은 이렇듯 담대하게 자기 선언을 할 정도로 의로운 생활을 하여 왔던 것입니다.

"아무에게도 해롭게 하지 않고". 어떻게 사도 바울이 다른 사람을 해롭게 하는 사람이 될 수 있겠습니까? 우리가 잘 알다시피 사도 바울은 자신의 목숨을 내어 놓고 다른 사람들의 유익을 위하여 살았습니다. 그러므로 사도 바울은 남을 해롭게 하기는커녕 오히려 남을 이롭게 하며 성공에 이르도록 인도하는 멋진 인생을 살았던 것입니다.

이렇듯 인생을 가장 멋있게 사는 비결은 다른 사람을 유익하게 하는 삶을 사는 데 있습니다. 그 반면에 다른 사람에게 해를 끼쳐가면서까지 자신의 유익만을 추구하는 사람은 언젠가는 그 대가를 받게 되어 있습니다. 그것이 우주의 법칙입니다. 그렇기 때문에 성경에도 "스스로 속이지 말라 하나님은 업신여김을 받지 아니하시나니 사람이 무엇으로 심든지 그대로 거두리라" (갈 6:7)고 말씀하고 있는 것입니다.

"아무에게서도 속여 빼앗은 일이 없노라". 그 당시에는 '주의 일꾼' 이라 자처하고 다니면서 사람들을 속이고 기만하여 시간이나 물질 등을 빼앗을 뿐만 아니라, 종국에는 신앙까지 빼앗아 가는 사람이 많았습니다. 바로 그러한 사람들이 말씀을 혼잡하게 하는 사람들이요(2:17), 속임으로 행하는 사람이며(4:2), 광명의 천사로 가장한 사탄의 일꾼들인 것입니다(11:14-15). 그런데 그들 가운데서 고린도 교회로 흘러들어온 이들이 오히려 사도 바울을 마치 사기꾼인 것처럼 몰아세웠습니다. 그러니 그러한 행위조차도 사람을 속이는 일이 아니고 무엇이겠습니까?

오늘날에도 이러한 사람들이 결코 적지 않습니다. 그래서 어떤 사람은 자칭 재림주라고 하면서 많은 사람들의 영을 더럽히는가 하면, 또 다른 사람은 거짓된 말로 사람들을 속여 선량한 사람들에게 불행을 가져다주고 있는 경우가 많은 것입니다. 그러므로 우리는 무엇보다도 영을 분별하고 사실을 정확히 판단할 수 있는 분별력을 가지고 있어야 합니다. 그런데 그런 것들은 우리가 성경 말씀을 읽고 묵상하며 성령의 조명을 받을 때 우리에게 주어지게 됩니다. 시편 119편 105절 말씀처럼 주의 말씀은 우리 발에 등이요, 우리 길에 빛이기 때문입니다.

3절 내가 이 말을 하는 것은 너희를 정죄 하려고 하는 것이 아니라 내가 이전에 말하였거니와 너희가 우리 마음에 있어 함께 죽고 함께 살게 하고자 함이라

지금 사도 바울이 고린도후서를 통해서 하고 있는 말은 단순히 교린도 교인들을 통박하고 꾸짖기 위함이 아니라는 것입니다. 그것은 오히려 고린도 교인들에 대한 사도 바울의 사랑을 증명해 주고 있습니다. 그런데 그 사랑이 어느 정도인가 하면 고린도 교인들과 함께 죽고 함께 살겠다고 할 정도입니다. 이것이야말로 진정한 사랑이 아니고 무엇이겠습니까? 예수님께서도 이러한 사랑을 이미 우리에게 보여 주신 바 있습니다. 우리 옛사람의 범죄로 인하여 예수님께서 십자가 위에서 죽으셨고, 또 우리를 의로운 피조물로 새롭게 태어나게 하시기 위하여 예수님께서 무덤에서 부활하신 것입니다(롬 4:25). 그래서 이제는 영영토록 우리와 동거하면서 우리의 아픔을 대신 짊어져 주시고 우리의 기쁨도 함께 나누시며 우

리의 삶을 인도하고 계신 것입니다. 사도 바울도 이러한 예수님의 사랑을 본받아 고린도 교인에게 "우리는 운명 공동체이다. 나는 너희와 함께 살고 함께 죽기로 한 사람이다. 그러기에 내가 너희를 위해서 말하는 것은 정죄 하려고 하는 것이 아니라 다 함께 잘되자고 하는 말이다."라고 말하는 것입니다.

4절 나는 너희를 향하여 담대한 것도 많고 너희를 위하여 자랑하는 것도 많으니 내가 우리의 모든 환난 가운데서도 위로가 가득하고 기쁨이 넘치는도다

바울이 고린도 교인들을 대하여 담대하다는 것은 그들과 가깝고 허물이 없다는 것을 의미합니다. 그래서 틀린 점이 있으면 바로 지적을 해 주고 또 잘한 점이 있으면 칭찬도 하여 사심 없이 대하였다는 것입니다. 뿐만 아니라 사도 바울은 고린도 교인들로 인하여 많은 자랑도 가지고 있었습니다. 고린도 교회가 부흥을 한다든지, 또는 특별한 선행을 하였다든지, 그밖에 하나님을 영화롭게 하는 사역을 행하였을 경우, 그들의 영적인 아버지로서 사도 바울은 상당히 자랑스럽게 여겼을 것입니다.

"내가 우리의 모든 환난 가운데서도 위로가 가득하고 기쁨이 넘치는도다". 앞 장에서 살펴보았듯이, 사도 바울은 전도할 때에 수많은 어려움을 겪었습니다. 그러나 그런 형편에 처해 있으면서도 그는 오직 교회와 성도의 안위에만 관심을 두었습니다. 그런 그에게 그가 세운 교회가 하나님의 은혜 가운데서 성장함과 동시에 하나님의 나라가 확장된다고 하는 소식은 유일한 기쁨의 원천이자 위로의 근원이었습니다. 말 그대로 삶의 보람을 느꼈다는 것입니다. "내가 복음을 위해 수고하고 매도

많이 맞고 굶주리기도 했지만 고린도 교회를 통해 하늘나라의 등불이 밝혀지고 수많은 사람이 이곳에 와서 기쁨을 얻고 구원받는 것을 보니, 참 보람이 있구나!"라는 것입니다. 사람이 보람이 있으면 고생을 고생으로 여기지 않고 지치지도 않습니다. 여기서 우리는 오직 하나님만을 위하고 교회를 염려했던 사도 바울의 깊은 믿음과 짙은 애정을 발견할 수 있습니다.

사실, 사도 바울이 겪은 환난은 그가 그리스도의 남은 고난에 참여함으로 인해 비롯된 환난이었습니다. 이것은 바울이 실수를 했거나 죄를 저질렀기 때문에 어쩔 수 없이 겪어야 했던 고난이 아니라, 외면할 수 있었음에도 불구하고 예수 그리스도의 몸 된 교회를 위하여 스스로 짊어지기를 작정한 고난이었습니다. 이것이 바로 그리스도인들이 그리스도의 고난에 참여하는 진정한 의미인 것입니다. 그리스도인이라면 예수님을 위하고 그의 몸 된 교회를 위하여서는 어떠한 어려움도 견딜 수 있는 인내와 믿음을 겸비하고 있어야 합니다.

갈수록 악해지고 있는 이 세상에서 우리가 하나님께로부터 부여받은 믿음을 굳게 지키고 하늘나라에 이르기 위해서는 세상 사람과는 다른 마음가짐이 필요합니다. 그 가운데 한 가지가 바로 그리스도의 고난에 참여할 줄 아는 믿음이며, 사도 바울은 여기에서 자신의 경험을 통해 이러한 교훈을 주고 있는 것입니다.

3. 고린도 교회에 관한 디도의 보고(7:5-16)

5. 우리가 마게도냐에 이르렀을 때에도 우리 육체가 편하지 못하였
고 사방으로 환난을 당하여 밖으로는 다툼이요 안으로는 두려움이
었노라 6. 그러나 낙심한 자들을 위로하시는 하나님이 디도가 옴으
로 우리를 위로하셨으니 7. 그가 온 것뿐 아니요 오직 그가 너희에
게서 받은 그 위로로 위로하고 너희의 사모함과 애통함과 나를 위하
여 열심 있는 것을 우리에게 보고함으로 나를 더욱 기쁘게 하였느니
라 8. 그러므로 내가 편지로 너희를 근심하게 한 것을 후회하였으나
지금은 후회하지 아니함은 그 편지가 너희로 잠시만 근심하게 한 줄
을 앎이라 9. 내가 지금 기뻐함은 너희로 근심하게 한 까닭이 아니
요 도리어 너희가 근심함으로 회개함에 이른 까닭이라 너희가 하나
님의 뜻대로 근심하게 된 것은 우리에게서 아무 해도 받지 않게 하려
함이라 10. 하나님의 뜻대로 하는 근심은 후회할 것이 없는 구원에
이르게 하는 회개를 이루는 것이요 세상 근심은 사망을 이루는 것이
니라 11. 보라 하나님의 뜻대로 하게 된 이 근심이 너희로 얼마나 간
절하게 하며 얼마나 변증하게 하며 얼마나 분하게 하며 얼마나 두렵
게 하며 얼마나 사모하게 하며 얼마나 열심 있게 하며 얼마나 벌하게
하였는가 너희가 그 일에 대하여 일체 너희 자신의 깨끗함을 나타내
었느니라 12. 그런즉 내가 너희에게 쓴 것은 그 불의를 행한 자를 위
한 것도 아니요 그 불의를 당한 자를 위한 것도 아니요 오직 우리를
위한 너희의 간절함이 하나님 앞에서 너희에게 나타나게 하려 함이
로라 13. 이로 말미암아 우리가 위로를 받았고 우리가 받은 위로 위
에 디도의 기쁨으로 우리가 더욱 많이 기뻐함은 그의 마음이 너희 무

리로 말미암아 안심함을 얻었음이라 14. 내가 그에게 너희를 위하여 자랑한 것이 있더라도 부끄럽지 아니하니 우리가 너희에게 이른 말이 다 참된 것같이 디도 앞에서 우리가 자랑한 것도 참되게 되었도다 15. 그가 너희 모든 사람들이 두려움과 떪으로 자기를 영접하여 순종한 것을 생각하고 너희를 향하여 그의 심정이 더욱 깊었으니 16. 내가 범사에 너희를 신뢰하게 된 것을 기뻐하노라

5절 우리가 마게도냐에 이르렀을 때에도 우리 육체가 편하지 못하였고 사방으로 환난을 당하여 밖으로는 다툼이요 안으로는 두려움이었노라

서론에서 살펴보았듯이 이미 고린도전서를 보내어 고린도 교회를 바로잡으려 했던 사도 바울은 그 후에 다시 한번 디도를 보내었습니다. 그리하여 디도로 하여금 바울의 메시지를 재확인하게 하는 동시에 고린도 교회의 사정을 알아보도록 하였습니다. 그리고 그 일이 끝난 후 드로아에서 만나서 디도의 보고를 듣기로 하였습니다. 그래서 사도 바울은 에베소에서 극심한 환난을 겪고 난 후 드로아에 도착하여 디도가 오기를 기대하며 선교에도 힘을 쓰기 시작하였습니다. 그런데 아무리 기다려도 디도는 오지 않았습니다. 이런 가운데 고린도 교회의 소식이 몹시 궁금했던 바울은 드로아에서 한걸음 더 나아가 마게도냐까지 가서 디도를 만나고자 하였습니다. 그래서 드로아에서의 선교 사역이 본격적인 궤도에 오르려 하였음에도 불구하고 사도 바울은 마게도냐로 향했던 것입니다 (2:12-13).

그런 연유로 해서 마게도냐에 도착한 바울의 상태는 정신적으로, 육체

적으로 좋지 못한 상태였습니다. 왜냐하면 사방에서 환난을 당하다 보니 먼저 육체가 편하지 못했습니다. 당시 율법주의적인 유대주의자들과 우상을 섬기던 이방인들도 사도 바울이 가는 곳마다 나타나 그를 죽이려고 테러와 모략을 일삼았습니다. 그래서 바울은 한때 죽음 일보 직전까지 이르러 살 소망까지 끊어진 적이 있었습니다(1:8). 그러니 몸인들 온전했겠습니까? 그뿐 아니라 밖으로는 끊임없이 불신자들의 무리와 목숨을 내건 싸움이 계속되었습니다.

그렇다고 해서 바울이 그들과 똑같이 무기를 들거나 악랄한 방법으로 맞섰다는 것이 아닙니다. 그들은 칼과 창으로 위협하며 돌을 던지고 고소와 협박으로 일관하였지만 사도 바울은 그렇지 않았습니다. 바울은 오직 하나님의 말씀을 들고, 즉 의의 무기로 무장하고 그리스도의 사랑을 외치며 또 그것을 실천해 보임으로써 그들과 대적하였습니다. 그래서 밖으로부터 오는 다툼을 하나하나 이겨 나가면서 하나님의 나라를 확장시키는 데에 전력을 다하였던 것입니다.

그러한 가운데서도 그는 "안으로는 두려움이었노라" 고 고백합니다. 세상에 아무리 심지가 견고한 사람이라도 두려움이 전혀 없는 사람은 없을 것입니다. 그러니 사방에 자신을 해하려는 사람들뿐이며 또한 자신이 세운 교회에서조차 좋지 않은 소식만 들려올 때 바울의 심정이 어떠했겠습니까? 그러나 바울에게는 그러한 상태도 잠시뿐이었습니다. 두려움과 전혀 무관하게 지낼 수는 없다 해도 이내 그 두려움을 하나님께 대한 믿음과 기도로 누르고 극복하였던 것입니다.

우리의 인생이란 지내다 보면 여러 가지 어려움을 겪을 때도 있고 환난을 당할 때도 있습니다. 그러나 우리 그리스도인들은 이러한 것들이 다가오더라도 하나님께 대한 믿음과 소망과 사랑으로써 능히 이겨낼 수 있어야 합니다. 왜냐하면 그리스도인이란 하나님의 성령께서 그 중심에 거하고 계시기 때문에 세상의 모든 어려움을 극복할 수 있는 충분한 근거를 소유하고 있기 때문입니다. 이것이 바로 성도와 불신자들의 차이점인 것입니다.

나는 어떤 사람이 자신이 본 환상에 대해서 간증한 것을 늘 기억하고 있습니다. 그 사람이 기도 중에 있을 때에 갑자기 한 장면이 눈에 보이는데 그리스도인들이 모여서 열심히 기도하고 있었다고 합니다. 그런데 그 가운데 어떤 사람에게 성령의 불이 붙고 있는데 그만 마귀가 와서 소방대에서 쓰는 호스를 가지고 그 불을 끄려고 했답니다. 그래서 그것을 본 사람이 깜짝 놀라서 '이젠 저 불이 꺼지겠구나!' 라고 생각하면서 안타까워하고 있는데 마침 예수님께서 그 뒤에 계셔서 마귀의 소방 호스에 휘발유를 넣고 계시더랍니다. 그러니 마귀가 아무리 소방 호스를 갖다 대도 그 성령의 불은 꺼지지 않고 오히려 더욱더 세차게 타오르게 된 것입니다. 이와 같이 악한 마귀는 어찌하든지 그리스도인을 괴롭히고 박해하여 신앙을 소멸시키려고 하지만 결과는 정반대로 나타납니다. 왜냐하면 예수님께서 그 뒤에 서서 믿음과 소망과 사랑을 계속 부어 주시며, 우리를 지켜 주고 계시므로 우리는 그 모든 어려움을 능히 극복할 수 있기 때문입니다. 그러므로 우리는 환경을 바라보지 말고 오직 우리와 같이 계신 예수님을 생각하고 믿음과 기도로 담대해져야겠습니다.

6절 **그러나 낙심한 자들을 위로하시는 하나님이 디도가 옴으로 우리를 위로하셨으니**

사도 바울은 스스로를 '낙심한 자' 라고 말하고 있습니다. 아마도 사도 바울은 고린도 교회의 회개를 촉구하는 그의 '눈물의 편지' 를 디도 편에 보내 놓고 고린도 교회 성도들의 반응에 대해 노심초사했던 것 같습니다. 게다가 디도를 만나지 못하자 사도 바울은 심적으로 낙심이 되었던 것 같습니다. 많은 능력을 행하고 많은 교회를 세우며, 많은 사람들로부터 하나님의 사도로서 추앙받는 바울도 때로는 낙심하였던 것입니다. 이렇게 낙심될 때에는 하나님의 위로하심만이 유일한 힘이 됩니다. 이처럼 범사에 그를 위로해 주시던 하나님께서는 이번에도 고린도 교회의 일로 초조해 하던 사도 바울을 위로해 주셨습니다. 바로 디도가 고린도 교회의 소식을 들고 온 것이었습니다. 사도 바울은 디도를 통해 고린도 교회가 자신의 편지를 받고 회개하고 통회했으며 마음 문을 활짝 열고 자신을 그리워하고 기다리며 기도한다는 소식을 들었습니다. 이러한 기쁜 소식은 기진맥진한 사도 바울에게 위로와 기쁨을 주었으며 그를 용기백배하게 만들어 주었습니다.

7절 그가 온 것뿐 아니요 오직 그가 너희에게서 받은 그 위로로 위로하고 너희의 사모함과 애통함과 나를 위하여 열심 있는 것을 우리에게 보고함으로 나를 더욱 기쁘게 하였느니라

사도 바울은 디도를 만난 것만으로도 그 마음에 적지 않은 위로를 받았습니다. 그것은 동역자를 만난 데서 오는 위로입니다. 이와 같이 마음이 맞는 동역자가 같이 있다는 것은 그것만으로도 큰 힘이 됩니다. 비록 사람의 수로 계산한다면 두 명뿐이겠지만 실제로 발휘할 수 있는 힘은 두 사람을 합친 것보다 더 엄청난 위력을 발휘할 수 있습니다. 그렇기 때

문에 성경도 한 사람은 천을 쫓지만 두 사람은 만을 쫓는다고 기록하고 있는 것입니다(신 32:30).

뿐만 아니라 디도는 고린도 교회로부터 좋은 소식을 가져왔습니다. 사도 바울과 고린도 교회의 관계가 악화되어 있을 때에는 바울뿐만 아니라 바울의 동역자들도 고린도 교인들에게 환영을 받지 못하였습니다. 그러나 고린도 교인들이 바울의 권면을 받아들여 잘못을 반성하고 바른 입장을 취하게 되자 자연히 바울의 동역자인 디도도 잘 맞아들이게 되었습니다. 그래서 디도는 그렇게 하여 받은 위로와 고린도 교회의 쇄신된 모습을 함께 전하여 줌으로 사도 바울의 심정을 편안하게 해 주었던 것입니다.

"너희의 사모함과 애통함과 나를 위하여 열심 있는 것을 우리에게 보고함으로 나를 더욱 기쁘게 하였느니라". 이 구절은 디도가 가져온 소식의 내용들입니다. 먼저, 고린도 교인들은 계속해서 사도 바울을 사모하고 있었으며 그가 전하여 준 꿀같이 단 말씀을 사모하고 있었습니다. 한때 율법주의자들이 기승을 부리며 '다른 복음' 을 전하고 성도들의 관심을 온전한 복음에서 멀어지게 하였지만 그들은 오래 가지 못하였습니다. 그들이 맺은 그 열매가 하나님께 대하여 온전하지 못하였으며, 그들의 생활이 하나님의 일꾼이라 보기에는 너무도 분별이 없어 그들의 실체가 명백하게 드러났기 때문입니다. 이렇게 되자 고린도 교인들은 처음에 그들을 키우고 양육해 주던 영적인 아버지인 사도 바울을 그리게 되었습니다. 더 나아가 그가 전해 준 은혜의 말씀을 그리워하게 되었으며 급기야는 바울이 보낸 서신, 즉 고린도전서를 읽고 자신들이 가지고 있던 편견을 버리게 되었던 것입니다.

그다음 고린도 교인들은 애통한 마음을 가지게 되었습니다. 고린도전서를 읽고 난 다음 자신들을 살펴보니 그동안 자신들이 얼마나 우매하고 불의하였는지를 깨닫게 되었습니다. 그리하여 마음속에 회개의 심정이 솟구쳐 오르고, 자신들의 연약함으로 말미암은 애통함이 물밀듯 밀려왔습니다. 여기서 애통한 마음이라 할 때 그것은 하나님의 뜻을 따라 거룩하게 살려고 함에도 불구하고 연약함으로 인하여 그것이 마음대로 되지 않을 때 오는 안타까운 심정을 의미합니다. 그러므로 우리가 이렇듯 진실하게 애통한 마음을 가진다면 그때 이미 우리의 마음은 주님께 열납됩니다. 그리하여 우리의 힘으로 할 수 없는 그것을 성령의 능력을 통해 이룰 수 있도록 힘주시고 능력 주시는 것입니다. 그리고 우리 마음속에 더없는 위로를 주시어 하나님의 능력을 힘입어 살아갈 수 있도록 붙들어 주십니다. 그래서 성경에서도 "애통하는 자는 복이 있나니 그들이 위로를 받을 것임이요"(마 5:4)라고 말씀하고 있는 것입니다.

마지막으로 고린도 교인들은 사도 바울을 위하여 열심히 신앙생활을 하였습니다. 이것은 고린도 교인들이 사도 바울의 권면에 전적으로 순종하였다는 것을 의미합니다. 그리하여 그들은 사도 바울이 고린도전서에 기록한 대로 구체적인 사항에 이르기까지 순종하였으며 그것을 지키기 위해서는 자체 내 징계도 서슴지 않을 정도로 각오를 새로이 하였던 것입니다.

"나를 더욱 기쁘게 하였느니라". 이 말씀에서 보듯, 주의 종의 가장 큰 기쁨은 자신이 목회하는 교회의 성도들이 주님을 뜨겁고 열렬하게 믿고 목사의 목양에 잘 따라오는 것입니다. 반면 교회가 마귀의 방해로 분열되고 교인들 간에 논쟁과 투쟁이 그치지 않고 목회자의 가르침을 받아들이지 않을 때 목회자의 마음은 너무도 낙심이 되고 괴롭습니다. 그러나 고린도 교회의 경우처럼 문제가 생기기는 했으나 그들이 진심으로 회개하고 사도 바울의 가르침대로 돌이키자 사도 바울은 너무도 기뻤던 것입니다. 이러한 기쁨은 하나님의 기쁨이기도 합니다. 비록 우리가 죄를 지어도 우리가 돌이켜 회개하면 하나님은 용서해 주시고 우리를 기쁘게 받아 주십니다. 하나님의 용서가 없다면 우리는 존재할 수 없습니다.

어린 아기를 키우는 어머니를 보십시오. 대소변도 못 가리는 아기를 키우기가 얼마나 힘듭니까? 어머니가 똥 싸고 오줌 싸고 온갖 장난 다 하는 아기를 용서하지 않고 그때마다 일일이 몽둥이로 때리면 아기는 어떻게 되겠습니까? 그럼에도 불구하고 어머니가 용서와 사랑으로 아기를 키우는 것입니다. 이와 같이 예수 그리스도의 십자가를 통한 삼위 하나님의 용서와 사랑이 우리를 구원시키고 성장시키는 것입니다. 목회 역시 마찬가지입니다. 사도 바울의 경우처럼, 목회자의 용서와 사랑이 교인들을 성숙한 그리스도인으로 자라게 하는 것입니다.

8절 **그러므로 내가 편지로 너희를 근심하게 한 것을 후회하였으나 지금은 후회하지 아니함은 그 편지가 너희로 잠시만 근심하게 한 줄을 앎이라**

사도 바울은 고린도 교회에 첫 편지를 보내고 상당히 후회하였습니다. 왜냐하면 서신의 내용이 너무도 신랄하였고, 또 단도직입적이었으므로 그로 인해 고린도 교인들이 많은 상처를 받지 않을까 두려웠기 때문입니다.

이것이 바로 부모의 심정이 아니겠습니까? 아마 이러한 심정은 자식을 길러 본 사람이라면 누구나 다 이해할 줄 압니다. 아무리 자식이 잘못을 저질렀다고 해도 막상 매를 때리고 나면 부모의 마음이 편하지가 않습니다. 그렇다고 잘못을 그대로 둘 수는 없고, 또 징계하자니 마음이 아프고, 이래서 괴로운 것이 바로 부모의 심정입니다.

사도 바울의 심정이 그러했습니다. 비록 고린도 교인들 가운데서 우상을 섬기거나 이방 풍습에 물들어 하나님을 멀리한 사람도 있었고, 도덕적으로 문란하거나 물욕에 눈이 어두워 교인들 간에 송사를 일으키는 등 여러 가지 잘못이 있었으나, 사도 바울은 그들의 행동을 탓하기 이전에 그들의 존재 자체를 귀하게 여기고 있었던 것입니다.

그래서 한동안 마음 한구석이 개운치 못하였으며, 그것은 그대로 그가 행하던 선교 사역에도 영향을 주어 드로아에서처럼 복음 전파에 지장을 초래하였던 것입니다. 그러나 디도로부터 소식을 전해들은 사도 바울은 적잖이 안심을 하였습니다. 왜냐하면 그들이 바울의 충언을 진심으로 받아들여서 잠시 가지고 있던 실의를 떨쳐 버리고 회개하기까지에 이르렀기 때문입니다.

9절 내가 지금 기뻐함은 너희로 근심하게 한 까닭이 아니요 도리어 너희가 근심함으로 회개함에 이른 까닭이라 너희가 하나님의 뜻대로 근심하게 된 것은 우리에게서 아무 해도 받지 않게 하려 함이라

사도 바울은 오히려 기뻐합니다. 고린도 교인들이 자기반성을 통해 회개하게 되었으며 복음이 가르친 바른길로 되돌아오게 되었기 때문입니다.

여기서 '회개'라는 것은 헬라어로 '메타노이아'(μετάνοια)라고 하는데, 이는 사람의 마음과 생각을 바꾸어 이제까지 오던 길에서 방향을 바꾼다는 것을 의미합니다. 그러므로 이것은 단순한 후회나 자책과 같은 감정과는 차이가 있습니다. 우리 그리스도인이 중생할 때에 수반되는 회개가 바로 이와 같이 인생에 있어서 획기적인 방향 전환이 되는 것입니다.

그러나 한 번 회개했다고 해서 단번에 완전히 거룩해지는 것은 아닙니다. 중생하고 난 후에도 죄를 범하게 되는 때가 있기 때문에 우리는 계속해서 회개하는 생활 태도를 견지해야 합니다(요 13:10; 요일 1:9). 그리하여 시간이 갈수록 더욱 성화되어 하나님의 온전함에 이르도록 해야 하는 것입니다.

"너희가 하나님의 뜻대로 근심하게 된 것은 우리에게서 아무 해도 받지 않게 하려 함이라". 그런데 사도 바울의 말에 의하면 이렇게 근심함으로 회개하게 된 것이 바로 하나님의 은혜라는 것입니다. 왜냐하면 바울의 계속되는 경고와 권면에도 불구하고 고린도 교인들이 회개하지 않고 완악하게 행동하였다면 그때에는 교회에 무서운 분열이 일어나고 심한 상처가 생기게 될 것이기 때문입니다. 그러나 그렇게 사태가 악화되기에 앞서 먼저 고린도 교인들이 회개할 수 있었던 것은 그리스도의 몸 된 교회를 위해서도 다행이요, 교인들 각자를 위해서 유익이 아닐 수 없습니다. 그래서 바울은 먼저 회개하도록 강권하신 하나님의 뜻에 감사하고, 그다음에는 고린도 교인들의 태도 변화를 칭찬하고 있는 것입니다.

사실 하나님의 성령이 우리를 꾸짖을 때 모든 사람들이 다 회개하는 것은 아닙니다. 마음 깊이 근심하고 애통해 하면서 "주님이시여, 나의 죄를 용서해 주시옵소서." 하고 변화 받는 사람들이 있는가 하면, 오히려 반발심을 품고 더 악화되는 사람들도 있습니다. 자녀들을 체벌할 때도 마찬가지입니다. 부모가 때리면 반발하는 자녀가 있는가 하면, 바로 용서해 달라고 비는 자녀도 있습니다. 우리는 하나님의 꾸중을 들을 때 온순하게 선한 마음으로 즉시 회개해야 합니다. 이럴 때 하나님의 더 큰 사랑을 받습니다. 반면 자꾸 변명하고 완악한 마음을 품고 반항을 하면 버림을 받습니다. 하늘나라에서는 안 깨어지면 못 씁니다. 자신을 깨뜨린다는 것은 회개한다는 것입니다. 그릇은 깨어지면 못 쓰지만 사람은 안 깨어지면 못 쓰는 것입니다. 그러므로 우리는 하나님의 꾸중을 들을 때 깨어지고 부드러운 마음으로 즉시 회개해야 할 것입니다.

10절 **하나님의 뜻대로 하는 근심은 후회할 것이 없는 구원에 이르게 하는 회개를 이루는 것이요 세상 근심은 사망을 이루는 것이니라**

사도 바울은 두 가지 종류의 근심을 말하고 있습니다. 이는 그리스도인이면 누구나 다 체험하였을 것입니다.

먼저 '하나님의 뜻대로 하는 근심' 이 있습니다. 이것은 바람직한 근심이라고 볼 수 있습니다. 우리는 성경 말씀을 읽거나 설교 말씀을 듣고 마음에 감동을 받게 되면 자연히 자신의 부족함과 연약함을 알게 됩니다. 그래서 매사에 하나님의 뜻을 따라 생활하기보다는 자신의 만족을 위하여 살며, 하나님을 영화롭게 해 드리기보다는 자신의 쾌락을 위하여 살아가는 때가 많다는 것을 깨닫게 됩니다. 이러한 자신의 모습에 대하여 애통한 마음을 가지고 어떻게 하면 좀 더 신령한 생활을 할 수 있을까 하고 근심하는 것이 하나님의 뜻대로 하는 근심입니다. 따라서 그러한 근심은 그리스도인으로 하여금 회개에 이르게 하여 마음과 생활에 새로운 변화를 가져오는 요인이 됩니다(롬 12:2; 딛 3:5). 그러므로 하나님의 뜻대로 하는 근심은 바로 신령한 근심입니다. 그것은 그리스도인으로 하여금 더욱 더 깊은 성화의 단계에 이르게 하여 주님과 동거하는 삶을 살게 만드는 것입니다.

반면에 '세상 근심' 도 있습니다. 이것은 '무엇을 입을까, 무엇을 마실까, 무엇을 먹을까?', '어떻게 하면 권세와 영화를 누릴까?' 하는 걱정을 말합니다. 이처럼 세상 근심의 관심사는 온통 인간 자신과 세상사에만 쏠려 있습니다. 거기에는 하나님이 계실 자리가 없습니다. 왜냐하면 세상 것에 대한 욕심이 하나님이 계셔야 할 자리에 대신 들어앉았기 때문입니다.

사도 바울은 이러한 세상 근심은 결국 사망을 이루는 것이라고 말합니다. 이 세상의 마지막이 다가올 때 세상 근심에 연연한 사람은 종국적으로 이 세상의 종말과 함께 영원히 멸망할 운명에 처하기 때문입니다. 그러나 신령한 근심을 통해 거룩한 단계에 이른 사람은 예수님이 오실 때 들림을 받아 하나님의 기쁨에 참여하면서 영생을 얻게 됩니다. 그러므로 세상 근심이 스며들면 그 즉시로 기도하여 하나님께 맡겨 버리고(막 11:24), 신령한 근심은 그것을 통해서 더 깊은 은혜의 생활을 할 수 있도록 영적 성장의 계기로 삼아야 할 것입니다.

11절 보라 하나님의 뜻대로 하게 된 이 근심이 너희로 얼마나 간절하게 하며 얼마나 변증하게 하며 얼마나 분하게 하며 얼마나 두렵게 하며 얼마나 사모하게 하며 얼마나 열심 있게 하며 얼마나 벌하게 하였는가 너희가 그 일에 대하여 일체 너희 자신의 깨끗함

을 나타내었느니라

사도 바울은 권면을 통해서 회개하여 마음이 새롭게 된 고린도 교인들이 어떻게 변화되었는가를 구체적으로 열거하고 있습니다.

첫째로, 고린도 교인들은 '간절한 마음' 을 가지게 되었습니다. 즉, 마음속에 하나님의 뜻에 순종하고자 하는 열심이 생긴 것입니다. 그리하여 간절한 마음으로 회개하고 간절한 마음으로 하나님의 도우심을 구하여 신령한 생활을 회복하고자 하였습니다.

둘째로, 고린도 교인들은 '변증하는 마음' 을 가지게 되었습니다. 여기서 말하는 '변증' 은 단순히 자기변호를 한다거나 자신의 허물을 덮고자 하는 의도에서 하는 것과는 의미가 다릅니다. 오히려 그것은 자신의 잘못을 솔직히 인정하고 모든 허물을 낱낱이 고백하는 자세를 말합니다. 이러한 마음은 그만큼 고린도 교인들의 자세가 하나님과 사도 바울의 앞에서 겸손하여졌다는 것을 의미하며, 자신들의 잘못을 깊이 뉘우치고 있다는 것을 표현해 주고 있습니다.

셋째로, 고린도 교인들은 자신들의 행적에 대해 '매우 분한 마음' 을 가지고 있었습니다. 그리하여 이전에 지었던 모든 죄와 허물에 대해 자책하였으며, 어떻게 그렇게 할 수가 있었던가 하고 통회하였습니다.

넷째로, 고린도 교인들은 '두려워하는 마음' 을 가지게 되었습니다. 하나님을 두려워하고 경외하게 되어 범사에 하나님의 뜻만을 따라 살려고 하는 변화가 생겼습니다.

다섯째로, 고린도 교인들은 '사모하는 마음' 을 가지게 되었고, 하나님과 항상 동거하는 신령한 생활을 사모하게 되었으며, 주신 은사로 말미암아 능력 있는 신앙생활을 하기를 사모하였습니다. 그리하여 이전에는 자기중심적으로 살고 이기적인 욕심에 의해 살던 습관에서 벗어나 하나님 중심으로 살고 예수님 중심으로 살고자 노력하게 된 것입니다.

여섯째로, 고린도 교인들은 신앙에 '열심'을 가지게 되었습니다. 그래서 이제는 더욱더 성령 충만하여 주님 중심으로 살겠다는 뜨거운 마음을 가지고 모든 죄와 불의를 끊어버리게 되었던 것입니다.

마지막으로, 고린도 교인들은 스스로를 벌하였습니다. 그래서 잘못된 점에 대해서는 가차 없이 책망하고 근신하여 하나님 앞에서 올바른 신앙생활을 하기 위해 노력하였습니다.

자신들의 잘못을 뉘우치고 회개한 고린도 교인들은 이상과 같이 일곱 가지 형태로 변화된 모습을 보였습니다. 이것은 오늘날 우리에게도 그대로 적용됩니다. 주님을 믿는다고 하면서도 회개의 열매가 따르지 못하고 그저 입으로만 회개하는 신앙생활을 한다면 그것은 절대로 하나님께서 기뻐하시지 않는 것입니다.

우리는 오직 주님의 말씀에 귀를 기울이면서 우리 자신의 생활 가운데서 잘못된 점은 없는지 또 부족한 점은 없는지 늘 살펴보아야 합니다. 그리하여 항상 주님께 대하여 간절한 마음으로 모든 것을 낱낱이 고하여 애통한 마음을 가지고 하나님을 경외하고 있는가를 살펴보아야 합니다. 그리고 주님의 일에 열심을 가지고 오직 주님 중심으로 살며 자신에 대하여는 항상 엄격하고도 단호한 태도를 취하고 있는지 분별해야 합니다. 그래서 하나님을 대할 때나 또는 자신을 대할 때, 그리고 다른 사람을 대할 때 부끄러울 것 없이 자신의 깨끗함을 나타낼 수 있어야 합니다.

위대한 신앙이란 죄를 전혀 안 짓는 사람이 아니라 죄를 짓더라도 바로 돌아서서 통회하는 마음으로 회개하는 사람을 말합니다. 왜냐하면 그런 사람은 그만큼 하나님만을 바라보고, 하나님의 자비를 의지하며 주님의 보혈의 공로를 믿는 위대한 신앙 안에 거하는 사람이기 때문입니다.

12절 그런즉 내가 너희에게 쓴 것은 그 불의를 행한 자를 위한 것도 아니요 그 불의를 당한 자를 위한 것도 아니요 오직 우리를 위한 너희의 간절함이 하나님 앞에서 너희에게 나타나게 하려 함이로라

사도 바울이 고린도 교인들에게 서신을 보낸 이유를 단적으로 설명하고 있습니다. 그에 의하면 그 편지는 어떤 특정한 사건에 연루된 사람들만을 위하여 쓴 것이 아니라고 말합니다. 즉, 특정인을 공격하거나 변호하기 위해 쓴 것이 아니라는 것입니다. 당시 고린도 교인들 가운데에는 교회의 질서를 어지럽히는 사람들이 많았습니다. 그들 중에는 자기 아버지의 후처를 취한 사람도 있었고, 이방인의 더러운 풍습에 동조하는 사람도 있었으며, 심지어는 교회와 연관된 일을 세상 법정에까지 끌고 나가서 문제화시키는 사람들도 있었습니다(고전 5:1,13; 6:1).

물론 바울이 고린도전서를 통해서 그들의 잘못을 지적한 것은 사실이지만, 그러나 그 서신을 작성한 전체적인 의도는 다른 데에 있었습니다. 그것은 고린도 교인 모두가 그 서신을 보고 마음에 변화를 일으켜 근본적으로 개선하기를 원하였던 것입니다. 그래서 잠들어 있거나 희미해진 신앙을 일깨워 신앙생활의 면모를 일신하여 첫사랑을 회복하게 하고자 하였던 것입니다.

또 그러한 과정을 통해서 하나님의 진정한 사역자이자 그들의 영적 아비인 사도 바울에 대한 사랑을 되찾고 더 나아가 하나님께 인정받을 만큼 변화되기에 이르도록 하기 위해 서신을 써보냈다는 것입니다.

13절 이로 말미암아 우리가 위로를 받았고 우리가 받은 위로 위에 디도의 기쁨으로 우리가 더욱 많이 기뻐함은 그의 마음이 너희 무리로 말미암아 안심함을 얻었음이라

고린도 교회가 올바른 길로 접어들었다는 사실로 말미암아 사도 바울은 많은 위로를 받았습니다. 그때의 위로는 바울의 형편이 좋지 않을 때에 온 것이기 때문에 더욱 값진 것이었습니다(5절).

우리 인간은 가끔 이 세상에 살아가면서 엉뚱한 데서 위로를 받으려고 합니다. 금전을 통해 위로 받으려고 하거나 술과 세상 쾌락으로부터 위로를 받으려고 합니다. 그것뿐이 아닙니다. 자신의 힘이 약해 서러움을 당할 때에는 권력이나 물리적인 힘에 기대어 위로를 받으려고 하며, 현재 처지가 서글플 때에는 과거지사를 회상하며 위로를 얻으려고 합니다. 세상 사람들은 그저 이러한 데에만 얽매여 시간을 헛되이 보내고 있는 것입니다. 이것은 그들의 마음의 문이 닫히고 영적인 눈이 멀어 있기 때문입니다.

그러나 하나님의 자녀 된 우리는 그들과 다른 기준을 가지고 있습니다. 그들과 다른 사고방식과 가치관을 가지고 있습니다. 바로 그러한 가치관과 사고방식과 기준의 유일한 근거가 '하나님의 말씀' 입니다. 우리 그리스도인들은 위로의 원천이신 하나님을 모시고 삽니다. 우리는 우리에게 닥친 문제의 뒤에 우뚝 서 계신 하나님을 의지하며, 각종 고난과 어

려움 뒤에서 우리를 도와주시기 위해 와 계신 예수님을 바라볼 수 있는 눈을 가지고 있습니다. 더구나 하나님께서는 보혜사 성령님을 우리 곁에 보내 주시어 곤궁에 처한 우리를 위로하시고 도와주십니다. 그러니 이 세상에서 아무리 어려운 일을 당한다고 하여도 걱정하거나 낙심할 이유가 없습니다. 왜냐하면 우리는 그러한 과정을 통해서 오히려 살아 계신 하나님을 체험하며, 성령님의 도우심을 받을 수가 있기 때문입니다.

그동안 바울은 하나님께서 주시는 이러한 위로를 수없이 받았습니다. 특히 고린도 교회와의 관계에 있어서도 수많은 우여곡절 끝에 결국은 모든 것을 합력하여 선을 이루시는 하나님의 위로를 받았던 것입니다(롬 8:28).

그런데 그러한 위로 외에도 또 한 가지 기쁨이 더 있었습니다. 그것은 디도가 전해 준 소식과 함께 바로 디도 자신이 고린도 교회의 실상을 보고 안심한 데서 온 기쁨이었습니다. 사도 바울은 이것 때문에 더욱 기뻐하였다고 전하고 있습니다. 왜냐하면 디도의 안심은 고린도 교회의 변화된 모습을 증명해 주는 것이기 때문이었습니다.

14절 내가 그에게 너희를 위하여 자랑한 것이 있더라도 부끄럽지 아니하니 우리가 너희에게 이른 말이 다 참된 것같이 디도 앞에서 우리가 자랑한 것도 참되게 되었도다

사실 바울은 언제나 자신이 개척하고 양육한 교회를 자랑으로 여겼습니다(1:14; 8:24). 그러나 그것은 이기적인 동기에서 그렇게 한 것이 아니라 어디까지나 하나님의 교회가 강성해진다는 데 대하여 그리스도의 종으로서 가지는 긍지였습니다. 그래서 바울은 디도와 함께 전도 여행을

하면서 고린도 교회에 대하여 자랑한 것입니다.

본래 부모는 자기 자식 자랑을 하게 마련이고 자기 자식이 제일 예뻐 보이는 것입니다. 한 포수가 새를 잡기 위해 산 속에 들어갔습니다. 그러자 이를 알게 된 어미 메추라기가 자기 새끼들을 보호하기 위해 "포수님, 새 사냥을 하더라도 이 산에서 제일 예쁜 새는 잡지 마세요."라고 말했다 합니다. 그런데 나중에 그 포수가 새를 잡아 줄줄이 달고 오는 것을 보니까 전부 메추라기였습니다. 메추라기가 어미 눈에는 제일 예쁜 새로 보였지만 포수 눈에는 꼬리가 없어 제일 못생겨 보였던 것입니다. 이와 같이 부모들은 자기 자식의 못난 점보다 잘난 점만 보려고 합니다. 고린도 교회의 영적 아비인 사도 바울도 이러한 부모의 심정으로 비록 고린도 교회가 결점이 많음에도 불구하고 좋은 점을 부각시키고 자랑했던 것입니다.

그런데 실제로 디도가 고린도 교회를 방문하여 그 실태를 다 알고 나니 사도 바울이 말한 것과 다르지 않았습니다. 그래서 디도는 사도 바울이 고린도 교회에 대하여 말한 자랑이 사실 그대로라는 것을 확인하였던 것입니다. 이 사실을 알게 된 바울이 한편으로는 고린도 교인들이 디도에게 보여준 신실함을 칭찬하고, 또 한편으로는 바울 자신의 언행에 대한 신실함을 언급하면서 기쁜 마음으로 이 글을 쓰고 있는 것입니다.

15절 그가 너희 모든 사람들이 두려움과 떪으로 자기를 영접하여 순종한 것을 생각하고 너희를 향하여 그의 심정이 더욱 깊었으니

디도에게 편지를 들려 보낸 바울이나 바울의 부탁으로 편지를 전달하러 가는 디도나 '혹 고린도 교회가 자신들을 배척하지는 않을까?' 하여

걱정했던 것 같습니다. 그러나 그들의 생각은 기우에 불과했습니다. 디도가 고린도 교회에 갔을 때 그는 고린도 교인들로부터 정성스럽고도 예의 바른 대접을 받았습니다. 그들은 디도를 두려움과 떪으로 영접하여 순종하였습니다. 이는 참 놀라운 일이었습니다. 물론 고린도 교인들의 이러한 태도는 디도라는 이름을 가진 한 인간을 대접하기 위해 그렇게 한 것은 아니었습니다. 그것은 디도를 보낸 바울의 사도권을 인정하고 예우했기 때문이요, 더 나아가서는 바울을 사도로 부르신 예수 그리스도에게 순종하는 마음으로 그렇게 한 것이었습니다.

그러므로 우리는 하나님의 종이 주의 대변자로 말할 때에는 그와 함께 하신 하나님께 순종하는 마음으로 그를 따라야 합니다. 이것이 바로 하나님의 종을 대하는 태도입니다.

디도가 고린도에 갈 때는 그리스도의 대사로서 공적인 직분을 가지고 갔기 때문에 고린도 교인들도 그에 상응하는 대우를 하였던 것입니다. 그들의 이러한 심성을 체험한 디도로서는 그들에게 상당한 애착을 가졌습니다. 그래서 그들에 대한 사랑이 더욱 깊어졌던 것입니다.

사실 이러한 관계가 교역자와 평신도 사이의 모범적인 모델이라고 볼 수 있습니다. 이런 관계가 지속되어야만 사도 바울의 고백처럼 '함께 죽고 함께 사는' 혼연일체가 될 수 있는 것입니다(3절). 그렇지 않고 평신도는 평신도대로 교역자는 교역자대로 자신의 안위에만 집착하여 일체된 모습을 보이지 않는다면 매우 불행한 사태를 초래할 위험성이 있습니다. 주의 종인 교역자와 평신도 간의 관계가 세속적으로 흐른다면 그 교회가 어떻게 되겠습니까?

그러므로 주의 종이란 일체의 사심 없이 양 무리를 위하여 목숨을 버릴 정도의 각오를 가지고 있어야 합니다. 그리고 하나님을 대리하는 일에 전력투구할 때에 비로소 평신도와의 사이에 참다운 인격과 사랑의 관계가 성립되게 됩니다. 뿐만 아니라 성도들도 두렵고 떨리는 마음으로 주의 종을 대하여 하나님의 일이 더욱더 아름답게 이루어지게 되는 것입니다.

16절 내가 범사에 너희를 신뢰하게 된 것을 기뻐하노라

모든 오해가 풀리고 갈등이 해소되자 사도 바울의 마음은 기쁨으로 넘쳤습니다. 그리하여 다시 한번 고린도 교인들에 대한 자신의 사랑을 간접적으로 언급하면서 한 단원을 맺고 있습니다. 사람이 사람을 대하여 담대할 수 있다는 것은 여간 친밀한 사이가 아니고서는 힘든 것입니다. 그것이 바로 부모가 자식을 대하는 태도입니다. 부모의 심정이란 자식이 잘되는 일이라면 어떠한 말도 서슴지 않고 담대히 합니다. 그리고 자식을 위하여서는 어떠한 일도 마다하지 않습니다. 비록 자식이 그러한 부모의 심정을 이해하지 못한다 할지라도 부모는 자식을 사랑하는 마음으로 거리낌 없이 대하는 것입니다.

사도 바울은 고린도 교회를 세운 사도로서, 그리고 고린도 교인들을 키우고 가르친 영적 아버지로서(고전 4:15) 담대함을 가지고 있었습니다. 게다가 고린도 교인들이 사도 바울을 본받아 순종하고 그의 명령에 따라 마음가짐을 새로이 하게 된 것을 보고 그의 마음이 더욱 담대해지고 기뻤던 것입니다. 성도들이 하나님의 말씀을 경외하고 순종하면 목회자는 두려움 없이 담대하게 하나님의 말씀을 전할 수 있습니다. 그러나 목회자에게 '내가 이 설교하면 저 장로님이 삐치겠지? 저 권사님이 반발하겠지?' 라는 두려움이 있으면 그 목회자는 담대히 하나님의 말씀을 전할 수 없습니다. 내가 우리 여의도순복음교회 성도들에 대해 하나님께 감사한 것은 우리 성도들은 하나님 말씀을 경외하고 순종하기 때문입니다. 그래서 나는 성도들을 신뢰함으로 담대히 설교하고 목회할 수 있습니다. 이것이 얼마나 감사한 일인지 모릅니다.

제 8 장

예루살렘 성도들에게 보낼 연보에 대한 준비

고린도 교인들에 대한 연보의 권유 8:1-15

연보 처리를 위한 준비 8:16-24

A COMMENTARY ON
THE SECOND EPISTLE TO
THE CORINTHIANS

본 장을 통해서 사도 바울은 연보의 의미와 연보를 드리는 성도의 마음가짐에 대하여 설명하고, 이어서 예루살렘 교회에 보낼 연보를 관리하기 위해 준비한 과정을 기록하고 있습니다.

1. 고린도 교인들에 대한 연보의 권유(8:1-15)

1. 형제들아 하나님께서 마게도냐 교회들에게 주신 은혜를 우리가 너희에게 알리노니 2. 환난의 많은 시련 가운데서 그들의 넘치는 기쁨과 극심한 가난이 그들의 풍성한 연보를 넘치도록 하게 하였느니라 3. 내가 증언하노니 그들이 힘대로 할 뿐 아니라 힘에 지나도록 자원하여 4. 이 은혜와 성도 섬기는 일에 참여함에 대하여 우리에게 간절히 구하니 5. 우리가 바라던 것뿐 아니라 그들이 먼저 자신을 주께 드리고 또 하나님의 뜻을 따라 우리에게 주었도다 6. 그러므로 우리가 디도를 권하여 그가 이미 너희 가운데서 시작하였은즉 이 은혜를 그대로 성취하게 하라 하였노라 7. 오직 너희는 믿음과 말과 지식과 모든 간절함과 우리를 사랑하는 이 모든 일에 풍성한 것같이 이 은혜에도 풍성하게 할지니라 8. 내가 명령으로 하는 말이 아니요 오직 다른 이들의 간절함을 가지고 너희의 사랑의 진실함을 증명하고자 함이로라 9. 우리 주 예수 그리스도의 은혜를 너희가 알거니와 부요하신 이로서 너희를 위하여 가난하게 되심은 그의 가난함으로 말미암아 너희를 부요하게 하려 하심이라 10. 이 일에 관하여 나의 뜻을 알

리노니 이 일은 너희에게 유익함이라 너희가 일 년 전에 행하기를 먼저 시작할 뿐 아니라 원하기도 하였은즉 11. 이제는 하던 일을 성취할지니 마음에 원하던 것과 같이 완성하되 있는 대로 하라 12. 할 마음만 있으면 있는 대로 받으실 터이요 없는 것은 받지 아니하시리라 13. 이는 다른 사람들은 평안하게 하고 너희는 곤고하게 하려는 것이 아니요 균등하게 하려 함이니 14. 이제 너희의 넉넉한 것으로 그들의 부족한 것을 보충함은 후에 그들의 넉넉한 것으로 너희의 부족한 것을 보충하여 균등하게 하려 함이라 15. 기록된 것같이 많이 거둔 자도 남지 아니하였고 적게 거둔 자도 모자라지 아니하였느니라

1절 형제들아 하나님께서 마게도냐 교회들에게 주신 은혜를 우리가 너희에게 알리노니

이제 사도 바울은 지금까지 주로 자신의 입장에 대해 언급하여 왔던 흐름에서 벗어나 헌금 문제와 같은 구체적인 주제를 다루고 있습니다.

사도 바울이 고린도후서를 쓸 당시를 전후로 해서 예루살렘을 비롯한 중근동 지방에는 큰 흉년이 들어 많은 사람들이 어려운 생활을 하고 있었습니다(행 11:28). 그들 중에는 예루살렘 교회에 속한 성도들도 많이 있었습니다. 그렇기 때문에 비교적 재해를 덜 받거나 혹은 아무런 해도 입지 않은 지역에 있는 교회에서는 예루살렘 교회의 어려움을 덜어 주기 위하여 각 교회가 마음을 합하여 예루살렘 교회를 도와주기로 작정하였습니다. 이들은 비록 예루살렘 교인들과 지역도 다르고 종족도 다르지만 그들 모두를 주님 안에서 한가족같이 생각하고 주님께서 모범을 보여 주셨던 그 사랑을 따라 행하였던 것입니다.

사도 바울은 고린도 교인들에게 구체적인 권유를 하기에 앞서 마게도

냐의 성도들이 보여 준 실제 사례를 언급함으로 고린도 교인들의 주의를 촉구하고 있는 것입니다. 여기서 사도 바울은 마게도냐 교회들이 보여 준 열심과 사랑을 하나님께서 주신 은혜로 소개하고 있습니다. 그러므로 은혜라는 것은 우리 인간이 하나님께로부터 받는 신령한 은혜만을 말하는 것이 아니라, 사람이 사람에게 베푸는 선행조차도 그것이 하나님의 이름으로 행해질 때 은혜가 되는 것입니다.

당시 마게도냐에는 여러 교회가 있었습니다. 그중에는 옥에 갇히기도 한 적이 있는 빌립보의 교회가 있었고 후에 부활의 소망에 불타오르기도 했던 데살로니가 교회, 그리고 베뢰아 교회 등이 있었습니다. 이들은 사도 바울의 헌신적인 선교 사역을 통해서 세워졌는데, 하나님께서는 이들에게 영적으로 풍성한 복을 가져다 주셨습니다. 이제 그러한 복으로 말미암아 맺혀진 열매가 실제의 생활에 드러나게 되었는데, 그 열매가 바로 예루살렘 교회를 돕기로 한 그들의 결심에서 구체화되었던 것입니다.

사도 바울은 그들의 마음이 참으로 자랑스러웠습니다. 왜냐하면 그들의 중심에 그리스도의 사랑이 역사하지 않았다면 그러한 열매가 나타나지 않았을 것이기 때문입니다. 그러한 점에서 보면 마게도냐 교회에 속한 그리스도인들은 성령의 열매가 그들의 생활 가운데서 무성히 맺혀 있었던 것입니다. 그래서 바울은 그들의 행동을 예로 들면서 고린도 교인들을 독려하고 있는 것입니다.

2절 **환난의 많은 시련 가운데서 그들의 넘치는 기쁨과 극심한 가난이 그들의 풍성한 연보를 넘치도록 하게 하였느니라**

당시 마게도냐에 있는 교회들은 사도 바울의 말대로 환난의 많은 시련을 겪고 있었습니다. 외적으로는 로마의 압제로 말미암아 경제적인 착취를 당하여 곤궁이 극심했으며, 내적으로는 유대주의자들의 무질서한 행동과 이교도의 차별로 말미암아 박해가 심한 가운데 있었습니다. 마게도냐에 있는 교인들은 이렇게 내외적으로 시련이 다가왔음에도 불구하고 넘치는 기쁨을 가지고 있었습니다.

여기서 '환난' 이란 말은 헬라어로 두 가지가 있습니다. 그중의 하나가 '도키마조' (δοχίμαζω)요, 다른 하나는 '페이라조' (πειράζω)입니다. 이것은 한국어로 '환난' 이라고 번역하기도 하고 '시험' 이라고 번역하기도 하는 것입니다. 여기서 '도키마조' 로써 오는 것은 하나님께서 보내시는 환난으로, 우리로 하여금 연단 과정을 거쳐 더 큰 복을 받을 수 있도록 인도해 줍니다(약 1:12). 이 환난은 주로 우리가 하나님을 믿고 따름으로 인해서 오는 박해나 어려움을 말합니다. 따라서 성도들이 이러한 종류의 시험을 극복하고 나면 놀라운 축복이 다가오게 되는 것입니다.

그러나 '페이라조' 로써 다가오는 것은 마귀가 가져다주는 환난으로, 사람을 실족하게 합니다. 따라서 이러한 환난이 가정에 들어오면 그 가정에 불화가 생기고, 육체에 들어오면 육체에 병이 들게 됩니다. 그래서 이 시험은 결과적으로 사람에게 근심과 파괴를 가져다주는 것입니다. 그런데 이러한 시험은 주로 사람의 욕심 때문에 초래되는 경우가 많습니다(약 1:14). 바로 사탄이 이러한 욕심을 틈타서 사람을 도둑질하고 죽이고 멸망시키려는 것입니다. 그러므로 우리가 이러한 사탄의 올무에 걸리지 않기 위해서는 우리의 마음속에 끊임없이 일어나는 육신의 정욕과 안목의 정욕과 이생의 자랑에 대한 욕구를 단호하게 물리쳐야 합니다(요일

2:16). 그리고 교묘한 유혹과 거센 공격으로 모습을 바꿔 가며 달려드는 사탄의 불화살을 믿음의 방패로 물리치고(엡 6:16), 종국적으로는 사탄의 진을 파괴하는 데까지 이르러야 할 것입니다(10:4).

그런데 여기에서 마게도냐의 교인들이 당한 환난은 '도키마조', 즉 하나님께서 보내신 연단입니다. 하나님께서 마게도냐에 있는 교인들을 연단하여 신앙을 더욱 자라게 하기 위해 그러한 어려움을 허락하신 것입니다. 이러한 연단은 받으면 받을수록 더욱 기도를 많이 하게 되고 기쁨이 충만하게 됩니다(롬 5:3,4). 그리하여 종국적으로는 예수님께서 재림하실 때에 칭찬과 영광과 존귀를 받게 되는 계기가 되는 것입니다(벧전 1:7).

마게도냐에 있는 교회의 교인들로서는 이러한 데서 오는 기쁨이 있었기 때문에 가난, 즉 밑바닥까지 텅 비어 절대 가난의 상태에까지 이른 그 상황에서도 같은 형제를 돕고자 헌금을 하였던 것입니다. 하나님은 환난당하는 자에게 이를 감당할 마음의 기쁨을 주십니다. 이러한 기쁨이 없으면 환난을 이기지도 못하고 더 나아가 순교도 할 수 없는 것입니다. 우리 예수 믿는 사람들이 열심히 봉사하고 헌신하고 전도하고 물질을 드릴 수 있는 것은 그 마음에 성령께서 주시는 기쁨이 있기 때문입니다. 이 기쁨이 사라지면 모든 일에 힘이 없어집니다. 그러므로 우리는 "하나님, 항상 성령을 통하여 내 마음을 기쁨으로 채우소서."라고 기도해야 합니다. 이 기쁨이 있으면 어떠한 난관도 극복할 수 있습니다. 마게도냐 성도들도 극심하게 빈궁하여 아무것도 나올 만한 처지가 되지 않음에도 불구하고 마음속의 기쁨이 충만하였기에 자발적으로 연보를 풍성하게 하였다는 것입니다. 이 얼마나 놀랍고도 은혜가 넘치는 일입니까?

목회를 하다 보면 성도들이 가난할수록 오히려 헌금을 더 열심히 하고 부유해질수록 헌금에 더 인색해지는 것을 보게 됩니다. 왜냐하면 부자가 될수록 마음에 욕심이 더 생기기 때문입니다.

한번은 우리 교회에 완전히 파산하여 거의 죽다시피 된 분이 찾아온 적이 있습니다. 이분은 신앙생활을 통해 지난날을 회개하고 맨바닥에서 다시 사업을 시작했습니다. 그리고 빚이 있음에도 불구하고 십일조를 꼬박꼬박 드리고 없는 형편에도 나의 선교 여행에 동참하는 등 열심히 주님을 섬기셨습니다. 그 뒤로 이분의 사업이 하나님의 물질 축복을 받아 1년에 천만 원 드리던 십일조가 나중에는 5천만 원, 1억이 되더니 한 달에 십일조로 1억을 바칠 정도로 번창하게 되었습니다. 그런데 얼마 못 가 이분이 나를 찾아와 "목사님, 이번 십일조가 마지막입니다. 사업이 커지고 씀씀이가 많아지다 보니 도저히 손이 떨려 일억 이상을 십일조로 못 내겠습니다. 그래서 십일조 안 내는 교회로 가겠습니다."라고 말하는 것이었습니다. 한 푼도 없는 거지와 같은 신세에서 하나님의 복을 받아 그만큼 부자가 되었는데 막상 부자가 되고 보니 십일조 내는 것이 부담스럽다는 것이었습니다. 그러고 나서 그분은 다른 교회로 옮겨 갔는데 그곳에서도 신앙생활을 잘하지 못하고 거의 타락했다는 소식을 나중에 들었습니다. 참으로 안타까운 일이었습니다.

하나님께서 우리에게 복을 주시고 싶어도 주시기가 어려운 것이 이 때문입니다. 복을 받을 때 이것을 주님의 은혜로 알고 감사하고 더 헌신하면 되는데 오히려 탐욕이 생겨 세상으로 빠지게 되니, 여기에 하나님의 고민이 있는 것입니다. 이렇듯 사람이 가난할 때는 예수 믿기 쉬워도 부하게 되면 예수 믿기가 힘들게 됩니다. 우리 교인들도 그 어렵던 60년대, 70년대, 80년대에는 열심을 내어 주를 섬겼는데, 경제가 향상된 90년대

이후로는 다소 게을러진 경향이 있습니다. 예수님께서 "낙타가 바늘귀로 나가는 것이 부자가 하나님의 나라에 들어가는 것보다 쉬우니라"(막 10:25)고 말씀하신 이유도 이 때문입니다. 그러므로 우리는 가난하고 어려울 때나 부하고 좋을 때나 변함없이 하나님의 은혜에 보답하는 삶을 살아야 합니다.

오늘을 사는 우리는 하나님 앞에 너무나도 많은 핑계를 댑니다. 충분히 할 수 있음에도 불구하고 주님 사업을 등한히 하며 이웃을 돕는 데에도 인색합니다. 사업이 잘 되지 않는다든가, 또는 빚이 많아 여유가 없다는 등의 변명을 하면서 도움의 손길을 기다리고 있는 이웃들로부터 얼굴을 돌려 버립니다. 그러나 잘 생각해 보면 지금 우리가 가지고 있는 재산, 명예조차도 우리의 것이 아닙니다. 이것들은 다 하나님께서 우리에게 허락해 주셔서 가질 수 있었던 것이고, 또한 앞으로도 하나님께서 허락해 주셔야 계속 유지시켜 나갈 수 있는 것입니다. 만약 지금 당장이라도 우리의 생이 끝난다고 생각해 봅시다. 인간의 명예와 재산이 무슨 소용이 있겠습니까?

우리는 이 세상에서의 재산뿐만 아니라 내세에도 계속 영향을 미칠 수 있는 재산에 우리의 관심을 두어야 합니다. 그것은 바로 이 땅에 있을 때에 우리가 주님과 이웃을 위하여 얼마만큼 일하였는가 하는 실적입니다. 만약 우리가 가진 모든 것을 드려서 주님과 이웃을 위해 헌신한 것이 있다면, 그것은 삼십 배, 육십 배, 백 배로 불어나 하늘나라의 귀한 상급이 되어 우리를 기다리고 있을 것입니다.

그러므로 비록 세상의 물질로는 부유하지 못하다 할지라도 하늘나라에 보물을 쌓아둔 사람은 진실로 행복한 사람입니다(마 6:20). 마게도냐의 교인들이 바로 그러한 사람들이었습니다. 그래서 사도 바울은 빌립보 교회에 보내는 서신을 통해 "나의 하나님이 그리스도 예수 안에서 영광 가운데 그 풍성한 대로 너희 모든 쓸 것을 채우시리라"(빌 4:19)고 축복하였던 것입니다.

3절 내가 증언하노니 그들이 힘대로 할 뿐 아니라 힘에 지나도록 자원하여

신앙생활에는 반드시 지켜야 할 세 가지 의무가 있습니다. 마치 우리가 대한민국의 국민으로서 국가로부터 안녕과 복지를 보장받는 것과 동시에 국민 된 의무를 다하여야 하는 것처럼 성도가 행해야 할 3대 의무가 있는 것입니다.

첫째로, 그리스도인들은 주일에 꼭 교회에 출석하여 예배를 드려야 할 의무가 있습니다. 바로 '성수 주일'(聖守主日)을 해야 한다는 것입니다. 이것은 우리 그리스도인과 세상 사람이 다르다는 것을 하나님 앞에 드러내 놓는 징표가 되는 것입니다. 물론 주일을 지킨다는 것을 율법적으로 해석하여 신앙생활에 올무가 된다면 그것은 복음적이지 못하겠지만, 적어도 자발적인 믿음에 의해 기쁜 마음으로 성전에 찾아오는 것은 성도라면 꼭 가져야 할 자세인 것입니다. 더욱이 그리스도의 재림을 소망하고 있는 우리는 주님께서 오실 날이 가까울수록 모이기에 힘써야 합니다(히 10:25). 그리고 구역 활동에도 참가하여 예배도 드리고 전도 활동도 하며 지역 사회의 영적 발전을 위해서도 노력해야 하는 것입니다.

둘째로, 그리스도인들에게는 '연보의 의무'가 따릅니다. 성도들은 하나님께로부터 신령한 은혜를 받은 데에 응답하여 반드시 물질로써 주의

사업을 도와야 할 의무가 있습니다. 우리가 하나님께 물질을 드리는 것은 두 가지 의미를 가지고 있습니다. 우선 그것은 우리와 하나님의 관계를 명확히 드러내는 의미를 갖고 있습니다. 다시 말해서 하나님께서 부족한 것이 있어서 우리의 물질을 원하시는 것이 아니라, 하나님께서 우리 아버지가 되시고 또한 우리가 하나님의 자녀 된 영적인 관계를 대변해 주는 의미를 갖고 있는 것입니다.

그리고 그것은 이 땅에서의 주의 복음 사업을 위한 물질적인 자원으로서 의미를 갖고 있습니다. 왜냐하면 우리가 살고 있는 이 세상은 일단 모든 일이 물질적인 것과 연결되어 있으므로 복음을 전하기 위해서는 어쩔 수 없이 물질적인 자원이 있어야 하기 때문입니다. 이렇기 때문에 하나님께서는 성도들에게 연보의 의무를 부과하신 것입니다.

그 가운데서도 특히 십일조는 온전하게 드려야 할 연보 중의 하나입니다. 그리스도인들이 하나님께 십일조를 드리는 것은 단순히 교회의 재정을 보충하기 위함이 절대 아닙니다. 십일조를 드리는 것은 그것을 드리는 사람이 하나님을 섬긴다는 것과 하나님 중심으로 살고자 한다는 신앙의 표현이자 발로인 것입니다. 더 나아가서 이 세계 모든 만물에 대한 하나님의 주권을 인정하고 하나님을 경배하는 데에 목적이 있습니다.

그러므로 십일조를 비롯해 하나님께 드리는 헌물은 예수 그리스도를 믿고 순종한다는 것과 그 물질이 이웃의 구원을 위하여 사용되게 함으로 이웃의 영혼을 사랑하고 있다는 확실한 증거가 됩니다. 이것은 하나님의 자녀 된 우리가 꼭 맺어야 할 신앙의 열매인 것입니다.

셋째로, 그리스도인들에게는 '전도의 의무' 가 있습니다. 전도란 하나님의 최대의 소원이자, 예수님의 지상 명령입니다(마 28:19-20). 이것이 그렇게 쉬운 일은 아니지만 이 의무를 충실히 이행하게 되면 영화로운 상급이 따르게 됩니다.

이 3대 의무는 구원받은 성도라면 꼭 지켜야 할 의무입니다. 이러한 의무를 지키지 않고 하나님께 복을 구한다면, 그것은 이기적인 신앙이요 자기중심적인 생각에 지나지 않습니다. 왜냐하면 이 3대 의무는 가장 기본적인 의무이기 때문입니다. 그리고 이러한 의무를 충실히 이행하면서 하나님 앞에 나아간다면 하나님께서는 범사에 풍성한 은혜와 복을 넘치게 허락하여 주실 것입니다.

성경은 "하나님이 세상을 이처럼 사랑하사 독생자를 주셨으니"(요 3:16), "우리가 아직 죄인 되었을 때에 그리스도께서 우리를 위하여 죽으심으로 하나님께서 우리에 대한 자기의 사랑을 확증하셨느니라"(롬 5:8)고 말씀합니다. 즉, 하나님의 사랑은 말로만 그치는 사랑이 아니라 우리에게 '주는' 사랑이라는 것입니다. 이와 같이 사랑은 주는 것과 비례합니다. 마찬가지로 하나님에 대한 우리의 사랑 역시 하나님께 '드리는' 우리의 행위로 증명되는 것입니다. "행함이 없는 믿음은 죽은 것이니라"(약 2:26)는 말씀도 마찬가지입니다. 하나님에 대한 우리의 사랑과 믿음은 우리의 구체적인 행위와 비례하는 것이자 우리의 구체적인 삶으로 확증하는 것입니다.

이것은 사람에 대해서도 마찬가지입니다. "누가 이 세상의 재물을 가지고 형제의 궁핍함을 보고도 도와 줄 마음을 닫으면 하나님의 사랑이 어찌 그 속에 거하겠느냐 자녀들아 우리가 말과 혀로만 사랑하지 말고 행함과 진실함으로 하자"(요일 3:17-18)라는 말씀처럼 누군가를 사랑한다면 그를 위하여 물질이나 헌신적 봉사로써 무엇인가를 '주는' 실제적이고 구체적인 행위가 따라야 하는 것입니다. 사랑한다면 그 상대가 기뻐하고 행복해 하는 것을 해 주는 것입니다. 신앙인의 3대 의무는 이와 같이 하나님과 이웃을 향한 우리의 사랑과 믿음의 표현입니다. 억지로 하는 의무가 아닌 기쁨으로, 자발적으로 드리고 지키는 의무인 것입니다.

마게도냐 교회의 성도들이 이러한 의무를 잘 지켰다는 것을 우리는 본문을 통해 알 수 있습니다. 그 가운데서도 가장 두드러지게 나타난 열매가 바로 연보의 열매였습니다. 이웃을 돕고자 시작했던 마게도냐 교인들의 연보가 어느 정도였는가 하면 그들의 역량을 넘어서까지, 즉 힘에 지나도록 연보를 하였던 것입니다. 이 풍성한 사랑의 열매를 보십시오. 그들은 하나님의 사랑에 푹 잠기어 자신들의 처지를 상관하지 않으면서까지 그 사랑을 실천하는 놀라운 믿음을 보였던 것입니다. 그러니 자원하는 마음이 아니고서야 어찌 이런 일이 가능하겠습니까? 이러한 행동은 누가 시켜서 되는 일도 아니고, 억지로 강권한다고 되는 일도 아닙니다. 오직 하나님을 사랑하고 예수님을 사랑하며 이웃을 사랑하는 신실한 그리스도인이 이런 일을 할 수 있는 것입니다.

4절 이 은혜와 성도 섬기는 일에 참여함에 대하여 우리에게 간절히 구하니

여기서 '이 은혜' 란 1절에서와 마찬가지로 물질로써 그리스도 안의 같은 형제들을 돕고자 하는 사랑을 말하는 것이며, 이것은 곧바로 성도 섬기는 일과 일맥상통합니다. 성도 간의 교제나, 혹은 불우한 형제자매들을 구제하는 일조차도 하나님께로부터 받은 은혜 없이는 지속적으로 열심히 하기가 힘듭니다. 그러나 하나님의 긍휼과 자비를 깨닫고 그분의 지극하신 사랑을 깊이 체험한 성도라면 이렇듯 남을 섬기는 일에 진지한 마음으로 참여하게 됩니다. 예수님께서도 몸소 행동을 통해서 남을 섬기며 자신을 내어 주는 삶의 모범을 우리에게 보여 주셨습니다(막 10:45; 요 13:5).

우리 교회가 북한의 동포들을 돕는 것도 이와 같은 맥락입니다. 북한 정권은 악의 정권이며 우리는 그 정권을 지지하지 않습니다. 지난 10년간 북한의 인구는 7백만이나 줄었다고 합니다. 국제기구의 발표로는 그 중 백만 명이 굶어 죽은 인구라고 하고 황장엽 씨 말에 의하면 굶어 죽은 인구가 그보다 더 많은 2-3백만 명에 이른다고 합니다. 그리고 생존을 위해 중국으로 도망치는 인구가 무려 30만 명이나 되는데 이들은 중국에서 개, 돼지 취급을 받으며 인권을 유린당하고 있습니다. 또한 5백만 명의 어린이들이 폐병으로 죽어가고 있습니다. 이러한 비극적 상황에도 북한 정권은 눈 하나 깜짝하지 않고 핵을 만드는 데에만 열을 올립니다. 그렇기 때문에 우리 정부는 도울 것은 돕되 북한 정권의 눈치만 보지 말고 북한의 인권에 대해 할 말은 해야 합니다. 그러나 당당히 할 말을 하지 않는 우리 정부의 태도나, 도움을 받으면서도 너무도 뻔뻔한 북한 정권의 태도에 우리의 심령은 착잡하기 이를 데 없습니다. 그럼에도 불구하고 성경은 "네 원수가 주리거든 먹이고 목마르거든 마시게 하라 그리함으로 네가 숯불을 그 머리에 쌓아 놓으리라 악에게 지지 말고 선으로 악을 이기라" (롬 12:20-21)고 말씀합니다. 또한 예수님께서는 마태복음 25장에서, 주리고 목마르고 나그네 되고 헐벗고 병들고 옥에 갇힌 자에게 베푼 행위가 주님에게 한 행위와 같다고 말씀하셨습니다. 그래서 우리 교회는 주님의 마음으로 북한을 위해 기도하는 한편, 힘을 다하여 우리의 동포들의 생존을 위한 구호 물품도 보내는 것입니다.

5절 우리가 바라던 것뿐 아니라 그들이 먼저 자신을 주께 드리고 또 하나님의 뜻을 따라 우리에게 주었도다

성도의 의무를 충실히 이행하며 하나님의 뜻을 따라 행하고 있던 마게도냐의 교인들이 자원하여 구제에 참여하자 사도 바울은 더욱 놀랐습니다. 왜냐하면 사도 바울은 그들로부터 단순히 물질적인 보조 이외에 다른 것을 기대하지 않았는데, 정작 그들은 연보조차도 능력 이상으로 하였을 뿐 아니라 그것을 통해서 주님께 헌신하고자 하는 그들의 순수한 믿음이 드러났기 때문입니다.

하나님께 헌물을 드리는 우리의 자세가 이러해야 합니다. 하나님께서 원하시는 것은 우리가 드리는 물질 그 자체에 있는 것이 아니라, 그 물질을 드리는 우리의 마음에 있습니다. 다시 말해서 하나님께서는 우리가 가진 물질보다도 우리 자신을 더욱 원하고 계십니다. 사실 물질이란 하나님께 있어서는 아무것도 아닙니다. 천지와 만물을 지으시고 운행하시는 능력의 하나님께서 무엇이 부족하시겠습니까? 그럼에도 불구하고 우리가 드리는 헌물 받기를 기뻐하시는 것은 헌물과 함께 드려지는 우리의 마음을 기뻐 받으시기 때문입니다. 그렇지 않고 그저 형식적으로 드린다거나, 의무감으로 인해 억지로 드리는 헌물은 그 마음이 열납되지 않기 때문에 하나님께서 기뻐 받으실 수가 없는 것입니다.

그러므로 우리는 먼저 우리 자신을 주께 드릴 줄 알아야 합니다. 그럴 때 비로소 진정한 신앙생활이 이루어지며 우리의 삶 가운데에 하나님의 은혜의 손길이 나타나기 시작하는 것입니다.

마게도냐의 교인들은 이렇게 그들 자신을 먼저 주께 드린 사람들이었습니다. 그렇게 되자 그들의 마음을 열납하신 주님께서 그들의 마음속에 소원을 일으키셔서 예루살렘 교회를 돕도록 인도하셨습니다. 그렇게 하여 예루살렘 교회의 성도들을 구제하는 것이 하나님의 뜻이라는 것을 알게 된 그들은 온 힘을 다하여 그 뜻을 이루는 데에 전력하였습니다. 이런 점을 볼 때 우리 그리스도인들은 좋은 일이라고 해서 무작정해서는 안 될 것입니다. 마게도냐의 교인들은 어디까지나 '하나님의 뜻' 을 따라 행하였다고 기록하고 있습니다.

매사에 하나님의 뜻이 어디 있는가를 분별하는 것은 매우 중요합니다. 이러한 분별력은 하나님께 마음을 드려 하나님과의 신령한 교제가 이루어진 사람이라면 누구나 얻을 수 있는 것입니다. 바로 하나님의 성령께서 그 사람에게 지혜를 주시기 때문입니다(약 1:5).

6절 그러므로 우리가 디도를 권하여 그가 이미 너희 가운데서 시작하였은즉 이 은혜를 그대로 성취하게 하라 하였노라

사도 바울은 마게도냐 교인들이 먼저 모범을 보여 예루살렘 교회를 위한 헌금을 시작하였으므로 자신도 디도를 통해서 고린도 교인들에게 헌금하기를 권유하였다고 했습니다. 그리하여 이미 그 일이 시작되었은즉 그 일을 하나님께서 주신 은혜로 알고 끝까지 추진하여 매듭을 지으라고 권면하고 있는 것입니다.

7절 오직 너희는 믿음과 말과 지식과 모든 간절함과 우리를 사랑하는 이 모든 일에 풍성한 것같이 이 은혜에도 풍성하게 할지니라

그동안 사도 바울의 간곡한 권면과 가르침을 통해서 회개하여 바른 신앙을 회복하게 된 고린도 교회에는 여러 가지로 은혜가 넘쳤습니다. 그래서 그들은 믿음도 풍성하게 되었으며 하나님의 말씀과 계시의 지식도 넘쳤습니다. 그리고 범사에 하나님의 뜻을 이루고자 하는 열심을 소유하게 되었으며 아울러 사도 바울과의 관계도 더욱 깊어졌습니다. 고린도 교회의 이러한 변화를 잘 알고 있던 사도 바울은 이제는 다른 사람들을 돕고 구제하는 은혜로운 삶의 모습을 보이도록 권유하고 있습니다. 그것도 억지로 인색하게 하라는 것이 아니라 풍성하게 하라는 것입니다.

하나님께서는 언제나 우리가 마음속에 '부요 의식' 을 갖기를 원하십니다. 그래서 '나는 못한다, 나는 안 된다, 나는 가난하다.' 라는 부정적인 의식에 사로잡혀 패배적인 인생을 살기보다는 긍정적이고 창조적인 사고방식을 통해 풍성한 인생을 살아가기를 원하십니다.

하나님의 복은 외부로부터 오는 것이 아닙니다. 다시 말해서 우리를 둘러싼 환경이나 조건이 복을 좌우하는 결정 요인이 아니라는 것입니다. 하나님의 복은 우리 마음으로부터 출발합니다. 그러므로 우리가 회개하고 하나님의 천국을 우리 마음속에 받아들이면 곧이어 우리의 환경도 복된 환경으로 변화되는 것입니다. 이렇기 때문에 복에 이르는 길은 먼저 우리 마음이 변화되는 것입니다. 그런데 그러한 변화는 오직 예수 그리스도로 말미암아 죄 사함 받아 천국의 부요 의식으로 그 생각과 언행이 변화될 때 일어나게 됩니다. 그러므로 현재 우리가 처한 환경적 조건이 어렵다 할지라도 낙심할 이유가 전혀 없습니다. 왜냐하면 가장 중요한 것은 우리 마음이 변화되어 천국의 부요 의식으로 채워졌느냐 하는 것이기 때문입니다.

이러한 부요 의식을 갖는 것은 정말 하나님의 은혜입니다. 부요 의식을 갖는 사람만이 남에게 베풀 수 있기 때문입니다. 하나님께 물질을 드리는 것 역시 은혜가 아니고서는 불가능합니다. 자신의 지갑을 연다는 것은 아무나 할 수 있는 것이 아닙니다. 하나님께 무엇을 드리려면 내가 쓸 것을 안 쓰는 '희생' 이 따르기 때문입니다. 우리 하나님은 '거지' 가 아닙니다. 우리가 쓰고 남은 '쓰레기' 를 받으시는 분이 아닙니다. 연보는 하나님을 향한 우리의 사랑과 믿음의 증거이기에 우리가 쓸 것 쓰지 않고 절약해서 드리는 희생을 수반합니다. 진정한 신앙에는 이렇게 우선순위의 문제와 자발적 희생이 따르는 것입니다. 그렇기 때문에 우리가 주님을 위하여 또한 남을 위하여 자신의 것을 희생하고 줄 수 있다는 것은 그 자체가 은혜인 것입니다. 사도 바울은 본문에서 고린도 교회가 이 은혜에 풍성하도록 권면하고 있는 것입니다.

8절 내가 명령으로 하는 말이 아니요 오직 다른 이들의 간절함을 가지고 너희의 사랑의 진실함을 증명하고자 함이로라

사도 바울은 연보에 관한 한 결코 명령으로 하지 않았습니다. 왜냐하면 연보는 자신을 주께 헌신하고자 하는 진심에서 비롯될 때만이 하나님께는 영광이 되고 성도에게는 은혜가 되기 때문입니다. 그래서 사도 바울은 명령으로 하는 대신에 마게도냐의 교인들이 보여 주었던 열심을 언급하였습니다. 그리하여 고린도 교인들도 마게도냐의 교인들이 했던 것처럼 구제를 위한 연보에 참여함으로써 사랑의 진실함으로 나타내라고 권유하고 있다는 말입니다.

사도 바울의 이러한 의도에 비추어 본다면, 연보가 우리가 가지고 있

는 사랑을 증명해 주는 의미를 갖고 있다는 사실을 알 수 있습니다. 산상수훈을 보면 예수님께서 다음과 같은 말씀을 하셨습니다. "네 보물 있는 그곳에는 네 마음도 있느니라"(마 6:21). 사람이 자신이 가지고 있는 재물에 신경을 쓰고 마음을 두는 것은 인지상정입니다. 그런데 그러한 경향이 지나치다 보면 마치 재물의 소유와 증가만이 인생의 목적인 양 오도되어 잘못된 인생으로 빠지게 되는 것입니다. 이것이 오늘날 대부분의 불신자들이 걸어가고 있는 현실입니다. 그러므로 이 땅에 있으면서 그저 재물에만 연연하는 사람은 자신의 영혼을 헛된 것과 바꾸어 버리는 어리석은 사람이라 볼 수 있습니다.

우리 그리스도인들이 이러한 사람들과 다른 것 중의 하나가 바로 재물관입니다. 신실한 그리스도인들은 재물에 집착하지 않습니다. 대신에 그들은 영원한 하늘나라의 생명을 갈구합니다(4:18). 그래서 이 땅에서 어떤 대가를 치르더라도 영생을 얻기 위해서라면 이 땅에 속한 모든 것을 분토와도 같이 대할 수 있는 것입니다(빌 3:8). 이러한 신앙의 열매로 인해 나타나는 것 중의 하나가 바로 연보입니다. 그렇다고 해서 연보의 액수나 횟수 자체가 그것을 드리는 사람의 신앙을 판단하는 유일한 근거가 되는 것은 아닙니다. 그러나 연보가 가지고 있는 의미 중에는 그 연보를 드리는 사람의 마음이 하나님께 향해 있다는 것을 증명하는 의미도 포함하고 있다는 것은 부인할 수 없는 것입니다.

우리가 인생을 살아가면서 하나님을, 또는 이웃을 사랑한다고 말로 하기란 그리 어렵지 않습니다. 그러나 그것을 실제 행동으로 표현하기란 쉬운 일이 아닙니다. 그래서 하나님에 대한 그리스도인의 사랑이 겉으로 표현되는 가장 일반적인 예가 바로 연보인 것입니다. 물론 그리스도인이 가지고 있는 시간과 재능을 바치는 것도 연보를 드리는 것 못지않게 그 사람의 신앙을 표현해 주기도 합니다. 사도 바울은 연보의 이러한 의미를 잘 알고 있었습니다. 그래서 자연스럽게 그 의미를 언급하면서 고린도 교인들의 열심을 촉구하고 있는 것입니다.

9절 우리 주 예수 그리스도의 은혜를 너희가 알거니와 부요하신 이로서 너희를 위하여 가난하게 되심은 그의 가난함으로 말미암아 너희를 부요하게 하려 하심이라

사도 바울은 이 구절을 통해서 기독교인이 가져야 할 물질관에 대해 설파하고 있습니다.

우리는 예수님께서 의인으로서 죄인을 위하여 죽으신 것은 우리 죄인들로 하여금 죄 사함 받고 구원을 얻게 하기 위함이라는 사실을 잘 압니다(요 3:16; 롬 4:25). 또한 우리는 예수님께서 건강하신 분으로서 채찍에 맞으심으로 말미암아 우리 육신의 병을 고쳐 주려 하셨다는 사실도 잘 알고 있습니다(마 8:17; 벧전 2:24). 그러면 주님께서는 우리의 물질적인 면에 대해서 어떠한 배려를 해 주셨을까요? 그 질문에 대한 해답이 바로 이 구절에 나와 있습니다.

예수님은 이루 말할 수 없이 부요하신 분입니다. 보이는 세계와 보이지 않는 세계가, 또 유한한 세계와 영원한 세계에 속한 모든 것들이 다 주님의 것이요, 주님의 소유입니다(골 1:15-17). 이렇듯 엄청나게 부요하신 주님께서 갑자기 가난하게 되셨습니다. 주님께서 가난하게 된 데에는 한 가지 이유가 있습니다. 그것은 주님이 잘못을 저질렀기 때문도 아니요, 하나님께서 실수를 하셨기 때문도 아니었습니다. 주님께서는 '너희를

위하여', 즉 우리 인간을 위하여 가난하게 되셨습니다. 특별한 목적이 있어서 가난하게 되신 것입니다. 주님은 마구간에서 태어나셨습니다. 그리고 공생애를 시작하시기 전까지 손에 못이 박히도록 목수 일을 하시며 가족들을 돌보셨습니다. 뿐만 아니라 공생애 동안에도 여유 있는 삶을 살지 못하셨습니다. 왜 예수님께서 이러한 고생을 자초하셨을까요?

그것은 바로 그러한 예수님의 대속의 가난을 통하여 우리 그리스도인들을 부요하게 하시기 위함이었습니다. 그런데 어떤 사람들은 이것을 두고 단지 영적인 부요만을 강조하여 말합니다. 그러나 이것은 한쪽 면만을 두고 본 것입니다. 물론 우리가 예수님의 구속 사역을 통해서 영적으로 부요하게 된 것은 틀림없는 사실입니다(요 10:10). 그러나 여기에서 사도 바울이 말하고 있는 의도는 성도의 물질적인 면을 강조하고 있는 것입니다.

성경 말씀에 비추어 보면 지금 우리 인간들이 겪고 있는 이 가난과 저주는 모두가 죄의 소산입니다. 아담과 하와가 에덴동산에서 하나님께 거역한 결과로 그곳에서 쫓겨나올 때 받은 형벌이 바로 이 저주인 것입니다(창 3:16-18). 그 뒤로부터 인간은 조상 대대로 이 가난의 저주를 벗지 못하였습니다. 그리고 영적으로 도둑질당하고 물질적으로 가난에 시달리면서 곤고한 인생을 살아왔던 것입니다.

그러나 예수님께서 이 세상에 오셔서 십자가에 달리심으로 말미암아 인간의 구속을 다 이루신 그때부터(요 19:30) 우리 인간에겐 새로운 삶이 열렸습니다. 버림받은 죄인의 상태에서 하나님의 자녀로 변화되었고(요 1:12), 죄의 종 되었던 상태에서 하나님의 종으로 변화되었습니다(롬 6:20-22). 그러한 여러 가지 변화 중의 하나가 바로 물질적으로 부요하게 되는 축복입니다. 그래서 이전에 우리가 짊어지고 있었던 가난과 저주가 물러가고 대신에 영육 간에 풍성한 복이 다가오게 된 것입니다.

우리 전후(戰後) 세대는 너무나 많은 고생을 하고 자랐습니다. 너무도 헐벗고 굶주리고 고통을 당했기에 우리 세대는 '내 자식들에게는 이 고생을 물려주지 말아야겠다!' 며 이를 악물고 허리끈을 졸라매며 열심히 일했습니다. 이것이 우리 인류의 부모 되신 예수님의 심정인 것입니다. 주님은 자녀 된 우리가 가난에서 해방되어 부요한 삶을 누리도록 하시기 위해 하늘 영광 버리시고 우리의 가난의 짐을 대신 짊어지신 것입니다. 이러한 주님의 은혜는 하늘에 사무치는 것입니다.

결국 주님의 전 생애와 행적은 우리를 위한 '대속의 생애' 요, '대속적 행적' 입니다. 주님의 가난은 우리의 가난을 대속하고 우리를 부요하게 하기 위함이었고, 주님께서 빌라도의 뜰에서 채찍에 맞아 온몸이 갈기갈기 찢어진 것은 우리의 질병을 대속하기 위함이었습니다. 주님께서 십자가에 매달리신 것은 우리를 저주에서 해방하시고 죄에서 구원하셔서 하나님 앞에 의롭게 서게 하기 위함이었으며, 죽었다가 부활하신 것은 우리에게 천국을 주시기 위함이었습니다. 이는 마치 소가 살아서는 노동력과 젖과 거름을, 죽어서는 고기와 뼈와 꼬리까지 우리에게 음식물로 제공할 뿐만 아니라 그 가죽까지도 벗겨서 우리의 의류와 신발의 재료로 내어 주는 것과 같이 이렇게 주님은 자신의 전 생애를 우리를 위해 내어 주셨습니다. 그러므로 이 은혜를 인정하지 않고 거부한다면 이는 사람이라 할 수 없는 것입니다.

그렇기 때문에 우리는 이 예수님의 지극한 사랑을 알고 믿고 바라보고 시인해야 합니다. 집에 우물이 있는 사람은 "마실 물이 없구나!" 하고 탄식하지 않습니다. 목이 마르면 그냥 우물물을 퍼 마시면 됩니다. 마찬가지로 부요하신 예수님을 모시고 사는 사람은 "가난하구나!" 라고 탄식할 필요가 없습니다. 예수님이 내 삶의 원천이신데 내가 자꾸 가난하다고 탄식하면 이것은 부요의 우물에 뚜껑을 덮어 버리는 격입니다. 그러므로 예수님이 내 안에 계신 것을 알고 부요하게 하실 예수님을 믿고 예수님께서 장차 나를 부요하게 하실 역사를 바라보고 입으로 시인하십시오. '알고, 믿고, 바라보고, 입으로 시인하는' 네 단계를 꼭 기억하십시오. 본래 믿음의 법칙이란 '없는 것을 있는 것처럼' 알고 믿고 바라보고 말하는 것입니다(롬 4:17). 그리고 "네 입을 크게 열라 내가 채우리라" (시 81:10)는 말씀을 따라 입을 크게 여십시오. 여러분이 스스로 채우는 것이 아니라 주님이 채우십니다. 권능은 주님께 있지 우리에게 있는 것이 아닙니다. 우리는 그저 믿을 따름이지 우리가 할 수 있는 것은 아무것도 없습니다. 주님께서 우리의 가난을 없애고 우리를 주님의 부요로 채울 것입니다.

그런데 여기서 우리는 '복' 의 의미에 대해서 잘 알아야 합니다. 예수님께서 물질적으로 우리를 부요하게 하시는 데에는 이유가 있습니다. 그것은 그 복을 통해 이웃을 구제하고 나누어 주고 그리스도의 사랑을 전파하기 위함입니다. 그러므로 나 혼자 호의호식하기 위해 주님께 복을 구하는 것은 합당치 못한 태도입니다. 어디까지나 하나님의 영광을 드러내기 위해, 그리고 이웃 사랑을 이루기 위한 동기 아래 물질적인 복을 구해야 하는 것입니다.

우리가 진정으로 신실한 그리스도인의 생활을 한다면 우리의 삶은 풍족하게 되어 있습니다. 왜냐하면 주님의 은혜로 말미암아 저주의 엉겅

퀴가 걷히고 영육 간의 복의 통로가 마련되었기 때문입니다(신 28:1-6). 물론 특별한 경우에는 하나님의 섭리가 있어 생활이 풍족치 못할 때도 있습니다. 그러나 그러한 경우에도 하나님께서는 자족할 수 있는 영적인 만족을 허락하십니다(빌 4:11-12). 이러한 경우를 제외하고 대부분의 경우 주님의 구속 사역의 전체적인 의미를 확실히 깨닫고 있는 성도라면 당연히 물질적으로 풍족하게 될 수 있는 권리를 소유하고 있는 것입니다.

그렇다고 해서 이러한 복이 거저 주어지는 것은 아닙니다. 성도로서 주일 성수하며 주의 일에 충성, 봉사할 때 받을 수 있는 것입니다. 그러므로 우리는 항상 성도로서 행해야 할 의무를 다하면서 감사하는 마음으로 주님께서 이미 이루어 놓으신 부요를 누릴 수 있도록 기도로 간구해야 할 것입니다.

10절 이 일에 관하여 나의 뜻을 알리노니 이 일은 너희에게 유익함이라 너희가 일 년 전에 행하기를 먼저 시작할 뿐 아니라 원하기도 하였은즉

여기서 '이 일' 은 연보하는 일을 말합니다. 8절에서도 언급했지만 사도 바울은 이 일에 대해서 절대로 명령을 하지 않았습니다. 물론 하나님에 의해 택함 받은 이방인의 사도로서(행 9:15) 그 직권을 가지고 명령할 수도 있었지만 바울은 그렇게 하지 않았습니다. 단지 고린도 교인들에게 연보하는 이유와 그 의미에 대하여 밝히 가르쳤습니다. 그리고 간곡하게 권유하였던 것입니다.

그러므로 이제는 고린도 교인들의 차례만 남았습니다. 만약 고린도 교인들이 바울의 권유를 받아들여 연보에 열심을 내어 그 일을 매듭짓는다

면 그들에게는 커다란 유익이 올 것입니다.

그 유익이란 첫째로, "사람이 무엇으로 심든지 그대로 거두리라"(갈 6:7)는 말씀과 같이 심은 대로 거두는 하늘나라의 법칙에 의해 하나님께로부터 영육 간에 강건한 복을 받게 될 것을 말합니다. 사람의 행위는 결국 그 사람에게 돌아오게 되어 있습니다. 당장 돌아오지 않는다 해도 어느 세월의 한 시점에 반드시 돌아오게 되어 있습니다. 예수님께서도 "주라 그리하면 너희에게 줄 것이니 곧 후히 되어 누르고 흔들어 넘치도록 하여 너희에게 안겨 주리라"(눅 6:38)며 주는 자가 받을 복을 약속하셨습니다. 그러므로 남을 위해 심고 베푸는 자는 주님께서 이루신 그 부요함이 생활 속에 30배, 60배, 100배로 맺혀지게 될 것입니다.

둘째로, 서로 나누어 주고 베풀어 주는 교제를 통해 그리스도의 사랑이 더욱 깊어지게 되는 복이 오는 것입니다. 나눔을 통해 형제의 고통에 동참함으로써 그리스도 안에서 한 몸임을 서로 느끼게 되고 지체로서의 사랑을 표현할 수 있게 됩니다. 하나님은 이렇게 그리스도의 몸 된 지체들끼리의 나눔과 구제를 통해 서로의 필요를 채우는 것을 기뻐하십니다. 이러한 사랑의 나눔을 통해 우리는 그리스도 예수 안에서 한 몸으로 함께 지어져 가는 것입니다(엡 2:22).

"너희가 일 년 전에 행하기를 먼저 시작할 뿐 아니라 원하기도 하였은즉". 고린도 교인들이 이 연보를 거두는 일에 늦게 참여한 것은 아니었습니다. 사도 바울이 고린도후서를 쓰기 전에 벌써 연보를 거두기로 작정을 하고 시작하기까지 하였습니다. 그런데 그 일이 속히 매듭을 짓지 못하게 되어 이제 사도 바울이 독려하기에 이르게 된 것입니다.

11절 이제는 하던 일을 성취할지니 마음에 원하던 것과 같이 완성하되 있는 대로 하라

앞 절에서 말한 대로 고린도 교인들이 연보를 거두기로 작정을 하고 시작하였으므로 이제는 그 일을 속히 마칠 수 있도록 하라는 말입니다. 그런데 그렇게 하되 '있는 대로 하라' 고 권유합니다.

앞에서 말했듯이 연보는 성도가 해야 할 의무 중의 하나입니다. 그렇다고 해서 이 의무가 강제성을 띠어 성도들로 하여금 억지로 하게 하라는 뜻은 아닙니다. 왜냐하면 주님께 대한 의무는 억지로가 아니라 자발적으로 우러나오는 기쁨으로 열심히 행할 때 하나님께 영광이 되기 때문입니다. 그렇지 않고 해야 하기 때문에, 또는 하라고 하니까 마지못해 행하는 것은 하나님께서 기뻐하시지 않습니다.

사도 바울은 연보에 관한 한 '있는 대로 하라' 고 우리에게 하나의 기준을 제시하고 있습니다. 우리 인간은 감정에 휩싸이기 쉬운 본성을 가지고 있습니다. 또 때로는 지나친 자기 과신에 젖어 자신이 실제로 가지고 있는 능력을 과대평가할 때도 있습니다. 그런데 이러한 본성들을 절제하지 못하다 보면 하나님을 대함에 있어 실수를 저지르게 되기가 쉽습니다.

특히 이것이 연보와 관계되는 경우 하나님 앞에서 거짓말하게 되는 경우도 생길 수 있습니다. 자신의 능력으로 보아서 지나친 것임에도 불구하고 경솔한 마음으로 또는 억지로 서원을 하게 되는 경우, 서원을 지킬 수만 있다면 다행이지만 그렇지 못한다면 그것은 하나님께 거짓말을 하는 것이 되고 맙니다. 그래서 성경에는 "네 입으로 말한 것은 그대로 실행

하도록 유의하라 무릇 자원한 예물은 네 하나님 야훼께 네가 서원하여 입으로 언약한 대로 행할지니라”(신 23:23)고 기록하고 있는 것입니다. 서원을 지키지 않을 경우 그것은 우리에게 죄가 됩니다(신 23:21). 그래서 전도서 기자는 우리에게 “서원하고 갚지 아니하는 것보다 서원하지 아니하는 것이 더 나으니”(전 5:5)라고 말씀하고 있습니다. 그렇기 때문에 사도 바울도 단지 “있는 대로 하라!”고 말한 것입니다.

하나님께서는 우리의 헌물을 받으실 때 그 물질의 양을 보시는 것이 아니라 그것을 드리는 우리의 마음을 더 중히 여기십니다. 그러므로 우리가 드리는 헌물의 많고 적음을 불문하고 그것을 드리는 우리의 마음이 겸손함과 감사함과 하나님께 대한 경외심으로 가득 차 있다면 하나님께서는 그러한 중심을 더욱 기뻐하십니다. 그렇기 때문에 예수님께서는 부자의 많은 연보보다 가난한 과부의 두 렙돈을 더욱 귀히 보신 것입니다(막 12:41-44).

이러므로 우리는 헌물을 드리거나 서원을 한다 할지라도 형편이 닿는 대로 성심껏 하되 일단 작정을 했으면 틀림없이 그것을 실천해야 합니다.

12절 할 마음만 있으면 있는 대로 받으실 터이요 없는 것은 받지 아니하시리라

이것은 우리의 헌물을 받으시는 하나님의 입장에 대한 이야기입니다. 하나님께서는 우리의 힘이 미치지 못하는 과다한 것을 요구하지 않으십니다. 그저 우리의 그릇대로 하되 기쁨과 헌신하는 마음으로 드리는 것을 기뻐하십니다. 만약 여기에서 지나친다면 그것은 우리의 잘못입니다. 다시 말해서 우리가 스스로 절제를 하지 못했거나 아니면 하나님의 뜻을 제대로 분별하지 못했기 때문일 것입니다.

우리는 성경을 통해서 무리한 서원을 함으로 슬픔의 눈물을 흘리지 않으면 안 되었던 사람을 찾아볼 수 있습니다. 그는 바로 사사기 11장에 소개된 이스라엘 사사 중의 하나인 '입다' 입니다. 입다는 이스라엘 백성을 암몬 족속의 발아래에서 구해 내기 위해 하나님께 택함을 받은 군대 장관이자 사사였습니다. 그러한 그가 출정하기 직전에 하나님께 한 가지 서원을 하였는데 그것은 자신이 전쟁에서 승리하면 집에 돌아올 때 집문 앞에 나와서 처음으로 자기를 맞이하는 사람을 번제물로 드리겠다는 것이었습니다.

그런데 막상 집에 돌아와 보니 처음으로 자기를 맞이하는 사람은 다른 사람이 아닌 바로 무남독녀 외동딸이었습니다. 입다는 마치 하늘이 무너지는 것 같은 심정이었을 것입니다. 그럴 수밖에 없는 것이 자신의 서원대로 외동딸을 번제물로 드려야 했기 때문입니다. 입다는 이미 서원하고자 하는 마음이 들었을 그때부터 경솔함을 저지르고 있었던 것입니다. 암몬 족속과의 싸움은 이미 하나님께서 이스라엘 백성을 구하기 위해 예비해 놓으신 것이었습니다. 그러므로 그 싸움은 시작부터 승패가 결정된 싸움이었던 것입니다.

입다는 하나님의 이러한 섭리를 깨닫지 못했습니다. 그런 데다가 그가 서원할 그때만 해도 설마 자기의 외동딸이 나오리라고는 생각조차 하지 못했을 것입니다. 만약 그런 생각이 조금이라도 있었다면 그처럼 단번에 서원하지는 않았을 것입니다. 이렇듯 여러 가지로 사리를 분별할 만한 눈을 갖지 못하고 조급한 서원을 한 결과 그는 자기의 외동딸을 제물로 드려야 하는 곤혹스러운 지경에 이르게 된 것입니다.

그러나 여기서 우리는 입다에게 한 가지 배울 점이 있습니다. 그것은 아버지로서 겪어야 하는 혹독한 아픔에도 불구하고 하나님께 약속한 서원을 지키기 위해 그 딸을 번제로 드렸다는 사실입니다. 입다는 마음이 찢어질 듯 괴로웠지만 그 서원을 지키려 하였으며, 또 입다의 딸도 그러한 아버지의 뜻에 순종하여 묵묵히 죽음의 길을 갔던 것입니다.

그러므로 이러한 사실을 통해 우리는 한 가지 분명한 교훈을 배울 수 있습니다. 곧 하나님께 드린 서원은 무슨 일이 있어도 지킬 수 있어야 한다는 것입니다. 그러므로 우리는 먼저 서원을 드리기에 앞서 우리의 중심을 잘 살펴보아야 합니다. 그리고 자신의 능력의 범위 안에서 진실과 헌신이 담긴 마음으로 서원을 드리고, 그다음에는 드린 그 서원을 꼭 지키는 신앙생활을 해야 할 것입니다.

13절 이는 다른 사람들은 평안하게 하고 너희는 곤고하게 하려는 것이 아니요 균등하게 하려 함이니

사도 바울은 여기에서 이웃의 구제를 위하여 연보를 할 때 사람들이 흔히 갖기 쉬운 염려를 지적하고 있습니다. 보통의 경우 사람들은 다른 사람을 도와주거나 구제하기 위하여 자신의 소유를 내놓을 때 내놓는 물질의 양만큼이나 우려를 합니다. 그리하여 자신의 소유가 줄어든 만큼 혹시 어려움을 당하게 되지는 않을까 하여 불안해하는 경우가 종종 있습니다. 그러나 이것은 실제로 그럴 가능성이 있어서라기보다는 오히려 하나님을 온전히 신뢰하지 못한 데서 오는 부족한 믿음을 나타내는 것에 지나지 않습니다.

예수님께서는 친히 제자들에게 이르시기를 "새 계명을 너희에게 주노니 서로 사랑하라 내가 너희를 사랑한 것같이 너희도 서로 사랑하라" (요 13:34)고 말씀하셨습니다. 사도 베드로도 그의 서신 가운데서 "마지막으로 말하노니 너희가 다 마음을 같이하여 동정하며 형제를 사랑하며 불쌍히 여기며" (벧전 3:8)라고 권면하였습니다. 뿐만 아니라 야고보 사도도 어려운 이웃에 대한 구제와 사랑이 바로 행함을 통해 믿음을 증거하는 것이라고 말하였습니다. "만일 형제나 자매가 헐벗고 일용할 양식이 없는데 너희 중에 누구든지 그에게 이르되 평안히 가라, 덥게 하라, 배부르게 하라 하며 그 몸에 쓸 것을 주지 아니하면 무슨 유익이 있으리요 이와 같이 행함이 없는 믿음은 그 자체가 죽은 것이라" (약 2:15-17).

우리가 하나님의 사랑을 힘입어 이웃을 사랑하게 된다면 그것은 하나님의 나라와 의를 구하는 생활을 하는 것과 다름이 없습니다. 예수님께서는 산상수훈 가운데서 그러한 삶을 사는 사람들이 하나님께로부터 받는 보상에 대해서 말씀하고 있습니다. "너희는 먼저 그의 나라와 그의 의를 구하라 그리하면 이 모든 것을 너희에게 더하시리라" (마 6:33). 이 말씀과 같이 하나님의 사랑을 이웃에게 베푸는 사람에게는 하나님께서 직접 생활의 자원이 되어 주시고 공급원이 되어 주십니다. 그러므로 이웃 사랑을 위해 자신의 소유가 줄어들었다고 해서 염려할 것이 전혀 없습니다.

거기에다가 사도 바울은 한 가지 이유를 덧붙입니다. 그것은 '균등하게 하려 함' 이라는 것입니다. 그래서 서로 부족한 것은 보충해 주어 부족함이 없이 지내기 위함이라고 다음 절에 설명해 주고 있습니다.

14절 이제 너희의 넉넉한 것으로 그들의 부족한 것을 보충함은 후에 그들의 넉넉한 것으로 너희의 부족한 것을 보충하여 균등하게

하려 함이라

앞 절에 이어서 계속해서 구제의 의의를 설명하고 있습니다. 지금은 고린도 교인들이 예루살렘 교회 성도들을 돕는 처지에 있지만, 후에 고린도 교인들이 어려운 처지에 처하게 될 때엔 예루살렘 교회의 도움을 얻어 서로가 부족함이 없도록 하자는 것입니다. 사실 예루살렘 교회의 성도들은 이미 오래 전에 이러한 공동체 의식을 가지고 있었습니다(행 2:43-46). 사도 바울은 예루살렘에서 시작되었던 그러한 사랑의 공동체 의식이 교회를 통해 전 세계에 파급되기를 원하였던 것입니다.

15절 기록된 것같이 많이 거둔 자도 남지 아니하였고 적게 거둔 자도 모자라지 아니하였느니라

이 구절은 사도 바울이 구약의 출애굽기 16장 18절 말씀을 인용한 것입니다. 애굽에서 가나안 땅을 향해 나온 이스라엘 백성들이 광야에 이르렀을 때에 그들은 하늘의 양식을 먹게 되는 은총을 입었습니다. 그것이 바로 '만나' 였습니다. 그때에 하나님께서는 이스라엘 백성들로 하여금 한 사람에 한 오멜씩 거두게 하였습니다. 그러나 실제로 이스라엘 백성들이 만나를 거둘 때에는 많이 거둔 사람도 있고, 적게 거둔 사람도 있었습니다. 그래서 그 거둔 만나의 양은 각기 천차만별이었습니다. 그런데 그들이 장막에 돌아와 오멜로 재어 보면 희한하게도 각 사람마다 똑같이 한 오멜이 되었습니다. 그리하여 많이 거둔 자도 남음이 없고 적게 거둔 자도 모자람이 없는 기적적인 일이 일어났습니다.

사도 바울은 이때의 경우를 예로 들면서 균등하게 하시는 하나님에 대해 말하고자 하였던 것입니다. 성경의 이러한 교훈에 비추어 본다면 필

요한 양 이상의 물질을 탐한다는 것은 성경 말씀 그대로 죄가 될 수도 있을 것입니다. 물론 여기에서는 선한 의도에서, 즉 건전한 동기로 경제 활동을 하는 경우는 제외되어야 하겠지만, 그렇지 않고 재물을 얻기 위해 수단과 방법을 가리지 않으며 물질에 연연하는 것은 하나님 대신 재물을 섬기는 우상 숭배의 죄를 범하게 되는 것입니다(골 3:5).

그러므로 우리 그리스도인들은 무엇보다도 자족할 수 있어야 합니다. 그래서 남음이 있으면 이웃에게도 베풀고 하나님 사업에도 힘을 쏟아야 합니다. 뿐만 아니라 빈한한 처지에서라도 범사에 감사하며 하나님을 따른 믿음이 흔들리지 않을 때, 하나님께서 도움의 손길을 베풀어 주실 것입니다. 왜냐하면 우리를 향한 하나님의 마음은 우리가 고생하며 근심하는 것을 원치 않으시기 때문입니다(애 3:33).

2. 연보 처리를 위한 준비(8:16-24)

**16. 너희를 위하여 같은 간절함을 디도의 마음에도 주시는 하나님께
감사하노니 17. 그가 권함을 받고 더욱 간절함으로 자원하여 너희에
게 나아갔고 18. 또 그와 함께 그 형제를 보내었으니 이 사람은 복음
으로써 모든 교회에서 칭찬을 받는 자요 19. 이뿐 아니라 그는 동일
한 주의 영광과 우리의 원을 나타내기 위하여 여러 교회의 택함을 받
아 우리가 맡은 은혜의 일로 우리와 동행하는 자라 20. 이것을 조심**

함은 우리가 맡은 이 거액의 연보에 대하여 아무도 우리를 비방하지 못하게 하려 함이니 21. 이는 우리가 주 앞에서뿐 아니라 사람 앞에서도 선한 일에 조심하려 함이라 22. 또 그들과 함께 우리의 한 형제를 보내었노니 우리는 그가 여러 가지 일에 간절한 것을 여러 번 확인하였거니와 이제 그가 너희를 크게 믿으므로 더욱 간절하니라
23. 디도로 말하면 나의 동료요 너희를 위한 나의 동역자요 우리 형제들로 말하면 여러 교회의 사자들이요 그리스도의 영광이니라 24.
그러므로 너희는 여러 교회 앞에서 너희의 사랑과 너희에 대한 우리 자랑의 증거를 그들에게 보이라

16절 너희를 위하여 같은 간절함을 디도의 마음에도 주시는 하나님께 감사하노니

이제까지 사도 바울은 연보에 대해 언급하면서 고린도 교인들의 적극적인 참여를 권유하여 왔습니다. 그렇다고 해서 사도 바울이 단지 연보에만 관심을 둔 것은 아닙니다. 고린도 교회의 입장에서 볼 때 예루살렘 교회의 성도 구제를 위한 연보 작정은 이미 오래 전에 그들 스스로 했습니다. 그럼에도 불구하고 사도 바울이 이렇듯 독려하는 것은 오직 고린도 교인들을 위해서인 것입니다. 왜냐하면 연보와 구제를 통해 사랑의 짐을 나누어 진다는 것은 영적인 성장뿐 아니라, 육적으로 물질적인 복을 가져오는 계기가 되기 때문입니다(빌 4:19).

그런데 고린도 교인들에 대한 간절함은 비단 사도 바울에게만 있는 것이 아니었습니다. 사도 바울의 동역자인 디도도 고린도 교인들을 향한 간절함이 있었습니다. 이것은 하나님께서 그에게 허락하신 것입니다. 그래서 디도는 어찌하든지 고린도 교인들이 주의 사랑에 동참하여 영육

간에 풍성한 신앙의 열매를 맺기를 간절히 원했던 것입니다.

한편 디도의 마음에 간절함을 주시는 이가 하나님이라는 사도 바울의 말을 통해, 우리의 마음에 간절한 소원을 주시는 분은 하나님이심을 알 수 있습니다. 그러나 실제로 마귀도 우리의 마음에 소원을 줍니다. 그러면 어떻게 이것을 분별해 낼 수 있습니까? 그 분별은 바로 내 마음을 비웠느냐 비우지 않았느냐에 달려 있습니다. 내 마음이 욕심과 탐심으로 채워져 있으면 그다음에 들어오는 모든 소원과 생각은 마귀가 주는 것입니다. 그러나 내가 나의 욕심과 탐심을 다 비워 버리고 하나님 중심으로 굳게 서 있다면 그때부터 내 마음에 들어오는 소원과 생각은 하나님이 주시는 것입니다.

17절 그가 권함을 받고 더욱 간절함으로 자원하여 너희에게 나아갔고

고린도 교인들에 대하여 간절한 마음을 가지고 있던 차에 바울은 다시 한번 디도에게 고린도 교회에 가도록 권하였습니다. 그리하여 연보 문제를 매듭지음과 동시에 고린도후서를 쓰기에 앞서 이루어진 바울과 고린도 교인들과의 화목을 더욱 굳건히 하는 역할을 감당하도록 하였던 것입니다. 그래서 이러한 권유를 받은 디도는 더욱 열심을 품고 흔쾌히 그 사명을 수락하였습니다.

무엇이든지 억지로 하는 일에는 열매가 적습니다. 그러나 자원하는 심령으로 하는 일에는 열정이 수반되기에 반드시 풍성한 열매를 맺기 마련입니다. 주의 일도 마찬가지입니다. 자원하는 간절한 마음, 열정이 없으면 매사가 피곤하고 그 결과도 시원찮습니다. 신앙생활을 하다 보면 매사가 귀찮아지고 맡은 직분이 부담스럽게 느껴질 때가 있습니다. 그런

때에는 그저 엎드려야 합니다. "성령님, 내게 자원하는 심령과 열정이 없습니다. 나는 텅텅 빈 그릇입니다. 성령이시여, 나를 채우소서. 하나님의 말씀으로, 하나님의 능력으로, 하나님의 열정으로 나를 채우소서!" 하고 기도해야 합니다. 이렇게 기도하면 성령님께서 충만히 채워 주십니다. 우리가 우리의 빈 그릇을 내어 놓고 기도로써 입을 넓게 벌리면 성령님께서 채우시는 것입니다. 입을 벌리는 것은 우리의 몫이요 채우시는 것은 성령님의 몫인 것입니다. 그러므로 우리는 날마다 우리의 심령을 주 앞에 열어 놓고 주님의 간절한 소원과 열정과 능력으로 우리를 채워 주시도록 기도해야 할 것입니다.

18절 또 그와 함께 그 형제를 보내었으니 이 사람은 복음으로써 모든 교회에서 칭찬을 받는 자요

사도 바울은 디도를 혼자 보내지 않았습니다. 나 역시 선교 여행을 할 때 혼자 가지 않습니다. 선교하는 장로님들이나 실업인 선교회 회원들이 동행을 합니다. "하나가 천을 쫓으며 둘이 만을 도망하게 하였으리요" (신 32:30), "한 사람이면 패하겠거니와 두 사람이면 맞설 수 있나니 세 겹 줄은 쉽게 끊어지지 아니하느니라" (전 4:12)는 말씀처럼 기도에 힘을 합치면 굉장한 능력이 있습니다. 그리고 마음이 불안하지 않고 든든합니다. 동역자들과의 연합과 협력은 큰 시너지 효과를 불러 일으킵니다.

그런데 사도 바울이 특별히 디도를 혼자 보내지 않은 이유는 이번 방문에는 연보를 잘 관리해야 하는 일이 포함되어 있기 때문입니다. 그렇다고 해서 바울이 디도를 불신했다는 것은 아닙니다. 어디까지나 연보

관리에 철저히 공정을 기하고 신뢰감을 주기 위해서인 것입니다. 그래서 바울은 디도 외에도 두 사람이 같이 동행하도록 하였습니다. 사도 바울에 대한 비난을 일삼는 무리가 도처에 산재해 있었기 때문에 이러한 결정은 매우 사려 깊은 판단이라 하지 않을 수 없습니다. 그러면서 사도 바울은 디도와 동행할 사람들을 하나하나 추천하고 있습니다. 그래서 고린도 교인들로 하여금 그들을 믿고 모든 일을 맡길 수 있도록 보증을 서고 있는 것입니다.

우리는 사도 바울의 추천 내용을 통해서 한 가지 귀중한 사실을 깨달을 수 있습니다. 그것은 바로 하나님의 일꾼 된 자격이 어떤 것인가 하는 것입니다. 거기에는 여러 가지 조건이 있는데 그 가운데서 사도 바울은 먼저 복음으로써 모든 교회에서 칭찬을 받는 사람이라고 그 추천 내역을 꺼내기 시작합니다. 그러면 복음으로 인해 칭찬을 받는다는 것은 무엇을 의미할까요?

그것은 먼저 온전히 말씀 안에 신앙생활을 했다는 것을 의미합니다. 그리하여 하나님의 살아 계심과 예수 그리스도의 오심, 그리고 구원의 사건과 성령의 역사하심에 대한 모든 진리를 굳건히 믿고 의지하며, 주야로 그 말씀을 묵상하는 사람을 말하는 것입니다(수 1:8).

둘째로, 말씀에 대한 믿음과 순종을 통해 복음의 열매가 맺히는 신앙생활을 했다는 것을 의미합니다. 그래서 알기만 하고 행하지 않음으로 인해 죽은 믿음을 가진 것이 아니라(약 2:26), 순종과 실천의 생활을 통해 성령의 열매가 맺혀 있는 사람을 말합니다.

셋째로, 주의 사역에 힘썼다는 것을 의미합니다. 그래서 그리스도의 몸된 교회를 위하여 시간과 재능과 물질을 드려 헌신하고 봉사함으로 말미암아 교회와 성도들로부터 칭찬과 신뢰를 받는 사람을 말하는 것입니다.

바로 이러한 요소를 갖춘 사람만이 주님의 일꾼이 될 수 있는 것입니다. 여기서 주님의 일꾼이란 비단 하나님의 종으로 부름 받은 교역자만을 이야기하는 것은 아닙니다. 일반 평신도일지라도 말씀에 대한 믿음과 순종, 그리고 헌신, 봉사하는 생활을 통해 주님을 섬기는 사람이라면 그 사람은 훌륭한 주의 일꾼이 되는 것입니다.

19절 이뿐 아니라 그는 동일한 주의 영광과 우리의 원을 나타내기 위하여 여러 교회의 택함을 받아 우리가 맡은 은혜의 일로 우리와 동행하는 자라

사도 바울은 계속해서 디도와 함께한 형제에 대해 소개합니다. 사도 바울의 추천 내용을 통해 볼 때 그 사람은 특별히 연보의 관리, 수송을 위해 바울과 함께 동역한 사람임을 알 수 있습니다. 그런데 그 사람의 추천 과정을 살펴볼 때에 그 사람은 바울의 임의대로 뽑은 것은 아니었습니다. 즉, 인사 문제에 있어서도 바울은 공정의 원칙을 지켜 하나님께서 뜻하신 인물을 사용했던 것입니다. 그래서 사도 바울은 특별히 여러 교회의 택함을 입은 사람을 선발하였습니다. 연보 관리에 대해서 조금이라도 의혹을 살 만하거나 비난받을 여지를 방지하려 했던 것입니다. 그리하여 그 사람으로 하여금 연보를 거두는 일과 관리, 운송하는 일을 맡김으로써 사랑의 교제를 통해 주의 영광을 나타냄과 동시에 바울 일행의 계획을 이루도록 하였던 것입니다.

20절 이것을 조심함은 우리가 맡은 이 거액의 연보에 대하여 아무도

우리를 비방하지 못하게 하려 함이니

사도 바울이 이렇게 연보 관리에 주의를 하고 빈틈없이 하고자 하는 것은 금전 문제로 인해 실족케 되는 일이 없도록 하기 위해서입니다. 그렇지 않아도 사방에 그를 질시하는 무리들이 많은 바울의 입장에서는 매사에 오해의 여지를 줄이는 과정이 필요했습니다. 왜냐하면 오해가 생길 경우, 바울 자신뿐만 아니라 그가 전하는 복음에까지 그 여파가 미치게 되기 때문입니다.

간혹 외부의 몇몇 분들이 내가 우리 교회의 재정을 마음대로 사용하는 것이 아니냐고 오해하는 경우가 있습니다. 그러나 우리 교회는 금전 문제로 시험이 드는 일이 없도록 다음과 같은 절차를 거칩니다. 매년 우리 교회 예산위원회에서 1년 치 예산을 세우면 그 예산을 천사백 명으로 구성된 당회에서 통과시킵니다. 그러면 각 부서에서는 그 부서의 필요한 예산을 총무국에 신청하고 총무국에서는 재정위원회로 돌립니다. 재정위원회 장로님들은 그 신청서를 검토하여 도장을 찍습니다. 재정위원회에서 수십 개의 도장을 받아도 그 돈을 그냥 지출하는 것이 아닙니다. 구매처에서 그 물건을 구매하면 검수위원회에서 또 그것을 검수합니다. 또한 매달 감사위원회에서 돈을 잘 썼는지 잘못 썼는지 감사합니다. 이렇게 헌금이 지출되는 것입니다. 결국 교회로 들어온 돈을 지출하는 것은 그렇게 쉽지가 않습니다. 하나님께 헌금으로 드려진 돈이기에 절대로 무익한 일에 사용하지 않습니다. 정말로 올바르게 사용되도록 총력을 기울입니다. 그렇게 많은 과정을 통하는 것은 부정부패를 없애기 위한 것입니다. 아무리 예수 믿는 사람이라도 돈을 보면 시험이 들 수 있기에 많은 사람들의 엄격한 관리를 거치는 것입니다.

금전이 관련되는 경우는 항상 조심해야 합니다. 돈은 잘못 사용하게 되면 앞날을 망치게 할 정도로 치명적인 위험성을 지니고 있기 때문입니다. 믿지 않는 사람들의 경우 돈의 비중은 매우 큽니다. 그래서 인생의 계획과 목적이 돈을 버는 데에 집중되어 있으며, 어느 정도 재산을 소유하게 되면 마치 인생의 목표를 달성해 놓은 것처럼 생각하는 것입니다. 그러므로 예수님께서는 이와 같이 경계하셨습니다. "한 사람이 두 주인을 섬기지 못할 것이니 혹 이를 미워하고 저를 사랑하거나 혹 이를 중히 여기고 저를 경히 여김이라 너희가 하나님과 재물을 겸하여 섬기지 못하느니라"(마 6:24). "낙타가 바늘귀로 들어가는 것이 부자가 하나님의 나라에 들어가는 것보다 쉬우니라"(마 19:24).

이 얼마나 무서운 말씀입니까? 이러한 말씀을 통해서 볼 때 돈이란 우리 인간으로 하여금 하나님께로 가는 길을 막는 장애가 될 수도 있는 것입니다. 그저 돈에만 집착하고 연연하여 보이지 않는 하늘나라의 보화를 외면할 위험이 있는 것입니다.

그런가 하면 우리는 물질보다 하나님을 먼저 섬기고 물질이 하나님의 일에 훌륭하게 쓰인 일이 있다는 것을 성경을 통해 알 수 있습니다. 그중 한 사람이 바로 '바나바' 였습니다(행 4:36-37). 그는 초대 교회 당시 교회와 성도들에게 물질적인 지원이 필요할 때 자신이 가지고 있는 밭을 팔아 그 값을 교회에 바쳤습니다. 그리하여 그것은 주의 일을 행하는 데에 많은 도움이 되었던 것입니다. 그러므로 우리는 물질적인 생활에 있어 청지기 의식을 가지고 살아가야 합니다. 그리하여 세상 물질을 향한 욕심을 버리고 온전히 주님만을 위하여 살아가야 합니다. 그런 의미에서 보면 현재 우리가 가진 재산이나 소유물도 우리 자신의 것이라고 볼 수 없습니다. 왜냐하면 그 모든 것은 다 하나님께서 우리에게 맡겨주신 것이기 때문입니다. 하나님께서는 우리가 지혜롭고 진실한 청지기가 되어(눅 12:42) 맡겨 주신 물질을 잘 사용하여 주님께 영광 돌리는 삶을 살기를 원하십니다(고전 10:31).

그러므로 우리 그리스도인들은 설령 소유가 풍족하지 못하다 할지라도 자족할 수 있는 믿음을 가져 범사에 감사해야 함은 물론이요, 소유가 많다 할지라도 그 물질에 집착할 것이 아니라 그것을 주님을 영화롭게 하는 데에 사용해야 합니다. 그러한 생활이 바로 복 있는 사람이 갈 길이요, 하나님의 자녀들이 행하여야 할 길인 것입니다.

21절 이는 우리가 주 앞에서뿐 아니라 사람 앞에서도 선한 일에 조심하려 함이라

바울은 연보 문제를 취급하는 데 있어 결코 독단적인 태도를 취하지 않았습니다. 하나님께로부터 사도직을 위임받은 사람으로서 영적 권세를 가졌지만 그는 항상 하나님의 뜻을 기준으로 삼고 성도들을 의식하며 생활하였습니다. 그래서 하나님께 대하여는 언제나 착하고 충성된 종으로서 직분을 감당하려 하였으며, 일반 성도들에 대하여는 자신의 언행을 본받으라고 하기까지 신앙생활의 모범을 보이려 애썼습니다(고전 4:16; 11:1).

바울의 이러한 자세는 오늘날 우리가 꼭 본받아야 할 자세입니다. 우리가 그리스도를 구주로 영접한 그때부터 우리의 중심에는 예수님께서 성령을 통해 거하시게 됩니다. 그때로부터 우리는 마음속에 하나님을 모시고 사는 하나님의 자녀이자, 또 종으로서 살아가는 것입니다. 그래서

모든 생활의 초점을 하나님께 영광을 돌리는 것과 세상에 대하여 빛과 소금의 역할을 하는 데에 맞추게 됩니다. 이것이 바로 하나님을 위하고 이웃을 섬기는 그리스도인의 생활 자세입니다. 만약 그중 어느 하나라도 결여된다면 그러한 생활은 올바른 신앙생활이라고 볼 수 없습니다. 왜냐하면 하나님을 경외하며 전심으로 섬기는 사람은 이웃에 대하여도 사랑과 진실이 넘쳐 날 것이기 때문입니다. 그러므로 우리 예수 믿는 사람들은 하나님 앞에서뿐만 아니라 사람 앞에서도 정직해야 되고, 또한 하나님 앞에서뿐만 아니라 사람 앞에서도 비난을 받지 않고 인정을 받도록 노력해야 합니다.

바울은 '선한 일' 에 있어서도 그런 태도를 일관성 있게 견지하였습니다. 그래서 연보를 관리하게 될 입장에 서자 특별히 평소 자신의 각오를 밝히고 있는 것입니다.

22절 또 그들과 함께 우리의 한 형제를 보내었노니 우리는 그가 여러 가지 일에 간절한 것을 여러 번 확인하였거니와 이제 그가 너희를 크게 믿으므로 더욱 간절하니라

사도 바울은 앞서 언급한 사람 이외에도 또 한 명의 사람을 같이 보내었습니다. 그러므로 연보 문제를 매듭짓기 위하여 고린도 교회로 떠나는 사람은 디도와 교회의 택함을 입어 선발된 두 사람을 합하여 모두 세 사람이었습니다. 이 구절에서 추천하고 있는 사람은 바로 그 두 사람 중에서 마지막 사람입니다. 바울은 그만큼 연보를 관리하는 데에 공정을 기하고 최선을 다하고자 하였습니다.

그런데 바울은 또 한 사람의 형제를 택하기에 앞서 그가 그 일에 대해

얼마만큼 소명과 열심이 있는지 시험하였다고 말합니다. 그래서 여러 가지 측면에서 테스트를 하여 본 결과 흡족할 만하였고, 더욱이 그 사람 자신이 고린도 교인들의 신실함을 더욱 신뢰하여 더 뜨거운 열심을 가지게 되었다고 소개하고 있습니다.

이러한 사실을 통해서 우리는 한 가지 분명한 교훈을 얻을 수 있습니다. 그것은 하나님께서 우리를 들어 사용하시기 전에 반드시 우리가 그 사역을 감당할 만한 믿음이 있는가를 테스트하신다는 사실입니다. 이것도 사도 바울의 표현처럼 일종의 시험이라고 볼 수 있습니다. 그러나 이 때의 시험은 우리를 파괴하는 시험이 아니라 오히려 우리에게 복을 가져다주는 시험입니다. 그렇기 때문에 성경은 "내 형제들아 너희가 여러 가지 시험을 당하거든 온전히 기쁘게 여기라 이는 너희 믿음의 시련이 인내를 만들어 내는 줄 너희가 앎이라 인내를 온전히 이루라 이는 너희로 온전하고 구비하여 조금도 부족함이 없게 하려 함이라"(약 1:2-4)고 말씀한 것입니다. 그러므로 우리가 이러한 종류의 시험을 잘 통과하면 하나님의 놀라운 능력과 지혜가 주어지게 됩니다. 그리하여 어떠한 일이든지 순조롭게 수행해 나갈 수 있도록 인도하시는 것입니다.

23절 **디도로 말하면 나의 동료요 너희를 위한 나의 동역자요 우리 형제들로 말하면 여러 교회의 사자들이요 그리스도의 영광이니라**

본 절은 연보를 위해 파송되는 사람을 전체적으로 소개하고 있습니다. 그 가운데서 지도자격으로 선발된 사람이 바로 바울의 절친한 동역자인 디도였습니다.

디도는 비록 헬라인이기는 하였지만(갈 2:3), 사도 바울의 선교 사역에 큰 공헌을 한 중요한 협조자였습니다. 디도서 1장 4절에 바울이 '나의 참아들' 이라고 표현할 정도로 디도는 영적으로 바울과 가까운 사이였습니다. 뿐만 아니라 바울은 그를 '동료' 라고 표현하면서 주 안에서 부름 받아 일하는 같은 동역자임을 알려주고 있습니다.

그다음, 사도 바울은 나머지 두 사람에 대해서도 추천서를 잊지 않고 있습니다. 그러면서 그들이 다음과 같이 두 가지 측면에서 일꾼 됨을 소개합니다.

첫째로, 그들은 '여러 교회의 사자' 로 부름 받은 사람들이었습니다. 그들은 공정한 과정을 거치지 않고 사도 바울의 임의에 따라 선발된 것이 아니요, 또 스스로 자원하여 선발된 것도 아니었습니다. 그들은 마게도냐에 있는 여러 교회, 즉 빌립보 교회나 데살로니가 교회나 여러 교회에서 심사숙고하고 하나님의 뜻을 살핀 뒤 공식적인 과정을 거쳐 선발된 사람입니다.

이와 같이 하나님의 일을 하기 위해 뽑힌 사람은 교회와 사람들에게도 인정을 받아야 합니다. 물론 하나님의 특별하신 목적이 수반되는 경우 어떤 때에는 서로 간의 갈등과 마찰이 일어날 수도 있습니다(행 15:1-2). 그러나 원칙적으로 하나님에 의해 택함 받은 종이라면 마땅히 하나님께로부터 인정을 받고 교회 성도들에게도 인정을 받아야 할 것입니다(행 13:1-3).

둘째로, 그들은 '그리스도의 영광' 이었습니다. 실제로 그리스도를 위해 맡은 모든 직분은 모두가 그리스도의 영광을 나타내는 것입니다. 여기에는 비단 교역자들만 해당되는 것은 아닙니다. 평신도라 할지라도 지역장이나 구역장, 또는 주일학교 교사에 이르기까지 모든 직분이 그리스도의 영광인 것입니다. 이 얼마나 귀한 직분입니까? 그러므로 우리는 맡겨진 직분이 어떠하든지 감사하는 마음으로 충성을 다하며 그 직분을 수행하여야 할 것입니다. 또한 우리는 우리 자신이 '그리스도의 수치'가 아닌 그리스도의 영광이 되도록 늘 자신을 살펴야 할 것입니다.

24절 그러므로 너희는 여러 교회 앞에서 너희의 사랑과 너희에 대한 우리 자랑의 증거를 그들에게 보이라

마지막으로 사도 바울이 결론적으로 말하고 있습니다. 이것은 특히 고린도 교회에 대한 권면의 내용을 담고 있습니다. 바울은 그 권면을 통해서 연보를 위해 파송된 사람들에게 두 가지 사실을 보여 달라고 요청하고 있습니다.

첫째는, 예루살렘의 형제들을 위한 그들의 사랑과 간절함입니다. 그래서 이제는 그 결실을 보여서 그들의 사랑이 말뿐만이 아니라는 사실을 입증해 달라는 것입니다.

둘째는, 고린도 교회에 대해서 긍지를 가지고 자랑하였던 바울의 증거를 그대로 보여 달라는 것입니다. 그리하여 그들의 신실함과 그에 대한 바울의 간증이 일치됨을 보여 달라고 권면하고 있는 것입니다.

사실 나도 해외 집회를 다니며 우리 교회 성도들을 많이 자랑합니다. 자신이 섬기는 교회의 성도들을 자랑하는 목회자의 심정은 마치 자식 자랑을 하는 부모의 심정과도 같은 것입니다. 그런데 참 감사한 것은, 내 이야기를 듣고 우리 교회를 방문한 분들이 우리 성도들의 열심과 헌신을 보고는 내 자랑이 결코 과장이 아니며 오히려 실제 모습이 더 훌륭하다고 칭찬합니다. 사도 바울도 이와 같이 고린도 교회 성도들에 대한 자신의 이러한 자랑의 증거를 디도 일행에게 보이라는 것입니다.

제 9 장

연보에 관한 사도 바울의 권면

연보 준비에 관한 권면 9:1-5

연보를 통한 성도의 교제 9:6-15

A COMMENTARY ON
THE SECOND EPISTLE TO
THE CORINTHIANS

사도 바울은 본 장에서 고린도 교인들에게 연보할 때의 자세와 마음가짐, 그리고 연보의 참된 의의에 대하여 설명하고 있습니다. 그리하여 연보를 통해서 믿음과 실천이 어떻게 조화를 이루는지에 대해서 언급하고 있으며, 또한 그 모든 것을 주관하시는 하나님의 은혜와 복에 관하여 교훈을 주고 있습니다.

1. 연보 준비에 관한 권면(9:1-5)

1. 성도를 섬기는 일에 대하여는 내가 너희에게 쓸 필요가 없나니 2.
이는 내가 너희의 원함을 앎이라 내가 너희를 위하여 마게도냐인들
에게 아가야에서는 일 년 전부터 준비하였다는 것을 자랑하였는데
과연 너희의 열심이 퍽 많은 사람들을 분발하게 하였느니라 3. 그런
데 이 형제들을 보낸 것은 이 일에 너희를 위한 우리의 자랑이 헛되
지 않고 내가 말한 것같이 준비하게 하려 함이라 4. 혹 마게도냐인
들이 나와 함께 가서 너희가 준비하지 아니한 것을 보면 너희는 고사
하고 우리가 이 믿던 것에 부끄러움을 당할까 두려워하노라 5. 그러
므로 내가 이 형제들로 먼저 너희에게 가서 너희가 전에 약속한 연보
를 미리 준비하게 하도록 권면하는 것이 필요한 줄 생각하였노니 이
렇게 준비하여야 참연보답고 억지가 아니니라

1절 성도를 섬기는 일에 대하여는 내가 너희에게 쓸 필요가 없나니

여기에서 '성도를 섬기는 일' 이라 함은 바로 예루살렘 교회의 성도를

위해 연보를 거두는 일을 말합니다. 그런데 사도 바울은 그 일에 관하여 고린도 교인들에게 다시 언급할 필요가 없다고 말합니다. 왜냐하면 이미 오래 전부터 고린도 교인들은 성도를 섬기기 위하여 마음에 작정을 하고 실행해 오고 있었기 때문입니다.

앞에서도 설명하였듯이 당시 예루살렘의 성도들은 많은 어려움을 겪고 있었습니다. 오랫동안 계속되고 있는 흉년에다가 같은 동족인 유대인들로부터도 상당히 심한 차별을 받았습니다. 당시 유대 사회에서 그리스도교로 개종하는 것은 마치 스스로 험한 고생길을 택하는 것과 다름이 없었습니다. 그래서 예루살렘 교회의 성도들은 더욱 쪼들리는 생활을 하였습니다. 이러한 상황에서 고린도 교회가 미리 작정을 하여 그리스도의 사랑에 동참하고자 하였던 것입니다.

이러한 점에서 당시 마게도냐 교회나 고린도 교회가 보여 주었던 사랑의 사업은 오늘날 우리에게도 귀중한 교훈을 주고 있습니다.

교회는 기본적으로 두 가지 일에 힘써야 합니다.

첫째로, 전도의 사명입니다. 복음 전파는 예수님의 '지상 명령' 이자(마 28:19), 하나님의 최대의 사업입니다. 복음 전파 외에 다른 모든 일들은 모두가 이 세상에서의 삶을 위한 일시적인 것들입니다. 그러나 복음 전파는 천하보다도 귀한 영혼을 구원하여 영생에 이르게 하는 것이므로 매우 중요합니다. 그렇기 때문에 교회는 복음 전파에 총력을 기울여야 합니다. 그래서 한 사람의 영혼이라도 더 구원을 받을 수 있도록 주님 앞으로 인도해야 하는 것입니다.

둘째로, 교회는 구제 사업에 힘써야 합니다. 이것은 그리스도의 사랑을 실천하는 단계입니다(약 2:14). 즉, 하나님의 교회는 그리스도의 사랑으로 가난한 사람을 구제하고 병든 사람을 도와주며 불우한 이웃을 돌보아 주어야 하는 것입니다. 이렇기 때문에 바울은 복음 전파에 전력을 기울이면서도 구제 활동에 신경을 썼습니다. 그래서 각 교회에 대하여 구제 헌금을 하도록 계속 독려하였던 것입니다.

2절 이는 내가 너희의 원함을 앎이라 내가 너희를 위하여 마게도냐인들에게 아가야에서는 일 년 전부터 준비하였다는 것을 자랑하였는데 과연 너희의 열심이 퍽 많은 사람들을 분발하게 하였느니라

"이는 내가 너희의 원함을 앎이라". 1절의 내용에 대하여 보충 설명을 하고 있습니다. 이미 고린도 교인들의 마음에 작정이 되어 있기 때문에 굳이 연보의 필요성에 대해 다시 언급할 필요가 없다는 것입니다.

"내가 너희를 위하여 마게도냐인들에게 아가야에서는 일 년 전부터 준비하였다는 것을 자랑하였는데 과연 너희의 열심이 퍽 많은 사람들을 분발하게 하였느니라". 바울은 고린도 교인들의 이 같은 움직임에 대하여 매우 기쁜 마음을 가지고 다른 지역의 교인들에게 이를 자랑하였습니다. 그리하여 아가야에 있는 고린도 교회의 교인들이 1년 전부터 작정을 하고 연보를 거두고 있다는 소식을 전하였습니다. 그리고는 그리스도의 사랑을 실천하는 데에 거룩한 경쟁을 하도록 유도하였던 것입니다.

세계 교회에서 '구역'을 제일 먼저 시작한 교회는 우리 교회입니다. 나는 1964년도 서대문중앙교회 시절 때 제일 처음 구역 제도를 시작하여 평신도들을 훈련시켜 구역장, 지역장으로 세웠습니다. 그리고 나는 구라파와 미국, 남미 교회들에게 "평신도들을 사용해야 교회가 자란

다.”며 이 구역 제도를 소개하여 그들이 분발하도록 자극하였습니다. 그래서 오늘날에는 온 세계에 구역 제도가 흥왕하게 되어 이제는 원조(元祖)인 우리는 다 잊혀지고 오히려 ‘셀’(Cell)이란 영어식 이름으로 더 발전되어 한국에 역수입되었습니다. 이것은 참 좋은 일 아닙니까? 우리가 먼저 잠자는 교회들을 깨워 평신도들을 교육, 훈련시키라고 말했는데 이제는 그들이 이를 잘 발전시켜서 우리에게 와서 오히려 우리를 깨우고 분발시키고 있는 것입니다. 좋은 일은 서로 분발시켜 주는 것이 좋습니다.

또한 세계에서 처음으로 우리 교회가 초대형 교회가 되었습니다. 기독교 역사상에 10만 명 이상이 모이는 교회는 우리 교회가 처음입니다. 그러니 우리 교회로 인해 자극을 받은 수많은 젊은 목회자들이 전 세계에서 ‘우리도 할 수 있다! 여의도순복음교회가 하는데 우리도 못할 리가 없다’며 목표를 세우고 나갔기 때문에 오늘날 전 세계에 10만 명 이상이 모이는 교회가 굉장히 많아졌습니다. ‘못한다!’고 생각하는 사람은 처음부터 못합니다. 그러나 다른 사람이 하는 것을 보고 ‘저 사람이 하는데 나도 할 수 있지. 해 보자! 할 수 있다!’고 목표를 세우고 나가는 사람은 할 수 있습니다. 그러므로 사람들 앞에 모범을 보인다는 것은 굉장히 중요한 일입니다. 물론 개척자는 다른 사람들이 해 보지 않은 일을 하는 것이기 때문에 매우 험난한 길을 걷습니다. 그러나 개척자가 일단 나가서 성공을 하면 수많은 사람들에게 그것이 모범이 되는 것입니다. 수많은 사람이 그를 모범 삼아 용기를 가지고 자신 앞에 놓인 난관을 헤치고 성공할 수 있는 것입니다. 그런 면에서 우리 여의도순복음교회는 세계 교회에 많은 모범의 빛을 비췄습니다. 셀 조직, 대형 교회의 모범을 비롯하여 철야 기도나 기도원 등도 세계적인 모범이 되었습니다. 그러나 우리가 원조라는 사실에만 집착해 있으면 안 됩니다. 요즘 식당을 보면 좋은 건물을 짓고 서로가 원조라고 자처하지만, 대체로 진짜 원조는 허름한 건물인 경우가 많습니다. 물론 겉보다는 음식의 맛이 더 중요하기는 하지만 원조 역시 계속 허름한 상태로 발전 없이 있는 것도 안 될 것입니다. 원조도 후발 주자와의 경쟁 속에서 계속 노력하고 발전을 도모해야 합니다.

이와 같이 신앙생활을 하는 데에 있어서 거룩하고 선한 경쟁을 하는 것은 신앙의 성장에 유익이 될 수 있습니다. 왜냐하면 그러한 과정을 통해서 사랑의 열매, 복음의 열매가 맺혀져 하나님께 큰 영광을 돌릴 수 있기 때문입니다. 그러나 이러한 경쟁도 도를 지나쳐서는 안 됩니다. 조심하지 않으면 경쟁이라는 것은 처음의 의도와는 달리 사람의 공명심을 높이기 위한 방편으로만 치우칠 수 있기 때문입니다. 그러다 보면 하나님께 영광을 돌리기보다는 사람이 영광을 취하려는 부작용도 생길 수가 있으며 심지어는 하나님의 이름을 더럽히는 불상사까지도 일어날 수가 있는 것입니다. 그러므로 그리스도인들은 하나님의 일을 하는 데에 사람의 욕심이 개입되지 않도록 최대한의 주의를 기울여야 합니다. 그리고 오직 주님의 이름을 높이고 하나님의 뜻을 순종하기 위한 각오만을 가지고 하나님 사업을 돌보아 그리스도의 사랑을 이 땅에 펼치는 데에 온 힘을 기울여야 하는 것입니다.

사도 바울은 마게도냐의 교회에 고린도 교회의 예를 들면서 하나님의 귀한 사역에 동참하도록 권유하였습니다. 그러자 이 말을 들은 마게도냐의 교인들도 자극을 받고 거룩한 열심을 내어 어려운 형편임에도 불구하고 예루살렘 교회의 구제 사업에 착수하기 시작하였던 것입니다.

3절 그런데 이 형제들을 보낸 것은 이 일에 너희를 위한 우리의 자랑이 헛되지 않고 내가 말한 것같이 준비하게 하려 함이라

여기에서는 앞부분에서도 언급했듯이 고린도 교인들의 열심도 알고, 또 그를 향해 다른 교회에 대하여 자랑까지 하였던 사도 바울이 그의 방문에 앞서 디도를 비롯한 형제들을 보내는 이유를 기록하고 있습니다. 어떻게 보면 연보를 위해 형제들을 먼저 보내는 바울의 계획은 그의 말과 모순된 듯이 보이기도 합니다. 그래서 바울은 여기에서 그 이유를 설명하고 있는 것입니다. 그 설명에 의하면 사도 바울에게는 한 가지 분명한 이유가 있었는데, 그것은 고린도 교인들에 대한 사도 바울의 자랑이 헛되지 않게 하려는 데에 목적이 있었습니다. 연보를 하기로 작정한 고린도 교인들이 말로만 그친 것이 아니라 실제로 연보를 거두어 믿음과 행동이 일치를 보이도록 하기 위함입니다. 그리하여 연보를 관리하기 위한 사역자들을 보내어 미리 준비하게 한 것입니다.

4절 혹 마게도냐인들이 나와 함께 가서 너희가 준비하지 아니한 것을 보면 너희는 고사하고 우리가 이 믿던 것에 부끄러움을 당할까 두려워하노라

연보 관리를 위해 형제들을 보내는 이유에 대한 설명이 계속되고 있습니다. 사도 바울은 연보 처리를 위해 마게도냐의 교회 대표들과 함께 고린도 교회에 가는 경우를 대비하고 있습니다. 조만간 그들과 함께 도착했을 때에 막상 고린도 교인들이 작정한 연보가 준비되어 있지 않으면 고린도 교인들뿐만 아니라 사도 바울 자신의 입장도 난처해질 것입니다. 만약 그렇게 된다면 바울의 인격뿐만 아니라 바울이 가지고 있는 사도직에까지도 영향을 미쳐서 앞으로의 복음 사역 및 구제 사업에 중대한 지장을 초래하게 될 것입니다. 왜냐하면 그렇게 될 경우 사도로서의 바울의 발언을 신뢰하지 않을 수 있기 때문입니다. 그렇게 되면 결국에는 그리스도의 복음 전파에까지 지장이 초래될 우려가 있었던 것입니다.

그러므로 평소 크리스천들이 믿음과 행동이 일치하는 신앙생활을 한다는 것은 중요합니다. 신행일치(信行一致)는 그 자신에게만이 아니라 교회에도 많은 유익을 가져다줍니다. 왜냐하면 그러한 생활을 통해서 하늘에 계신 아버지께 영광을 돌릴 수 있을 뿐만 아니라(마 5:16), 그것을 통해서 많은 사람들을 주 앞으로 인도하는 계기를 마련할 수도 있기 때문입니다(요 15:8).

5절 그러므로 내가 이 형제들로 먼저 너희에게 가서 너희가 전에 약속한 연보를 미리 준비하게 하도록 권면하는 것이 필요한 줄 생각하였노니 이렇게 준비하여야 참연보답고 억지가 아니니라

앞에서 언급한 여러 가지 이유를 의식한 바울은 8장에 기록한 바와 같이 디도와 두 명의 형제를 먼저 보내어 미리 연보를 준비하도록 권면하였습니다(8:16,22). 이와 더불어 사도 바울은 본 절에서 연보를 할 때 갖추어야 할 진정한 자세에 대하여 귀중한 교훈을 주고 있습니다.

사도 바울은 연보를 드리는 자세를 두 종류로 구분하고 있습니다. 첫 번째가 정성스러운 마음으로 미리 준비하는 자세입니다. 바울은 이러한 자세로 드리는 연보는 바로 그 자체가 '복'의 의미를 가지는 것이라고 말하고 있습니다. 왜냐하면 바울이 이 구절을 기록할 때 쓴 '연보'라는 단어는 헬라어로 '율로기아(εὐλογία)'로서 '축복' 또는 '복'이라는 의미

를 가지고 있기 때문입니다.

그러면 정성을 다해 미리 연보를 준비하는 자세는 어떤 마음가짐으로부터 나오는 것일까요? 첫째로, 그것은 하나님께 대한 깊은 사랑이 있어야 합니다. 신명기 6장 5절에는 "너는 마음을 다하고 뜻을 다하고 힘을 다하여 네 하나님 야훼를 사랑하라"는 말씀이 기록되어 있습니다. 이와 같은 마음가짐으로 하나님을 사랑하는 사람은 하나님께 예물을 드리는 것이 오히려 기쁨이 됩니다. 왜냐하면 우리에게 생명을 주시고 그 위에 먹을 것과 입을 것을 더해 주시며, 또 선한 목자와도 같이 주야로 우리를 보호하시는 하나님을 생각하며, 하나님께 대해 아무것도 아까울 것이 없기 때문입니다. 그러다 보면 아무리 작은 것이라 할지라도 소득이 생기게 되면 먼저 그것을 주신 하나님을 생각하게 되고 또 그에 따라서 예물을 준비하고자 하는 거룩한 소원이 생기게 되는 것입니다.

둘째로, 연보를 정성껏 준비하는 자세는 이웃을 자신의 몸과 같이 사랑하는 신실한 신앙에서 비롯됩니다. 마태복음 22장 37절부터 40절에는 율법과 선지자의 강령이 기록되어 있습니다. 그것은 두 가지의 기본적인 내용을 담고 있는데 그중 첫째가 "주 너의 하나님을 사랑하라"는 것이며 둘째가 "네 이웃을 네 자신같이 사랑하라"는 계명입니다. 이와 같이 하나님을 사랑하는 사람은 이웃을 사랑하게 되어 있으며, 또 그 사랑을 실천적으로 표현하게 되어 있습니다. 그렇기 때문에 사도 야고보는 "행함이 없는 믿음은 그 자체가 죽은 것이라"(약 2:17)고 기록하였던 것입니다. 그러므로 이렇듯 그리스도의 사랑을 마음에 품고 있는 그리스도인은 항상 이웃을 의식합니다. 그리하여 이웃의 어려움을 같이 나누며 그리스도의 사랑을 베푸는 역할을 하게 됩니다. 그러므로 자원하는 마음에서 정성껏 준비하게 되는 것입니다.

이러한 의미에서 정성껏 준비했다가 바치는 연보는 그 자체가 하나님을 기쁘시게 하는 귀한 재물이요, 그것의 혜택을 받는 사람에게는 귀한 은혜가 되는 것이며, 또 그것을 바친 사람에게는 하나님께로부터 오는 복의 근원이 됩니다(눅 6:38; 빌 4:19). 이렇기 때문에 사도 바울은 미리 정성껏 준비한 연보가 참된 연보라고 한 것입니다.

반면에 억지로 연보를 하는 경우가 있습니다. 사도 바울이 여기에서 '억지' 라고 기록할 때에는 헬라어로 '프레오넥시아(πλεονεξία)', 즉 '탐욕' 또는 '탐심' 이라는 뜻을 가지고 있는 단어를 사용하였습니다. 다시 말해서 준비도 하지 않고, 하나님께 드릴 생각도 않고 있다가 연보를 드리라고 하니까 또는 의무적으로 드리는 연보는 근본적으로 인간의 탐욕 때문에 또는 무성의 때문에 그 진정한 의미를 상실하고 있다는 것입니다. 하나님께서는 우리가 드리는 물질보다도 물질 드리는 사람의 마음을 더 원하고 계십니다.

옛날에는 교회에서 건축 헌금을 작정할 때 담임 목사님이 강단에 서서 교인들의 이름을 전부 부르면서 아무개 집사는 얼마, 아무개 집사는 얼마, 이런 식으로 정해 주었습니다. 그래서 어떤 성도가 "목사님, 저는 좀 깎아 주세요. 저는 그만큼은 못 내요."라고 말하면, 목사님은 "집사님의 생활 정도면 그 정도는 해야 돼요."라고 말하는 등 성도와 목사님 사이에 헌금 액수에 대한 실랑이가 벌어지곤 했습니다. 이런 일들은 하나님께 영광이 되지 않습니다. 연보는 억지로 하는 것이 아니라 성령의 감동으로 본인이 기도하고 자원해서 드려야 하는 것입니다.

결국 사도 바울은 본문을 통해 정성스레 예물을 준비하고 그 마음에 작정한 대로 감사하면서 바치라고 요구합니다. 바로 그것이 진정한 신앙의 표현이자, 성도가 복 받을 수 있는 첩경인 것입니다.

2. 연보를 통한 성도의 교제(9:6-15)

**6. 이것이 곧 적게 심는 자는 적게 거두고 많이 심는 자는 많이 거둔
다 하는 말이로다 7. 각각 그 마음에 정한 대로 할 것이요 인색함으
로나 억지로 하지 말지니 하나님은 즐겨 내는 자를 사랑하시느니라
8. 하나님이 능히 모든 은혜를 너희에게 넘치게 하시나니 이는 너희
로 모든 일에 항상 모든 것이 넉넉하여 모든 착한 일을 넘치게 하게
하려 하심이라 9. 기록된바 그가 흩어 가난한 자들에게 주었으니 그
의 의가 영원토록 있느니라 함과 같으니라 10. 심는 자에게 씨와 먹
을 양식을 주시는 이가 너희 심을 것을 주사 풍성하게 하시고 너희 의
의 열매를 더하게 하시리니 11. 너희가 모든 일에 넉넉하여 너그럽게
연보를 함은 그들이 우리로 말미암아 하나님께 감사하게 하는 것이
라 12. 이 봉사의 직무가 성도들의 부족한 것을 보충할 뿐 아니라 사
람들이 하나님께 드리는 많은 감사로 말미암아 넘쳤느니라 13. 이
직무로 증거를 삼아 너희가 그리스도의 복음을 진실히 믿고 복종하
는 것과 그들과 모든 사람을 섬기는 너희의 후한 연보로 말미암아 하
나님께 영광을 돌리고 14. 또 그들이 너희를 위하여 간구하며 하나
님이 너희에게 주신 지극한 은혜로 말미암아 너희를 사모하느니라
15. 말할 수 없는 그의 은사로 말미암아 하나님께 감사하노라**

6절 **이것이 곧 적게 심는 자는 적게 거두고 많이 심는 자는 많이 거둔다 하는 말이로다**

사도 바울은 여기에서 '심고 거두는 법칙' 에 대해서 말하고 있습니다. 이 법칙은 특히 농부들이 잘 알고 있습니다. 논에 많은 모를 심으면 가을에 추수할 때에 많이 수확할 수 있습니다. 그러나 적게 심으면 많은 수확을 기대할 수 없습니다. 이러한 이치는 비단 농사뿐만 아니라 세상사에 있어서도 마찬가지입니다. 다른 사람들보다 공부를 더 열심히 한 사람은 자연히 좋은 성적을 거두고 다른 사람들보다 일을 더 많이 한 사람은 더 많은 성취와 만족함을 누릴 수 있습니다. 이러한 경우는 우리가 주변에서 실제로 보고 겪는 일들입니다. 그런데 사도 바울은 그러한 법칙이 우리의 신앙생활에도 적용된다고 분명히 말합니다. 심고 거두는 법칙이 자연법칙에서뿐만 아니라 신령한 법칙에도 해당이 된다는 것입니다. 그러므로 우리가 신앙의 열매를 가득 맺기 위해서는 먼저 주 안에서 열심을 심고, 기도를 심고, 정성을 심어야 합니다. 특히 영적으로 더욱 신령한 생활을 하고자 원한다면 신령한 씨앗을 심어야 합니다. 그 신령한 씨앗 중의 하나가 바로 중보 기도입니다. 국가와 민족을 위해서 기도하고, 이웃과 가족을 위해서 기도하고, 하나님의 뜻을 이루기 위하여 열심히 기도하면 그 기도의 은혜가 그대로 영적 열매로 나타나게 됩니다. 그리하여 생활 속에 신령한 은혜가 가득해지게 되는 것입니다.

기도 외에도 신령한 씨앗에는 하나님의 말씀의 씨앗과 사랑의 씨앗이 있습니다. 그래서 그러한 씨앗들을 자꾸 심게 되면 하나님께는 영광이요, 심는 사람에게는 복이 되며, 받는 사람에게는 사랑의 은혜가 되는 것입니다.

사도 바울은 심고 거두는 법칙에 대해 이야기하면서 성도들이 드리는 연보에도 하나님의 법칙이 그대로 적용됨을 시사하고 있습니다. 십일조나 헌금은 내 인생의 텃밭에 심는 종자 씨앗입니다. 옛날에 공자도 "천불생 무록지인(天不生 無祿之人)이요 지부장 무명지초(地不長 無名之草)라", 즉 하늘에서 태어난 사람마다 녹이 없는 사람이 없고 땅에서 난 풀마다 이름 없는 풀이 없다고 했습니다. 그 녹이 바로 자기 텃밭입니다. 사람은 자신의 인생의 텃밭에 심는 대로 거두는 것입니다. 헌금 역시 교회에 바치는 것 같지만 실제로는 축복의 씨를 내 텃밭에 심는 것입니다. 하나님은 본래 모든 것에 풍성하신 분이시기에 우리가 적게 심는다고 손해 보시는 분이 아닙니다. 안 심으면 못 거두게 되고, 적게 심으면 적게 거둘 수밖에 없으며, 많이 심으면 많이 거두게 되는 것입니다.

옛날 한 동리에 큰 부자가 살았는데 굉장히 인심이 후한 사람이었습니다. 그런데 어느 날 이 부자는 평소에 자기 집을 돌봐주는 가난한 목수에게 평생 살 집을 지어주려고 그를 불러 "내가 잠시 여행을 다녀오는 동안에 돈 아끼지 말고 아주 좋은 재료를 사용하여 멋진 집을 지으라."고 말하며 집 짓는 데 필요한 경비를 넉넉히 주고 여행을 떠났습니다. 그런데 부자가 여행을 떠나고 난 다음, 이 목수는 가장 싸구려 자재만을 골라 날림으로 집을 짓고 그 차액은 자신이 착복하였습니다. 이윽고 주인이 도착하여 목수가 지은 집을 둘러보고는 "당신이 한평생 우리 집을 잘 돌보아주어 참 고맙소. 그래서 내가 당신에게 이 집을 선물로 주니 받으시오."라고 말했습니다. 부자의 이 말에 목수는 가슴을 치고 땅을 쳤습니다. '그럴 줄 알았으면 이 집을 잘 지을 것을, 돈 아끼지 말고 쓰라고 했으니 아주 일류 건축 재료를 사용해서 지을 걸! 이제 내가 벽파풍창(劈破風窓) 날림 집에 살게 되었구나!' 라고 후회했습니다. 사람이 무엇으로 심든지 그대로 거두는 법입니다.

우리가 나중에 천국에 들어가서 살 집도 우리가 이 세상에서 올려 드린 재료를 가지고 지어지는 것입니다. 예수님의 보혈로 말미암아 구원을 받지만, 우리가 천국에 가서 살 집은 이 땅에서 우리가 하나님을 섬긴 모든 것, 즉 물질과 시간과 노력의 총체적인 것을 재료로 지어지는 것입니다. 그러므로 이 땅에서 내가 물질이나 시간이나 노력에 있어 '날림'으로 살았다면 하늘의 우리 집도 날림 집이 될 수밖에 없습니다. 하나님께 왜 내 집이 이러냐고 물어도 우리가 올려 드린 재료가 이것밖에 안 되니 할 수 없는 것입니다. 그러나 내가 이 땅에서 하나님을 섬기는 데 시간과 물질과 노력을 희생적으로 드렸다면, 그것은 하늘나라 집의 반듯한 재료로 사용될 것입니다. 그러므로 인생의 텃밭에 좋은 것을 심으라는 것은 우선적으로 자신에게 유익되라고 하신 말씀이지 하나님이나 다른 사람 좋으라고 명령하는 것이 아닙니다. 우리 하나님은 우리 자신보다 더 우리의 행복을 원하시는 좋으신 분이십니다.

7절 각각 그 마음에 정한 대로 할 것이요 인색함으로나 억지로 하지 말지니 하나님은 즐겨 내는 자를 사랑하시느니라

연보를 준비할 때에 갖추어야 할 마음의 태도에 대하여 말하고 있습니다. 6절에서 사도 바울은 '심고 거두는 법칙' 에 대하여 언급하였습니다. 그래서 무엇을 어떻게 심든지 심는 그대로 수확을 하게 되어 있다는 자연법칙을 예로 들면서 연보에 관한 하나님의 섭리도 그와 똑같은 법칙을 가지고 있다고 설명하였습니다. 그러나 사도 바울은 심는 그 자체에만

머무르지 않고 한 걸음 더 나아갑니다. 그리하여 무엇을 얼마만큼 심느냐 하는 것뿐만 아니라 그것을 어떠한 태도로 심는가 하는 것도 중요하다고 말하고 있는 것입니다.

첫째로, 연보를 드리되 '그 마음에 정한 대로' 하라고 하였습니다. 그러면 마음에 정한 대로 하라는 것은 무엇을 의미합니까? 그것은 먼저 하나님께 기도하고 난 다음 성령의 인도를 따라 마음에 작정을 하고 연보를 드리라는 것입니다. 여기에서는 연보를 함에 있어서 꾸준하고도 일관성 있는 자세에 대하여 강조하고 있습니다. 그리하여 연보의 횟수나 또 그 양에 있어서 마치 하나님 앞에서 약속한 것처럼 하되 율법에 얽매이는 것처럼 하지 말고 성령의 인도를 따라서 자유롭게 하라는 것입니다. 그러나 이렇듯 마음에 정하여 연보를 드리는 태도가 손쉽게 생기는 것은 아닙니다. 하나님께 감사하는 마음으로 살고 또 하나님을 조금이라도 더 기쁘게 해 드리고자 하는 뜨거운 신앙을 가진 사람에게서 볼 수 있는 태도인 것입니다.

둘째로, 연보를 드리되 '즐겨 내라' 고 하였습니다. 단순히 물질만 많이 드린다고 해서 하나님께서 기뻐하시는 것은 아닙니다. 물질을 드리되 기쁜 마음으로 즐겨 내는 자가 하나님을 기쁘시게 할 수 있는 것입니다.

그러면 하나님께서 기뻐하시지 않는 태도에는 어떠한 것이 있을까요? 바울은 먼저 인색한 태도를 들고 있습니다. 하나님께 드리는 물질에 인색한 태도를 보인다는 것은 바로 하나님께 대하여 감사하는 마음이 없다는 것을 단적으로 증명하는 것입니다. 만일 우리를 지으셨고 입히시며 먹여 주시고 보호해 주시는 하나님을 진정으로 섬기고 따르는 사람이라면 순간순간마다 하나님의 지극하신 사랑을 느끼지 않을 수가 없을 것이요, 따라서 자신에 속한 모든 것을 바친다 해도 전혀 아까운 마음이 들지 않을 것입니다. 우리의 신앙이 바로 그러한 상태에 있을 때 우리는 하나님께 헌금을 드려도 기쁜 마음으로 즐겁게 드릴 수 있는 것입니다.

사실 우리가 아무리 많은 재산과 엄청난 권세를 가지고 있다 해도 우리의 생명이 길지 못하면 그 재산과 권세가 무슨 소용이 있겠습니까? 그렇기 때문에 예수님께서도 "사람의 생명이 그 소유의 넉넉한 데 있지 아니하리라"(눅 12:15)고 말씀하신 것입니다. 그렇다면 우리가 가진 이 생명은 누가 주관하고 있습니까? 바로 천지를 지으시고 주관하시는 만물의 주 야훼 하나님이신 것입니다. 그러면 우리는 이렇듯 우리에게 생명을 주시고, 주신 그 생명을 보호해 주시는 하나님께 감사드리지 않을 수가 없게 됩니다. 우리에게 이러한 믿음이 있고, 또 우리를 둘러 진 치고 보호하시는 주님의 은총을 깨달을 수만 있다면 인색한 태도가 나올 수가 없는 것입니다.

또한 사도 바울은 억지로 하는 헌금 자세에 대하여 경계하고 있습니다. 이러한 자세도 근본적으로는 앞서 언급한 인색한 태도와 똑같은 동기를 가지고 있습니다. 즉, 하나님 중심이 아닌 자기중심적인 단계에만 머무르고 있을 때 이러한 자세를 취할 수 있다는 것입니다. 그런데 이와는 달리 우리가 성경을 자세히 살펴보면 헌금을 드릴 때에 가져야 할 마음가짐에 대한 귀중한 교훈을 배울 수 있습니다. 역대상 29장에는 성전 건축에 대비하기 위하여 이스라엘 백성과 함께 헌물을 드린 다윗의 위대한 고백이 기록되어 있습니다. "나와 내 백성이 무엇이기에 이처럼 즐거운 마음으로 드릴 힘이 있었나이까 모든 것이 주께로 말미암았사오니 우리가 주의 손에서 받은 것으로 주께 드렸을 뿐이니이다"(대상 29:14).

이 말씀을 통해 우리가 하나님께 바칠 수 있다는 것이 얼마나 큰 복인지를 깨닫게 됩니다. 우리가 진정으로 하나님을 사랑하면 내 힘이 미치는 대로 드리면서도 성심으로, 그리고 즐거이 드리는 기쁨이 우리의 신앙생활 가운데 넘치게 될 것입니다(대상 29:9; 스 2:68). 하나님께서는 바로 그러한 사람을 사랑하시며, 따라서 그의 범사에 하나님의 복이 풍성하게 임하게 되는 것입니다.

8절 하나님이 능히 모든 은혜를 너희에게 넘치게 하시나니 이는 너희로 모든 일에 항상 모든 것이 넉넉하여 모든 착한 일을 넘치게 하게 하려 하심이라

우리가 성심으로 그리고 즐거이 믿음의 씨앗을 심으면 하나님께서는 그 씨앗을 통해서 놀라운 복을 허락해 주십니다. 그리하여 우리의 생활 가운데 하나님의 은혜가 넘치고 영육 간에 풍성함이 넘치게 되는 것입니다. 이러한 하나님의 복은 종종 우리가 기대하지 않은 데서, 또는 생각지도 않은 데서 오는 경우가 많습니다. 왜냐하면 우리의 믿음의 눈이 어두워서 어려운 환경과 조건에 얽매여 "우리의 도움이 어디서 올꼬!" 라고 탄식만 하고 있을 때에 하나님께서는 편 팔과 능하신 손으로 그 모든 문제를 해결하시며 모든 은혜를 넘치게 채워 주시기 때문입니다.

그러므로 우리에게는 환경이나 조건이 문제가 될 수 없습니다. 비록 경제적인 불황이 다가오고, 사회적으로 어려움이 닥친다 해도 걱정할 이유가 없습니다. 아무리 환경이 나빠도 우리가 전심으로 주님을 섬기며 역량대로 즐거이 믿음의 씨앗을 심을 때 하나님께서는 우리의 온갖 구하는 것이나 생각하는 것에 더 넘치도록 복을 주십니다(엡 3:20).

그런데 사도 바울은 은혜가 넘친다는 표현에서 그치지 않고 더 나아가 받은 은혜를 통해서 무엇을 해야 하는가를 가르치고 있습니다. 바꾸어 말해서 성도에게 복을 주는 이유가 무엇인가를 밝혀주고 있는 것입니다. 그에 대하여 사도 바울은 "모든 착한 일을 넘치게 하게 하려 하심이라" 고 기록하고 있습니다. 그런데 그렇게 되기 위해서는 먼저 모든 일에 항상 넉넉한 복을 받아야 한다는 것입니다. 우리 자신에게 아무것도 없는데 어떻게 다른 사람을 도와 줄 수 있겠습니까? 이것은 영적, 물질적으로 모두 해당되는 말씀입니다. 우리가 성령 충만하지 못한데 다른 사람으로 하여금 성령 충만하도록 인도할 수 없는 것이며, 내가 구원의 확신을 가지고 있지 못한데 다른 사람에게 구원의 복된 소식을 올바로 전할 수 없는 것입니다. 그러므로 다른 사람을 생명의 길로 인도하고 그를 구원에 이르게 하기 위하여 자신이 먼저 구원의 확신을 갖고 성령 충만해야 되는 것처럼, 어려운 이웃을 돕고 구제하기 위하여서는 먼저 우리가 넉넉해야 할 것입니다. 그렇기 때문에 하나님께서는 사도 바울을 통하여 모든 일에 항상 모든 것이 넉넉하게 해 주실 것이라고 말씀하고 계신 것입니다. 그래서 신령한 일뿐만 아니라 육신의 일과 사회생활 전반에 걸쳐서 넘치게 축복해 주시는 것입니다.

우리의 삶에 생명의 역사가 항상 흘러넘치고 때를 따라 돕는 은혜를 항상 새롭게 받으려면 끊임없이 나누어 주고 베풀어 주는 생활을 해야 합니다. 우리가 가진 믿음도 나누어 주고 기도도 나누어 주며 물질도 나누어 주어야 합니다. 그럴 때 우리의 생애는 더욱 더 살지게 될 것이며 범사에 하나님의 은혜와 복이 흘러넘치게 될 것입니다.

9절 기록된바 그가 흩어 가난한 자들에게 주었으니 그의 의가 영원토록 있느니라 함과 같으니라

사도 바울은 시편을 인용하면서 착한 일을 넘치게 한다는 것이 어떤 의미가 있는가를 구약과 연결시켜 설명하고 있습니다(시 112:9). 이외에도 구약 여러 곳에서 구제하고 헌신하며 봉사하는 일에 대하여 끊임없이 권면하고 장려하고 있습니다. 그 가운데에서도 잠언 19장 17절에 "가난한 자를 불쌍히 여기는 것은 야훼께 꿔어 드리는 것이니 그의 선행을 그에게 갚아 주시리라"고 기록되어 있습니다. 이와 같이 가난한 자를 도와주고 이웃을 구제하는 것은 바로 야훼 하나님께 꿔어드리는 것과 다름이 없는 것입니다. 그리고 그 선행에 대해서 하나님께서는 기필코 갚아 주십니다. 그 보상 중의 하나가 바로 '의'가 영원토록 있으리라는 것입니다.

여기에서 말하는 '의'란 바로 하나님 앞에 담대히 설 수 있는 자격을 말합니다. 그리하여 하나님께서 상 주실 것을 믿고 기대하며 하나님 앞에 담대히 나아가 기도드릴 때 응답받는 복이 주어지게 됩니다.

사도행전 10장을 보면 이방인이었던 고넬료가 성령을 받을 때의 상황이 기록되어 있습니다. 그때 하나님의 사자가 고넬료에게 나타나 다음과 같이 말하였습니다. "네 기도와 구제가 하나님 앞에 상달되어 기억하신 바가 되었으니 네가 지금 사람들을 욥바에 보내어 베드로라 하는 시몬을 청하라"(행 10:4-5). 이렇게 해서 베드로를 만나게 된 고넬료는 이방인으로서는 처음으로 성령을 받는 귀중한 은혜를 체험하게 되었던 것입니다. 고넬료가 평소 꾸준히 행해 왔던 기도와 이웃에 대한 구제가 하나님께

열납되어 그로 말미암은 응답을 받고 은혜가 더욱 충만하게 되었던 것입니다.

이는 비단 고넬료뿐만 아닙니다. 사도행전 9장에는 병들어 죽은 도르가의 이야기가 나오는데, 그녀는 평소 선행과 구제하는 일에 열심이었습니다. 그것이 하나님께 기억이 되었다가 그녀가 병들어 죽은 후에 응답을 받게 되어 죽었던 가운데서 베드로에 의해 다시 살아나게 되는 기적을 체험하였습니다. 이러므로 많은 구제를 통해 그리스도께서 보여주신 사랑을 실천하는 사람이 하나님께 의를 얻어서 주님 앞에 서게 되고 자연히 하나님의 돌보심을 받게 되는 것입니다.

10절 심는 자에게 씨와 먹을 양식을 주시는 이가 너희 심을 것을 주사 풍성하게 하시고 너희 의의 열매를 더하게 하시리니

그런데 하나님은 그저 우리에게 심으라고 요구만 하시는 것이 아닙니다. 하나님께서는 우리가 심고자 한다면 심을 씨앗도 마련해 주십니다. 뿐만 아니라 먹을 양식도 더해 주시는 좋으신 하나님이십니다.

흔히 많은 사람들이 심으려는 마음도 없이 단지 심을 씨앗이 없다고만 핑계를 대면서 불평을 늘어놓습니다. 그리고는 복 받기만을 원합니다. 그러나 성경은 심는 자에게, 즉 심고자 하는 자에게 하나님께서 씨와 양식을 주신다고 했습니다.

반면에 심고 거두는 법칙을 적용하지 않으려는 사람에게는 아무것도 주어지지 않는 것입니다. 이렇게 아무것도 받지 못하여 어려움을 당하는 사람에게는 그 사람이 마음을 새로이 하여 하나님과 이웃에게 심기 전까지는 하나님의 복이 내리지 않습니다.

그러나 우리가 믿고 기대함으로 심고 드리면 그때 하나님께서는 우리에게 심을 수 있는 씨앗도 허락해 주시며, 또 생활하기에 부족함이 없도록 먹을 양식도 허락해 주십니다. 그렇기 때문에 선지자 이사야도 예언의 말씀을 통하여 "파종하는 자에게는 종자를 주며 먹는 자에게는 양식을 줌과 같이 내 입에서 나가는 말도 이와 같이 헛되이 내게로 되돌아오지 아니하고 나의 기뻐하는 뜻을 이루며 내가 보낸 일에 형통함이니라"(사 55:10-11)고 했던 것입니다.

그런데 하나님께서는 심을 것을 주셔서 필요한 만큼 주시는 것이 아니라 풍성하게 주십니다. 마치 "야훼는 나의 목자시니 내게 부족함이 없으리로다"(시 23:1)라고 말한 다윗의 위대한 신앙 고백과도 같이 하나님은 채워 주시되 흘러넘치도록 풍성히 채워 주시는 하나님이십니다(엡 3:20). 그리고 심은 결과를 통해서 우리에게 의의 열매를 더하게 하십니다. 그러면 여기서 말하는 '의의 열매'는 무엇을 의미할까요?

9절에서도 언급한 바와 같이 '의'라고 하는 것은 하나님 앞에서 담대히 설 수 있는 자격을 의미합니다. 허물과 죄로 죽었던 우리가 예수 그리스도의 보혈을 통해 죄 사함을 받고 거듭나며 의롭다 함을 얻게 되어 하나님 앞에 나아가 때를 따라 돕는 은혜를 얻을 수 있게 되었습니다. 그리고 그렇게 의롭다함을 얻게 된 징표로 생활 가운데 '의'를 드러내게 되어 심고 거두는 법칙을 통해 하나님을 기쁘시게 하며 이웃 사랑을 펼치는 삶을 살게 된 것입니다.

하나님께서는 바로 이러한 삶을 통하여 '의의 열매', 즉 하나님 앞에 나아가 담대히 드리는 기도마다 응답해 주시는 기도 응답의 열매를 맺게 하여 주십니다. 다시 말해서 의롭다 함을 입은 자격으로 하나님께 기도

하여 얻은 응답의 열매가 바로 의의 열매인 것입니다. 이러한 의의 열매가 우리에게 풍성히 열려야만 우리는 능력 있는 그리스도인의 삶을 살 수 있습니다.

하나님께서는 우리에게 풍성한 복을 주기 원하십니다. 그러나 이러한 복은 탐욕을 가진 자에게 주어지지 않습니다. 그래서 성경은 "욕심이 잉태한즉 죄를 낳고 죄가 장성한즉 사망을 낳느니라"(약 1:15)고 말씀하고 있는 것입니다. 그러므로 현재 우리에게 있는 것에 대해 감사하면서 먼저 주님께 심고 이웃에게 심어, 믿음과 사랑의 역사를 일으켜야 합니다. 그때 하나님께서는 우리의 중심을 살피셔서 심기에 충분한 씨앗도 주시고, 믿음의 밭을 갈기에 부족함이 없도록 먹을 양식도 주시며, 범사 가운데 드리는 기도에 응답하심으로써 의의 열매도 풍성히 맺을 수 있도록 역사하여 주시는 것입니다.

11절 너희가 모든 일에 넉넉하여 너그럽게 연보를 함은 그들이 우리로 말미암아 하나님께 감사하게 하는 것이라

이와 같이 성심으로 하나님께 믿음의 씨앗을 즐거이 심을 때에 우리에게는 하나님의 은혜가 넘치게 되고(8절), 따라서 모든 일에 부요하게 됩니다. 고린도 교회를 비롯해 아가야에 거하고 있던 교인들도 이와 같은 영적인 법칙을 통해서 풍성한 복을 받게 되었으며, 이제 더 나아가 받은 은혜를 이웃과 함께 나누는 사랑을 실천하게 되었습니다. 그리하여 어려움을 겪고 있는 예루살렘 교회를 위하여 연보하기로 작정을 하고 그것을 실행하기에 이른 것입니다.

이처럼 아가야에 있는 교인들이 한번 심기로 작정한 것을 통해서 얼마

나 많은 효과가 나타났습니까? 먼저 심을 씨앗이 주어졌을 뿐 아니라 범사에 먹을 양식도 받게 되었으며 그다음에는 이웃을 돕고 그로 인해 모두가 하나님께 감사로 영광을 드리는 복이 임했습니다. 그것은 주는 이뿐만 아니라 받는 이에게도 기쁨이요, 또 그것을 옆에서 보는 사람에게도 은혜가 되어 하늘나라의 기쁨이 서로 간에 충만하게 채워지는 역사가 일어나게 되는 것입니다.

우리가 어릴 적에 논두렁에 콩을 심을 때 어른들은 "막대기로 논두렁을 콕 찌른 다음, 반드시 콩을 세 알씩 심어라. 왜냐하면 콩 한 알은 공중에 나는 새와 나눠 먹고 둘째 알은 땅속에 있는 벌레와 나눠 먹고 셋째 알은 우리 사람이 먹기 위해서란다. 그래야 반드시 풍성한 콩을 수확할 수 있지, 나만 먹겠다고 한 알만 심어 놓으면 새와 벌레가 서로 다투어서 나도 못 먹고 새도 못 먹고 벌레도 못 먹고 다 망쳐 버린단다."라고 말하셨습니다. 그래서 나는 어릴 때 긴 막대기를 가지고 논두렁을 콕 찌르고 난 다음, 콩 세 알을 집어넣고 흙으로 메우곤 했습니다.

우리의 물질생활도 마찬가지입니다. 우리는 먼저 하나님을 위해 심고 그다음 나를 위해 심고 그다음에는 이웃을 위해 심어야 됩니다. 이 세 가지를 꼭 해야 됩니다. 먼저 하나님께 십일조 드리고 그다음에는 나의 일용할 양식을 얻고 또한 어려운 이웃을 위해서 여러 가지 구제 활동을 해야 합니다. 이렇게 모든 일에 넉넉함으로 너그럽게 물질을 사용하면 항상 부요하고 풍성한 삶을 살게 되는 것입니다.

12절 이 봉사의 직무가 성도들의 부족한 것을 보충할 뿐 아니라 사람들이 하나님께 드리는 많은 감사로 말미암아 넘쳤느니라 사도 바울은 성도의 구제를 위해 연보를 하는 것도 '봉사의 직무' 라고 말합니다. 다시 말해서 그것은 해도 되고 하지 않아도 되는 일이 아니라 그리스도인이라면 꼭 해야 할 직무로서의 성격을 띤 것이라는 의미입니다. 바울은 성도가 이 봉사의 직무를 행함으로써 거두는 열매에 대해 이야기합니다.

첫째로, 그것은 성도들의 부족함을 채워 줍니다. 그리하여 서로 간에 균등하게 되어(8:14), 사랑과 기쁨을 나눌 수 있게 됩니다. 둘째로, 그것은 하나님께 감사를 드림으로써 하나님을 영화롭게 하여 더욱 더 큰 복을 받을 수 있는 계기가 됩니다(시 50:23).

13절 이 직무로 증거를 삼아 너희가 그리스도의 복음을 진실히 믿고 복종하는 것과 그들과 모든 사람을 섬기는 너희의 후한 연보로 말미암아 하나님께 영광을 돌리고

우리가 가진 믿음은 눈에 보이지 않습니다. 뿐만 아니라 우리가 주님께 향한 열심을 가졌다 해도 그것이 어떤 측정기를 통해 드러나는 것은 아닙니다. 그것은 우리가 하나님의 말씀을 믿고 순종하고 있다는 증거를 통해야만 가능한 것입니다. 사도 바울은 여기에서 그 증거가 바로 고린도 교회가 작정한 후한 연보와도 같이 물질로, 혹은 우리의 봉사와 헌신으로 나타난다는 것입니다. 우리가 가지고 있는 신앙은 그저 입으로만 되뇐다고 해서 성장하는 것이 아니요, 말만 앞세워 순종을 부르짖는다고 해서 그것이 그대로 순종하는 생활로 이어지는 것도 아닙니다. 우리의 신앙은 실천하는 생활을 통하여 드러나는 것이요, 행함으로써 보이는 것입니다(약 2:17). 성수 주일도 하지 않으면서 "나는 신실한 신자

다!" 라고 외친다거나, 봉사와 헌신도 하지 않으면서 "나는 주님의 일꾼이다!" 라고 외친다면 사람들은 오히려 코웃음을 칠 것입니다. 그러나 우리가 힘써 주일도 지키고 때를 따라 헌물도 드리며 재능과 시간을 드려 주님의 일에 충성을 다한다면 사람들이 먼저 우리가 주님의 제자인 줄 알게 됩니다. 그리하여 우리의 행실을 통해서 하나님을 알게 되고 하나님께 영광을 돌리게 되는 것입니다. 고린도 교인들은 이러한 증거를 훌륭하게 보여 주었습니다. 바로 물질을 통해 '후한 연보' 를 함으로써 하나님께 향한 믿음과 순종이 빈말이 아니라는 것을 보여 준 것입니다.

"너희가 그리스도의 복음을 진실히 믿고 복종하는 것과 그들과 모든 사람을 섬기는 너희의 후한 연보로 말미암아 하나님께 영광을 돌리고". 사도 바울은 고린도 교인들이 드린 연보를 통해서 그들이 가지고 있는 믿음이 어떤 믿음인지를 잘 알게 되었습니다. 그들은 하나님의 말씀을 믿되 '진실히' 믿었습니다. 그래서 '말과 혀' 로만 이웃을 사랑한 것이 아니라 오직 '행함과 진실함' 으로 그 믿음과 순종을 훌륭하게 표현하였습니다(요일 3:18). 그것이 바로 예루살렘 교회를 위한 연보로 나타났으며, 또 그 소식을 들은 예루살렘 성도들은 고린도 교인들의 신실한 믿음을 통해 하나님께 영광을 돌리게 된 것입니다.

예수 그리스도에게 잘 접붙여진 성도는 신앙생활을 통해 그 믿음이 겉으로 드러납니다. 그리하여 예수님의 말씀을 가르치고 전도하기를 쉬지 아니할 뿐만 아니라(행 5:42) 바나바가 행했던 것처럼 전심을 다하여 주님을 섬기며(행 4:36-37) 이웃의 필요를 따라 자신의 소유를 나눠 주는 사랑을 실천하게 되는 것입니다(행 2:45).

14절 또 그들이 너희를 위하여 간구하며 하나님이 너희에게 주신 지극한 은혜로 말미암아 너희를 사모하느니라

여기에서 '그들' 은 연보의 혜택을 받게 되는 예루살렘 성도를 말합니다. 예루살렘에 있는 성도들은 벌써 고린도 교회의 움직임을 전해 듣고 그 사랑에 감격하여 먼저 그들을 위하여 기도하였습니다. 그래서 자신의 처지에 앞서 이웃의 형편에 관심을 기울이고 사랑을 실천한 사람들에게 하나님의 복이 내리기를 기도하였습니다.

사도 바울이 '간구' 라고 표현한 것으로 보아 그들에 대한 기도가 특별히 집중적으로 행해졌다고 볼 수 있습니다. 예수님께서는 "너희 중의 두 사람이 땅에서 합심하여 무엇이든지 구하면 하늘에 계신 내 아버지께서 그들을 위하여 이루게 하시리라" (마 18:19)고 말씀하셨습니다. 이에 비추어 볼 때 우리는 고린도 교인들을 위해 간구한 예루살렘 성도들의 기도가 어떤 모양으로든 응답되었을 것이라는 확신을 가질 수 있었습니다.

뿐만 아니라 그들은 고린도 교인들을 열심히 사모하였습니다. 다같이 하나님 안에서 맺어진 한 자녀로서 믿음 안에서의 영적 교제가 더욱 굳어져 갔습니다. 이렇게 해서 서로의 사랑이 더욱 풍성해지고 서로가 받는 복이 더욱 커지는 반면, 고통은 줄어들고 어려움이 해소되어 가는 은혜가 넘치게 된 것입니다.

15절 말할 수 없는 그의 은사로 말미암아 하나님께 감사하노라

사도 바울은 연보 문제에 대한 언급을 맺으면서 다시 한번 하나님께 감사와 찬양을 돌리고 있습니다.

성도들 간에 이 같은 사랑의 교제가 이루어지고 영적인 유대가 돈독해

지는 것도 잘 살펴보면 모두가 성령의 강권하심이요(5:14), 인도하심입니다. 만일 성령께서 성도의 마음 중심 가운데서 역사하시지 않는다면, 그리고 발걸음을 인도하던 손길을 멈추신다면 영적 생활은 금방 메마르고 말 것입니다. 그리하여 자기중심적이고 이기적인 생활로 돌아서게 되고 말 것입니다. 왜냐하면 생명의 성령의 법이 역사하지 않는 곳에는 언제나 도둑질하고 죽이고 멸망시키는 마귀의 역사가 횡행하기 때문입니다.

그러므로 오늘날 우리가 온전히 신앙생활을 할 수 있는 것도, 그리고 성도 간에 사랑의 교제를 할 수 있는 것도 오직 하나님의 은혜입니다. 이것을 생각하면 우리는 하나님께 대하여 마땅히 감사와 찬양과 존귀를 드릴 수밖에 없습니다. 그렇기 때문에 사도 바울은 연보 권면에 관한 내용을 끝내면서 하나님께 대한 깊은 감사를 잊을 수 없었던 것입니다. 또한 우리는 주신 이 은사를 그대로 간직하고만 있어서는 안 되겠습니다. 마음속에 소원이 일어나는 대로, 또는 마음이 감동되는 대로 말씀에 비추어 보고 하나님께 기도하여 허락하신 것이라면 계속해서 꾸준히 심기도 하고 주기도 하는 법칙을 적용해야 합니다. 그리하여 사도 바울의 권면처럼 "성령을 소멸하지 말며"(살전 5:19), "그리스도의 장성한 분량이 충만한 데까지"(엡 4:13) 이르러 예수님의 명령을 따르는 데에 전심을 다 기울여야 할 것입니다.

옛날에 최자실 목사님이 사출 공장 사장을 하면서 신학교를 다니시던 때의 일입니다. 그 당시 최 목사님은 많은 빚을 지고 있었고 공장 역시 거의 파산 지경이었습니다. 그런데 하루는 인천에 있는 방직 회사에 납품을 하고 대금을 받아 돌아오는 길에 모(某) 목사님의 집회에 참석해서 은혜를 받고 난 다음에 감동이 되어 그 수금한 돈을 다 헌금으로 바치셨습니다. 그때 나는 너무도 안타까워 당시 집사님이었던 최 목사님께 "집사님, 제 정신으로 헌금하셨습니까? 공장 운영 자금은 어떻게 하고 직원들 월급은 무엇으로 주며 제품 구입은 어떻게 하시려고 그런 바보 같은 일을 하셨습니까?"라고 말했습니다. 그러자 최 목사님은 엉엉 울면서 "너무 은혜를 받아서 그냥 다 드렸잖아요."라고 대답하셨습니다.

피 같은 물질을 그냥 하나님께 드린다는 것은 은혜가 아니고서는 할 수가 없는 일인 것입니다. 우리가 우리의 이기심과 탐욕을 버리고 하나님께 헌금을 할 수 있다는 것은 오직 하나님의 은혜인 것입니다. 결국 나중에 최 목사님의 사업은 다 망하여 공중분해가 되고 말았습니다. 그러나 그렇게 은혜를 받아서 순수한 마음으로 그 물질을 주님께 다 드리자, 하나님은 최자실 목사님을 세계적인 인물로 만들어 주셨습니다. 그 돈으로는 절대로 살 수 없는 지위와 명예와 은혜를 그 일생에 누릴 수 있도록 축복하신 것입니다. 하나님은 절대로 빚지지 않습니다. 사람이 무엇으로 심든지 그대로 거두는 것입니다.

제 10 장

참된 사도의 도리

사도 바울은 본 장을 통해서 이제까지 자신을 대적하던 거짓 사도들의 실제 모습을 하나하나 밝혀 주고 있습니다. 이와 함께 참된 하나님의 일꾼들이 가져야 할 무기와 해야 할 일에 대하여 권면하면서 아울러 자신의 사도적인 권위와 정당한 입장을 간접적으로 옹호하고 있습니다. 우리는 이 장을 통해서 당시 바울의 대적자들이 말했던 바울에 대한 비난과 실제 바울의 입장, 그리고 고린도 교회 전체의 분위기를 파악할 수 있습니다.

1. 그리스도인의 참된 무기(10:1-6)

1. 너희를 대면하면 유순하고 떠나 있으면 너희에 대하여 담대한 나
바울은 이제 그리스도의 온유와 관용으로 친히 너희를 권하고 2. 또
한 우리를 육신에 따라 행하는 자로 여기는 자들에 대하여 내가 담대
히 대하는 것같이 너희와 함께 있을 때에 나로 하여금 이 담대한 태
도로 대하지 않게 하기를 구하노라 3. 우리가 육신으로 행하나 육신
에 따라 싸우지 아니하노니 4. 우리의 싸우는 무기는 육신에 속한
것이 아니요 오직 어떤 견고한 진도 무너뜨리는 하나님의 능력이라
모든 이론을 무너뜨리며 5. 하나님 아는 것을 대적하여 높아진 것을
다 무너뜨리고 모든 생각을 사로잡아 그리스도에게 복종하게 하니
6. 너희의 복종이 온전하게 될 때에 모든 복종하지 않는 것을 벌하려
고 준비하는 중에 있노라

1절 너희를 대면하면 유순하고 떠나 있으면 너희에 대하여 담대한 나 바울은 이제 그리스도의 온유와 관용으로 친히 너희를 권하고

바울은 초대 교회 시대의 위대한 사도였던 반면에 그에게는 적들도 많았습니다. 그 적들은 바로 유대주의자들이나, 또는 복음이 전파되는 것을 싫어한 이단자들이나 거짓 교사들이었습니다. 그들은 심지어 바울이 세워 놓은 교회에까지 파고들어 가 여러 가지 거짓 교훈을 가르치면서 사도 바울을 헐뜯었습니다. 그런데 그들이 했던 비난 가운데에는 다음과 같은 것도 있었습니다. 바울이란 인물은 직접 대면해서 보면 보잘것없는 사람인데 서신을 쓸 때는 담대하고 장엄하게 써서 자신을 위장한다는 내용입니다. 실제의 바울은 서신을 통해서 느껴지는 것과는 달리 아주 유약하고 보잘것없는 사람이라고 비난한 것입니다.

그래서 사도 바울은 그러한 중상을 의식하면서 자신의 정당한 입장을 밝히고 있습니다. 물론 고린도후서의 앞부분에서도 바울은 자신을 변호하는 내용의 글을 기록하였습니다. 그러나 그 부분의 내용을 앞으로 전개될 부분과 비교해 본다면 둘 사이에는 상당한 차이가 있습니다.

앞부분에서의 자기변호가 비교적 방어적인 측면에서 기록되었다면 10장 이후부터의 기록은 적극적이면서도 다분히 공격적인 분위기를 가지고 있기 때문입니다. 이를 통해 볼 때 당시 바울을 대적했던 무리의 중상모략이 얼마나 심했던가를 대략 짐작할 수 있습니다. 그러나 그러한 가운데서도 사도 바울은 복음을 전파함에 있어 결코 물러서지 않았습니다. 그의 노고가 결국 열매를 맺어 초대 교회의 초석을 다지는 데에 큰 힘이 되었던 것입니다.

바울은 이제 다시 한번 자신의 입장을 설명하면서 오히려 상대방의 말을 받아서 그 서두를 시작하고 있습니다. 그는 자기에 대한 대적자들의 말을 풍자적으로 인용함으로써 자신을 소개하지만 어디까지나 자신은 고린도 교인들을 친히 권면하려 한다고 말합니다.

그런데 그 권면은 바울 자신이 가지고 있는 아량과 이해심으로 하는 것이 아니라 오직 '그리스도의 온유와 관용' 으로 하는 것이라고 말합니다. 그리스도의 온유와 관용이라 함은 바로 예수님께서 십자가에 달려 돌아가시기까지 우리 인간들에게 보여 주신 사랑과 용서의 자세를 의미합니다. 본래 하나님의 본체이셨던 예수님은(빌 2:6), 사람의 모양으로 나타나사 자기를 낮추시고 죽기까지 복종하심으로 인간에 대한 모든 구속 사역을 이루셨습니다(요 19:30; 빌 2:8).

그러면서도 한편으로 주님은 또 오래 참고 계십니다. 사도 베드로가 기록한 것과 같이 "주의 약속은 어떤 이들이 더디다고 생각하는 것같이 더딘 것이 아니라 오직 주께서는 너희를 대하여 오래 참으사 아무도 멸망하지 아니하고 다 회개하기에 이르기를" (벧후 3:9) 원하고 계십니다. 그래서 지금 우리가 살고 있는 이 세상에 악이 횡행하고 불의가 판을 쳐도 심판의 날을 앞당기지 아니하고 가급적이면 모두가 구원의 은혜를 받도록 인내하시며 온유한 마음으로 기다리시는 것입니다.

예수님께서는 언제나 우리 인간을 관용으로 대하십니다. 그러한 관용의 극치가 바로 십자가 위에서의 예수님의 용서의 말씀입니다. "아버지 저들을 사하여 주옵소서 자기들이 하는 것을 알지 못함이니이다" (눅 23:34).

오늘날에도 예수님께서는 이러한 관용의 마음을 가지고 우리를 대하십니다. 그래서 누구든지 주의 보혈을 의지하여 주께 나아가는 사람은 죄 사함을 받게 될 뿐만 아니라(요일 1:9), 은혜의 보좌 앞에 담대히 나아가 때를 따라 돕는 은혜를 넘치게 받을 수 있게 되는 것입니다(히 4:16).

사도 바울은 자신이 이러한 예수님의 온유와 관용에 힘입어 구원을 받았다는 사실을 잘 알고 있었습니다(딤전 1:16). 그래서 고린도 교인들이 거짓 선생들과 부화뇌동하여 자신을 비난하고 있음에도 불구하고 그들과 같은 방식으로 맞서지 않고 오히려 예수님께로부터 받았던 온유와 관용에 힘입어 고린도 교인들을 대한다고 말합니다. 이것이 바로 예수님을 따르는 삶이요, 예수님의 가르침을 본받는 삶이자 예수님의 명령을 실천하는 삶인 것입니다.

"온유한 자는 복이 있나니 그들이 땅을 기업으로 받을 것임이요"(마 5:5)라는 예수님의 가르침처럼, 마음이 따뜻하고 부드럽고 관용을 베풀어 남을 품어 주는 사람이 땅을 차지하게 됩니다. 그런 사람은 참으로 보배로운 사람입니다.

중국의 노자는 스승인 상창에게서 도를 배웠습니다. 그런데 어느 날 스승인 상창의 임종이 가까운 것을 알게 되자 노자는 스승을 찾아가 "사부님, 세상을 떠나시기 전에 제게 마지막 가르침을 주십시오."라고 부탁하였습니다. 그러자 상창은 얼마 동안 노자의 얼굴을 가만히 쳐다보더니 한참 동안 입을 벌리고 있는 것이었습니다. 이윽고 상창이 "내 이가 있느냐?"라고 묻자, 노자는 "없습니다."라고 대답했습니다. 그다음에 상창은 "내 혀가 있느냐?"라고 묻자, 노자는 "네. 혀가 있습니다."라고 대답했습니다. 그러자 상창은 "이제 깨달았으면 돌아가거라."고 말했고, 노자는 큰 깨달음을 얻고 돌아갔다고 합니다. 상창이 노자에게 주었던 깨달음이란 다음과 같은 것입니다. "인생을 살아가는 데 있어서 이빨처럼 사납게 굴지 마라. 이빨로 남을 깨무는 사나운 사람이 되지 말고 혀같이 부드럽고 온유하고 관용한 사람이 되어라. 그렇게 하면 오래오래 복을 받고 살게 될 것이다."

그러므로 우리는 이빨처럼 가는 곳마다 물고 흔들고 찢는 사람이 되지 말고 부드러운 혀처럼 온유하고 겸손하고 관용을 베푸는 사람이 되어야 할 것입니다. 이런 사람들이 사랑을 받고 추앙을 받고 결국은 이 땅에서 번창하게 되는 것입니다. 만약 이 우주에 하나님이 계시지 않는다면, 소위 주먹 센 사람이 이길 것입니다. 그러나 이 우주는 하나님이 계시는 곳이기에, 주먹 센 사람이 이기는 것이 아닙니다. 그러기에 성경은 "악을 행하는 자들 때문에 불평하지 말며 불의를 행하는 자들을 시기하지 말지어다 그들은 풀과 같이 속히 베임을 당할 것이며 푸른 채소같이 쇠잔할 것임이로다 야훼를 의뢰하고 선을 행하라 땅에 머무는 동안 그의 성실을 먹을거리로 삼을지어다"(시 37:1-3)라고 말한 것입니다. 하나님이 우주의 왕이시기에 행악하고 불의를 행하고 완력을 휘두르는 사람이 오래가지 않을 것입니다. 그러나 하나님을 의뢰하여 온유하고 겸손하고 선하게 살면, 결국은 승리한다는 것입니다. "진실로 악을 행하는 자들은 끊어질 것이나 야훼를 소망하는 자들은 땅을 차지하리로다 잠시 후에는 악인이 없어지리니 네가 그곳을 자세히 살필지라도 없으리로다 그러나 온유한 자들은 땅을 차지하며 풍성한 화평으로 즐거워하리로다"(시 37:9-11).

2절 **또한 우리를 육신에 따라 행하는 자로 여기는 자들에 대하여 내가 담대히 대하는 것같이 너희와 함께 있을 때에 나로 하여금 이 담대한 태도로 대하지 않게 하기를 구하노라**

본 절에서 바울은 앞으로 자신을 비난하는 자들에 대하여 어떻게 대처할 것인지를 말하고 있습니다. 앞에서도 언급했지만 그들이 했던 비난은 그 대부분이 바울을 육체대로 행하는 자, 즉 자기중심적이고 이기적인 동기에서 모든 일을 하는 사람이라고 간주해 버린 데서 온 것입니다. 그러나 실제 사정은 정반대였습니다. 오히려 복음을 혼잡하게 하여 자신들의 배를 채우는데 급급했던 사람은 유대주의자들을 비롯한 거짓 선생들이었던 것입니다(11:13).

사도 바울은 이런 사람을 담대히, 다시 말해서 엄격히 처단하겠다는 굳은 결의를 표명하고 있습니다. 그래서 단호하게 그들의 거짓을 벗겨 버리고 그 본래의 모습을 드러내어, 더 이상 양 떼를 해치도록 가만히 놓아두지 않겠다는 것입니다.

우리는 여기에서 하나님께서 맡겨 주신 양 떼를 굳게 지키고자 하는 목자로서의 바울의 모습을 엿볼 수 있습니다. 예수님께서도 자신을 '선한 목자' 라 일컬으시면서 양들을 위하여 목숨까지도 버리는 지극한 사랑을 우리에게 보여 주셨습니다(요 10:14-15). 바울도 그러한 예수님의 본을 따라 험난한 고통과 박해도 마다하지 않고 복음을 전파하며 양 떼를 보살피는 데에 전력을 기울였던 것입니다.

"너희와 함께 있을 때에 나로 하여금 이 담대한 태도로 대하지 않게 하기를 구하노라". 그런 점에서 사도 바울은 고린도 교인들에게만큼은 담대한 태도로 대하기를 원치 않았습니다. 왜냐하면 그들이 이제까지 저지른 잘못을 회개하고 마음을 돌이키기만 한다면 그들을 그리스도의 온유한 관용으로 대하고자 했던 까닭입니다.

이와 같이 예수님께서도 우리가 진정으로 회개만 하면 무슨 죄든지 다 용서해 주십니다. 우리가 끊임없이 깨어져서 스스로를 뉘우치고 주님의 보혈의 공로를 의지함으로 용서를 구하면 예수님께서도 굳이 징계의 채찍을 대지 않으실 것입니다. 그러나 목이 굳어 회개하지 않고 계속 죄에 머물러 있으면 예수님께서도 징계의 채찍을 대시지 않을 수 없습니다. 왜냐하면 가만히 놓아두어 멸망에 처하게 하는 것보다는 채찍으로라도 때려서 옳은 길로 돌아오게 하는 것이 필요하기 때문입니다. 그래서 사도 바울은 자신이 담대한 태도로 고린도 교인들을 대하여 서로 간에 마음 아픈 일이 생기기 전에 미리 회개하여 마음을 돌이키라고 권면합니다. 그리하여 교회와 성도 각자에게 걸림돌이 되는 일이 생기지 않도록 예방 조치를 하고 있는 것입니다.

3절 **우리가 육신으로 행하나 육신에 따라 싸우지 아니하노니**

바울은 여기에서 실제로 자신의 모든 삶의 근본적인 동기를 밝히고 있습니다. 물론 바울 자신도 육체를 가지고 생활하고 있다는 것을 부인하는 것은 아닙니다. 그래서 먹을 것도 필요하고 입을 것도 필요하기 때문에 그 필요를 채우기 위해서 장막 깁기도 마다하지 않았습니다. 그러나 바울에게는 그것이 전부가 아니었습니다. 바울에게 있어 먹고산다는 것은 하나의 부차적인 일에 지나지 않았습니다. 왜냐하면 사도 바울에게 있어서는 산다고 하는 것조차도 복음을 전파하고 그리스도의 사랑을 전하기 위해 필요한 것일 뿐 그 이상의 의미는 없었기 때문입니다. 그렇기 때문에 어떤 경우에는 오히려 육체를 떠나 그리스도와 함께 거하는 상태를 더욱 원했습니다(빌 1:23). 그러나 이웃을 위하여, 그리고 아직 구원받지 못한 많은 영혼을 위하여 그는 이 땅에 계속 머물며 선교의 사역을 하는 데에 전심전력을 다하였습니다(빌 1:24-25).

만약에 사도 바울이 육체대로 사는 데 급급하며, 육체의 욕구를 만족시키는 데에만 관심이 있었다면 그는 아예 처음부터 험난한 사도의 길로 들어서지 않았을 것입니다. 그러나 그는 인생의 목적과 의미가 어디에 있는가를 누구보다도 잘 알고 있었습니다. 그래서 현재는 우리가 이처럼 육신을 입고 육신에 매여 살고 있지만, 그것보다 더 근본적인 동기가 있음을 깨달았습니다.

그러면 그 동기가 어떤 것일까요? 사도 바울은 인간의 삶의 배후에 있는 근본적인 동기를 둘로 나누고 있는데, 그중 하나는 하나님을 영화롭게 하며 그분의 뜻을 따라 생활을 하는 것이고 다른 하나는 마귀의 올무에 매여 죄와 불의로 얼룩진 생활을 하는 것입니다. 말할 것도 없이 사도 바울은 하나님의 영광을 위하여 사는 하나님의 자녀의 길을 택한 사람이요, 이 땅에서 하나님의 뜻을 이루고자 하는 데에 삶의 동기를 두고 살아가는 사람이었습니다.

그런데 이러한 사람에게는 어차피 치르지 않으면 안 되는 싸움이 있습니다. 그 싸움이 바로 사도 바울이 디모데에게도 말했던 '선한 싸움', 즉 이 땅에서 공중 권세와 어둠을 주름잡고 있는 마귀와의 싸움입니다(딤전 6:12).

악한 마귀는 어떻게 해서든지 인간의 영혼을 죽이고 도둑질하고 멸망시키려 합니다(요 10:10). 뿐만 아니라 믿는 사람이라도 유혹하고 공격하여 어떻게 해서든지 믿음을 떨어뜨리게 하려고 애쓰는 존재가 바로 마귀입니다. 그래서 베드로도 그의 서신 가운데서 "근신하라 깨어라 너희 대적 마귀가 우는 사자같이 두루 다니며 삼킬 자를 찾나니 너희는 믿음을 굳건하게 하여 그를 대적하라"(벧전 5:8-9)고 경계하고 있는 것입니다.

사도 바울은 이러한 악의 무리가 거짓 사도의 탈을 쓰고 고린도 교회에 틈을 타고 들어왔다고 판단하였습니다. 그리하여 교묘한 이단 사설로써 복음의 열매를 떨어뜨리고, 하나님의 밭을 흐트러뜨리는 사탄의 역사가 유대주의자들을 비롯한 거짓 교사, 또는 궤휼의 역군들을 통해서 벌어지고 있다고 생각했던 것입니다(11:13). 그런데 이런 자들과의 싸움은 육체로만 행해서는 결판이 나지 않습니다. 다시 말하여 우리의 선한 싸움은 오직 하나님의 성령의 능력을 힘입어 싸울 때에 승리로 이끌어 갈 수 있는 것입니다(고전 4:19-20). 그렇지 않고 같은 육체를 지녔다고 해서 육신으로만, 즉 힘과 머리로만 대적하려 하다가는 오히려 공격을 당하기가 쉬운 것입니다. 그러므로 우리는 언제든지, 그리고 어디에서든지 기도하며 하나님의 말씀을 묵상하기를 그치지 말아야 합니다. 왜냐하면 하나님의 말씀은 우리 신앙생활에 있어서 든든한 무장이 되는 동시에 강력한 무기가 되기 때문입니다.

사도 바울은 전파하고, 또 선한 싸움을 함에 있어 바로 이러한 하나님의 능력을 힘입었습니다. 육체대로 싸운 것이 아닙니다. 그 결과 그가 가는 곳마다 생명의 역사가 일어나고 복음이 전파되어 하나님의 나라가 힘차게 건설되었던 것입니다.

4절 **우리의 싸우는 무기는 육신에 속한 것이 아니요 오직 어떤 견고한 진도 무너뜨리는 하나님의 능력이라 모든 이론을 무너뜨리며**

사도 바울은 영적인 싸움을 싸우는 데 있어 자신이 사용하고 있는 무기에 대하여 소개하고 있습니다. 그 '무기' 란 바로 '어떤 견고한 진도 무너뜨리는 하나님의 능력' 입니다. 여기에서 견고한 진이란 마귀의 진을 말합니다. 악한 마귀는 갖은 수단을 다 동원하여 인간의 영혼을 파멸시키기 위해서 총력을 기울이고 있습니다. 그리하여 그러한 공격을 위한 전초기지로서 나름대로 견고한 듯한 진을 치고 언제든지 빈틈을 노리고 있습니다. 그리고는 신앙생활을 하는 성도들에게 접근하여 시련과 유혹의 불화살을 마구 쏘아대는 것입니다. 그래서 사도 바울은 에베소 교인들에게 보내는 서신 가운데서 "모든 것 위에 믿음의 방패를 가지고 이로써 능히 악한 자의 모든 불화살을 소멸하고"(엡 6:16)라고 권면하고 있습니다.

그런데 만약 마귀의 공격에 육체의 능력으로만 대항하다가는 패배의 연속을 벗어날 길이 없을 것입니다. 왜냐하면 인간이 지닌 육체의 능력이라는 것은 마귀가 가지고 있는 힘에 비하면 보잘것없을 정도로 미약하기 때문입니다. 그러므로 우리가 승리하는 신앙생활을 하기 위해서는 우리 자신의 힘만 의지해서는 안 됩니다. 마귀와의 싸움을 승리로 이끌기 위해서는 오직 위로부터의 도우심, 즉 하나님의 강한 능력을 의지해야 하는 것입니다. 그러면 견고한 진을 무너뜨리는 '하나님의 능력' 이란 무엇을 의미하는 것일까요?

첫째로, 그것은 '하나님의 말씀' 을 의미합니다. 저 하늘이 무너지고 이 땅이 꺼져도 일점일획도 변할 수 없는 하나님의 말씀, 이것이 바로 우리의 신앙생활을 승리로 이끄는 원동력이자 강력한 무기가 되는 것입니다. 그러므로 우리가 말씀 위에 서서 나아가면 마귀는 혼비백산하여 물러갈 수밖에 없습니다. 우리는 예수님의 생애 가운데서 그러한 사례를 찾아볼 수 있습니다. 예수님께서 성령에게 이끌리어 마귀에게 시험을 받으실 때였습니다(마 4:1-11). 그때 마귀는 세 번에 걸쳐 온갖 감언이설로 유혹을 하여 예수님을 넘어뜨리려 하였지만 결코 예수님을 넘어뜨릴 수 없었습니다. 뿐만 아니라 마귀는 그때로부터 계속해서 패배를 맛보아야만 했습니다. 그때 광야의 시험에서 예수님께서 승리하실 수 있었던 가장 큰 원동력은 바로 하나님의 말씀을 무기로 사용하신 데에 있었습니다(마 4:4,7,10). 이와 같이 하나님의 말씀이란 영적 승리를 가져다주는 강력한 무기가 됩니다.

둘째로, '성령 충만한 신앙' 입니다. 우리가 열심히 기도하고 말씀으로 무장하여 성령으로 충만하게 되면 담대함을 얻게 되고 더 나아가 하나님의 능력을 힘입어 마귀를 물리치게 됩니다.

사도행전 10장 38절을 보면 "하나님이 나사렛 예수에게 성령과 능력을 기름 붓듯 하셨으매 그가 두루 다니시며 선한 일을 행하시고 마귀에게 눌린 모든 사람을 고치셨으니 이는 하나님이 함께 하셨음이라"는 말씀이 기록되어 있습니다. 이와 같이 성령의 능력은 질병을 고치고 마귀를 쫓아냅니다. 그렇기 때문에 어떠한 악의 권세도 성령의 능력에 대적할 수 없는 것입니다. 그러므로 우리가 말씀과 성령으로 충만하여 기도와 함께 실천적인 신앙으로써 마귀를 대적하면 마귀는 물러갈 수밖에 없습니다(약 4:7).

우리는 흔히 영적인 싸움임에도 불구하고 단순히 혈과 육으로 맞서고자 할 때가 많이 있습니다. 그리하여 인간의 지식이나 감정이나 의지 등으로만 맞서다가 상처입고 좌절할 때가 많은 것입니다. 그러나 이 구절을 통해 사도 바울은 오직 하나님 앞에서 마귀의 견고한 진을 파하기 위하여 말씀과 성령으로 충만해야 한다고 힘차게 말합니다.

5절 하나님 아는 것을 대적하여 높아진 것을 다 무너뜨리고 모든 생

각을 사로잡아 그리스도에게 복종하게 하니

이 구절은 우리가 말씀과 성령으로 충만하여 마귀의 진을 무너뜨릴 때에 일어나는 변화를 구체적으로 설명해 주고 있습니다. 그 가운데서 사도 바울은 먼저 4절에서 말한 '모든 이론을 무너뜨리는' 단계에 대해 이야기하고 있습니다.

여기에서 '이론' 이란 인간의 자율적인 철학을 말합니다. 이러한 것들은 대부분 하나님이 계셔야 할 자리를 마련해 두지 않습니다. 그리하여 유물론적이고 인본주의적인 철학을 마련하여 마귀의 일을 거드는 데에 한 몫을 하고 있는 것입니다. 그러나 이러한 것들도 살아 계신 하나님의 말씀에 부딪히고 성령의 능력에 맞닿을 때에 모두 다 깨어지고 맙니다. 왜냐하면 하나님의 말씀은 살았고 운동력이 있으므로 말씀이 성령을 통해 역사하게 될 때에 인간중심적인 것이 깨어지고 부서지는 변화가 일어나기 때문입니다.

그다음에 사도 바울은 '하나님 아는 것을 대적하여 높아진 것을 다 무너뜨리는' 단계를 말하고 있습니다. 이는 특히 인간의 교만을 두고 말하는 것입니다. 원래 우리 인간은 하나님의 영광을 위하여 창조된 피조물입니다(사 43:7). 그렇기 때문에 우리 인간이 하는 일은 먹든지 마시든지 무엇을 하든지 다 하나님의 영광을 위한 일이어야 하는 것입니다(고전 10:31).

그런데 하나님의 영에 의해서 인도함을 받지 않는 사람은 하나님의 영광을 위하여 산다는 것이 무엇인지, 또는 하나님께서 계신지 안 계신지조차 모르고 살아갑니다. 그리하여 자신의 욕망과 이기적인 본성을 따라 마치 하나님께서 안 계신 것처럼 행동할 뿐만 아니라 오직 자신만을 위하여 살아갑니다. 그뿐만 아니라 어떤 경우에는 자신을 높이기 위하여 하나님을 대적하며, 신앙생활을 하는 사람을 조롱하면서 박해할 때가 있는 것입니다.

그러나 그것도 하나님의 말씀과 성령의 충만함으로 굳게 뭉쳐진 '하나님의 능력' 에 부딪치게 되면 무너질 수밖에 없습니다. 그리고 그러한 교만이 빚어낸 결과가 결국 헛되고 무의미하며 불경스러운 것이라는 것을 깨달을 수밖에 없는 것입니다.

1912년 4월 14일 영국의 유명한 타이타닉 호가 빙산과 부딪쳐 침몰했습니다. 그 타이타닉 호는 당시 해운 왕국이었던 영국이 국력을 다 기울여 만든 최첨단 호화 여객선이었습니다. 그래서 배를 만든 이들은 이 배를 과학적으로 아주 튼튼하게 만들었다는 자부심의 표현으로 배 밑에 '하나님도 이 배를 침몰시키지 못한다.' 라고 적어 놓았다고 합니다. 그런데 이 배가 영국 항을 떠나 대서양을 건너 캐나다 북부쯤에 도착했을 무렵, 관측소로부터 빙산이 떠내려 온다는 무전을 받았습니다. 그러나 항해사와 선장은 "하나님도 이 배는 어떻게 하시지 못할걸! 빙산 같은 것은 걱정할 것 없어. 전속력으로 달려!" 라며 관측소의 경고를 무시하다가 그만 빙산과 부딪쳐 배에 구멍이 뚫리고 말았습니다. 결국 배는 두 동강이 났고 수많은 승객들은 물에 빠져 죽고 말았습니다.

이는 인간의 교만이 얼마나 무서운 화를 불러들이는지를 여실히 보여준 사건이었습니다. 인간은 아무리 똑똑해도 어디까지나 피조물에 불과합니다. 감히 창조주이신 하나님과 견줄 수 없는 것입니다. 인간이 하나님과 견주려 하는 것은, 마치 주인의 사랑을 듬뿍 받던 애완견이 어느 날 자기가 사람인 줄 알고 안방에 올라앉아 주인 행세 하는 것과 마찬가지입니다. 아무리 과학이 발달해도 치수(治水)를 하지 못해 홍수가 나면 여전히 쩔쩔매는 것이 우리 인간의 현실인 것입니다. 그러므로 성경은 "내일 일을 너희가 알지 못하는도다 너희 생명이 무엇이냐 너희는 잠깐 보이다가 없어지는 안개니라"(약 4:14), "내일 일을 자랑하지 말라 하루 동안에 무슨 일이 일어날는지 네가 알 수 없음이니라"(잠 27:1)고 말씀하고 있는 것입니다. 그러므로 하루살이와 같은 허약한 우리 인간들은 하나님 아는 것을 대적하여 높아진 모든 교만들을 다 무너뜨려야 합니다.

이렇게 해서 인간의 마음속에 자리 잡고 하나님을 대적했던 교만을 다 깨뜨리고 나면 그다음에는 '모든 생각을 사로잡아 그리스도에게 복종하게 하는' 단계에 이르러야 합니다. 우리는 우리의 마음과 생각을 다 사로잡아 예수 그리스도께 드려야만 합니다. 그리하여 언제나 하나님 중심, 예수님 중심으로 살아가야 합니다. 그리고는 아침에 일어날 때부터 밤에 잠자리에 들 때까지 언제나 예수님의 생각으로 가득 차야 하며, 항상 예수님 생각으로 우리 마음을 점령케 해서 예수님이 우리 안에 그리고 우리가 예수님 안에 거하는 삶이 계속되어야 하는 것입니다(요 15:7).

6절 너희의 복종이 온전하게 될 때에 모든 복종하지 않는 것을 벌하려고 준비하는 중에 있노라

앞에서도 언급된 바와 같이 사도 바울은 다시 한번 고린도 교회를 방문하고자 하는 계획을 가지고 있었습니다(9:4). 물론 그 이전에 디도로부터 사태가 호전되었다는 소식을 듣고 마음을 놓기도 하였지만, 상황이 완전히 정리된 것은 아닐 것이라고 생각하였습니다. 그 상황이란 바로

인간의 철학과 변증으로, 또는 거짓된 가르침과 이단 사설로써 고린도 교인들을 미혹하여 하나님을 대적케 하며 사도 바울을 공박하기까지 했던 어지러운 상황을 말합니다. 그러나 그 후에 그들은 바울의 간곡한 권면을 받아들여 교회를 새로이 하고 문제를 일으킨 사람을 징계하는 등 변화를 일으켰습니다. 그리하여 사도 바울의 말과 같이 모든 생각을 사로잡아 그리스도 앞에 복종하게 하는 믿음을 보였던 것입니다. 이것은 사도 바울이 원했던 현상으로 사도 바울이 고린도 교회에 도착하였을 때 그러한 것들로 인하여 불편함이 생기지 않기를 원했던 것입니다.

그러나 사도 바울은 고린도에 이를 때까지도 회개하지 않고 오히려 불순종하는 사람이 있다면 그대로 내버려 두지 않겠다고 말합니다. 충분히 회개할 기회를 주고 더불어 진정어린 권면으로 바른길을 일러주었음에도 불구하고 계속해서 그러한 사랑을 외면하는 사람이 있다면 이제는 오히려 그 사람을 위해서도 징계는 필요하리라고 생각한 것입니다. 그것은 꼭 그 해당자에게만 국한되는 것은 아닙니다. 그러한 조치는 문제를 일으킨 자 본인뿐만 아니라 그를 포함한 교회 전체를 위해서도 필요합니다. 그래서 교회가 더 이상 못된 무리에 의해 혼란스러워지는 일이 없도록 붙드는 일이 절실히 요구되었던 것입니다.

이러한 점에 비추어 볼 때 우리는 순종과 회개의 생활이 얼마나 중요한 것인가를 잘 알 수 있습니다. 우리는 때로 연약하여 믿음을 지키지 못하고 죄짓고 불의함으로 말미암아 쓰러지고 넘어질 때가 많이 있습니다. 그러나 그러한 때에라도 우리가 애통하고 회개한 마음을 가지고 주님 앞에 나아가 지은 죄를 고백하며 자복할 때 주님께서는 우리의 죄를 깨끗이 용서해 주십니다. 그리고 동이 서에서 먼 것같이 우리의 죄과를 멀리 옮겨 주시는 것입니다(시 103:12). 그러므로 항상 하나님의 말씀에 순종하여 하나님을 영화롭게 해 드리는 삶을 살아야 함은 물론, 도리어 연약할 때에라도 계속 거기에 머물러 있을 것이 아니라 즉시 회개하여 하나님의 은혜로운 품으로 돌아와야 할 것입니다.

2. 그리스도인의 가치관에 대한 권면(10:7-11)

7. 너희는 외모만 보는도다 만일 사람이 자기가 그리스도에게 속한 줄을 믿을진대 자기가 그리스도에게 속한 것같이 우리도 그러한 줄을 자기 속으로 다시 생각할 것이라 8. 주께서 주신 권세는 너희를 무너뜨리려고 하신 것이 아니요 세우려고 하신 것이니 내가 이에 대하여 지나치게 자랑하여도 부끄럽지 아니하리라 9. 이는 내가 편지들로 너희를 놀라게 하려는 것같이 생각하지 않게 함이라 10. 그들의 말이 그의 편지들은 무게가 있고 힘이 있으나 그가 몸으로 대할 때는 약하고 그 말도 시원하지 않다 하니 11. 이런 사람은 우리가 떠나 있을 때에 편지들로 말하는 것과 함께 있을 때에 행하는 일이 같은 것임을 알지라

7절 너희는 외모만 보는도다 만일 사람이 자기가 그리스도에게 속한 줄을 믿을진대 자기가 그리스도에게 속한 것같이 우리도 그러한 줄을 자기 속으로 다시 생각할 것이라

이 구절은 바울이 고린도 교회를 설립한 사도로서의 권위를 가지고 고린도 교인들을 질책하는 내용을 담고 있습니다. 왜냐하면 당시 고린도 교인들은 사람을 외모만으로 판단하여 영적 아버지와 같은 바울을 외면하고 대신 거짓 사도들을 받아들였기 때문입니다. 그래서 겉모양과 풍채만을 가지고, 또는 언변만을 가지고 그 거짓 사도들을 마치 진정한 하나님의 일꾼인 양 대접을 하고 있었던 것입니다. 그러나 실제로 그들은 '광명의 천사'로 가장한 '사탄의 일꾼들'이었습니다. 그 증거의 하나로서 우리는 그들이 맺은 열매를 들 수 있습니다. 본디 진정한 하나님의 일꾼이라면 맺지 말아야 하는 못된 열매를 그들은 맺고 있었던 것입니다. 왜냐하면 성경을 통해서 볼 때 그들이 주로 했던 일이란 대부분 사도 바울을 비난하고 공격하며 자신들의 구복을 채우는 일이었기 때문입니다.

그렇기 때문에 예수님께서도 사람을 볼 때에 외모만으로 하지 말고 그 열매를 보아 알라고 말씀하신 것입니다(마 7:16).

내가 옛날에 이발소에 갔을 때 있었던 일입니다. 면도하는 아가씨가 오더니 나를 보고 "조용기 목사님을 많이 닮으셨네요."라고 말하기에, 나는 싱긋이 웃으면서 "예, 내가 바로 그 사람입니다."라고 대답했습니다. 그러자 이 아가씨가 정색을 하며 "지금 사람 무시하는 것입니까? 웃기지 마세요. 조용기 목사님이 이런 삼류 이발소에 올 턱이 없어요. 조용기 목사님을 좀 닮았다고 조용기 목사님 행세를 하는 것입니까? 나도 교회 나가는 크리스천인데 목사님을 그렇게 얕잡아 보고 말하면 안 돼요."라고 말하는 것이었습니다. 그 아가씨가 면도칼을 들고 있었기에 나는 끝까지 그저 "미안합니다, 미안합니다."라고 말할 수밖에 없었습니다. 아마도 내가 허름한 차림을 하고 있어서 그랬던 것 같습니다. 사람을 겉으로 보면 그렇게 되는 것입니다.

한번은 하버드 대학에 수수한 복장을 한 노(老)부부가 찾아와 총장을 만나러 왔다고 말했습니다. 그런데 총장실을 지키는 수위는 이들의 외양이 허름한 것을 보고는 "당신들이 누군데 감히 총장님을 만나려고 합니까? 못 만납니다."라고 막아섰습니다. 그러자 이 노부부는 "그러면 하버드대학 같은 대학을 하나 세우려면 돈이 얼마나 듭니까?"라고 묻는 것이었습니다. 이 말에 수위는 "하하, 웃기는 소리 하고 있네요. 당신들이 어떻게 하버드 대학 같은 대학을 세워요?"라고 대답했습니다. 그러자 그 노부부는 그냥 돌아갔습니다. 그런데 나중에 알고 보니 이 노부부는 미국 서부에 철도를 놓아서 억만장자가 된 스탠포드 부부였습니다. 그들은 교육 사업을 위해 자기들이 평생 모은 재산을 하버드 대학에 기부하러 왔다가 문전박대를 당한 것입니다. 그래서 그들은 결국 캘리포니아로 돌아와서 그 돈으로 새로운 대학을 설립했는데, 그것이 또 하나의 명문인 스탠포드 대학교입니다. 하버드 대학 총장은 이 일을 나중에 알고서 크게 아쉬워하며 '사람을 외모로 보지 말라'는 글을 문에 적어 붙이게 했다고 합니다.

한편 당시 고린도 교회가 혼란에 빠지게 되어 바울과의 관계가 악화된 것도 따지고 보면 그 근본적인 원인이 유대주의자들을 진정한 사도로 속단하고 쉽게 받아들인 고린도 교인들의 경솔한 태도에 있었습니다. 그래서 사도 바울은 여기에서 호되게 꾸중을 하고 있습니다.

"만일 사람이 자기가 그리스도에게 속한 줄을 믿을진대 자기가 그리스도에게 속한 것같이 우리도 그러한 줄을 자기 속으로 다시 생각할 것이라". 만약에 자칭 그리스도에게 속한 사람이라고 하면서 다른 사람들은 그리스도에게 속하지 않았다고 함부로 판단하는 사람이 있다면 그러한 사람은 다시 한번 자신의 생각이 옳은지를 생각해 보아야 한다는 것입니다.

사도 바울이 이 말을 하게 된 동기는 다음과 같습니다. 바울이 전도 여행으로 인해 잠시 고린도 교회를 비웠을 때 그 틈을 타서 들어온 유대주의자들은 예수님께서 생존할 당시에 바울이 그리스도에게 속한 사도가 아니라고 비난하였습니다. 그들은 그러한 일례로서 예수님께서 생존할 당시에 바울이 그리스도인이 아니었다는 사실을 들었습니다. 따라서 사도로서의 자격 요건인 열두 제자 중에 들지 못했기 때문에 그들은 그러한 사실을 공공연히 퍼뜨려서 바울이 그리스도에게 속한 사도가 아니라고 모략을 하였던 것입니다.

물론 바울이 처음부터 예수님을 따르던 제자가 아니었다는 말은 맞습니다. 그러나 그렇다고 해서 어머니의 태로부터 바울을 택정하시고(갈 1:15), 급기야는 다메섹 도상에서 그를 불러 이방인의 사도로 택하신 하나님의 섭리를 전적으로 부정한다는 것은 있을 수가 없는 일입니다(행 9:15; 갈 1:9). 뿐만 아니라 하나님께서는 바울이 사도된 명백한 증거로 당시 많은 교회를 설립하게 하셨으며, 또한 그를 통해 많은 능력과 기사를 나타내셨습니다(행 19:12; 고후 12;12). 그러므로 바울이 하나님께로부터 택함 받은 사도라는 것은 부정하려고 해도 부정할 수 없는 확실한 사실인 것입니다.

그런데도 그때의 유대주의자들은 자신들만 그리스도에게 속한 사도인 척했지 바울의 사도권에 대해서는 전적으로 무시하는 태도를 취하였습니다. 그렇기 때문에 바울은 고린도 교인들에게 올바른 판단의 기준을 제시하고 있습니다. 그래서 사람을 외모로 판단하지 말라고 하였던 것입니다. 왜냐하면 하나님의 나라는 말에 있지 아니하고 오직 능력에 있기 때문입니다(고전 4:20). 그리고 바울은 진정 하나님께 속한 사람은 그 열매로 알 수 있다고 말함으로써 자신의 사도직에 대해 확인시키고 있습니다.

8절 주께서 주신 권세는 너희를 무너뜨리려고 하신 것이 아니요 세우려고 하신 것이니 내가 이에 대하여 지나치게 자랑하여도 부끄럽지 아니하리라

바울은 하나님께로부터 엄청난 권세를 부여받았습니다. 바울이 초대교회의 성립과 발전에 기여한 공이란 이루 말할 수 없이 위대한 것입니다. 마치 예수님께서 베드로에게 허락하셨던 권세처럼(마 16:18-19), 바울도 위대한 권세를 힘입어 주의 사역을 감당하였던 것입니다. 그런데 사도 바울은 자신이 받아 가진 그 권세는 어디까지나 교회를 안위하고 성도를 올바로 세우는 데에 그 의미와 목적이 있는 것이지, 성도를 비난하고 질책하여 상처를 입히는 데에 있는 것이 아니라고 말합니다. 이것이 바로 오늘날 주의 종들이 가져야 할 중대한 사명 의식입니다.

주의 종은 성도가 상처를 입었을 때 싸매 주고 치료해 주어서 영적으로, 육적으로 활력적인 신앙생활을 하도록 인도해 주는 사역을 해야 합니다. 설령 성도들과의 관계가 좋지 아니하며 억울한 소리를 듣는 경우가 있다 하더라도, 또는 때 아닌 어려움을 겪는 한이 있더라도 주의 종은 그 모든 것을 오래 참고 견디어 내야 합니다. 그리하여 어찌하든지 그리스도의 사랑으로 용서하고 감싸 주어 그리스도의 본을 보여 주어야 하는 것입니다.

이는 주의 종뿐만 아니라 교회 내 직분을 맡은 자들 역시 마찬가지입니다. 옛날에는 가끔 구역장들이 구역원들을 대상으로 계를 하여 그 모은 돈으로 야반도주한 경우도 있었습니다. 또는 장로나 안수집사나 권사가, 교인들에게 다단계 판매를 강요하기도 한다는 얘기를 들었습니다. 이런 식으로 하나님이 주신 권세를 가지고 남을 탈취하려고 하는 것은 가짜입니다. 하나님이 주신 권세는 세우는 것이지 파괴하는 것이 아니며, 주려고 하는 것이지 빼앗으려고 하는 것이 아닙니다. 하나님의 권세는 위로하고 격려하고 힘을 주는 것이지 마음을 불안하게 하고 공포에 몰아넣고 협박하고 공갈하는 것이 아닙니다. 우리는 이런 것을 잘 분별해야 되는 것입니다.

바울은 부름 받은 주의 종으로서 그런 사역을 충실히 감당한 사람이었습니다. 그는 자신을 비난하거나 교회에 큰 문제를 일으킨 사람이라도 회개하기만 한다면 용서하고 위로하라고 권면하였습니다(2:5-7). 그리고 때로는 눈물로써 성도를 위하여 넘치는 사랑을 베풀기도 하였습니다(2:4). 그렇기 때문에 사도 바울은 그러한 점에 관해서는 아무것도 부끄러울 것이 없노라고 담대히 고백하고 있는 것입니다.

9절 이는 내가 편지들로 너희를 놀라게 하려는 것같이 생각하지 않게 함이라

바울을 대적하는 무리들은 바울이 함께 있을 때에는 별로 담대하지 못하다가 멀리 떨어져 있을 때에는 편지로 위협하기도 하고 겁을 주기도 하는 이중적인 모습을 보이고 있다는 중상을 서슴지 않았습니다. 그렇게 해서 바울이 보낸 서신의 권위를 깎아내리는 동시에 바울의 인격 모

독까지도 감행하였습니다. 이제 바울은 그들의 그러한 비난에 대하여 그것이 사실이 아님을 밝히고 있습니다.

10절 그들의 말이 그의 편지들은 무게가 있고 힘이 있으나 그가 몸으로 대할 때는 약하고 그 말도 시원하지 않다 하니

뿐만 아니라 거짓 사도들은 바울의 용모와 언변까지도 트집을 잡았습니다. 사실 바울의 용모는 우리가 언뜻 상상할 수 있는 것처럼 그렇게 수려하다거나 준수하지는 않았던 것 같습니다. 전해지는 말에 의하면 사도 바울은 키가 작고 등이 굽었다고 합니다. 또한 매부리코에다가 시력이 굉장히 약했으며 그리 잘생긴 용모는 아니었다고 말합니다. 그러나 굵은 눈썹과 딱 벌어진 어깨와 무성한 턱수염은 서글서글하고도 강렬한 인상을 주었다고 합니다. 그런데도 고린도 교회에서 바울을 대적하던 무리들은 그 용모를 트집 잡아서 몸으로 대할 때는 약하다고 말하고 있었던 것입니다.

그런 데다가 그들은 바울이 말을 더듬은 것도 거론하고 바울의 언변이 시원치 않다고까지 말하였습니다. 본문은 그러한 비난을 들은 사도 바울이 직접적으로 그 내용을 들추어서 그들의 그릇된 동기를 지적하는 것입니다.

11절 이런 사람은 우리가 떠나 있을 때에 편지들로 말하는 것과 함께 있을 때에 행하는 일이 같은 것임을 알지라

사도 바울은 이제 고린도 교회를 어지럽힌 장본인들에 대하여 직접적으로 엄포를 놓고 있습니다. 그래서 그들 말대로 바울이 편지로 대할 때

에 중하고 엄한 자세를 견지한다면 그것은 비단 편지로 대할 때뿐만이 아니라 사람을 직접 대하여 함께 있을 때에라도 마찬가지일 것이라고 말합니다. 그리하여 바울이 다시 고린도 교회를 방문한 그때까지도 계속해서 불순종하여 하나님을 대적하는 무리가 있다면 편지로 대할 때와 마찬가지로 중하고 엄하게 다스리겠다는 각오를 표시하고 있습니다.

3. 그리스도인의 자랑(10:12-18)

12. 우리는 자기를 칭찬하는 어떤 자와 더불어 감히 짝하며 비교할 수 없노라 그러나 그들이 자기로써 자기를 헤아리고 자기로써 자기를 비교하니 지혜가 없도다 13. 그러나 우리는 분수 이상의 자랑을 하지 않고 오직 하나님이 우리에게 나누어 주신 그 범위의 한계를 따라 하노니 곧 너희에게까지 이른 것이라 14. 우리가 너희에게 미치지 못할 자로서 스스로 지나쳐 나아간 것이 아니요 그리스도의 복음으로 너희에게까지 이른 것이라 15. 우리는 남의 수고를 가지고 분수 이상의 자랑을 하는 것이 아니라 오직 너희 믿음이 자랄수록 우리의 규범을 따라 너희 가운데서 더욱 풍성하여지기를 바라노라 16. 이는 남의 규범으로 이루어 놓은 것으로 자랑하지 아니하고 너희 지역을 넘어 복음을 전하려 함이라 17. 자랑하는 자는 주 안에서 자랑할지니라 18. 옳다 인정함을 받는 자는 자기를 칭찬하는 자가 아니요 오직 주께서 칭찬하시는 자니라

12절 우리는 자기를 칭찬하는 어떤 자와 더불어 감히 짝하며 비교할 수 없노라 그러나 그들이 자기로써 자기를 헤아리고 자기로써 자기를 비교하니 지혜가 없도다

세상에서 칭찬을 받고 있는 사람들을 살펴보면 대개 두 부류로 나눌 수 있습니다. 그중 하나는 주위 사람들의 공정한 판단에 의하여 칭찬받기에 합당하다고 인정을 받은 사람이요, 또 다른 하나는 자화자찬하며 자신을 앞세워서 억지로 다른 사람들의 주목을 받으려고 하는 사람입니다.

그런데 정작 고린도 교회에 파고 들어온 거짓 선지자와 거짓 교사들은 후자에 속한 사람들이었습니다. 그들은 주로 자신들의 외모를 내세우고 출신을 과시했으며 달변을 자랑하였습니다. 그래서 자신들의 중심이 얼마나 잘못되어 있는가에 대하여는 전혀 알지 못하고 그저 겉으로 드러나는 외양에만 신경을 썼던 것입니다. 그러면서 마치 자신들만이 참사도인 양 고린도 교인들을 기만하고 있었던 것입니다. 그러한 사람들에 대해서 사도 바울은 그들과 같이 입에 오르내리는 것조차도 달가워하지 않았습니다. 왜냐하면 바울이 생각하기에 바울 자신과 그들의 사이에는 너무도 엄청난 간격이 있었기 때문입니다.

"그러나 그들이 자기로써 자기를 헤아리고 자기로써 자기를 비교하니 지혜가 없도다". 사도 바울이 자신을 그들과 비교할 수조차 없는 이유에 대하여 부연 설명을 하고 있습니다. 여기에서 우리는 사도 바울과 거짓 사도들이 가지고 있는 기준이 전혀 다르다는 사실을 알 수 있습니다. 사도 바울의 삶에 있어 유일한 기준이 오직 예수 그리스도였다면 바울을 대적하는 무리들의 삶의 기준은 바로 그들 자신이었습니다. 그래서 그들에게는 하나님도 없으며 이웃도 없었습니다. 그렇기 때문에 그들 자신이

잘되기 위해서라면 다른 사람이야 어떻게 되든 상관이 없었습니다. 그리고는 모든 것을 자신의 가치관과 자신의 판단에 비추어 행했습니다. 그러다 보니 결국 자신들만이 옳고 자신들만이 정당한 것처럼 행동하게 되었던 것입니다.

그러나 성경은 "너희 중에 누구든지 크고자 하는 자는 너희를 섬기는 자가 되고 너희 중에 누구든지 으뜸이 되고자 하는 자는 모든 사람의 종이 되어야 하리라"(막 10:43-44)고 말씀하고 있습니다. 이 말씀과 같이 우리가 다른 사람으로부터 인정을 받고자 원한다면 먼저 우리 자신이 겸손의 자리에 서서 다른 사람을 인정하고 또 섬기려 하는 자세가 필요합니다. 마치 물이 높은 곳에서 낮은 곳으로 흘러 들어가는 것처럼 우리가 먼저 낮은 곳에 거하려 한다면 오히려 하나님으로부터의 상급이 위로부터 흘러 내려오게 되는 것입니다. 그러므로 이러한 원리를 알지 못하고 방자하게 행한다면 그것은 스스로 황량하고 메마른 땅에 가서 살겠다는 것과 다름이 없습니다. 왜냐하면 스스로 자신을 높이려 하는 그곳에는 교만으로 말미암아 하나님의 은총이 메마르고 이웃과의 사랑이 메말라 결국은 시들어 버릴 수밖에 없기 때문입니다. 그래서 사도 바울은 그러한 사람들을 보고 지혜가 없다고 말하고 있는 것입니다.

13절 그러나 우리는 분수 이상의 자랑을 하지 않고 오직 하나님이 우리에게 나누어 주신 그 범위의 한계를 따라 하노니 곧 너희에게까지 이른 것이라

각 사람들에게는 각자 해당된 만큼의 그릇이 주어져 있습니다. 그래서 사도 바울은 디모데에게 보낸 서신에 "큰 집에는 금 그릇과 은 그릇뿐

아니라 나무 그릇과 질그릇도 있어 귀하게 쓰는 것도 있고 천하게 쓰는 것도 있나니" (딤후 2:20)라고 기록하였습니다. 뿐만 아니라 로마서에도 "토기장이가 진흙 한 덩이로 하나는 귀히 쓸 그릇을, 하나는 천히 쓸 그릇을 만들 권한이 없느냐" (롬 9:21)라고 기록하여 각 사람마다 질과 양이 다른 직분과 사명을 가지고 있다는 사실을 가르쳐 주었습니다.

그러므로 우리가 해야 할 일은 우리 각자에게 주어진 그릇에 감사하면서 그 그릇의 분량 안에서 충성스럽게, 그리고 성실하게 살아가는 것입니다. 우리에게 이것처럼 더 중요한 일은 없습니다. 만약 이러한 분량을 넘어 욕심을 부리게 된다면 종국에는 낭패를 당하고 맙니다. 그것은 우리가 사업을 할 때에도 마찬가지이며 또 주의 종이 목회를 할 때에도 마찬가지입니다. 물론 꿈과 소망을 가지고 건전한 목표를 설정하는 것은 구별을 해야 합니다. 그러나 하나님의 인도에 의해서가 아닌 단지 자신의 욕망에 의해서 무리한 계획을 짜고 분수에 지나친 행동을 한다면 그것이 오히려 걸림돌이 되어 실족하게 되고 맙니다. 그래서 사도 야고보는 그의 서신 가운데서 "오직 각 사람이 시험을 받는 것은 자기 욕심에 끌려 미혹됨이니 욕심이 잉태한즉 죄를 낳고 죄가 장성한즉 사망을 낳느니라" (약 1:14-15)고 경고하고 있는 것입니다.

그런 점에서 본다면 사도 바울은 자신의 고백대로 주어진 분량의 한계 내에서 맡겨진 사역을 감당한 사람이었습니다. 그래서 '너희에게까지 이른 것', 즉 고린도 지방에 복음을 전하여 고린도 교회를 설립하게 한 것도 모두 이방인의 사도로 불러 주신 하나님의 은혜 안에서 자기 분량대로 힘써 일한 결과라는 것입니다.

14절 우리가 너희에게 미치지 못할 자로서 스스로 지나쳐 나아간 것이 아니요 그리스도의 복음으로 너희에게까지 이른 것이라

이는 바울이 사도로서의 권한이 없음에도 불구하고 고린도로 나아가 선교를 했던 것이 아니라, 어디까지나 이방인 선교를 위해 부름 받은 사도로서 그리스도의 복음을 가지고 하나님의 인도하심을 따라 복음을 전했다는 말입니다. 그러나 바울을 대적하는 거짓 사도들은 하나님께로부터 위임받은 것도 아니요, 그저 자신들이 스스로 들어온 것입니다. 그리고 그들이 전하는 복음마저도 그리스도의 복음이 아니라 구원의 도리를 흐리게 하는 '다른 복음' 이었습니다(갈 1:6-7). 사도 바울은 그들과는 입장이 완연히 다른 자신의 정당성을 밝히면서 고린도 교인들의 각성을 촉구하고 있는 것입니다.

15절 우리는 남의 수고를 가지고 분수 이상의 자랑을 하는 것이 아니라 오직 너희 믿음이 자랄수록 우리의 규범을 따라 너희 가운데서 더욱 풍성하여지기를 바라노라

사도 바울은 고린도 교회의 설립자입니다. 그는 고린도에 도착하여 교회를 세우기까지 온갖 어려움과 고난을 겪어야 했습니다. 어떤 때에는 사람들로부터 질시와 냉대를 받기도 하였으며 또 어떤 때에는 박해와 고초를 당하기도 하였습니다. 그러한 갖은 풍상을 겪으면서도 바울은 이방인을 주께로 인도하기 위하여 온 힘을 다했으며 그 결과로, 중생하여 하나님의 생명을 받아 가진 사람들이 고린도 교인들이었습니다. 그래서 사도 바울은 고린도 교인들의 영적인 아버지이기도 하였던 것입니다(고전 4:15). 그러므로 바울은 사도이자 영적인 아버지의 입장에서 그 열매인 고

린도 교인들을 두고 충분히 자랑할 수 있는 자격을 가지고 있었습니다.

그런데 바울을 대적하는 무리들은 자신이 밭도 갈지 않고 씨도 뿌리지 않은 곳에 와서 마치 자신이 해 놓은 것인 양 자기의 권위와 유익만을 찾으려 했습니다. 그러니 마치 주객이 전도된 것과 다름이 없게 된 것입니다.

만약 고린도 교인들이 믿음의 눈을 올바로 뜨고 사리를 제대로 분별하였더라면 그러한 거짓 사도들의 실체를 분명히 깨달을 수 있었을 것입니다. 그러나 바울에게 가졌던 처음 사랑을 제대로 간직하지 못하고 무언가 외적이고 그럴 듯한 것만을 찾다보니까 거짓 사도들의 언변에 휘말려 사도 바울의 마음을 상하게 만들었던 것입니다. 물론 나중에 잘못된 자세를 고치긴 하였지만 그렇게 되기까지 아까운 시간과 정력 등이 쓸데없이 소모되었습니다. 만약 처음부터 그러한 잘못이 없었다면 교회와 성도가 지닌 능력과 시간이 복음 사업을 하는 데에 좀 더 효과적으로 그리고 온전히 사용되었을 것입니다. 그러므로 잘못이 있을 때 그것을 고쳐서 바른길로 돌아오는 것도 중요합니다만, 아예 처음부터 잘못이 없도록 하여 오직 주의 일을 하는 데에 전력하는 것이 더욱 중요합니다. 그래서 사도 바울도 지혜로 행하여 세월을 아껴 주의 일에 힘쓰라고 강조하였던 것입니다(골 4:5).

그다음에 사도 바울은 자신이 단순히 교회의 설립자로만 그치는 것이 아니라 고린도 교인들을 통해서 더욱 더 큰 기쁨을 누리기를 원하였습니다. 그 기쁨은 고린도 교인들의 믿음이 더 성장하여 복음이 널리 전파되고 따라서 교회가 더욱 굳게 세워짐으로 인해서 오는 하늘로부터의 기쁨을 말합니다.

16절 이는 남의 규범으로 이루어 놓은 것으로 자랑하지 아니하고 너희 지역을 넘어 복음을 전하려 함이라

사도 바울은 선교 사역을 행할 때 다른 사람이 먼저 가서 복음의 씨앗을 뿌려 놓은 데에는 가지 않으려고 했습니다. 그 이유는 그곳 외에도 복음을 전파해야 할 곳이 많았기 때문이기도 하지만, 다른 사람이 일구어 놓은 밭에 들어가 주인 행세를 하는 것과 같은 실수를 저지르고 싶지 않아서였습니다(롬 15:20). 그래서 그는 생명의 길에 대해 모르는 곳을 찾아다니며 생명의 말씀을 전하였으며 병을 고치고 귀신을 쫓아내는 등 말씀과 실천을 통해 하나님 나라의 메시지를 선포하였습니다.

그렇지 않고 바울이 다른 사람들이 전파한 지역에 들어가 선교를 하였다면 오히려 바람직하지 못한 현상이 일어날 수도 있었을 것입니다. 우리는 그러한 실례를 고린도전서를 통해서 알 수 있는데, 고린도 교회는 사도 바울이 설립한 교회였음에도 불구하고 이후에 다른 교역자들이 들어오자 바울파가 생기는가 하면 아볼로파도 생기는 등 분열이 일어났던 것입니다(고전 3:1-6). 그래서 바울은 애초부터 선교 사역에 관한 지침을 세울 때에 '남의 규범으로 이루어 놓은 것', 즉 남이 세운 터에 들어가지 않기로 작정하였습니다.

그러면서 사도 바울은 자신이 일구어 놓은 터에만 머무르려 하지 않았습니다. 더 크고 위대한 계획과 목표를 가지고 차근차근 앞으로 행진해 나갔습니다. 그리하여 이제는 당시 전 세계를 통치하던 로마 제국의 중심부인 로마 시까지, 그리고 저 멀리 스페인에 이르기까지 예수 그리스도를 전하고자 하는 충성스러운 사신이 되었던 것입니다. 이러한 각오를 갖기까지의 그의 마음가짐은 그의 서신에 잘 나타나 있습니다. 그중

에서도 특히 빌립보 교회에 보낸 서신 가운데서 그는 "내가 이미 얻었다 함도 아니요 온전히 이루었다 함도 아니라 오직 내가 그리스도 예수께 잡힌 바 된 그것을 잡으려고 달려가노라 형제들아 나는 아직 내가 잡은 줄로 여기지 아니하고 오직 한 일 즉 뒤에 있는 것은 잊어버리고 앞에 있는 것을 잡으려고 푯대를 향하여 그리스도 예수 안에서 하나님이 위에서 부르신 부름의 상을 위하여 달려가노라"(빌 3:12-14)고 고백했던 것입니다.

17절 자랑하는 자는 주 안에서 자랑할지니라

우리 신앙인에게는 스스로 자랑할 것이 아무것도 없습니다. 그러나 우리가 주 안에 있을 때에는 주님으로 말미암아 자랑할 것이 너무도 많습니다. 우리가 구원받기 이전에는 자랑은커녕 수치스러운 것들로만 꽉 차 있었습니다. 그때에 우리는 우리 마음에 하나님 계실 곳을 마련하지 않았으며, 따라서 우리의 마음속은 온갖 더러운 것들로 가득 차 있었습니다. 사도 바울이 로마서에 기록한 대로 모든 불의와 추악, 탐욕, 악의, 시기, 살인, 분쟁, 사기, 악독이 가득하였으며 교만하며 악을 도모하기를 식은 죽 먹듯 하였습니다(롬 1:29-31). 그러나 우리가 그리스도의 보혈로 씻음 받고 구원을 받게 된 이후로는 수치와 오욕의 수렁에서 벗어나서 광명하고 영화로운 자리에 이르게 되었습니다. 그리하여 이제는 하나님을 '아빠 아버지'라 부를 수 있게 되었으며, 더 나아가 하나님의 기업을 이어받을 수 있는 복까지도 함께 받게 된 것입니다.

그러므로 이제 우리가 자랑할 것이 있다면 그것은 모두 주님께로부터 왔지 우리 스스로 이루거나 성취한 것이 아닙니다. 어떤 사람이 큰일을 했다는 것은 주님으로부터 그만큼의 달란트를 받았다는 것입니다. 더 많고 더 큰 달란트를 받았기에 더 많고 큰일을 할 수밖에 없고 또 해야 하는 것입니다. 그러기에 그 일을 한 당사자는 자랑할 것이 없습니다. 주님께서 그만한 능력을 주셨기 때문입니다. 또한 나보다 더 크게 일하는 사람을 보고 시기하고 질투할 필요가 없습니다. 우리는 우리의 받은 달란트만큼 일하면 되는 것입니다. 그리고 각자에게 이 능력을 주신 하나님께 영광을 돌리면 되는 것입니다. 능력은 사람에게서 난 것이 아니라 주님이 주신 것이므로 능력 주신 하나님 안에서 일하고 또 그 하나님께 영광을 돌리면 되는 것입니다. 사도 바울이 "내게 능력 주시는 자 안에서 내가 모든 것을 할 수 있느니라"(빌 4:13)고 말한 것도 이러한 이유 때문입니다. 어떤 일도 하나님이 능력을 주셔야 우리가 할 수 있습니다. 이렇게 우리가 이전에는 미처 생각지도 못하고 바라지도 못하였던 것을 주님 때문에 하게 되었으니, 이 어찌 기쁘지 않을 수 있겠습니까? 그리고 어떻게 우리 자신을 자랑할 수 있겠습니까? 결국 주님 앞에서 우리가 할 수 있는 것은 감사와 찬송 외에는 없고, 혹 자랑할 것이 있다 해도 예수님 덕분이기에 주 안에서 자랑할 수밖에 없습니다. 우리 자신은 보잘것없는 질그릇에 불과하기 때문입니다(4:7).

18절 옳다 인정함을 받는 자는 자기를 칭찬하는 자가 아니요 오직 주께서 칭찬하시는 자니라

이 세상을 살아가는 사람 중에서 자화자찬하면서 스스로를 뽐내는 사람처럼 보기에 민망한 사람은 별로 없을 것입니다. 설령 그 이유와 배경이 칭찬받기에 합당하다 할지라도 정작 본인이 나서서 자기를 높이려 하면 사람들은 대부분 못마땅해 하기가 일쑤입니다. 그러한 경우에는 있어도 없는 듯, 하였어도 하지 않은 듯하며 겸손하게 있다 보면 저절로 사람들이 높여 주고 칭찬을 하게 되는 것입니다. 뿐만 아니라 아무리 잘한 일이 있다 하더라도 그것이 주님과 관계된 일이면 하늘에 보화를 쌓아 두는 것으로 만족하며 잠잠히 있는 것을 하나님께서 기뻐하십니다(마 6:20). 그래서 예수님께서도 산상수훈 가운데서 "오른손이 하는 것을 왼손이 모르게 하여" (마 6:3)라고 말씀하셨던 것입니다.

더군다나 선지자 예레미야의 말대로 이 세상에서 가장 거짓되고 심히 부패한 것이 사람의 마음이기 때문에(렘 17:9), 우리는 오늘은 칭찬받다가도 또 내일은 어떤 평가를 받을지 모르는 상태에서 불확실한 인간관계를 맺으며 살아갑니다. 그리고 진정으로 계속해서 변치 않고 치하받을 일만 했다 하여도 결국 그것은 이 세상에서만 효력이 있을 뿐입니다. 그래서 풀과 같고 꽃과 같은 이 세상이 곧 마르고 시들어 없어지게 되는 그날에는 인간적인 노력과 의지만으로 지은 모든 것은 마치 아침 안개 사라지듯 사라져 버릴 것입니다(약 4:14).

그러므로 우리가 옳다고 인정을 받으려면 주님께로부터 인정을 받아야 합니다. 오직 어제나 오늘이나 영원토록 동일하신 주님만이 우리의 삶의 기준이 되어야 하며 인생의 푯대가 되어야 합니다. 그래서 우리가 이 땅에 사는 동안에 다른 사람들이 알아주든 알아주지 않든 간에 오직 주님만을 바라보고 주님만을 의지하며 주님의 뜻을 이루는 데에 전심을 다해야 할 것입니다. 그러면 이제 영광의 그날이 올 때에 하나님께서 우리의 눈물을 씻어 주실 것이며(계 21:4), 우리가 이 땅에서 일한 대로 상을 베풀어 주실 것입니다(계 22:12).

제 11 장

거짓된 사도와 **참된 사도**

A COMMENTARY ON
THE SECOND EPISTLE TO
THE CORINTHIANS

본 장에서는 사도 바울이 고린도 교회의 성도들에 대하여 자신의 사도직에 충실하였음을 주장하고 있으며 예루살렘으로부터 온 거짓 선생들의 그릇된 가르침과 그들의 비행에 대한 고린도 교회 성도들의 경각심을 일깨워 주고 있습니다. 또한 사도 바울이 참된 목자로서 겪은 여러 가지 고난에 대해서도 말하고 있습니다.

1. 사도 바울의 탄식(11:1-4)

1. 원하건대 너희는 나의 좀 어리석은 것을 용납하라 청하건대 나를 용납하라 2. 내가 하나님의 열심으로 너희를 위하여 열심을 내노니 내가 너희를 정결한 처녀로 한 남편인 그리스도께 드리려고 중매함이로다 그러나 나는 3. 뱀이 그 간계로 하와를 미혹한 것같이 너희 마음이 그리스도를 향하는 진실함과 깨끗함에서 떠나 부패할까 두려워하노라 4. 만일 누가 가서 우리가 전파하지 아니한 다른 예수를 전파하거나 혹은 너희가 받지 아니한 다른 영을 받게 하거나 혹은 너희가 받지 아니한 다른 복음을 받게 할 때에는 너희가 잘 용납하는구나

1절 원하건대 너희는 나의 좀 어리석은 것을 용납하라 청하건대 나를 용납하라

이 말은 사도 바울이 자신에 대한 것을 말하기 위해 한 것입니다. 즉, 사도 바울 스스로는 자신에 대해 자랑하고 싶지 않지만 거짓된 선생들이

자꾸 자기들의 자랑을 하고 성도들을 미혹케 하니 바울 자신을 변호하고 교회에 덕을 세우기 위하여 부득불 자랑을 좀 하겠다는 것입니다. 사실 스스로 자랑하는 것은 바람직하지 않습니다.

그러나 사도 바울은 하나님과 교회와 성도들을 위하여 부득불 자신에 대한 자랑을 할 수밖에 없었던 것입니다.

2절 내가 하나님의 열심으로 너희를 위하여 열심을 내노니 내가 너희를 정결한 처녀로 한 남편인 그리스도께 드리려고 중매함이로다 그러나 나는

하나님께서는 우리의 구원을 위하여 열심히 일하셨습니다. 하나님께서는 지금도 우리의 구원을 위하여 성령을 통하여 끊임없이 일하고 계십니다. 그러므로 우리도 복음 전파를 열심히 하지 않으면 안 됩니다. 사도 바울은 "부지런하여 게으르지 말고 열심을 품고 주를 섬기라"(롬 12:11)고 했습니다. 하나님의 영으로 충만한 사람은 부지런합니다. 그래서 바울은 하나님의 열심으로 복음을 전한다고 했습니다. 인간의 열심은 세월이 가면 식어 버리나 하나님의 열심은 오히려 더 뜨거워집니다. 한번 붙었다 하면 끊임없이 지속되는 불이 바로 성령의 불입니다. 성령의 불을 받아야 우리는 권능 있고 지속적인 하나님의 사역을 행할 수 있습니다.

여기에서 바울이 하나님의 열심으로 행하려 한 것은, 믿지 않는 사람들을 전도하여 예수 그리스도의 신부가 되도록 하는 일입니다. 우리는 이러한 사역에 충실해야지 우리 스스로를 나타내려고 해서는 안 됩니다. 그리고 한편으로는 성도들을 잘 가르치고 양육하여 그리스도의 정결한 신부로 만들어야 합니다. 영적 간음죄인 우상을 섬기는 죄, 이단을 따라

가는 죄에서 돌이켜 하나님의 뜻을 실행하기에 힘쓰는, 예수 그리스도의 정결한 신부로 만들어야 합니다.

하나님께서는 천사에게 그리스도의 신부가 되는 특권을 주시지 않았습니다. 우리 그리스도인들에게 그 특권을 주셨습니다. 그러므로 우리는 천사보다 더 신분이 높습니다. 한마디로 우리는 놀라운 신분 상승을 하게 되었습니다. 우리는 지금 예수 그리스도와 약혼 상태에 있으며, 장차 예수 그리스도의 신부가 될 것이라고 예수 그리스도의 성령께서 보증으로 도장을 찍어 주셨습니다(엡 1:13; 4:30). 장차 이 땅에 7년 환난이 있을 때 우리는 공중에서 예수 그리스도와 함께 혼인 잔치를 치르게 되는 것입니다. 그때 우리는 예수 그리스도와 함께 만유를 상속으로 받아서 다스리게 되는 것입니다.

이렇게 주님이 우리를 당신의 신부로 삼으시기 위해 지불하신 대가는 엄청났습니다. 십자가에 몸 찢기고 피 흘려 죽으신 그 죽음으로써 값을 치루시고 장차 당신의 신부가 될 사람들을 사신 것입니다. 그러기에 약혼녀가 약혼을 하고 난 다음에 자꾸 다른 데 눈을 돌리면 안 되듯이 우리도 다른 곳에 눈을 돌리면 안 됩니다. 조씨에게 시집을 가려고 마음먹은 처녀가 박씨와도 교제를 해 보고 석씨와도 교제를 해 보고 천씨와도 교제를 해 본다면 안 되지 않습니까? 우리는 일편단심, 한결같은 마음으로 주님만 사랑해야 합니다. 예수 믿는다고 하면서도 세상과 짝하고 마귀와 짝하고 우상과 동행한다면, 우리는 주님 보시기에 정결한 처녀가 아닌 것입니다.

3절 뱀이 그 간계로 하와를 미혹한 것같이 너희 마음이 그리스도를

향하는 진실함과 깨끗함에서 떠나 부패할까 두려워하노라

하와의 마음도 사탄이 심어 준 탐욕으로 말미암아 부패하였고 따라서 마음속의 진실함이나 깨끗함이 사라지게 되었습니다. 하와는 마음속의 탐욕으로 선악과를 따 먹고 남편인 아담에게도 주어서 먹게 하여 함께 멸망의 길을 걷게 되었던 것입니다. 그리고 아담과 하와의 후손으로 태어난 모든 사람의 마음은 탐욕으로 말미암아 부패해졌습니다. 욕심이 잉태하면 죄를 낳고 죄가 장성하면 사망을 낳게 됩니다(약 1:15). 교회에서도 주의 종이나 성도의 마음에 탐욕이 들어오면 결국 그 교회는 하나님의 교회가 아니라 사탄의 교회로 전락해 버리고 마는 것입니다. 그 어떠한 단체든지 개인에게 탐욕이 들어오면 패망하게 됩니다. 그러므로 근본이 되는 잘못은 탐욕, 즉 욕심입니다. 우리는 분수를 지키고 탐욕을 버릴 줄 아는 자가 되어야 하겠습니다.

4절 만일 누가 가서 우리가 전파하지 아니한 다른 예수를 전파하거나 혹은 너희가 받지 아니한 다른 영을 받게 하거나 혹은 너희가 받지 아니한 다른 복음을 받게 할 때에는 너희가 잘 용납하는구나

바울이 탄식한 것은 고린도 교회의 성도들이 다른 복음을 잘 용납하는 것입니다. 곡식보다는 잡초가 더 잘 자라고 진실보다는 거짓 소문이 더 잘 퍼지듯, 거짓 예수와 가짜 복음이 더 잘 퍼지는 것입니다. 진리로 성도들을 키우기는 힘이 들어도 점을 치듯 예언하는 것이나 사람을 현혹하는 기술과 술수에는 많은 사람들이 몰려듭니다. 이와 같이 고린도 교회도 미혹케 하는 거짓 복음을 용납했습니다. 이것에 대해 바울이 이야기하는 것입니다. 거짓 복음을 전하는 자들은 사도 바울이 전한 예수가 아닌 그

들 나름대로의 거짓 예수를 전하였으며, 이를 통해 자신의 탐욕을 채우려 했습니다.

2. 참된 사도와 거짓된 사도(11:5-15)

5. 나는 지극히 크다는 사도들보다 부족한 것이 조금도 없는 줄로 생
각하노라 6. 내가 비록 말에는 부족하나 지식에는 그렇지 아니하니
이것을 우리가 모든 사람 가운데서 모든 일로 너희에게 나타내었노
라 7. 내가 너희를 높이려고 나를 낮추어 하나님의 복음을 값없이
너희에게 전함으로 죄를 지었느냐 8. 내가 너희를 섬기기 위하여 다
른 여러 교회에서 비용을 받은 것은 탈취한 것이라 9. 또 내가 너희
와 함께 있을 때 비용이 부족하였으되 아무에게도 누를 끼치지 아니
하였음은 마게도냐에서 온 형제들이 나의 부족한 것을 보충하였음
이라 내가 모든 일에 너희에게 폐를 끼치지 않기 위하여 스스로 조심
하였고 또 조심하리라 10. 그리스도의 진리가 내 속에 있으니 아가
야 지방에서 나의 이 자랑이 막히지 아니하리라 11. 어떠한 까닭이
냐 내가 너희를 사랑하지 아니함이냐 하나님이 아시느니라 12. 나는
내가 해 온 그대로 앞으로도 하리니 기회를 찾는 자들이 그 자랑하는
일로 우리와 같이 인정받으려는 그 기회를 끊으려 함이라 13. 그런
사람들은 거짓 사도요 속이는 일꾼이니 자기를 그리스도의 사도로
가장하는 자들이니라 14. 이것은 이상한 일이 아니니라 사탄도 자기
를 광명의 천사로 가장하나니 15. 그러므로 사탄의 일꾼들도 자기를

의의 일꾼으로 가장하는 것이 또한 대단한 일이 아니니라 그들의 마지막은 그 행위대로 되리라

5절 나는 지극히 크다는 사도들보다 부족한 것이 조금도 없는 줄로 생각하노라

지극히 큰 사도들이란 베드로와 야고보와 요한을 가리킵니다. 이들은 공생애 기간에 예수님과 가장 가까이 있던 제자들입니다. 이 세 사람을 포함한 열두 제자들은 육신으로 계셨던 예수님이 택하신 사도이지만, 바울은 부활하신 예수님이 택하신 사도였습니다. 부활하신 예수님께서는 다메섹으로 가고 있는 바울에게 나타나 그를 회개시키시고 사도로 임명하신 것입니다. 그러기에 사람들은 바울이 예수님이 육신으로 계실 때에 선택한 사도가 아니라고 그를 배척했습니다. 어느 곳에 가도 사도 바울은 '가짜 사도' 라는 비방을 들었기에 하나님의 일을 하는 데 있어서 굉장한 어려움을 겪었습니다. 그러나 신약 성경에 나타난 기독교 구원론의 기본적인 진리는 거의 모두 하나님께서 사도 바울을 통해 계시하여 기록된 것입니다. 그렇기 때문에 그리스도의 교회가 사도 바울과 같은 위대한 사도를 얻었다는 것은 큰 축복인 것입니다. 또한 그는 이방인 선교를 위해 부름 받은 사도로서 예루살렘 교회에 있는 사도들보다 조금도 못하지 않았습니다. 그러므로 사도 바울은 이들 못지않은 권위를 하나님께로부터 받았다고 말하는 것입니다.

6절 내가 비록 말에는 부족하나 지식에는 그렇지 아니하니 이것을 우리가 모든 사람 가운데서 모든 일로 너희에게 나타내었노라

바울은 구변이 능하지 못했습니다. 그러나 하나님의 계시와 능력을 아는 지식에는 그 누구 못지않았습니다. 또한 그 지식이 사도 바울 자신의 복음 전파 사역을 통하여 하나님의 권세와 능력으로 나타났습니다. 바울은 그것을 고린도 교인들이 보았다고 말합니다. 바울은 "하나님의 나라는 말에 있지 아니하고 오직 능력에 있음이라" (고전 4:20)고 했습니다. 그러므로 우리는 비록 말을 유창하게 하지 못할지라도 성령의 역사가 직접 나타나는 능력을 사모하고 구하여 받아야 할 것입니다. 그리하여 우리를 통해 하나님의 깊은 지식과 능력이 사도 바울처럼 우리의 실제 생활에도 나타나야 하는 것입니다.

7절 내가 너희를 높이려고 나를 낮추어 하나님의 복음을 값없이 너희에게 전함으로 죄를 지었느냐

그 당시 바울의 대적자들은 바울이 자격이 없기 때문에 보수도 없이 스스로 천막 짓는 일을 하면서 복음을 전한다고 공박하였습니다. 그러나 바울의 속마음은 그런 것이 아니었습니다. 그는 당연히 성도들에게 복음을 전하는 대가를 받고 살 수 있었습니다. 성경적인 입장도 복음을 전하는 자는 성도들의 십일조에서 나오는 급여로 생활하도록 되어 있습니다. 그럼에도 불구하고 바울은 신앙이 약한 성도들의 돈을 거두지 않고 자기 비용으로 복음을 전한 것입니다. 바울은 이러한 자신의 속마음을 고린도 교인들이 알아주기를 원했습니다. 진정한 목자는 삯꾼과는 달리 품삯을 받지 않고도 양 떼를 돌보며 양 떼를 위하여 목숨을 버립니다. 따라서 진정한 목자는 교회에서 주는 급여에 연연하지 않습니다. 바울은 이러한 사실을 증명하기 위해서 돈을 받지 않고 복음을 전했던 것

입니다. 그러므로 이러한 바울의 행동이 결코 조롱이나 무시의 대상이 될 수 없는 것입니다.

8절 내가 너희를 섬기기 위하여 다른 여러 교회에서 비용을 받은 것은 탈취한 것이라

이것은 바울이 탄식하는 내용입니다. 즉, 바울이 고린도 교회의 성도들을 위하여 보수를 받지 않고 복음을 전했는데 고린도 교회의 성도들은 바울이 자격이 없어서 보수를 받지 않은 것으로 오해를 했습니다. 그렇기 때문에 바울은 그렇다면 자신이 다른 교회에서 받았던 보수가 탈취한 것이지 그 외에 다른 무엇이 될 수 있겠느냐고 탄식조로 반문하는 것입니다.

실제로 바울은 먼저 예수를 믿게 된 마게도냐 교회와 다른 교회에서 받은 선교비를 고린도 교회에서 복음을 전할 때 사용하고 있었습니다. 따라서 바울의 이와 같은 탄식은 자신을 정당한 사도로 알지 못하고 있는 고린도 교인들에 대한 깨우침을 주려는데 그 목적이 있었습니다.

9절 또 내가 너희와 함께 있을 때 비용이 부족하였으되 아무에게도 누를 끼치지 아니하였음은 마게도냐에서 온 형제들이 나의 부족한 것을 보충하였음이라 내가 모든 일에 너희에게 폐를 끼치지 않기 위하여 스스로 조심하였고 또 조심하리라

그 당시 마게도냐 교회는 장성한 교회였고 고린도 교회는 갓 태어난 교회였습니다. 따라서 바울은 마게도냐 교회의 도움을 받아서 고린도 지방에서의 생활을 꾸려 갔던 것입니다. 바울은 고린도 교인들이 물질적인 부

담 때문에 혹시 시험이라도 들까봐 매우 조심하였습니다.

내가 대조동에서 목회할 때 크게 고민되었던 것도 바로 이러한 문제였습니다. 십일조는 자기 인생의 텃밭에 심는 종자(種子)이기에 성도들이 십일조를 드려야 하나님께 복을 받을 수 있습니다. 그래서 나는 성도들에게 "여러분, 여러분이 이렇게 헐벗고 굶주리지만 하나님께 축복을 받으려면 십일조를 드려야 합니다. 그래야 하나님이 장차 여러분에게 복을 줄 수 있는 기반이 마련되는 것입니다."라고 설교를 했습니다. 그러자 얼마 안 모인 교인들이 떨어져 나가기도 하고 그나마 남은 교인들마저도 "전도하러 와서 예수 믿고 천당 가자고 하더니, 교회에 모아 놓고 우리 것을 빼앗아 먹으려고?"라며 비난을 하는데, 정말 기가 막혔습니다. 그래서 나는 "여러분, 나는 여러분의 것을 절대 빼앗지 않습니다. 여러분이 무엇을 가져올지라도 그것으로 다른 사람을 도와줄지언정 나는 여러분이 가져온 것 중에서 곡식 낟알 하나라도 먹지 않겠습니다."라고 선포했습니다.

그때 나는 우리 교단의 영어 통역 일을 해서 번 3만원으로 최자실 목사님과 그 가족들과 함께 한 달 동안 겨우 입에 풀칠을 하고 살았습니다. 그토록 어려웠기에 차비도 없어서 서대문에서 대조동까지 걸어 다녔습니다. 이렇게 내가 '자비량 목회'를 하니까 그다음부터 교인들이 십일조를 가져오기 시작했습니다. 그 당시 교인들이 십일조라고 가져온 것이 파 한 단, 양파 몇 뿌리, 대추 몇 알, 노란 병아리 몇 마리, 죽 몇 숟가락이 든 종지 등이었습니다. 그래도 이것이 다 하나님께 드리는 십일조이기에 축복을 하고 솥에 넣고 끓여서 죽 같은 것을 만들어 온 교인들이 같이 나누어 먹었습니다. 이렇게 최선을 다해서 자신들의 십일조를 드리고 하나님께 기도하자 정말 그다음부터 하나님께서 축복을 해 주시기 시작했습니다. 교인들에게 점점 직장이 생기고 생활 형편이 나아지게 되었습니다. 그래서 나는 십일조의 기적을 믿습니다. 내 눈으로 확인했기 때문입니다.

진실로 어린 양 떼를 사랑하는 목자는 양 떼에게 폐를 끼치지 않는 법입니다. 그러나 요즈음 양 떼들을 이용하여 사리사욕을 채우고자 하는 많은 거짓 목자들이 도처에 횡행하고 있습니다. 그러므로 주의 종들은 하나님과 양 떼를 순수하게 사랑하는 마음을 계속 키워 나가도록 삼가 조심하고 노력해야 할 것입니다.

10절 그리스도의 진리가 내 속에 있으니 아가야 지방에서 나의 이 자랑이 막히지 아니하리라

아가야 지방은 고린도 지방을 말합니다. 본 절에서 사도 바울은 "예수 그리스도의 진리가 내 속에 있기에, 나는 그리스도의 진리를 너희들에게 값없이 전하기로 결심하였다. 그리고 내가 너희 고린도 교회 교인들에게 부담을 주거나 폐를 끼치지 않고 복음을 전하는 일을 자랑으로 여기며 이 자랑을 결코 포기하지 않겠다."라고 말하고 있습니다.

11절 어떠한 까닭이냐 내가 너희를 사랑하지 아니함이냐 하나님이 아시느니라

사도 바울은 고린도 교회의 성도들을 진정으로 사랑했습니다. 그러므로 비록 고린도 교회의 성도들이 이처럼 진실한 사도 바울의 마음을 몰라준다 하더라도 그 마음을 하나님께서 알고 계신다는 것입니다.

12절 나는 내가 해 온 그대로 앞으로도 하리니 기회를 찾는 자들이 그 자랑하는 일로 우리와 같이 인정받으려는 그 기회를 끊으려 함이라

이 말은 사도 바울이 거짓 사도, 거짓 선지자, 거짓 교사들을 염두에 두고 한 말로서 비록 오해를 할지라도 자기 비용으로 전도를 계속하겠다는 말입니다. 즉, 그들이 진실로 하나님의 종이라면 반드시 사도 바울처럼 보수가 없더라도 희생적으로 일할 수 있어야 한다는 것입니다. 이와 같이 희생적으로 사역하는 주의 종들이 참으로 하나님의 종입니다.

13절 그런 사람들은 거짓 사도요 속이는 일꾼이니 자기를 그리스도의 사도로 가장하는 자들이니라

품삯이 있어야 목회를 하는 사람은 결국 거짓된 주의 종으로서 궤휼만 만들어 낼 뿐이며 스스로를 그리스도의 사도로 가장할 뿐이라고 말합니다. 성경을 보면 사탄도 자신을 영광의 천사로 가장합니다(14절). 이와 마찬가지로 거짓 사도들도 자신이 참사도인 양 행세한다는 것입니다.

14절 이것은 이상한 일이 아니니라 사탄도 자기를 광명의 천사로 가장하나니

사탄이 자신을 광명의 천사로 가장하듯 거짓 사도들이 자신을 참된 사도로 가장하는 것은 이상한 일이 아닙니다.

15절 그러므로 사탄의 일꾼들도 자기를 의의 일꾼으로 가장하는 것이 또한 대단한 일이 아니니라 그들의 마지막은 그 행위대로 되

리라

거짓된 사도들이 사탄의 일꾼으로서 자기를 의의 일꾼으로 가장하는 것도 이상한 일이 아닙니다. 그렇지만 공의의 하나님께서는 종국에 가서는 그들의 악한 행위대로 보응하십니다. 그래서 결국에는 그들이 불과 유황으로 타는 못에 던져지게 되는 것입니다. 따라서 우리는 그들의 행위, 즉 그들의 열매를 보고 그들을 분별할 줄 알아야 합니다. 아무리 유창한 말을 하고 위대한 주의 종인 것처럼 행세하여도 그 열매가 좋지 못하면 결국 자신과 다른 사람들을 파멸의 길로 이끄는 사탄의 사자에 지나지 않는 것입니다.

욕심이 넘쳐 나는 가짜 사도들의 마음은 그 정체가 곧 드러나게 마련입니다. 하나님의 교회에는 밀과 가라지가 함께 자라는 법입니다. 그러므로 교회 내에서 자신의 헛된 자랑만 하고 말로써 남을 현혹시키며 그 열매가 수상하게 보이는 사람이 있다면 우리는 그들에게 현혹되지 말고 그들도 선한 열매를 맺게 해 달라고 사도 바울과 같이 기도 해 주어야 합니다.

3. 참된 사도로서의 자랑과 고난(11:16-33)

16. 내가 다시 말하노니 누구든지 나를 어리석은 자로 여기지 말라
만일 그러하더라도 내가 조금 자랑할 수 있도록 어리석은 자로 받으
라 17. 내가 말하는 것은 주를 따라 하는 말이 아니요 오직 어리석은
자와 같이 기탄없이 자랑하노라 18. 여러 사람이 육신을 따라 자랑
하니 나도 자랑하겠노라 19. 너희는 지혜로운 자로서 어리석은 자들
을 기쁘게 용납하는구나 20. 누가 너희를 종으로 삼거나 잡아먹거
나 빼앗거나 스스로 높이거나 뺨을 칠지라도 너희가 용납하는도다
21. 나는 우리가 약한 것같이 욕되게 말하노라 그러나 누가 무슨 일
에 담대하면 어리석은 말이나마 나도 담대하리라 22. 그들이 히브
리인이냐 나도 그러하며 그들이 이스라엘인이냐 나도 그러하며 그
들이 아브라함의 후손이냐 나도 그러하며 23. 그들이 그리스도의
일꾼이냐 정신없는 말을 하거니와 나는 더욱 그러하도다 내가 수고
를 넘치도록 하고 옥에 갇히기도 더 많이 하고 매도 수없이 맞고 여
러 번 죽을 뻔하였으니 24. 유대인들에게 사십에서 하나 감한 매를
다섯 번 맞았으며 25. 세 번 태장으로 맞고 한 번 돌로 맞고 세 번 파
선하고 일주야를 깊은 바다에서 지냈으며 26. 여러 번 여행하면서
강의 위험과 강도의 위험과 동족의 위험과 이방인의 위험과 시내의
위험과 광야의 위험과 바다의 위험과 거짓 형제 중의 위험을 당하고
27. 또 수고하며 애쓰고 여러 번 자지 못하고 주리며 목마르고 여러
번 굶고 춥고 헐벗었노라 28. 이 외의 일은 고사하고 아직도 날마다
내 속에 눌리는 일이 있으니 곧 모든 교회를 위하여 염려하는 것이라
29. 누가 약하면 내가 약하지 아니하며 누가 실족하게 되면 내가 애

타지 아니하더냐 30. 내가 부득불 자랑할진대 내가 약한 것을 자랑 하리라 31. 주 예수의 아버지 영원히 찬송할 하나님이 내가 거짓말 아니 하는 것을 아시느니라 32. 다메섹에서 아레다 왕의 고관이 나를 잡으려고 다메섹 성을 지켰으나 33. 나는 광주리를 타고 들창문으로 성벽을 내려가 그 손에서 벗어났노라

16절 내가 다시 말하노니 누구든지 나를 어리석은 자로 여기지 말라 만일 그러하더라도 내가 조금 자랑할 수 있도록 어리석은 자로 받으라

가짜를 분별하기 위해서는 진짜를 보아야 합니다. 가짜 돈이 횡행할 때에는 진짜 돈을 봐야 하며, 가짜 다이아몬드가 유행할 때에는 진짜 다이아몬드를 봐야 비교가 됩니다. 이와 마찬가지로 거짓 사도들이 활동하며 다니던 사도 바울의 때에 고린도 교인들의 바른 분별력을 위해 사도 바울이 자신이 참사도임을 보여줄 필요가 있었던 것입니다. 많은 거짓 사도들이 자기 자랑을 하므로 사도 바울은 자신이 참사도임을 보여 주기 위해서 자신도 자랑을 좀 해 보겠다는 것입니다.

17절 내가 말하는 것은 주를 따라 하는 말이 아니요 오직 어리석은 자와 같이 기탄없이 자랑하노라

사도 바울이 참사도임을 입증하기 위하여 부득불 자랑하는 것은 주 예수 그리스도의 명령에 따른 것이 아니라 거짓된 자들을 밝혀내기 위하여 그들처럼 자신의 모습을 적나라하게 보여 주겠다는 것입니다.

18절 여러 사람이 육신을 따라 자랑하니 나도 자랑하겠노라

여기서 '육신' 이란 종족이나 나라, 학력, 가정 등의 배경을 말합니다. 거짓된 사도들이 이처럼 육체를 따라 자랑하니 참된 사도인 바울도 그들의 거짓됨을 가려내기 위하여 부득이 육체를 따라 자랑하겠다는 것입니다.

19절 너희는 지혜로운 자로서 어리석은 자들을 기쁘게 용납하는구나

영적으로 눈이 어두우면 세상적으로 아무리 지혜롭다 하더라도 어리석은 일을 하게 되어 있습니다. 그 당시 고린도 교회 교인들도 세상적으로는 지혜 있는 자들로 자처하고 있었으나 영적으로 무지했기 때문에 어리석은 일 곧 어리석은 자들을 용납하고 그들과 함께 이단 사설에 빠지게 되었습니다. 영적으로 밝지 못하면 지혜가 있다 하나 이처럼 어리석은 일을 행할 수밖에 없는 것입니다.

20절 누가 너희를 종으로 삼거나 잡아먹거나 빼앗거나 스스로 높이거나 뺨을 칠지라도 너희가 용납하는도다

그 어리석은 정도는 보통이 아니라 생각하기 어려울 만큼 심각했습니다. 영적으로 무지하여 도둑질당하고 죽임당하고 멸망당하는 지경에까지 이르게 된 것입니다. 그래서 고린도 교회의 교인들도 거짓 사도가 와서 그들을 종으로 삼거나 잡아먹어도, 빼앗거나 스스로 높이거나 뺨을 칠지라도 용납하는 어리석음을 범하고 있었습니다.

21절 나는 우리가 약한 것같이 욕되게 말하노라 그러나 누가 무슨 일

에 담대하면 어리석은 말이나마 나도 담대하리라

거짓 사도들은 교인들을 갖은 방법으로 착취하고 못살게 굴었지만 사도 바울은 너무 약한 까닭에 그와 같은 일은 절대로 하지 못했다는 것입니다. 그렇지만 교인들을 해롭게 하지 않는 범위 안에서 거짓 사도들이 행했던 모든 자랑은 사도 바울도 할 수 있다는 뜻입니다. 그러나 그와 같이 육체를 따라 자랑하는 것은 결코 지혜로운 일이 아니며 하나님께서 기뻐하시는 일이라 할 수 없습니다. 그럼에도 불구하고 사도 바울은 어리석은 일이지만 자신의 사도직을 변증하고 자신이 참된 진리의 전파자임을 나타내기 위하여 부득불 자랑을 해 보겠다는 것입니다.

22절 그들이 히브리인이냐 나도 그러하며 그들이 이스라엘인이냐 나도 그러하며 그들이 아브라함의 후손이냐 나도 그러하며

거짓된 사도들이 주장하기를 자신들은 히브리 사람이라고 했는데 사도 바울 자신도 여기에 못지않은 히브리 사람임을 말하고 있습니다. 또한 그들이 이스라엘인이라고 했는데 사도 바울 자신도 이스라엘인이라고 말하고 있습니다. 그리고 그들이 아브라함의 후손이라고 했는데 사도 바울 자신도 아브라함의 후손임을 말하고 있습니다. 즉, 혈통적으로나 종족적인 배경으로 보아 그들과 견주어서 조금도 뒤떨어질 점이 없다고 하는 것을 사도 바울은 강조하고 있습니다.

23절 그들이 그리스도의 일꾼이냐 정신없는 말을 하거니와 나는 더욱 그러하도다 내가 수고를 넘치도록 하고 옥에 갇히기도 더 많이 하고 매도 수없이 맞고 여러 번 죽을 뻔하였으니

그 당시 사도 바울을 적대시하던 거짓 사도들이 자신들을 그리스도의 증인이라고 주장하며 나섰을 때 사도 바울도 자신을 소개함에 있어서 그들보다 더욱 나은 그리스도의 증인이라고 하였습니다. 이러한 말이 적대자들의 귀에 미친 소리로 들릴는지 모르지만 사도 바울은 이처럼 그리스도를 증언하는 사도라는 확신에 불타 있었습니다.

그 단적인 예로 사도 바울은 자신이 그리스도를 위해서 당한 고난이 적대자들에 비하여 월등히 많다는 것도 말하고 있습니다. 즉, 거짓된 사도들은 입으로만 그리스도의 사도라고 주장할 뿐 그리스도의 참된 사도로서 겪어야 할 고난을 겪지 않았다는 것입니다. 사도 바울은 그리스도의 참된 증인으로서 무수한 고난을 겪었던 사실들을 열거하고 있습니다. 그는 수고를 넘치도록 했으며 매도 수없이 맞고 여러 번 죽을 뻔하였으며 옥에도 많이 갇혔습니다.

24절 유대인들에게 사십에서 하나 감한 매를 다섯 번 맞았으며

바울은 그 당시 그리스도의 복음을 전한다는 이유로 유대인들의 미움을 받아 그들에게 잡혀서 유대인이 유대인에게 내리는 형벌인 '사십에서 하나 감한 매' 를 맞았습니다. 유대인의 율법으로는 태형의 한도가 40번이었는데 유대교의 「미슈나」에 의하면 실수로 40번을 넘을까 우려해 관습적으로 39번 채찍을 때린 것입니다.

25절 세 번 태장으로 맞고 한 번 돌로 맞고 세 번 파선하고 일주야를 깊은 바다에서 지냈으며

바울은 빌립보에서 유대인들에 의하여 태장으로 맞은 적이 있습니다.

태장이란 끈의 끝에 납덩이를 단 채찍으로 때리는 형벌을 말합니다. 바울은 루스드라에서 유대인들에 의하여 돌로 맞아 빈사 상태에 이른 적도 있습니다. 또한 전도 여행 중에 그가 탄 배가 세번이나 파선하여 일주야를 깊음에서 지내는 경험을 하기도 하였던 것입니다.

26절 여러 번 여행하면서 강의 위험과 강도의 위험과 동족의 위험과 이방인의 위험과 시내의 위험과 광야의 위험과 바다의 위험과 거짓 형제 중의 위험을 당하고

바울이 살던 시대는 다리 같은 것이 거의 없었던 때였으므로 홍수가 나면 강을 건널 수 없었습니다. 여기에서 말하는 '강의 위험' 이란 이와 같은 사실을 의미합니다. 그리고 그 당시에는 나그네를 위협하는 도둑이 도처에 숨어 있었습니다. 바울은 이것을 '강도의 위험' 이라고 말했습니다. 또한 바울은 항상 전도할 때마다 동포인 유대인들로부터 박해를 받았는데 이것을 '동족의 위험' 이라고 말했습니다. 바울은 전도 여행 중에 동족으로부터의 위험만 당한 것이 아니라 빌립보나 에베소에서처럼 이방 지역의 사람들로부터도 박해를 당하였습니다. 이것을 그는 '이방인의 위험' 이라고 말하였습니다. '시내의 위험' 이란 바울이 복음을 전할 때 일어났던 도시 특유의 소동이나 폭동을 의미합니다. '광야의 위험' 이란 사도 바울이 광야에서 홀로 당하는 여러 가지 위험, 즉 야수의 습격, 추위와 주림 등을 의미합니다. '바다의 위험' 이란 그가 해상에서 당했던 여러 위험을 의미합니다. 그리고 '거짓 형제 중의 위험' 이란 그 당시 교회를 어지럽히고 있던 거짓된 형제들로 말미암은 위험을 말합니다. 사도 바울은 이 모든 위험을 다 주를 위하여 겪었던 것입니다.

27절 또 수고하며 애쓰고 여러 번 자지 못하고 주리며 목마르고 여러 번 굶고 춥고 헐벗었노라

사도 바울은 자신이 복음을 전하면서 부비를 성도들에게 받지 않고 스스로 장막을 지어서 팔아 생계를 유지하였습니다. 사도 바울은 스스로 수고하고 애를 써서 생계비를 마련하였던 것입니다.

또한 그는 여러 번 자지 못하였는데 이것은 주의 일이나 기도로 말미암아 밤을 새운 사실을 의미합니다. 그는 밤낮없이 주의 사역을 감당했던 것입니다. 이뿐만 아니라 정처 없이 나그네 생활을 했던 그는 수시로 주리고 목마르며 굶고 추위와 헐벗음에 시달려야 했습니다.

28절 이 외의 일은 고사하고 아직도 날마다 내 속에 눌리는 일이 있으니 곧 모든 교회를 위하여 염려하는 것이라

사도 바울이 당했던 육체적, 환경적, 물질적 어려움은 그의 마음속에 있었던 교회에 대한 근심에 비하면 아무것도 아니었습니다. 그에게 있어서 진정한 고통은 그 마음에 사무쳤던 주의 교회에 대한 염려와 근심이었습니다. 앞에 열거한 많은 육체적 고통에 비하지 못할 정도로 사도 바울은 교회와 성도를 사랑했고 그를 위하여 모든 노력을 기울였던 것입니다.

29절 누가 약하면 내가 약하지 아니하며 누가 실족하게 되면 내가 애타지 아니하더냐

참된 목자는 늘 성도들에게 마음이 가 있어서 성도들 중 누가 약하면 마음이 약해지고 누가 실족하게 되면 애타하게 되는 법입니다. 이것이

바로 참된 목자의 심정입니다. 사도 바울은 이와 같은 목자의 심정을 가졌습니다. 그러나 가짜 목자들은 그렇지 않습니다. 그들은 자신의 사리사욕을 위해서 성도들까지도 이용합니다. 그러므로 그들은 목자의 탈을 쓴 이리 떼에 불과한 것입니다. 참된 목자는 양 떼를 살리고 풍성한 꼴로 양육시키지만 가짜 목자는 양 떼를 수탈하여 자신의 구복(口腹)을 채웁니다.

30절 내가 부득불 자랑할진대 내가 약한 것을 자랑하리라

가짜 목자들이 양 떼인 성도들을 수탈하는 것을 더 이상 두고 볼 수 없어 사도 바울은 부득불 자기 자랑을 할 수밖에 없었습니다. 그러나 자신의 육체를 따라 자랑했던 모든 것은 다 헛된 것이라는 사실을 말하고 있습니다. 즉, 앞서 행했던 자신의 자랑은 모두 다 헛된 것이라는 말입니다. 그리고 자신이 자랑할 것은 오직 자신의 무능하고 보잘것없는 약한 모습밖에 없다는 것입니다. 이것은 사도 바울이 전적으로 하나님께 의지함을 보여 줍니다. 즉, 하나님이 없이는 한시라도 살 수 없는 자신의 연약함을 사도 바울은 자랑스럽게 말한 것입니다.

31절 주 예수의 아버지 영원히 찬송할 하나님이 내가 거짓말 아니 하는 것을 아시느니라

약한 것밖에 자랑할 것이 없다고 한 사도 바울은 자신이 하나님의 도움 없이는 살 수 없는 존재임을 고백하는 것은 조금도 거짓이 아니며 그 사실을 하나님께서 아신다고 말합니다.

32-33절 다메섹에서 아레다 왕의 고관이 나를 잡으려고 다메섹 성을 지켰으나 나는 광주리를 타고 들창문으로 성벽을 내려가 그 손에서 벗어났노라

여기에서 사도 바울의 약한 점이 그대로 드러납니다. 즉, 사도 바울이 다메섹에 가서 복음을 전할 때 유대인과 다메섹 왕 아레다의 고관이 자신을 체포하기 위하여 성을 지키고 있었습니다. 그때 그는 광주리를 타고 들창문을 통하여 성벽 아래로 내려와 탈출하였습니다. 이처럼 사도 바울은 복음을 전파함에 있어서 무슨 인간의 자랑으로 행한 것이 아니라 자신의 약함으로 하나님만을 의지하였던 것입니다.

제 12 장

참된 목자의 모습

A COMMENTARY ON
THE SECOND EPISTLE TO
THE CORINTHIANS

본 장에서는 교회를 이끌어 나가는 참된 목자의 모습에 대하여 말하고 있습니다. 참된 목자는 자신의 모든 역량을 동원하여 성도들을 사랑으로 이끌며 목회합니다. 그리고 교만하지 않고 항상 약한 것을 자랑하며 성도들의 모든 생활을 마음 졸이며 지켜봅니다.

1. 부득불 자랑해야 할 것(12:1-6)

1. 무익하나마 내가 부득불 자랑하노니 주의 환상과 계시를 말하리라 2. 내가 그리스도 안에 있는 한 사람을 아노니 그는 십사 년 전에 셋째 하늘에 이끌려 간 자라 (그가 몸 안에 있었는지 몸 밖에 있었는지 나는 모르거니와 하나님은 아시느니라) 3. 내가 이런 사람을 아노니 (그가 몸 안에 있었는지 몸 밖에 있었는지 나는 모르거니와 하나님은 아시느니라) 4. 그가 낙원으로 이끌려 가서 말로 표현할 수 없는 말을 들었으니 사람이 가히 이르지 못할 말이로다 5. 내가 이런 사람을 위하여 자랑하겠으나 나를 위하여는 약한 것들 외에 자랑하지 아니하리라 6. 내가 만일 자랑하고자 하여도 어리석은 자가 되지 아니할 것은 내가 참말을 함이라 그러나 누가 나를 보는 바와 내게 듣는 바에 지나치게 생각할까 두려워하여 그만두노라

1절 무익하나마 내가 부득불 자랑하노니 주의 환상과 계시를 말하리라 여기에서 사도 바울이 부득불 자랑하는 것은 주의 환상과 계시입니다. 그 당시 거짓 사도들과 거짓 교사들이 고린도 교회에 와서 바울에게는 하나님의 계시도 없고 환상도 없다고 헛된 말을 했습니다. 그렇기 때문에 사도 바울은 자신이 정당한 주의 사도임을 말하기 위하여 자신이 받은 주의 환상과 계시를 말하지 않을 수 없었습니다. 그러므로 사도 바울이 한 자랑은 자신을 위한 것이 아니요, 순전히 그리스도와 그의 양 떼를 위한 것이며 거짓된 사도들과 교사들의 주장을 반박하고 그들로부터 양 떼를 보호하기 위한 것입니다.

예수 믿지 않는 사람들은 성경이 과학적이지 않다고 비판합니다. 그러나 과학은 이 물질세계를 인간의 이성으로 정리한 원리이므로 물질세계를 설명하는 데에는 유용하나 비물질적인 영적 세계에 대해서는 설명할 수 없습니다. 하나님은 물질세계를 창조한 분이시기에 이를 초월해 계십니다. 그러므로 하나님과 영적인 세계를 이해하기 위해서는 과학이 아닌 다른 방법이 필요한데, 그것이 바로 '계시' 입니다. 그러므로 하나님의 계시가 아니고서는 우리가 예수님을 구주로 믿을 수도 없으며 성경을 믿을 수도 없습니다. 성경을 그저 인간적인 눈, 과학적인 눈으로 볼 때는 신화나 전설이나 문학 작품으로 보일 뿐입니다. 그러나 하나님을 인간의 수준으로 끌어내릴 수는 없습니다. 하나님은 하나님이시고 우리는 인간입니다. 하나님은 하늘에 계시고 우리는 땅에 있습니다. 땅에 있는 사람이 하늘에 계신 하나님을 평가할 수 없습니다.

토마스 아퀴나스는 중세의 유명한 철학자이며 신학자였는데, 그는 기도를 아주 많이 한 것으로 유명합니다. 한번은 그가 밤새도록 무릎 꿇고 기도하는 소리를 그의 제자들이 엿들었다고 합니다. 그런데 그는 밤새도록 이렇게 기도하더랍니다. "하나님은 하늘에 계시고 나는 땅에 있습니다. 하나님은 하늘에 계시고 나는 땅에 있습니다." 이 기도는 단순한 것 같지만 그 속에 놀라운 의미가 포함되어 있습니다. 하나님은 하늘에 계시고 우리는 땅에 있으므로 땅에 있는 우리가 하나님을 평론할 수 없다는 것입니다. 우리는 하나님으로부터 오는 계시를 받을 따름이지 이 땅에서 하나님을 보고 왈가왈부할 수 없다는 것입니다. 또한 이는 하나님은 주인이시고 우리는 종이라는 것을 말하기도 합니다.

그렇다면 계시는 어떻게 받습니까? 바로 성령님을 통해서 받습니다. 성령님을 통해서 우리는 신령한 세계와 교통하고 신령한 세계의 계시를 받는 것입니다. 우리가 거듭나는 것도 성령께서 우리에게 예수 그리스도가 하나님의 아들이라는 것을 마음속에 깨닫게 해 주셔야 가능합니다. 성령이 계시해 주지 않으면 절대로 예수님을 믿을 수 없습니다. 그리고 우리가 말씀을 읽을 때 아멘으로 받아들이고 감동을 받는 것도 전부 성령께서 하시는 일입니다. 설교자 역시 계시를 받아야 말씀을 전할 수 있습니다. 그렇기 때문에 항상 나는 "하나님, 주일날 말씀을 증거하도록 레마를 주시옵소서. 주님, 계시를 주시옵소서."라고 몸부림칩니다. 목회자가 계시 없이 목회하는 것은 어림도 없는 일입니다.

사도 바울은 우리에게 복음의 진리를 가르치기 위해서 하나님의 계시와 환상을 받았기에 우리보다 훨씬 더 차원 높은 환상과 계시를 받았습니다. 그러므로 우리는 바울 선생과 똑같은 환상과 계시를 달라고 할 필요가 없습니다. 우리는 이미 성경에 기록된 사도 바울의 환상과 계시를 성령의 영감을 갖고 읽으면 됩니다. 그렇게 깨달음을 얻으면 그것이 우리의 것이 되는 것입니다.

2절 내가 그리스도 안에 있는 한 사람을 아노니 그는 십사 년 전에 셋째 하늘에 이끌려 간 자라 (그가 몸 안에 있었는지 몸 밖에 있었는지 나는 모르거니와 하나님은 아시느니라)

여기에서 사도 바울은 그리스도 안에 있는 한 사람을 안다고 하였는데 그 사람은 바로 바울 자신입니다. 즉, 바울은 자신의 체험담을 객관적으로 설명하고 있는 것입니다. 사도 바울은 이 체험담에서 자신이 십사 년 전에 셋째 하늘에 이끌려 간 적이 있다고 했습니다. 이것은 그가 루스드라에서 복음을 전할 때 유대인들의 돌에 맞아 거의 죽은 상태에 이르렀을 때를 말하는 듯합니다(행 14:19). 그 당시 유대인들과 사도 바울의 대적자들은 바울을 돌로 쳐서 죽이고 그 시체를 도시 밖의 거름 무더기에 던져 버렸습니다. 그러나 예수님을 믿는 성도들이 그 거름 무더기에 버려진 바울 주위에 둘러서서 기도하자 바울은 깨끗한 모습으로 살아나 다시 루스드라로 가서 복음을 전하였습니다. 이렇게 하여 사도 바울은 죽은 바 되었다가 다시 살아난 것입니다.

본 절에서 사도 바울은 하늘을 첫째 하늘, 둘째 하늘, 셋째 하늘로 구분하고 있습니다. 아마도 첫째 하늘은 우리가 사는 이 대기층을, 둘째 하늘은 공중을, 셋째 하늘은 천국을 가리키는 것으로 생각됩니다. 그런데 천국인 셋째 하늘에 올라갔던 체험은 너무나 뚜렷했습니다. 그렇기 때문에 그가 몸 안에 있었는지 몸 밖에 있었는지, 즉 살아서 올라갔는지 몸은 죽고 영혼만 올라갔는지 분별이 안 된다는 것입니다.

3절 내가 이런 사람을 아노니 (그가 몸 안에 있었는지 몸 밖에 있었는지 나는 모르거니와 하나님은 아시느니라)

2절 말씀을 반복하고 있습니다. 사도 바울이 이렇게 확신적으로 두 번이나 강조한 것은 이 체험담이 자신의 이야기이기 때문입니다.

4절 그가 낙원으로 이끌려 가서 말로 표현할 수 없는 말을 들었으니 사람이 가히 이르지 못할 말이로다

그는 낙원으로 이끌려 가서 이 세상 상식으로는 도저히 설명할 수 없는 너무나 기이한 것을 보고 들었기에 사람의 말로 표현하지 못한다고 말합니다. 천국이 얼마나 귀하고 영화로운 곳인지 바울은 이 천국 체험 후에 옥중서신에서 "내가 그 둘 사이에 끼었으니 차라리 세상을 떠나서 그리스도와 함께 있는 것이 훨씬 더 좋은 일이라"(빌 1:23)고 고백했습니다.

5절 내가 이런 사람을 위하여 자랑하겠으나 나를 위하여는 약한 것들 외에 자랑하지 아니하리라

이것은 바울의 겸비함과 참으로 영적인 그의 마음 자세를 알게 해 주는 말씀입니다. 즉, 사도 바울은 하늘나라 체험을 한 영적인 자신을 위해서 자랑할 수 있으나 지상에서 활동하는 육적인 자신을 위해서 자랑할 것이라고는 약한 것밖에는 없다는 것입니다. 성경은 "누구든지 자기를 높이는 자는 낮아지고 누구든지 자기를 낮추는 자는 높아지리라"(마 23:12)고 말씀하고 있습니다.

몇년 전 영국 버밍엄에 있는 목사 두 명이 내게 찾아와서 버밍엄에 와서 부흥회를 인도해 달라고 요청을 했습니다. 그들은 영국이 과거에 가난하고 못살았을 때는 온 국민이 주님께 나와서 부르짖어 큰 부흥이 일어났다고 말했습니다. 그래서 영국이 세계적인 기독교 국가로서 온 세

계에 선교사를 보냈는데, 제2차 세계 대전 후에 영국이 너무나 잘살게 되고 생활이 호사스럽게 되니 사람들이 다 주님을 떠나고 말았다는 것입니다. 지금 영국은 국민의 5%밖에는 예수를 믿지 않는다고 합니다. 그들은 기독교 문화 속에 살지만 예수를 구주로 믿고 진정 거듭난 사람은 5%도 안 된다는 것입니다. 등 따뜻하고 배 부르니까 하나님을 찾지 않는 것입니다. 과거에 '해가 지지 않는 나라'라고 불리며 수많은 선교사를 파송한 대영제국이 오늘날 이러한 모습이 되었다는 것은 참으로 안타까운 일입니다.

나는 우리 한국도 그렇게 될까 싶어 겁이 납니다. 우리 한국도 헐벗고 굶주릴 때는 얼마나 간절히 주님을 찾았습니까? 그런데 우리가 잘 먹고 잘 입고 잘살게 되자 한국 교회가 쇠퇴하고 있습니다. 잘살게 되니까 옛날처럼 간절히 기도도 안 하고 전도도 안 하고 게을러지기 시작한 것입니다. 우리는 어찌하든지 잘살게 될수록 더욱 성령님을 인정하고 환영하고 모셔 들이고 의지하여 성령의 불길이 더 타오르도록 해야 합니다. 그러므로 우리는 과거나 현재를 자랑하지 말고 "나중 된 자로서 먼저 되고 먼저 된 자로서 나중 되리라"(마 20:16), "선 줄로 생각하는 자는 넘어질까 조심하라"(고전 10:12)는 말씀을 묵상하면서, 잘살수록 더욱 겸손한 마음으로 열심을 품고 주님을 섬겨야 합니다.

6절 내가 만일 자랑하고자 하여도 어리석은 자가 되지 아니할 것은 내가 참말을 함이라 그러나 누가 나를 보는 바와 내게 듣는 바에 지나치게 생각할까 두려워하여 그만두노라

사도 바울이 자랑한 것은 전부가 다 참말이었기 때문에 어리석은 짓이

아니었습니다. 그러나 자신의 자랑을 지나치게 하게 되면 성도들이 하나님보다 자기 자신을 더욱더 생각하고 의존하게 되므로 사도 바울은 자신의 자랑을 절제하였습니다. 또한 그는 자신의 행동만을 절제한 것이 아니라 고린도 교회 성도들에게도 "자랑하는 자는 주 안에서 자랑하라" (고전 1:31; 고후 10:17)고 권면했습니다.

그러므로 우리는 진실한 것을 주 안에서 자랑하되 그것이 지나쳐서 그리스도의 영광을 가리는 일이 없도록 조심해야 할 것입니다. 참된 자랑은 그리스도의 이름을 높이고 하나님의 영광을 드러내기 위한 것이기 때문입니다. "이 백성은 내가 나를 위하여 지었나니 나를 찬송하게 하려 함이니라" (사 43:21). 그러므로 우리가 스스로 영광을 취하고자 한다면 그것이야말로 자신을 우상으로 삼는 죄를 범하게 되는 것입니다.

주의 종은 이와 같이 예수 그리스도를 소개하는 '중매인' 이지 신랑이 아닙니다. 중매인이 신랑을 자랑하지 않고 자신을 자꾸 자랑해서 신부를 취하면 큰일 납니다. 중매인은 어디까지나 중매인으로서 신부에게 신랑을 잘 소개하여 결혼을 성사시켜야 합니다. 마찬가지로 주의 종은 어떻게 하든지 성도들에게 신랑 되신 예수님을 잘 소개하고 그들을 정결한 신부로 단장시켜 예수님에게로 인도해야 합니다. 자신이 성도들을 가로채면 안 됩니다. 오늘날 조금만 인정을 받으면 '날 좀 보소, 날 좀 보소, 내가 어떠어떠한 사람이요.' 라는 식으로 하나님의 영광을 가로채고 성도를 가로채는 사람들이 있는데, 그런 것은 잘못된 것입니다. 그러므로 특별히 은혜를 받은 사람이나 주의 종들은 자신을 우상화하지 않도록 사도 바울과 같은 겸비한 자세를 가져야 합니다.

2. 약한 것들에 대한 자랑(12:7-10)

7. 여러 계시를 받은 것이 지극히 크므로 너무 자만하지 않게 하시려 고 내 육체에 가시 곧 사탄의 사자를 주셨으니 이는 나를 쳐서 너무 자만하지 않게 하려 하심이라 8. 이것이 내게서 떠나가게 하기 위하여 내가 세 번 주께 간구하였더니 9. 나에게 이르시기를 내 은혜가 네게 족하도다 이는 내 능력이 약한 데서 온전하여짐이라 하신지라 그러므로 도리어 크게 기뻐함으로 나의 여러 약한 것들에 대하여 자랑하리니 이는 그리스도의 능력이 내게 머물게 하려 함이라 10. 그러므로 내가 그리스도를 위하여 약한 것들과 능욕과 궁핍과 박해와 곤고를 기뻐하노니 이는 내가 약한 그때에 강함이라

7절 여러 계시를 받은 것이 지극히 크므로 너무 자만하지 않게 하시려고 내 육체에 가시 곧 사탄의 사자를 주셨으니 이는 나를 쳐서 너무 자만하지 않게 하려 하심이라

사람이란 자랑거리가 많아지면 자신도 모르게 교만하게 됩니다. 사도 바울도 하나님께로부터 받은 계시가 너무 크고 자랑할 만했기 때문에 겸손하려고 해도 사람의 힘으로는 그렇게 되지 못하고 자꾸만 자신의 자랑이 드러나게 되고 교만하게 될 위험이 있었습니다. 사도 바울은 예수님께서 이 땅에 계실 때에는 사도로 부름을 받지 못하였지만 예수님의 죽으심과 부활을 그 누구보다도 십자가 중심으로 해석한 사도였습니다. 사도

바울이야말로 그리스도의 고난과 부활과 그 영광과 그리스도의 모든 사역을 체계적으로 설명한 사도였으며, 믿음으로 구원받고 하나님의 성령의 역사로 나타나는 여러 은사에 대해서도 아주 체계적으로 설명한 사도였습니다.

그러므로 그에게도 교만해질 소지가 다분히 있었습니다. 따라서 하나님께서는 그로 하여금 교만해지지 않고 항상 하나님만 의지하도록 하기 위해서 그에게 사탄의 가시, 즉 고통을 주신 것입니다. 사도 바울이 말하는 육신의 가시에 대해 사람들은 안질(眼疾)과 같은 시력 약화, 우울증, 곱사등이, 간질, 두통 등 다양한 설명을 하는데, 이런 것들은 다 추측에 불과합니다. 그런데 여기에서 우리는 고통이란 사탄이 가져다주는 것임을 분명히 알 수 있습니다. 비록 하나님께서 그것을 허락하시나 하나님은 궁극적으로 고통을 주시는 분은 아닙니다. 이렇게 사탄을 통하여 고통을 받도록 하자 사도 바울은 날마다 깨어져서 하나님만 의지하고 살아갈 수가 있었습니다. 하나님께서는 복을 주시지만 한편으로는 그 복으로 인해서 우리가 자고해지지 않도록 적당한 사탄의 가시도 허락하시는 것입니다.

나도 일평생 동안 사람들이 알지 못하는 가시를 가지고 있었습니다. 내 몸이 얼마나 허약했는지 도저히 설명할 수가 없을 정도였습니다. 그래서 그 허약함을 극복하기 위해서 나는 늘 기도하고 부르짖으며 하나님께 외칠 수밖에 없었습니다. 해외 선교를 하러 가는 비행기 안에서도, 여장을 푼 외국 호텔에서도, 강단에 서서도 혹 쓰러질까 봐 안간힘을 쓰면서 늘 투쟁하였습니다. 계속해서 내 몸 하나 간수하기 위한 몸부림과 투쟁을 하다 보니 자랑할 겨를도, 남의 일에 간섭할 수 있는 마음의 여유도 없었습니다.

그래서 나는 바울 선생의 사정을 잘 압니다. 그는 복음을 전하면서도 매일같이 육체의 가시로 끙끙 앓았을 것입니다. 그러나 그것으로 인해 자꾸 부르짖고 기도하다 보니 하나님의 은혜와 계시와 사랑이 더욱 넘쳤을 것입니다. 한편에서는 하나님께서 은혜를 부어 주시고 또 다른 편에서는 자꾸 사탄의 사자가 와서 치는 것입니다. 그러므로 솔직히 고백하건대, 큰 교회를 목회한다는 것은 아주 고통스러운 것입니다. 큰 교회는 그만한 영광과 명예가 따르는 것 같지만 또한 그 영광과 명예를 호사스럽게 누릴 수 없을 만큼의 괴로움도 함께 다가옵니다. 하나님께서 사탄의 사자를 보내셔서 교만하지 못하고 자고하지 못하게 치시는 것입니다. 교만하면 목회자 자신도 망하고 성도들도 망하기 때문입니다. 이것이 진실로 하나님의 은혜입니다.

8절 이것이 내게서 떠나가게 하기 위하여 내가 세 번 주께 간구하였더니

사탄의 가시가 바울의 육체를 날마다 찔렀기 때문에 바울은 견딜 수가 없었습니다. 그는 많은 사람에게 복음을 전하면서도 육체의 가시로 인해 매일같이 아팠을 것입니다. 그러기에 그것을 이기기 위해서 몸부림치면서 결사적으로 기도했을 것입니다. 이것은 경험해 보지 않은 사람은 결코 모릅니다.

예수님께서도 겟세마네 동산에서 하나님께 "할 수만 있으면 이 잔을 내게서 옮겨 주옵소서."라고 세 번이나 기도하셨지만 하나님께서는 세 번 모두 "No!" 하셨습니다. 왜 그러셨습니까? 예수님께서 십자가에서 못

박혀 죽으셔야 우리가 살기 때문입니다. 그 때문에 예수님이 세 번 기도해도 하나님은 들어주시지 않으셨습니다. 바울도 마찬가지였습니다. 바울의 기도대로 하나님께서 그의 가시를 옮겨 버리면 바울이 받을 은혜 역시 취소되어야 하는 것입니다. 은혜가 취소되면 역사가 일어나지 않으므로 복음을 온 천하에 전할 수 없습니다. 나 역시 세 번이 아니라 천 번, 만 번도 나의 연약함을 제거해 달라고 기도했습니다. 그러나 나는 결국 여의도순복음교회를 목회할 만큼의 은혜와 그에 상응하는 육체의 가시를 함께 수용할 것인가, 아니면 육체의 가시를 제거 받고 여의도순복음교회를 목회할 은혜 역시 잃어버릴 것인가 둘 중의 하나를 택해야 한다는 것을 깨달았습니다. 은혜가 있으려면 늘 기도해야 하는데, 목회자도 사람이다 보니 편안하면 기도하지 않게 됩니다. 그러나 가시가 있으면 계속 회개하고 부르짖어 기도하게 됩니다. 이때 하나님의 은혜가 임하여 성도들을 불러 모으고 교회를 성장시키는 것입니다. 목회는 죽었다 깨어나도 사람의 힘으로는 할 수 없습니다. 모든 성도를 지역, 구역으로 조직하고 당회와 제직회와 같은 조직들을 만드는 것은 이미 모인 성도들을 잘 관리하기 위해서 하는 것입니다. 그러나 교인들을 모으는 것은 조직이 아니라 하나님의 은혜입니다.

큰 은혜에는 큰 가시가 오고, 작은 은혜에는 작은 가시가 따라옵니다.

예전에 우리 교인 한 사람이 병들어 죽게 되었는데 모두 합심하여 기도해서 병을 치료받았습니다. 그런데 그는 병이 낫게 되자 그다음부터는 교회를 나오지 않는 것이었습니다. 그래서 심방을 가서 "왜 교회에 안 나오세요?" 라고 묻자, 그는 "병 나았는데 왜 가요?" 라고 대답하는 것이었습니다. 그것이 인간입니다. 그래서 하나님께서는 은혜와 가시를 함께 주시는 것입니다. 그러므로 우리 개인이나 가정에 종종 가시가 오는 것을 원망하지 마십시오. 이것은 하나님께서 우리에게 더 큰 은혜를 주시기 위한 섭리인 것입니다.

9절 나에게 이르시기를 내 은혜가 네게 족하도다 이는 내 능력이 약한 데서 온전하여짐이라 하신지라 그러므로 도리어 크게 기뻐함으로 나의 여러 약한 것들에 대하여 자랑하리니 이는 그리스도의 능력이 내게 머물게 하려 함이라

사도 바울이 자신에게 임한 사탄의 가시를 제거해 달라고 하나님께 세 번이나 간구하였으나 하나님은 그 가시를 옮겨 주시지 않았습니다. 그 대신에 하나님께서는 바울에게 큰 깨달음을 주셨습니다. 그것은 하나님의 능력은 약한 데서 온전해진다는 것입니다. 우리가 단순히 생각할 때는 하나님의 능력이 아주 보배롭고 강한 데에서 온전히 이루어지는 것 같지만 그와는 정반대로 아주 보잘것없고 약하기 그지없는 데서 온전해진다는 것입니다. 성경은 이르기를 하나님의 보배를 질그릇 속에 두었다고 했습니다(4:7). 질그릇이란 '약한 것' 을 의미합니다. 즉, 깨어지기 쉽고 보잘것없는 것을 의미합니다.

하나님의 능력도 이와 같이 약하고 보잘것없어 보이는 곳에서 온전하게 되며 하나님의 사역도 이와 같은 약함을 고백하고 늘 하나님께 의뢰하는 주의 종들과 성도들에 의하여 온전히 나타나게 되는 것입니다. 사도 바울은 이것을 깨닫고 나자 오히려 자신에게 육체의 가시가 주어졌음을 크게 기뻐하게 되었습니다. 그래서 그는 자신의 여러 가지 약한 것들을 자랑하게 되었고 늘 그리스도를 의지하게 되었기 때문에 항상 그에게는

하나님의 능력이 함께할 수 있었던 것입니다.

10절 그러므로 내가 그리스도를 위하여 약한 것들과 능욕과 궁핍과 박해와 곤고를 기뻐하노니 이는 내가 약한 그때에 강함이라

바울은 자신이 약할 때에 하나님의 크고 강하신 능력이 나타나기 때문에 그리스도를 위하여 당하는 약한 것들과 능욕과 궁핍과 박해와 곤고를 기뻐한다고 합니다.

대부분의 사람들은 그리스도를 위하여 당하는 약한 것들과 능욕과 궁핍과 박해와 곤고를 그저 인내함으로써만 극복하려 합니다. 그러나 그 인내에는 한계가 있어서 나중에는 감당하지 못하고 쓰러지고 좌절해 버리고 마는 경우가 허다합니다.

그러나 사도 바울처럼 약한 것들과 능욕과 궁핍과 박해와 곤고를 기뻐할 수 있게 되면 어떠한 어려움이 다가와도 그 역경을 이기고 그리스도의 사역을 감당할 수 있게 됩니다. 바울은 자신이 이처럼 약할 때 비로소 하나님의 은혜를 체험할 수 있으므로 약한 그것이 곧 강한 것이라고 했던 것입니다.

태풍이 불어와서 나무들이 흔들리고 뿌리째 뽑혀서 쓰러질 때에도 미리 태풍에 대비해서 나무에 버팀목을 단단히 세워서 묶어 놓으면 뿌리가 뽑히지 않습니다. 이럴 때 대개 튼튼하고 강한 나무는 버팀목으로 받쳐 놓지 않고 연약한 나무는 바람에 넘어지지 않도록 버팀목을 튼튼히 받쳐 놓습니다. 그러나 실제로 폭풍이 불어오면 스스로 서 있는 큰 나무는 뿌리째 뽑히는데 약한 나무는 버팀목이 버티고 있어서 뽑히지 않는 경우를 종종 볼 수 있습니다. 우리의 신앙도 그와 같은 것입니다. 내가 스스로 섰다고 생각하여, 하나님께 기도도 많이 하지 않고, 말씀도 열심히 읽지 않고, 신앙생활에 정진하지 않는 사람은 큰 시험과 환난이 다가오면 뿌리째 뽑혀서 넘어지고 신앙을 잃어버릴 수 있습니다. 그러나 내가 약하다는 것을 알고 끊임없이 주님께 의지하면 주님께서 은혜의 버팀목을 세워 주시는 것입니다. 약하기에 주님을 늘 의지하고, 부르짖어 눈물로 기도하고, 말씀을 늘 상고하고, 성령님의 도움을 늘 간구하면 하나님이 은혜의 버팀목을 받쳐 주십니다. 그러면 어떠한 바람이 불어와도 흔들리지 않습니다.

종교 개혁의 위대한 공을 세운 칼빈은 '움직이는 병원' 이라고 말할 정도로 몸이 허약했지만, 그는 종교 개혁 운동을 통해 오늘날 신교의 기초를 닦은 위대한 종이 되었습니다. 존 번연은 십수 년 동안 감옥살이를 했습니다. 그는 굽히지 않는 신앙 때문에 영국 정부의 미움을 받아 감옥에 갇혔지만, 그 감옥에 갇혀 있었기 때문에 그곳에 있을 동안 『천로역정』이라는, 성경 다음으로 가장 많이 읽혀지는 책을 기록할 수가 있었습니다. 밀턴은 맹인이었습니다. 비록 그는 시력을 잃긴 했으나 『실낙원』이라는 놀라운 서사시를 기록하여 역사에 남는 인물이 되었습니다. 이와 같이 우리가 약할 때 하나님께서 은혜의 버팀목을 받쳐 주시는 것입니다.

반면 사탄이 왜 사탄이 되었나요? 사탄은 하나님이 지은 천사 중에 가장 아름다운 루시퍼였습니다. 하나님 다음으로 권세와 능력과 영광이 충만했습니다. 그러나 그가 너무나 아름다웠기 때문에 그만 교만해져 하나님의 보좌를 빼앗고 스스로 하나님이 되려고 한 것입니다. 그리하여 쫓겨나 사탄이 되었습니다. 아담과 하와가 처음 지음을 받았을 때도 하나님의 형상과 모양으로 얼마나 아름답게 지음 받았는지 모릅니다. 이들은 수많은 동물들의 이름을 다 지어 줄 정도로 비상한 지혜를 가졌으며 영원히 죽지 않는 육체를 가진 자들이었습니다. 그러나 사탄의 꾐을 받아 하나님과 같이 되려는 교만한 마음을 가지게 되면서 타락하게 되었고, 그 결과 에덴동산에서 추방당하게 되었던 것입니다. 교만이 가장 무서운 죄입니다. 그러므로 하나님께서는 우리가 교만하지 않도록 적당한 가시를 주시는 것입니다. 우리 한국 교회 역시 하나님께서 축복을 주셨을 때 교만하지 않고 겸손하게 더욱더 주님을 섬겨야 합니다. 우리가 약할 때 받은 은혜를 잊지 말고 그 은혜를 더 사모하고 붙들어야 합니다.

3. 사도의 표(12:11-13)

11. 내가 어리석은 자가 되었으나 너희가 억지로 시킨 것이니 나는 너희에게 칭찬을 받아야 마땅하도다 내가 아무것도 아니나 지극히 크다는 사도들보다 조금도 부족하지 아니하니라 12. 사도의 표가 된 것은 내가 너희 가운데서 모든 참음과 표적과 기사와 능력을 행한 것이라 13. 내 자신이 너희에게 폐를 끼치지 아니한 일밖에 다른 교회보다 부족하게 한 것이 무엇이 있느냐 너희는 나의 이 공평하지 못한 것을 용서하라

11절 내가 어리석은 자가 되었으나 너희가 억지로 시킨 것이니 나는

너희에게 칭찬을 받아야 마땅하도다 내가 아무것도 아니나 지극히 크다는 사도들보다 조금도 부족하지 아니하니라

자기 스스로 자랑하는 것만큼 어리석은 것이 없습니다. 그런데 고린도 교회의 성도들은 자신들이 참된 사도임을 나타내기 위하여 스스로 자랑하는 거짓 사도들과 거짓 교사들의 꾐에 빠져서 그들만 자랑하였고, 바울에 대해서는 신뢰가 흔들렸습니다. 이런 상황에서 사도 바울이 자신을 자랑한 것은 고린도 교회의 성도들이 억지로 시킨 것과 같다는 것입니다.

사도 바울은 자신의 연약함을 자랑하였는데 사실 그가 자랑할 것이라고는 자신의 연약함밖에 없었습니다. 그럼에도 불구하고 그는 지극히 큰 사도, 즉 베드로와 야고보와 요한 못지않은 사도로서 복음을 이방 세계에 전파한 위대한 사역을 감당하였습니다.

12절 사도의 표가 된 것은 내가 너희 가운데서 모든 참음과 표적과 기사와 능력을 행한 것이라

여기에서 바울이 사도의 표가 된 것은 모든 참음과 표적과 기사와 능력을 행한 것이라고 했습니다.

사도 바울이 사도로서 활동한 그 모든 사역은 모든 참음, 즉 인내로써 이루어진 것이었습니다. 성격이 급해서 화를 잘 내고 쉽게 낙심하고 다혈질적인 사람은 사도가 될 수 없습니다. 사도는 끝까지 교회와 양 무리를 돌보는 참을성과 인내가 있어야 됩니다.

또한 사도는 그의 목회 생활에 표적이 따라야 합니다. 말로만 "나는 사도다!" 라고 하는 것이 아니라, 그의 생활과 말씀 전파 사역 가운데 하나님의 큰 표적이 따라야 진정한 사도라는 것입니다. 못 듣는 자가 듣고, 맹인

이 보고, 말 못하는 사람이 말하고, 못 걷는 사람이 일어나고, 암이 떨어지고, 중풍병자가 낫는 이런 표적이 많이 일어나야 사도라는 것입니다.

그리고 사도는 기사가 나타나야 합니다. 기사는 환경에서 일어나는 큰 역사입니다. 예를 들면 물이 포도주가 되고, 파도가 잠잠해지고, 죽은 자가 살아나고, 오병이어로 5천 명을 먹이는 등의 큰 기적을 말하는 것입니다. 일반적으로 표적이라는 것은 병 낫는 정도를 말하지만, 기사는 이보다 더 큰 기적을 말하는 것입니다. 사도들에게는 이런 기사도 나타나야 됩니다.

나아가 사도에게는 능력이 있어야 합니다. 그의 사역에 성령이 임하여 하나님의 능력이 따라야 한다는 것입니다. 주의 종들 가운데 강단에서 말씀을 전하는 데 놀라운 능력이 나타나는 사람이 있습니다. 2시간 이상 말씀을 전하여도 사람들을 끌어당기는 이상한 힘을 가진 주의 종들이 있습니다. 그리고 기도를 하면 그 기도가 청중의 심금을 울리고 변화시키며, 대화를 하면 상대방의 마음 문을 활짝 열어 놓고, 전도를 하면 사람들을 거꾸러뜨리고 회개시키는 능력을 가진 주의 종들이 있습니다. 베드로가 설교했을 때 하루에 3천 명이 회개하고 이튿날에는 5천 명이 회개하지 않았습니까? 이러한 것이 능력인 것입니다.

사도가 되려면 이와 같은 네 가지 조건이 구비되어야 됩니다. 다혈질적이고 변화무쌍한 사람이 아닌, 모든 면에서 오래 참는 사람이 되어야 합니다. 그리고 그를 통하여 많은 병이 고침받는 표적이 일어나야 하고, 환경적인 변화를 가져오는 기사가 일어나야 하고, 그의 생활과 사역에 능력이 따라야 합니다. 이 네 가지 조건이 부여되지 아니하면 사도가 될 수 없습니다. 신학교를 나오고 많은 학위를 받는다고 해서 사도가 되는 것이 아닙니다. 이것은 오직 하나님의 성령이 역사해야 되는 것이기에, 결국 사도는 하나님이 세우시는 것이지 사람이 만드는 것이 아닙니다.

13절 내 자신이 너희에게 폐를 끼치지 아니한 일밖에 다른 교회보다 부족하게 한 것이 무엇이 있느냐 너희는 나의 이 공평하지 못한 것을 용서하라

사도 바울은 특별히 고린도 교회의 성도들이 연약한 믿음의 기반 위에서 있음을 알고 그들로부터 헌금을 받지 않았습니다. 그래서 그는 고린도 교회의 성도들을 가르치고 목회할 때 자비(自費)로 그의 모든 생활을 꾸려 나갔던 것입니다. 사도 바울은 이것을 고린도 교회의 성도들이 마음으로 알아주기를 간절히 원했습니다. 그래서 그는 여기에서 자신의 공평하지 못한 것, 즉 고린도 교회의 성도들에 대한 특별한 사랑을 용서하라고 오히려 역설적으로 말하고 있는 것입니다.

4. 참된 목자의 심정(12:14-18)

14. 보라 내가 이제 세 번째 너희에게 가기를 준비하였으나 너희에게 폐를 끼치지 아니하리라 내가 구하는 것은 너희의 재물이 아니요 오직 너희니라 어린아이가 부모를 위하여 재물을 저축하는 것이 아니요 부모가 어린아이를 위하여 하느니라 15. 내가 너희 영혼을 위하

여 크게 기뻐하므로 재물을 사용하고 또 내 자신까지도 내어 주리니 너희를 더욱 사랑할수록 나는 사랑을 덜 받겠느냐 16. 하여간 어떤 이의 말이 내가 너희에게 짐을 지우지는 아니하였을지라도 교활한 자가 되어 너희를 속임수로 취하였다 하니 17. 내가 너희에게 보낸 자 중에 누구로 너희의 이득을 취하더냐 18. 내가 디도를 권하고 함께한 형제를 보내었으니 디도가 너희의 이득을 취하더냐 우리가 동일한 성령으로 행하지 아니하더냐 동일한 보조로 하지 아니하더냐

14절 보라 내가 이제 세 번째 너희에게 가기를 준비하였으나 너희에게 폐를 끼치지 아니하리라 내가 구하는 것은 너희의 재물이 아니요 오직 너희니라 어린아이가 부모를 위하여 재물을 저축하는 것이 아니요 부모가 어린아이를 위하여 하느니라

바울은 세 번째로 고린도 교회에 가서 복음을 전하기로 작정하였지만 고린도 교회의 성도들에게는 절대로 짐을 지우지 않을 작정이었습니다. 왜냐하면 그 당시 많은 거짓 사도들과 거짓 선생들이 복음을 전하는 체하면서 실상은 재물을 모으기 위해 혈안이 되어 있었으며, 고린도 교회가 아직은 개척 상황에 있었기 때문입니다. 마게도냐에 있는 에베소 교회나 빌립보 교회는 성장한 교회들이었습니다. 그러므로 바울은 거기에서 받은 선교비로 개척 상황에 있던 고린도 교회를 목회할 때 사용하였습니다.

이와 같이 바울의 근본 목적은 어떻게 하면 한 사람의 영혼이라도 더 구원시킬 수 있을까 하는 데에 있었지 눈에 보이는 재물이나 물질을 구하는 데에 있지 않았습니다. 우리는 이러한 사도 바울의 목회 정신을 본받아야 합니다.

15절 내가 너희 영혼을 위하여 크게 기뻐하므로 재물을 사용하고 또 내 자신까지도 내어 주리니 너희를 더욱 사랑할수록 나는 사랑을 덜 받겠느냐

바울은 고린도 교회의 성도들의 영혼을 위하여 자신의 물질을 사용하는 것을 크게 기뻐할 정도로 그들을 사랑하였습니다. 실제로 사도 바울은 마음으로, 몸으로, 생활과 물질로, 즉 자신의 모든 것으로 그들에게 사랑을 실천했습니다. 그런데도 고린도 교회의 성도들은 사도 바울의 이와 같은 희생적인 사랑을 배은망덕하게 갚았습니다. 그래서 사도 바울은 "내가 너희를 더욱 사랑할수록 나는 사랑을 덜 받겠느냐!"라며 통곡의 말을 하고 있는 것입니다.

16절 하여간 어떤 이의 말이 내가 너희에게 짐을 지우지는 아니하였을지라도 교활한 자가 되어 너희를 속임수로 취하였다 하니

거짓 사도들과 거짓 선생들은 고린도 교회의 성도들에게 사도 바울을 비난하고 틈만 있으면 그를 실족시키고자 갖은 수단을 다 쓰고 있었습니다. 그래서 그들은 "바울이 물질적으로는 너희에게 짐도 안 지우고 폐도 안 끼쳤지만, 그는 교활한 자이기에 어떤 식으로 너희들을 노략질할지 모르므로 경계하지 않으면 안 된다."고 중상모략을 했습니다. 사람이 누군가를 비방하고 욕을 하려고 작정하면, 이래도 욕하고 저래도 욕하는 법입니다.

이처럼 하나님의 사업을 하는 데에 있어서 마귀의 방해는 아주 끈질기고 교묘합니다. 사도 바울은 그 당시 하나님의 사업을 함에 있어서 늘 이와 같은 마귀의 방해를 받았던 것입니다. 그러므로 우리는 교묘하고도

끈질긴 마귀의 방해를 물리치고 하나님의 일을 이루기 위하여 끊임없이 기도하고 노력해 나가야 할 것입니다.

17절 내가 너희에게 보낸 자 중에 누구로 너희의 이득을 취하더냐

사도 바울은 직접 고린도 교회에 가서 목회하였지만 또한 그의 제자인 디도를 비롯하여 여러 형제도 그곳에 보내었습니다. 사도 바울은 자신은 물론 자신이 보낸 디도와 여러 형제들 중 아무도 결코 물질 문제에 대하여 성도들을 시험에 들게 한 적이 없다고 단언하고 있습니다.

18절 내가 디도를 권하고 함께한 형제를 보내었으니 디도가 너희의 이득을 취하더냐 우리가 동일한 성령으로 행하지 아니하더냐 동일한 보조로 하지 아니하더냐

여기서 말하는 동일한 성령과 동일한 보조로 행하였다는 것은 어찌하든지 주 안에서 선교 사역을 감당했다는 뜻입니다. 사도 바울과 그와 함께한 디도 및 여러 형제들은 한마음 한뜻으로 선교 사역을 감당하였습니다. 그러므로 사도 바울이 보낸 디도와 여러 형제들도 결코 고린도 교회의 성도들에게 물질의 부담을 주거나 시험에 들게 하는 일을 행하지 않았던 것입니다.

목회자의 마음은 이러합니다. 나도 목회하면서 할 수 있으면 최선을 다해서 우리 성도들에게 부담을 안 주려 합니다. 어찌하든지 목회자는 성도들의 영혼이 자라도록 도와야지 성도의 부담이 되어서는 안 됩니다. 그래서 우리 교회는 건축 헌금을 따로 받지 않습니다. 되도록이면 우리 성도들이 바치는 십일조와 헌금을 아껴 사용하여 교회에 필요한 건축을 합니다. 물론 선교 헌금은 너무도 중요한 헌금이니까 작정을 하도록 권면하지만 그런 것 이외에는 교인들에게 부담을 끼치지 않으려고 합니다. '내가 굶을지언정 교인들에게 부담 끼치지 않겠다.' 는 것이 내 목회의 평생 모토입니다. 또한 내 제자 사역자들에게도 늘 이것을 당부합니다. 그래서 우리 교회에서 교인에게 부담을 주는 사역자가 있다면 바로 조치합니다. 자원하여 자발적으로 드리는 것까지는 막지 않으나, 넌지시 압력을 넣어 교인에게 부담을 주는 행위는 금하고 있습니다. 주의 종들은 예수 그리스도의 향기를 발해야지 인간의 냄새를 피우면 안 됩니다. 그러므로 주의 종들은 모름지기 사도 바울처럼 자신의 재물과 마음과 육신을 다 허비할지라도 성도들의 영혼이 잘되며 범사가 잘되고 강건하기를 소원해야지 세상의 욕심을 따라서는 안 됩니다.

5. 마지막 당부(12:19-21)

19. 너희는 이때까지 우리가 자기변명을 하는 줄로 생각하는구나 우리는 그리스도 안에서 하나님 앞에 말하노라 사랑하는 자들아 이 모든 것은 너희의 덕을 세우기 위함이니라 20. 내가 갈 때에 너희를 내가 원하는 것과 같이 보지 못하고 또 내가 너희에게 너희가 원하지 않는 것과 같이 보일까 두려워하며 또 다툼과 시기와 분 냄과 당 짓는 것과 비방과 수군거림과 거만함과 혼란이 있을까 두려워하고 21. 또

내가 다시 갈 때에 내 하나님이 나를 너희 앞에서 낮추실까 두려워하고 또 내가 전에 죄를 지은 여러 사람의 그 행한바 더러움과 음란함과 호색함을 회개하지 아니함 때문에 슬퍼할까 두려워하노라

19절 너희는 이때까지 우리가 자기변명을 하는 줄로 생각하는구나 우리는 그리스도 안에서 하나님 앞에 말하노라 사랑하는 자들아 이 모든 것은 너희의 덕을 세우기 위함이니라

사도 바울의 모든 말은 결코 그 자신과 또 함께한 형제들을 변명하는 말이 아니었습니다. 사도 바울은 진실로 고린도 교회의 성도들을 위하여 이 말을 하였기 때문에 그는 그리스도 안에서 하나님 앞에 말한다고 할 수 있었습니다. 그리스도 안에서, 즉 참으로 성도들을 사랑하는 마음으로 하나님 앞에 진실하게 말한다는 것입니다. 이와 같은 말은 곧 성도들의 덕을 세우기 위한 것이었습니다. 사도 바울이 권면한 모든 것은 성도들을 위하여 또 그들의 덕을 위한 것이었습니다. 성도들은 마땅히 주의 종의 권면을 받아 참된 덕을 쌓아 가야 합니다.

20절 내가 갈 때에 너희를 내가 원하는 것과 같이 보지 못하고 또 내가 너희에게 너희가 원하지 않는 것과 같이 보일까 두려워하며 또 다툼과 시기와 분 냄과 당 짓는 것과 비방과 수군거림과 거만함과 혼란이 있을까 두려워하고

하나님의 사명을 받고 힘써 목회한 교회의 성도들이 목회자의 뜻과 전혀 다른 길을 걸어간다면 그 목회자의 심정이 편할 리가 없습니다. 그러

므로 사도 바울이 가장 염려했던 것은 자신이 목회했던 고린도 교회의 성도들이 그가 원하던 모습에서 벗어나 있지는 않을까 하는 것과 자신의 모습이 성도들에게 왜곡되어 전달된 것은 아닐까 하는 것이었습니다. 왜냐하면 주의 종과 성도들은 서로 사랑과 존경의 관계로 맺어져야 하므로 성도도 주의 종이 원하는 성도가 되어야 하고 주의 종도 참으로 성도들이 원하는 모습이어야 하기 때문입니다.

그리고 사도 바울이 염려한 것은 교회 생활 가운데 가장 저지르기 쉬운 일반적인 죄악들, 즉 다툼과 시기와 분 냄과 당 짓는 것과 비방과 수군거림과 거만함과 혼란이었습니다. 이러한 죄악은 교회를 좀먹고 파괴하기 때문에 사도 바울은 그것을 경계하고 염려하지 않을 수 없었습니다.

21절 또 내가 다시 갈 때에 내 하나님이 나를 너희 앞에서 낮추실까 두려워하고 또 내가 전에 죄를 지은 여러 사람의 그 행한바 더러움과 음란함과 호색함을 회개하지 아니함 때문에 슬퍼할까 두려워하노라

사도 바울은 전에 고린도 교회에 편지할 때 성도들 가운데 틈탄 음란과 호색함을 책망한 적이 있었습니다. 그런데 그 책망을 받고도 회개하지 아니하고 여전히 계속해서 그러한 죄를 범하는 자들이 있을까 하여 염려한 것입니다.

사도 바울이 이토록 염려하며 늘 돌보았던 고린도 교회는 참으로 문제가 많았습니다. 왜냐하면 고린도 지역 자체가 음란한 곳이었기 때문입니다. 그곳은 풍요로운 무역 중심지, 즉 많은 장사치들이 왕래하며 교역하던 국제적인 상업 도시였습니다. 그러므로 이들을 대상으로 하는 국제적

인 창녀굴이 있었고 이로 인해 국제적으로 음란한 도시가 되었습니다. 고린도에 있던 '사랑의 여신' 이라는 아프로디테의 신전 역시 이러한 도덕적 타락의 원인이 되기도 했습니다. 그런데 이러한 세상 물결이 교회에까지 흘러 들어온 것입니다. 그러므로 바울은 "너희의 더러움과 음란함과 호색함을 회개하지 아니함 때문에 내가 슬퍼할까 두려워하노라." 고 말하며 고린도 교회에 대한 그의 염려를 표현한 것입니다.

이와 같이 교회는 이 세상에 있는 하늘나라이지만 끊임없이 마귀의 공격을 받습니다. 마귀는 아름다운 에덴동산에까지도 들어와서 아담과 하와를 꾀었지 않습니까? 이 마귀는 오늘날에도 그리스도의 몸 된 교회에 침투해 들어와, 고린도 교회에서 하던 것처럼 세상의 것으로 교회를 부패시키려고 하는 것입니다. 그러므로 우리는 매주일 모여 말씀을 듣고 기도하고 성령의 역사를 통해서 마귀가 뿌린 악한 것들을 자꾸 제거하고 새로워져야 하는 것입니다.

교회는 천사들만 모인 곳이 아닙니다. 오히려 도둑, 강도, 음란한 자, 도박꾼 등 온갖 문제를 가지고 있는 사람들이 모이는 곳입니다. 그래서 얼핏 보면 교회는 혼탁한 것 같습니다. 그러나 교회 안에는 성령의 소용돌이가 일어 그러한 사람들을 변화시키는 것입니다. 끝내 변화되지 않는 사람은 못 견디고 나갑니다. 그러므로 교회는 어마어마한 하늘나라의 역사가 돌아가고 있는 힘이 있는 곳이며, 마치 바닷물을 정화시키는 거대한 폭풍우처럼 그 엄청난 영적 소용돌이 속에서 사람들이 정화되는 곳입니다.

가끔 통성 기도가 시끄럽다고 싫어하시는 분들이 있는데, 그것은 잘 모르고 하는 말입니다. 통성 기도를 하고 부르짖을 때 성령의 폭풍우가 불어와서 하늘나라의 산소가 공급되는 것입니다. 즉, 생명이 공급되는 것입니다. 이는 마치 폭풍우를 통해 바다에 산소가 공급되고 바다가 새롭게 정화되는 것과 같습니다. 교회가 조용하면 영이 다 잠들고 죽습니다. 그러나 말씀과 뜨거운 찬양, 부르짖는 통성 기도로 성령의 영적인 폭풍우가 일어나면 교회가 새로워지고 생명의 산소가 공급되어 영이 살아나는 역사가 일어납니다. 그러므로 캄캄한 중에도 빛이 있고 괴로움 중에도 평안이 있는 곳이 교회입니다. "세상에서는 너희가 환난을 당하나 담대하라 내가 세상을 이기었노라"(요 16:33)고 선포하신 예수님을 모신 교회는 어떠한 문제와 혼란이 있어도 종국적으로 승리하며 천국의 영광에 들어가게 되는 것입니다.

사도 바울은 이러한 소망을 가슴에 품고 웃고 울며, 혹은 원치 않는 자기 자랑과 변명도 해 가며 고린도 교회의 한 영혼이라도 잃지 않으려고 마음 졸이는 참된 목자의 모습을 너무도 잘 보여 주고 있습니다.

제 13 장

마지막 권면과 축원

A COMMENTARY ON
THE SECOND EPISTLE TO
THE CORINTHIANS

본 장에서 사도 바울은 세 번째로 고린도 교회를 방문하기에 앞서 마지막으로 그들에게 권면하고 있습니다. 이 권면에서 사도 바울은 죄악을 심판하시는 예수 그리스도의 강하심에 대해 설교하고 있으며, 따라서 고린도 교회의 성도들이 모든 죄악을 청산하고 새롭게 될 것을 촉구하고 있습니다. 또한 성삼위 하나님의 역사가 그들에게 항상 있기를 간절히 축원하고 있습니다.

1. 예수 그리스도의 강하심(13:1-10)

1. 내가 이제 세 번째 너희에게 가리니 두세 증인의 입으로 말마다 확
정하리라 2. 내가 이미 말하였거니와 지금 떠나 있으나 두 번째 대
면하였을 때와 같이 전에 죄지은 자들과 그 남은 모든 사람에게 미리
말하노니 내가 다시 가면 용서하지 아니하리라 3. 이는 그리스도께
서 내 안에서 말씀하시는 증거를 너희가 구함이니 그는 너희에게 대
하여 약하지 않고 도리어 너희 안에서 강하시니라 4. 그리스도께서
약하심으로 십자가에 못 박히셨으나 하나님의 능력으로 살아 계시
니 우리도 그 안에서 약하나 너희에게 대하여 하나님의 능력으로 그
와 함께 살리라 5. 너희는 믿음 안에 있는가 너희 자신을 시험하고
너희 자신을 확증하라 예수 그리스도께서 너희 안에 계신 줄을 너희
가 스스로 알지 못하느냐 그렇지 않으면 너희는 버림받은 자니라 6.
우리가 버림받은자 되지 아니한 것을 너희가 알기를 내가 바라고 7.
우리가 하나님께서 너희로 악을 조금도 행하지 않게 하시기를 구하
노니 이는 우리가 옳은 자임을 나타내고자 함이 아니라 오직 우리는
버림받은 자 같을지라도 너희는 선을 행하게 하고자 함이라 8. 우리

는 진리를 거슬러 아무것도 할 수 없고 오직 진리를 위할 뿐이니 9.
우리가 약할 때에 너희가 강한 것을 기뻐하고 또 이것을 위하여 구하
니 곧 너희가 온전하게 되는 것이라 10. 그러므로 내가 떠나 있을 때
에 이렇게 쓰는 것은 대면할 때에 주께서 너희를 넘어뜨리려 하지 않
고 세우려 하여 내게 주신 그 권한을 따라 엄하지 않게 하려 함이라

1절 내가 이제 세 번째 너희에게 가리니 두세 증인의 입으로 말마다 확정하리라

사도 바울은 세 번째로 고린도 교회를 방문하고자 했습니다. 그런데 고린도 교회는 문제가 많이 있었습니다. 성도들 간의 다툼이 법정으로까지 확산되기도 했고, 우상에 절하고 그 제물을 먹기도 했으며, 음란하고 방탕하며 근친상간이 행해지는 등 여러 가지로 문제가 많은 교회였습니다.

그러기에 사도 바울은 고린도 교회로 인하여 마음고생을 많이 했습니다. 그러나 "하나님을 사랑하는 자 곧 그의 뜻대로 부르심을 입은 자들에게는 모든 것이 합력하여 선을 이루느니라"(롬 8:28)는 말씀처럼, 이처럼 애먹이는 교회가 있었기에 고린도전 · 후서와 같은 귀한 말씀이 남겨지게 된 것입니다. 그러므로 우리는 인생을 짧은 눈으로 보면 고통과 괴로움만 보게 되지만, 멀리 보게 되면 하나님께서 결국 다 합력하여 유익이 되게 하시는 것을 볼 수 있습니다. 그렇기 때문에 우리는 모든 것을 '마이너스' 가 아닌 '플러스' 로 보아야 합니다. 물론 내가 주님을 반역하고 불순종하며 산다면 그렇지 않습니다. 하지만 주님을 믿고 순종하며 살려고 하는데도 불구하고 내게 여러 가지 시험과 환난과 어려움이 다가온다면, 이것은 내게 마이너스가 아니라 결국 플러스가 될 것입니다.

사도 바울은 이와 같은 고린도 교회 성도들의 죄악에 대하여 책망할 것은 책망하고 그 실상을 모두 파헤쳐 다시는 그러한 죄악이 고린도 교회에서 일어나지 않도록 할 것을 마음속에 굳게 작정하였습니다.

그런데 이와 같이 죄를 파헤치고 책망할 것을 책망하고 바로잡기 위해서는 반드시 두세 증인의 확증이 필요하였습니다. 왜냐하면 혼자서 판단하고 심판하는 것은 편견과 오해에 치우칠 우려가 있었기 때문입니다. 그러므로 성경적인 입장에서 보면 죄인들에 대한 송사는 반드시 두세 증인의 확증이 필요한 것입니다. 즉, 어떠한 사건이 일어났을 때 그 사건에 대한 시시비비를 가리는 일에는 반드시 두세 증인을 세워야 하는 것입니다(마 18:16). 이러한 법칙은 우리가 하나님의 계시를 받는 일에도 똑같이 적용됩니다. 우리가 하나님께 기도하여 받은 내적인 계시는 반드시 다른 사람들을 통해서도 그 계시에 대한 확증이 나타나도록 하나님께서는 역사하십니다.

2절 내가 이미 말하였거니와 지금 떠나 있으나 두 번째 대면하였을 때와 같이 전에 죄지은 자들과 그 남은 모든 사람에게 미리 말하노니 내가 다시 가면 용서하지 아니하리라

사도 바울은 죄에 대하여 단호한 자세를 취하였습니다. 죄인은 사랑할 수 있어도 죄는 결코 용납할 수 없는 까닭입니다. 그래서 그는 두 번째로 고린도 교회에 갔을 때 죄를 짓고도 회개하지 아니했던 자들을 엄하게 견책하였습니다. 그와 마찬가지로 이번에 가면 죄를 짓고도 회개하지 않는 무리들에 대하여 단호히 견책할 것임을 말하고 있는 것입니다.

우리는 하나님의 인내에 대하여 오해하는 경우가 종종 있습니다. 죄를 지어도 즉각 하나님의 벌이 내려지지 않으면, '하나님을 반역하고 하나님의 권세와 위엄에 도전을 해도 괜찮구나! 하나님이 계신다 해도 별 볼일 없구나!' 라고 오만하게 생각하는 경향이 있습니다. 그래서 자꾸 죄를 반복하여 짓게 됩니다. 이는 하나님의 인내와 사랑을 오해한 것입니다. 하나님이 오래 참으시는 것은 죄악에 대하여 관용하시거나 엄벌할 능력이 없어서가 아닙니다. 우리를 사랑하시기 때문에 우리에게 회개할 기회를 주기 위해 오래 참으시는 것입니다. 그런데 이를 오해하여 자꾸 죄를 지으면 나중에는 크게 벌을 받게 됩니다. 하나님이 때리실 때에는 인정사정없이 때리시기 때문입니다. 우리는 하나님의 자비하심과 오래 참으심을 결코 우습게 생각해서는 안 됩니다. 이러한 차원에서 사도 바울은 두 번째 방문했을 때처럼 세 번째 방문 시에도 죄에 대하여 단호히 견책할 것이라고 경고하는 것입니다.

3절 이는 그리스도께서 내 안에서 말씀하시는 증거를 너희가 구함이니 그는 너희에게 대하여 약하지 않고 도리어 너희 안에서 강하시니라

고린도 교회의 성도들은 거짓 사도들과 거짓 선생들에게 속아 사도 바울의 사도 됨을 의심하였습니다. 그래서 사도 바울 속에 참으로 하나님께서 말씀하신 내적 증거가 있는가를 따졌던 것입니다. 그러므로 사도 바울은 참된 사도의 권한, 즉 하나님께로부터 부여받은 사도의 권한이 무엇인지를 말해 줄 필요가 있었습니다. 그래야 견책할 수 있는 권위가 확립되기 때문입니다. 바울은 유약한 모습이 아닌 아주 강력한 모습으로 행사하도록 하기 위해 그리스도께서 자신에게 사도의 권한을 허락하셨

다고 말합니다.

이와 같이 그리스도의 교회를 지키기 위하여 그리스도께서는 주의 종에게 그와 같은 권한을 허락해 주십니다. 이는 위정자가 공공의 유익을 위하여 공권력을 행사하는 것과 같습니다. 적군이 침략해 오거나 국내의 치안과 질서가 위협을 받을 때에 그 나라의 대통령은 군대와 경찰, 검찰의 힘으로 이를 막고 다스려야 합니다. 교회는 그리스도의 사랑으로 모인 단체지만, 교회에도 사탄이 들어와서 혼란케 하고 파괴하는 일들이 있습니다. 그러한 경우에는 하나님께서 교회를 다스리는 주의 종에게 권세를 주셔서 하나님의 권위를 도전하고 교회를 파괴하는 사람을 징계하는 것입니다. 물론 주의 종이 아무 데서나 그 권능을 사용하는 것은 아닙니다. 하지만 하나님의 교회를 훼파하고 하나님의 권위를 짓밟는 행동을 보고 속수무책으로 가만히 있으면 교회를 지킬 수가 없습니다. 주의 종에게는 은혜의 말씀을 선포하고 양 무리의 덕을 세울 의무뿐만 아니라, 양 무리를 보호하기 위해 교회를 훼파하고 하나님의 권위를 짓밟는 원수의 공격을 막아 낼 의무와 권세가 있습니다. 그렇기 때문에 사도 바울은 "주 예수의 능력으로 이런 자를 사탄에게 내주었으니" (고전 5:4-5)라고 말한 것입니다.

4절 **그리스도께서 약하심으로 십자가에 못 박히셨으나 하나님의 능력으로 살아 계시니 우리도 그 안에서 약하나 너희에게 대하여 하나님의 능력으로 그와 함께 살리라**

예수 그리스도께서 약해지셔서 십자가에 못 박히신 것은 '사랑' 때문입니다. 우리를 향한 사랑 때문에 스스로 약해지셔서 사람이 되시기까지 낮아지셨을 뿐만 아니라 약함과 수치와 모욕과 고통의 자리인 십자가의 자리에까지 나아가신 것이었습니다. 우리의 죄와 불의와 추악과 저주와 절망을 예수님이 짊어지지 아니하시면 우리가 다 멸망할 것이기 때문에, 이 죗값을 대신 갚기 위해 주님은 자신의 권세와 능력을 다 벗어 버리고 약해지신 것입니다.

부모도 마찬가지입니다. 부모가 된다는 것은 내가 자원하여 약해지는 것입니다. 어린 핏덩어리 앞에서 부모가 강해지면 무슨 소용이 있습니까? 부모는 핏덩어리가 열이 나서 울면 함께 울고, 몸이 아파 잠을 못 자면 함께 뜬눈으로 밤을 새웁니다. 어린 자녀를 가슴에 껴안은 부모는 한없이 약해지는 것입니다. 성인이 되어서도 자식이 빚을 잔뜩 지고 파멸당할 위기에 처했다면 부모는 자식을 위해 약해지게 됩니다. 자신이 빚을 진 것도 아니지만 자신이 죄인인 양 빚쟁이 앞에서 큰 소리도 못하고 사정사정하여 빌고 자신의 집과 땅을 내놓습니다. 이 역시 사랑 때문입니다. 사랑은 사람을 약하게 만듭니다.

목회자도 마찬가지입니다. 목회는 사람을 한없이 약하게 만듭니다. 성도 한 사람이라도 시험에 들지 않고 모두 신앙생활을 잘하여 천국에 들어가도록 성도들을 끌어안고 함께 웃고 울며 오래 인내하는 것입니다.

그러나 한편으로 사랑은 사람을 강하게 만듭니다. 사랑 때문에 약해진 예수님이시지만 원수 앞에서는 한없이 강하신 분입니다. 예수님께서는 하나님의 능력으로 죽음의 권세도 이기고 부활하셔서 강한 자가 되셨습니다. 예수님은 사랑 때문에 약해지셨지만 교회를 훼파하고 분열시키고 반역하는 무리에 대해서는 강한 용사가 되셔서 죽음을 이기고 부활하신 자로서의 위엄과 권세와 능력을 보여 주시는 것입니다. 그러기에 만국이 예수님께 무릎을 꿇고 마귀와 그의 세력이 모두 예수님 앞에 무릎을 꿇은 것입니다.

교회는 예수 그리스도께서 몸 찢기고 피 흘려서 값 주고 사신 것입니다. 하나님의 눈동자처럼 귀한 것입니다. 이 우주 가운데 교회만큼 하나님이 사랑하시는 것이 없습니다. 그러므로 예수 그리스도가 자신의 심장을 내어 주기까지 사랑하는 교회를 훼파하는 것은 바로 예수 그리스도의 심장을 끌어내고 예수 그리스도의 몸을 훼파하는 것입니다. 그래서 주님은 이 교회를 훼파하는 세력에 대하여 강하고 단호하게 대처하시는 것입니다. 사도 바울 역시 주님의 마음을 가진 목회자로서, 성도들을 향한 사랑 때문에 약해지기는 했으나 교회를 파괴하려는 세력들에 대해서는 강하게 대처하겠다고 말하는 것입니다.

한편 교회는 성도들의 공동체일 뿐만 아니라 예수를 믿는 우리 개개인이기도 합니다. 우리 자신은 약한 존재이나 우리 속에 와 계신 예수님은 강하고 능하십니다. 그러므로 만일 어느 한 개인이나 사회나 국가가 예수 믿는 사람을 약하게 여기고 박해한다면 이는 그 사람 속에 와 계신 예수님을 박해하는 것이므로 예수님께서 가만히 두시지 않습니다. 이때에는 예수님께서 강하신 모습으로 나타나 그 박해하는 개인과 사회와 국가를 징벌하십니다. 우리 예수 믿는 사람들은 그저 겉으로 보기에는 유약한 자 같지만 실제로는 하나님의 능력으로 살아가는 강한 자인 것입니다.

5절 너희는 믿음 안에 있는가 너희 자신을 시험하고 너희 자신을 확증하라 예수 그리스도께서 너희 안에 계신 줄을 너희가 스스로

알지 못하느냐 그렇지 않으면 너희는 버림받은 자니라

바울은 거짓 선생들의 말에 미혹되어 바울 자신의 사도직을 의심한 고린도 교인들을 향해 먼저 자신의 믿음을 점검해 보라고 합니다. 자신에게 믿음이 있는지 살펴보아 자신의 속에 그리스도께서 계신다는 확신이 없다면 버림받은 자라고 말합니다.

사람이 하나님께 버림받는 죄는 두 가지가 있습니다. 그 첫째는 성령을 훼방하는 죄입니다. 성령을 모독한 죄는 영원히 용서받지 못합니다. 예수님께서는 "사람의 모든 죄와 모든 모독하는 일은 사하심을 얻되 누구든지 성령을 모독하는 자는 영원히 사하심을 얻지 못하고 영원한 죄가 되느니라"(막 3:28-29)고 말씀하셨습니다. 많은 목회자와 신학자들이 성령의 역사를 이상한 것인 양 매도하고 있는데 이것이 바로 성령을 모독하는 것입니다. 분명히 하나님의 역사인 것을 알면서도 시기와 질투 때문에, 혹은 무지로 말미암아 성령의 역사를 제한하고 매도하는 것이야말로 성령을 속이고 거스르는 죄를 짓는 일입니다.

사람이 하나님께 버림받는 또 하나의 죄는 예수 그리스도가 구주이신 것을 확신하지 못하는 죄입니다. 아무리 교회에 왔다 갔다 해도 그저 종교적으로, 의식적으로만 다니면 중생의 체험을 할 수 없고 구원을 받지 못하여 버림받은 자가 되고 마는 것입니다. 그러므로 우리는 버림받은 자가 되지 않기 위하여 믿음안에 있는지 자신을 시험하고 확증해 보아야 합니다. 그리하여 예수 그리스도께서 우리 안에 계신 줄을 깨달을 수 있어야 합니다.

6절 우리가 버림받은 자 되지 아니한 것을 너희가 알기를 내가 바

라고

그 당시 고린도 교회에는 거짓 사도들과 선생들이 있어서 사도 바울에 대하여 거짓된 비난을 많이 하였습니다. 그래서 많은 고린도 교회의 성도들이 사도 바울을 의심하고 그가 그리스도로부터 버림받은 자가 아닌가 하고 생각했던 것입니다. 그러나 사도 바울은 절대로 그리스도께 버림받은 자가 아니었습니다. 그는 자신의 마음속에 살아 계시는 예수 그리스도의 능력을 분명히 느끼고 있었으며 자신의 생활을 통하여 하나님께서 일을 이루고 계심을 체험하였습니다.

7절 우리가 하나님께서 너희로 악을 조금도 행하지 않게 하시기를 구하노니 이는 우리가 옳은 자임을 나타내고자 함이 아니라 오직 우리는 버림받은 자 같을지라도 너희는 선을 행하게 하고자 함이라

사도 바울이 고린도 교회의 성도들에게 바랐던 것은 그들이 조금도 죄를 짓지 않는 것이었습니다. 그 당시 고린도 교회의 성도들은 예수 그리스도를 믿는다고 하면서도 음행과 우상 숭배와 도둑질로 얼룩진 생활을 하고 있었습니다. 이와 같은 생활로는 도저히 하나님의 은총과 사랑을 받을 수 없기에 사도 바울은 그들이 참으로 회개하고 모든 죄를 다 버리기를 간절히 원했던 것입니다. 사도 바울이 이와 같이 말하는 것은 바울 자신이 자랑할 만한 자요, 옳은 자임을 나타내려고 한 것이 아닙니다. 오히려 사도 바울은 자신이 비록 예수께로부터 버림받은 자처럼 그들에게 보였을지라도 자신이 진정 원하는 것은 고린도 교회의 성도들이 참으로 예수님 안에 있고 악을 행하지 않으며 선을 행하는 것이라고 강조

합니다.

8절 우리는 진리를 거슬러 아무것도 할 수 없고 오직 진리를 위할 뿐이니

여기에서 '진리' 란 곧 예수님을 의미합니다. 예수님 자신이 진리이십니다. 그러므로 예수님을 통하지 않고 진리를 깨달을 수 없으며 구원을 받을 수도 없습니다. 또한 예수님을 통하지 않고서는 귀신을 제어하는 능력도 받지 못하며 참된 아름다움과 행복이 무엇인지 깨닫지도 못하는 것입니다. 그러므로 진리이신 예수 그리스도를 거스르면 아무것도 할 수 없습니다. 따라서 우리가 무슨 일을 행하든지 그것은 오직 진리를 위할 뿐이지 다른 아무 목적이 있을 수 없습니다. 오직 진리를 위한다 함은 곧 우리의 구주가 되시는 예수님을 위한다는 것입니다.

9절 우리가 약할 때에 너희가 강한 것을 기뻐하고 또 이것을 위하여 구하니 곧 너희가 온전하게 되는 것이라

사도 바울은 그 당시 유대인들에 의해 끊임없이 고난에 시달리고 있었으며 또한 거짓 사도들과 교사들로부터 매도당하고 괴롭힘을 받았습니다. 그의 모든 것은 이와 같이 약한 상태 아래 있었지만 그는 자신의 처지를 돌아보지 않고 자기가 사랑하는 고린도 교회의 성도들이 참으로 진리와 선과 거룩함으로 강하게 되기를 원했습니다. 그리하여 그는 자신은 약할지라도 자신이 목회하는 교회의 성도들은 강해지기를 간구하였습니다. 또한 그들이 주 안에서 온전해지기를 구하였습니다. 이러한 사도 바울의 모습은 그야말로 참된 목자의 모습이라 할 수 있습니다.

부모는 자신이 약해져도 이로 인해 자식이 강해지면 그것을 기뻐하는 법입니다. 언제나 키우는 사람은 약해지고 키움을 받는 사람은 강해지는 법입니다. 키우는 사람이 약해지는 것은 자신이 키우는 자를 강하게 만들어 주기 위해서입니다.

내가 어릴 때 밭을 매면 속이 다 빈 거미 사체들이 있었습니다. 그래서 시골에서는 야윈 사람을 보면 "너, 거미같이 되었다." 라고 합니다. 봄철에 보면 거미가 알을 낳아서 배에 잔뜩 안고 있습니다. 그런데 그 알에서 새끼들이 나오면 어미 거미의 배를 다 파먹어 버립니다. 그래서 어미는 죽어 빈 껍질만 남고 새끼들은 다 건강하게 삽니다. 그 어미는 새끼가 자신의 배를 파먹을 때 얼마나 아프겠습니까? 힘이 없어서 그렇게 파먹힌 것이 아닙니다. 그냥 발로 삭삭 털어 버리면 새끼들이 다 땅에 떨어져 버릴 것입니다. 그럼에도 불구하고 어미가 새끼들이 자기의 배를 파먹게 내버려 두는 것은 알에서 갓 나와 먹을 것이 없는 그 어린 새끼들을 사랑하는 모성애 때문입니다. 반면에 새끼들은 어미 배를 파먹으면서 '우리 엄마가 꼼짝도 못하는 것을 보니 약해져서 저렇구나.' 라고 생각할지도 모릅니다. 그러나 그 새끼들도 커서 어미가 되면, 자신의 어미가 약해서 먹혔던 것이 아니라 새끼에 대한 사랑 때문에 자진하여 약해지고 자신을 내어 주었다는 것을 알게 될 것입니다. 우리 옛말에도 "자식 입에 밥 들어가는 것과 갈라진 논에 물 들어가는 것처럼 보기 좋은 것 없다" 고 하듯, 부모는 자신이 굶고 약해져도 자식이 배부르고 강해지는 것을 기쁨으로 여깁니다.

이처럼 예수님도 우리를 강하게 만들려고 당신이 약해지셨고, 사도 바울도 고린도 교인들을 강하게 만들기 위해서 약해진 것입니다. 그렇기 때문에 그는 앞에서 “오직 우리는 버림받은 자 같을지라도 너희는 선을 행하게 하고자 함이라” (7절)고 말하고, 본 절에서 “우리가 약할 때에 너희가 강한 것을 기뻐하고 또 이것을 위하여 구하니 곧 너희가 온전하게 되는 것이라” 고 말한 것입니다.

10절 그러므로 내가 떠나 있을 때에 이렇게 쓰는 것은 대면할 때에 주께서 너희를 넘어뜨리려 하지 않고 세우려 하여 내게 주신 그 권한을 따라 엄하지 않게 하려 함이라

사도 바울이 이렇게 간절함으로 성도들을 위하여 권면하는 것은 이제 세 번째로 그들을 방문하였을 때 그들이 참으로 하나님 보시기에 칭찬받을 만한 성도들이 되어 있기를 소원한 까닭이었습니다. 그리고 사도 바울은 하나님께서 자신에게 사도의 권한을 주셨음을 믿었으며 자신의 속에 들어와 계신 예수 그리스도의 능력을 깨닫고 있었습니다. 즉, 성도들이 회개하지 않고 악을 더욱더 행함으로 하나님의 교회에 암적인 존재가 된다고 생각될 때 예수 그리스도께서는 그 권능과 위엄으로 그들을 사탄에 내어 주게 하는 권한을 사도 바울에게 주셨다는 것입니다. 따라서 성도들을 사랑하는 사도 바울로서는 성도들이 불순종하고 계속 죄악을 저지름으로 징벌을 당하는 모습을 더 이상 볼 수 없었던 것입니다. 그래서 사도 바울은 하나님께서 자신에게 주신 사도의 권세로 성도들을 권고하여 그들이 회개하고 예수 그리스도께 순종하는 삶을 살기를 간절히 원하였던 것입니다.

2. 마지막 권면과 축원(13:11-13)

11. 마지막으로 말하노니 형제들아 기뻐하라 온전하게 되며 위로를
받으며 마음을 같이하며 평안할지어다 또 사랑과 평강의 하나님이
너희와 함께 계시리라 거룩하게 입맞춤으로 서로 문안하라 12. 모든
성도가 너희에게 문안하느니라 13. 주 예수 그리스도의 은혜와 하
나님의 사랑과 성령의 교통하심이 너희 무리와 함께 있을지어다

11절 마지막으로 말하노니 형제들아 기뻐하라 온전하게 되며 위로를 받으며 마음을 같이하며 평안할지어다 또 사랑과 평강의 하나님이 너희와 함께 계시리라 거룩하게 입맞춤으로 서로 문안하라

예수 그리스도를 섬기는 사람들은 무엇보다도 평안과 기쁨을 누립니다. 아무리 하나님의 공의의 심판이 무섭다 해도 예수 그리스도 안에서 죄 사함을 얻고 평안과 기쁨을 누리는 생활이야말로 크리스천들에게 있어서 가장 큰 특권인 것입니다. 예수님께서도 친히 말씀하시기를 "평안을 너희에게 끼치노니 곧 나의 평안을 너희에게 주노라"(요 14:27), "너희에게 평강이 있을지어다"(눅 24:36)라고 하셨습니다. 예레미야 29장 11절에서도 "너희를 향한 나의 생각을 내가 아나니 평안이요 재앙이 아니니라 너희에게 미래와 희망을 주는 것이니라"고 말하고 있습니다. 따라

서 사도 바울도 고린도 교회의 성도들에게 잘못에 대해서는 엄히 책망하였지만 궁극적으로는 예수님이 주신 평안과 기쁨을 누리라고 말하는 것입니다. 이것이야말로 성도를 사랑하는 목자의 마음이자 자녀 된 우리를 향한 하나님의 마음입니다.

부모가 자식을 때릴 때는 부모도 같이 웁니다. 나도 옛날에 우리 애들을 때린 다음 혼자 서재에 들어가서 울었습니다. 자식이 맞아서 엉엉 우는 모습을 보니 마음이 얼마나 아픈지 모릅니다. 부모의 마음은 그렇게 약하기 때문에 자식을 때려 놓고 나서 안쓰러운 마음에 다시 안고 쓰다듬어 주는 것입니다. 마찬가지로 우리의 하나님도 사랑의 매로 어쩔 수 없이 우리를 때리시지만 다시 우리를 감싸 안으시고 우리의 상처를 싸매어 주십니다. 사도 바울도 이러한 하나님의 심정으로 성도들을 책망하는 한편, 평안과 기쁨을 권하며 그들을 감싸 안는 것입니다.

그런데 예수님의 평안과 기쁨은 서로 나누면 나눌수록 커집니다. 따라서 사도 바울은 모든 성도들이 거룩하게 입맞춤으로 서로 문안하며 그리스도 예수께서 주신 평안과 기쁨을 함께 나누기를 권면하고 있습니다. 이 입맞춤의 인사는 중동 지방의 문화와 관습을 반영한 것입니다. 우리 한국 문화에서는 서로 절하거나 악수하며 인사하는 것이 관례입니다. 표현의 형식은 문화에 따라 다를 수 있지만 신앙의 본질과 내용은 같습니다.

12절 모든 성도가 너희에게 문안하느니라

본 절에서의 '모든 성도'란 사도 바울이 이 편지를 기록할 당시 머무르고 있던 마게도냐 교회의 성도들을 가리키는 것으로 보입니다. 그러므로 본문은 마게도냐 성도들이 고린도 교회의 성도들에게 문안한다는 뜻입니다. 이처럼 주님의 모든 교회는 서로 문안을 나누고 각자의 발전과 향상을 위해 기도해 주고 격려해 주어야 할 것입니다.

13절 주 예수 그리스도의 은혜와 하나님의 사랑과 성령의 교통하심이 너희 무리와 함께 있을지어다

이 말씀은 오늘날 교회에서 '축도' 로 사용되는 본문으로 교회가 그에 속한 성도들에게 필수적으로 있어야 할 중요한 요소가 무엇인가를 가르쳐 주고 있습니다.

첫째로, 교회에는 예수 그리스도의 은혜가 있어야 합니다. 은혜란 값없이 주는 것입니다. 예수님께서는 우리에게 값없이 몸 찢기고 피 흘려 용서와 의와 영광과 평안을 우리에게 주셨습니다. 그러므로 예수 그리스도와 우리의 관계는 은혜의 관계입니다. 만일 이 은혜가 없다면 교회는 율법적이고 인간의 지식과 도덕과 윤리적인 면으로 흐를 수밖에 없습니다. 그러나 은혜가 있으면 교회가 성장하고 발전하게 되며 놀라운 역사가 일어납니다. 이러한 은혜가 넘쳐흐르는 교회가 참된 교회가 될 수 있는 것입니다.

둘째로, 교회에는 하나님의 사랑이 있어야 합니다. 하나님의 사랑은 인류의 구원을 위해 아들을 내어 주시기까지 한 사랑입니다. 바로 그러한 사랑 때문에 예수 그리스도를 통한 구속 사역이 이루어졌으며 우리는 하나님과 부모 자식의 관계가 되었습니다. 대통령과 국민의 관계도 아닌, 사장과 사원의 관계도 아닌, 친아버지와 친자식 간의 사랑의 관계가 된 것입니다. 이 사랑 위에 교회가 세워졌기에 하나님의 사랑은 교회의 본질적인 요소가 되는 것입니다.

셋째로, 교회에는 성령의 교통하심이 있어야 합니다. 성령은 우리의 보혜사로서 끊임없이 우리와 교통하십니다. 우리는 매일매일 성령님과 교통을 해야 합니다. 성령님을 날마다 인정하고 환영하고 의지하고 모셔 들여야 합니다. 그러면 성령께서 도와주십니다. 나도 모르는 사이에 지혜와 총명과 모략과 재능을 주시는 것입니다. 마치 나 자신이 다 하는 것 같지만, 사실은 성령님께서 나에게 기름을 부어 주셔서 할 수 있게 되는 것입니다.

성령님과의 관계는 이렇게 교통의 관계입니다. 일반 사회도 교통량이 많고 그 횟수가 빈번할수록 물류가 많이 교환되기 때문에 발전하지 않습니까? 그래서 경제적으로 낙후한 국가일수록 교통이 잘 발달되어 있지 않지만, 부강한 국가일수록 육로 교통, 항공 교통, 해상 교통 및 전신, 전화, 인터넷 등의 교통이 잘 발달되어 있고 활성화되어 있습니다. 마찬가지로 우리와 성령님과의 교통이 많으면 많을수록 우리의 신앙은 활성화되고 능력 있게 되는 것입니다. 많은 사람이 살아가면서 성령님이 있음도 알지 못하고 설사 안다고 해도 실제적으로 성령님께 도움을 요청하지 않는 경우가 너무나 많습니다. 성령님이 우리의 보혜사, 즉 돕는 자로 오셔서 우리 곁에 계신데도 성령님의 도우심을 받으려고 하지 않는 것은 참으로 안타까운 일입니다. 우리는 날마다 순간마다 성령님과의 교통 속에서 살아야 합니다.

그리고 성령님과의 교통을 통하여 교회 공동체에 성령님의 놀라운 역사가 나타나야 합니다. 현재 수많은 교회들이 성령님의 역사를 체험하지 못하고 있어 참으로 안타깝습니다. 교회에서는 성령님의 역사로 귀신이 내쫓기고 병자가 치료받고 문제가 해결되며 기적이 나타나 하나님께서 살아 계시다는 증거를 보여야 합니다. 이러한 역사들이 나타나야 하나님께서 참으로 기뻐하시는 교회가 될 수 있는 것입니다.

사도 바울은 이와 같이 우리와 삼위 하나님과의 관계, 즉, 예수 그리스도와의 은혜의 관계, 하나님과의 사랑의 관계, 성령님과의 교통의 관계를 언급하고 있습니다. 그는 고린도 교회 성도들에게 이러한 삼위 하나님과의 관계로 말미암는 축복이 함께 있기를 기원하면서 편지의 끝을 맺고 있습니다.

성역50주년기념 신약성경강해전집

A COMMENTARY ON THE SECOND EPISTLE TO THE CORINTHIANS